Hans-Ulrich Wagner
Im Dienst der Nachricht

Hans-Ulrich Wagner

Im Dienst der Nachricht

Die Geschichte der Deutschen Presse-Agentur

societäts\verlag

Hans-Ulrich Wagner arbeitet als Forschungsprogrammleiter am „Leibniz Institut für Medienforschung | Hans Bredow Institut" in Hamburg. Von 2022 bis 2024 leitete er als Medienhistoriker das Forschungsprojekt „Die Geschichte der Deutschen Presse-Agentur (dpa)". Die dpa unterstützte die wissenschaftlichen Recherchen des Projekts und gewährte Zugang zu den Aktenbeständen des Unternehmensarchivs. Die vorliegende Publikation stellt Ergebnisse dieses Projekts vor.

Alle Rechte vorbehalten · Societäts-Verlag
© 2024 Frankfurter Societäts-Medien GmbH

Projektbetreuung: Günter Berg Literary Agency, Hamburg/Berlin
Lektorat: Dr. Werner Irro, Hamburg
Gestaltung & Satz: Julia Desch, Societäts-Verlag
Umschlaggestaltung: Julia Desch, Societäts-Verlag
Umschlagabbildungen Titel: picture alliance/dpa; Michael Kappeler, dpa
Umschlagabbildungen Rückseite: Jan Morek, PAP; Michael Kappeler, dpa; Christian Charisius, dpa
Druck und Verarbeitung: Finidr Printing House
Printed in EU
ISBN 978-3-95542-490-9

Besuchen Sie uns im Internet:
www.societaets-verlag.de

Inhalt

  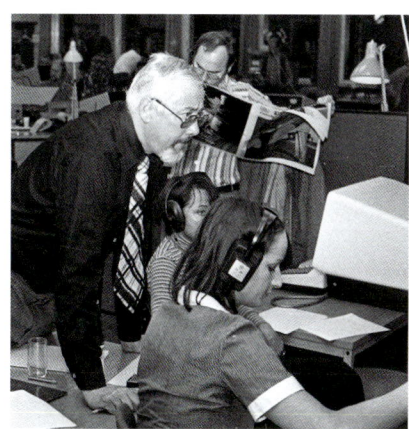

1 | **Der Wert der Nachricht**
Die *dpa* 2024 und 1949 8

2 | **Im Dienst des Staates**
Presselenkung im Nationalsozialismus 24

3 | **Aufbaujahre**
Die Nachrichtenagentur in der britischen Besatzungszone 1945 – 1949 40
Die vermeintliche Agenturmeldung 58

4 | **Bewährungsjahre**
Die *dpa* 1950 – 1959 66
Unabhängigkeit als hohes Gut: Anton Betz 81
Journalismus und Politik: Fritz Sänger 98
Fotogeschichte Die erste USA-Reise von Konrad Adenauer 102

5 | **Weltnachrichten**
Die *dpa* auf dem internationalen Nachrichtenmarkt 110
„Chronistenpflicht" versus „Falschmeldung" 125

Fotogeschichte Der Prozess gegen Adolf Eichmann 130

6 | Information nach Maß
Die Wort- und Bilderdienste in den 1950er bis 1970er Jahren **134**
Visitenkarte der Agentur: Der Fernsprechnachrichtendienst 139

7 | Agenturjournalismus
Die Ware Nachricht und die wahre Nachricht **150**
Fotogeschichte Helmut Schmidt und der dpa-Fotograf 158
Spaß mit Nachrichten: Ein TV-Quiz..162
Vom Palais Dollmann zum „dpa-Haus" 175

8 | Wundertiere, Schlachtschiffe und Alibi-Besetzungen
Frauen bei der *dpa* – von Yulia Yurtaeva-Martens **178**

9 | Umbrüche
Die *dpa* und die langen 68er Jahre **196**
Fotogeschichte Schutzhelme für Journalisten..206
Verleger zwischen Macht und Verantwortung: Otto W. Bechtle 208
Fotogeschichte Besetzung des Bonner dpa-Büros 216
Fotogeschichte Der Boris-Becker-Hecht...220

10 | Markteroberung
Die *dpa* und die deutsche Wiedervereinigung 222
Fotogeschichte „Mauerspechte" auf der Jagd 234

11 | Agentur 2000
Die *dpa* und das „globale Web" 236
Politische „Dreinrede": Günter Grass und die *dpa* 248
Fotogeschichte Fotojournalismus inmitten von Protesten 252

12 | Umzüge
Die *dpa* in unruhigen Zeiten 254
News for the kids 262
Fotogeschichte Ein Selfie mit der Kanzlerin 274

13 | „Lageberichte"
Die *dpa* in sich wandelnden Medienumgebungen 276
Fotogeschichte Die erste Regenbogenfahne 290
Beyond the newsroom 301

Die Gesellschafter der *dpa* 2024 310
Unternehmensleitung 315
Quellen, Interviews, Literatur 316
Dank 342
Abbildungsnachweis 343

Die bundespolitische Korrespondentin der *dpa*, Fatima Abbas, im Deutschen Bundestag, neben ihr dpa-Fotograf Kay Nietfeld.

1

Der Wert der Nachricht

Die *dpa* 2024 und 1949

Seit 75 Jahren positioniert sich die *dpa* als nationale Agentur in der Bundesrepublik Deutschland auf einem hart umkämpften Nachrichtenmarkt. Als Medienunternehmen unterliegt sie dem strukturellen Wandel der gesamten Medienbranche und muss sich den jeweils aktuellen Herausforderungen stellen. Dabei geht es um nicht weniger als den Wert, den Nachrichten haben, und den Wert, der ihnen zukommen sollte. Zwei Kurzporträts stellen die *dpa* im Jahr 2024 und im Gründungsjahr 1949 gegenüber.

18. Aug. 1949	1. Sept. 1949	2022
Der Gesellschaftsvertrag der *dpa* wird beurkundet	Die *dpa* startet mit 882 Angestellten	Für die dpa-Unternehmensgruppe arbeiten 1.322 Beschäftigte

Die *dpa* im Jahr 2024

„Die Deutsche Presse-Agentur gehört zu den großen, unabhängigen und international tätigen Nachrichtenagenturen. Mit über 50 Standorten in Deutschland und über 80 Korrespondentenbüros in aller Welt. Wir sind überzeugt: Eine aufgeklärte demokratische Gesellschaft benötigt geprüfte Informationen, um zu guten, faktenbasierten Entscheidungen zu kommen. Dafür braucht es eine unabhängige Nachrichtenagentur." So klar und pointiert, so selbstbewusst und überzeugt stellt sich die *dpa* zu Beginn des Jahres 2024 auf ihrer Homepage vor.[1] Doch die immer neuen Herausforderungen, seien sie technischer Natur oder auf ihre Zielgruppen gerichtet, verlangen eine große Wachheit. Ist die Zukunft „More important, but less robust?", fragte vor wenigen Jahren das renommierte Reuters Institute for the Study of Journalism und fixierte zentrale Punkte, die das Geschäft mit Nachrichten und Informationen grundsätzlich betreffen.[2] Auch in den aktuell geführten Diskussionen um den Wert der Nachrichten sowie um die Finanzierung und Qualität eines multimedialen Agenturjournalismus und schließlich um die Zukunft von nationalen Nachrichtenagenturen kristallisieren sich zentrale Punkte heraus.[3]

- *Gatekeeper und Wegweiser:* Traditionelle Massenmedien und auch Nachrichtenagenturen waren lange Zeit der „Flaschenhals", den eine Information durchlaufen musste, um zu einer Nachricht in der Öffentlichkeit zu werden. Doch diese Gatekeeper-Funktion gerät in dem Moment ins Wanken, in dem Informationen von nahezu jedem und jeder über die digitalen sozialen Medien selbst in Umlauf gebracht werden können.

Was bedeutet die Nachrichtenflut für das Agenturgeschäft? Schon vor zwanzig Jahren tauchte die Frage auf, ob Nachrichtenagenturen „in dieser Flut" so etwas wie Orientierung bieten und ob sie die „Rolle des Wegweisers" übernehmen können. Der frühere dpa-Chefredakteur Wilm Herlyn formulierte eine solche Vorstellung im Handbuch „ABC des Journalismus" und sprach von „Lotsen, die die gesammelten Nachrichten mit Kompetenz auswählen und erläutern, den Hintergrund sichtbar machen, gewichten und Informationsflüsse zusammenführen".[4] Gegenwärtig spricht man angesichts des schier unbegrenzten und nahezu überall verfügbaren Nachrichtenangebots von „overnewsed but underinformed" und unterscheidet das Ausmaß des Medienkonsums vom Grad der Informiertheit.

- *News fatigue und news avoidance:* Auf der Seite der Mediennutzenden sind nicht zuletzt angesichts der gesellschaftlichen Verunsicherungen Nachrichtenmüdigkeit und Nachrichtenverweigerung zu beobachten. Die Nutzung von Informationen und Nachrichten ist rückläufig, das Vertrauen in professionell-journalistische Angebote sinkt.[5] Wie also können Nachrichten, die eine hohe Relevanz für die freie Meinungsbildung und somit für das Funktionieren einer demokratischen Gesellschaft haben, an die Menschen herangebracht werden?

- *Desinformation und die wahre Nachricht:* Gleichzeitig sehen sich diese einem immer größer werdenden Ausmaß von ungeprüften Informationen und regelrechter Desinformation ausgesetzt. Dem Prüfen und Überprüfen von neuen Informationen, der Qualitätssicherung von Nachrichten kommt somit eine immer größere Bedeutung zu.

- *Businessmodelle und die Ware Nachricht:* Nachrichtenagenturen stehen gerade mitten im aktuellen Umbruch des Medienmarktes und sind vom Wandel der Geschäftsmodelle des Journalismus betroffen. Fragen nach profitablen digitalen Geschäftsmodellen für Qualitätsjournalismus im Post-Papier-Zeitalter stellen sich, wenn beispielsweise der Bundesverband Digitalpublisher und Zeitungsverleger (BDZV) im August 2023 ein weitgehend düsteres Bild der „wirtschaftlichen Lage der deutschen Zeitungen" zeichnet und im Februar 2024 die mittelfristige Geschäftsentwicklung eher negativ sieht.[6] Die Kosten für das Nachrichtengeschäft steigen auf den nationalen und internationalen Medienmärkten, und die Nachricht als Ware muss finanziert werden.

> Dem Prüfen und Überprüfen von neuen Informationen kommt eine immer größere Bedeutung zu.

Kennzahlen

Neben hochgesteckten Ansprüchen und Idealen liefern die wichtigsten Kennzahlen der *Deutschen Presse-Agentur GmbH* und der *dpa-Unternehmensgruppe* die Grundlage für eine Zustandsbeschreibung. Ein Blick in den jüngsten, im Juli 2023 veröffentlichten Geschäftsbericht 2022 mit dem Titel „People. Planet. Prosperity"[7] zeigt: Der Umsatz der *dpa GmbH* betrug im Geschäftsjahr 2022 103,2 Millionen Euro, der Konzernumsatz der *dpa-Unternehmensgruppe* im selben Zeitraum knapp 165,5 Millionen Euro. 1.322 Beschäftigte weist die *dpa-Unternehmensgruppe* 2022 aus, 697 davon in der Muttergesellschaft, die übrigen in den Tochterunternehmen *dpa-infocom, picture alliance, news aktuell, dpa-infografik, dpa-IT Services, dpa-AFX, mecom, dpa English Services, news aktuell (Schweiz)* und *Rufa*. Als dritte Kennzahl verdienen schließlich die ausgewiesenen Jahresüberschüsse der *dpa GmbH* Aufmerksamkeit. Sie betrugen im Geschäftsjahr 2022 nach Steuern 1,17 Millionen Euro. Die Jahresüberschüsse bewegten sich in den vergangenen Jahren jeweils zwischen ein und zwei Millionen Euro. Sie stecken einen finanziellen Korridor ab, der das Unternehmen als unabhängige Einrichtung auf dem Nachrichtenmarkt sichert. Sie zeigen, dass das Unternehmen wirtschaftlich so weit erfolgreich ist, dass es nicht auf Zuwendungen und Subventionen angewiesen ist. Die Überschüsse können in das Unternehmen investiert werden, denn die mehr als 170 Gesellschafter der *dpa GmbH* verfolgen mit der von ihnen gemeinsam getragenen Agentur nicht die Ziele einer Gewinnmaximierung und eines Stakeholder Value, sondern sie finanzieren einen möglichst auskömmlichen Betrieb der vielfältigen Dienstleistungen rund um die Nachricht.

Die *dpa* als eine media-owned news agency

Die *dpa* gehört zu den eher wenigen Nachrichtenagenturen, die sich weltweit dem Typus der „media-owned news agency" zuordnen lassen, also einem Organisationsmodell, bei dem sich Medienunternehmen zusammenschließen, um eine solche Einrichtung gemeinsam zu tragen.[8] Die Entscheidung für diese Unternehmensform hat historische Gründe. (→ 3 | Aufbaujahre) Sie wurde nach dem Ende des „Dritten Reichs" in der deutschen Nachkriegssituation bewusst getroffen und verknüpft seither das Geschäft der *dpa* mit den strukturellen Entwicklungen der Medienbranche. Die *dpa* behauptet sich als unabhängiges Unternehmen vor dem Hintergrund der Tatsache, dass rund drei Viertel der circa 140 nationalen und internationalen Nachrichtenagenturen weltweit als staatliche Organe betrieben werden, sich im Staatsbesitz befinden oder maßgeblich von staatlichen Subventionen getragen werden.[9]

Die für die *dpa* gewählte Ownership-Struktur wird durch die konkreten Zahlen deutlich. So wird die *Deutsche Presse-Agentur GmbH* – Stand: 15. Januar 2024 – von insgesamt 173 Gesellschaftern getragen. Sie zusammen zeichnen ein derzeitiges Stammkapital in Höhe von 16,46 Millionen Euro. In § 4 des Gesellschaftsvertrags wird festgehalten, wer sich an der *dpa* beteiligen kann. „Gesellschafter" können demnach „nur Medienunternehmen sein. Als solche gelten insbesondere Verleger, Verlage und Rundfunkgesellschaften sowie Unternehmen, zu deren Unternehmensaktivitäten es auch gehört, journalistische Inhalte überwiegend eigenverantwortlich zu erstellen und zu verbreiten [...]."[10]

Zum Prinzip einer solchen von möglichst vielen Medienunternehmen getragenen Einrichtung gehört, dass die Dominanz einzelner Konzerne und Großverlage

dpa-Newsroom: Seit 2023 schlägt das journalistische Herz der Agentur in der Berliner Rudi-Dutschke-Straße.

verhindert werden soll. Dies wird durch entsprechende Klauseln erreicht, die eine Höchstgrenze festlegen, bis zu der ein Gesellschafter Anteile erwerben kann. Jedes Medienunternehmen kann sich an der *dpa* demnach mit maximal 1,5 % des Stammkapitals der Nachrichtenagentur beteiligen, im Rahmen einer Firmenzusammenlegung und auf Antrag beim Aufsichtsrat hin ausnahmsweise mit bis zu maximal 3 %. Eine Ausnahme von dieser Regel gilt nur für die Rundfunkanbieter. Für alle öffentlich-rechtlichen Rundfunkanstalten zusammen wird der Höchstbetrag auf 15 % des Stammkapitals begrenzt; die Summe der Stammeinlagen aller privaten Rundfunkgesellschaften darf die Summe der Stammeinlagen aller öffentlich-rechtlichen Rundfunkanstalten nicht übersteigen. Die Summe der Stammeinlagen sämtlicher Rundfunkgesellschaften wird auf 25 % des Stammkapitals begrenzt.

Konkurrenz und Kooperation

Das Geschäft mit den Nachrichten in der langen Geschichte der Nachrichtenagenturen ist voller Konkurrenzen und strategischer Kooperationen. Vor allem der deutsche Medienmarkt gilt seit jeher als besonders hart umkämpft. Derzeit ist die *dpa* die einzige Vollagentur in Deutschland und somit Marktführer. In ihrer 75-jährigen Geschichte hatte sie sich jedoch der Konkurrenz etlicher Mitbewerber zu erwehren.

Als eine Vollagentur, die ein breites Spektrum an Nachrichtenmaterial anbietet, stehen der *dpa* in Deutschland aktuell zwei Komplementäragenturen gegenüber. Die Weltagenturen *Thomson Reuters Deutschland GmbH* und *Agence France Press (AFP)* bieten deutschsprachige Dienste an. Mit *Associated Press (AP)* verbindet die *dpa* ein Vertrag, der sie zum exklusiven Vertriebspartner der New Yorker Agentur auf dem deutschen Markt macht, sodass sie den deutschen Dienst der *AP World News* und den *AP Photostream* anbieten kann.

Darüber hinaus ist der deutsche Nachrichtenmarkt mitbestimmt von zahlreichen Spezialagenturen. Diese konzentrieren sich bei ihren Aufgaben auf einzelne Themenfelder, vor allem auf Wirtschaft und Sport. So bietet die *Dow Jones News GmbH* in Deutschland als 100-prozentige Tochter der New Yorker Agentur *Dow Jones & Company* Finanznachrichten und Wirtschaftsdienste an. Der bereits 1946 in der britischen Besatzungszone ins Leben gerufene *Sport-Informations-Dienst (SID)* ist seit 1997 eine 100-prozentige Tochtergesellschaft der halbstaatlichen *Agence France Press (AFP)* und liefert vor allem Online-Nachrichten und Bildberichte zum Thema Sport. Die in der Öffentlichkeit bis heute bekanntesten Spezialagenturen sind die traditionsreichen Dienste des *Evangelischen Pressedienstes (epd)* und der *Katholischen Nachrichten-Agentur (KNA)*.

Informationsdienstleister

Die Diversifizierung des Nachrichtenagenturgeschäfts ist sicherlich eines der hervorstechendsten Merkmale, das bei der *dpa* zu beobachten ist. Peter Kropsch, seit 2017 CEO der *dpa*, spricht scherzhaft von der „Erbsünde" der Nachrichtenagenturen: „Vom Kerngeschäft kann eine Agentur nicht leben. Ich muss mir überlegen, wie ich mit meinen Kernkompetenzen in andere Geschäftsfelder oder Märkte gehe und welche innovativen Ideen dort funktionieren."[11] Um diesen Kern herum zieht sich ein breiter Diversifikationsbereich, der die *dpa* zu einem Dienstleistungsunternehmen mit einem Portfolio an Angeboten für ihre Kunden in der Medien- und Kommunikationsbranche macht.

Eine klassische Definition von Nachrichtenagentur wurde von Emil Dovifat, dem Doyen der Publizistik, in den 1930er Jahren formuliert. „Nachrichtenbüros" sind ihm zufolge „Unternehmen, die mit schnellsten Beförderungsmitteln Nachrichten zentral sammeln, sichten und festen Beziehern weiterliefern".[12] Doch eine solche Trias an Aufgaben trifft heute allenfalls den Kern einer modernen Nachrichtenagentur, der aus dem sogenannten general news service besteht. Um diesen GNS herum stellen Nachrichtenagenturen wie die *dpa* als Informationsdienstleister ein breit gefächertes Angebot von Text und Bild, von Ton und Video, von Infografik, Monitoring-Angeboten, Datenbanken zusammen. Sie entwickeln Multimedia-Services, orientiert an den Wünschen der Publisher, die sie als ihre Kunden betrachten. Speziell die *dpa* ist – das zeigen Studien etwa im Vergleich mit den Agenturen

Agence France Press in Frankreich und *Agencia EFE* in Spanien – „a rather highly diversified agency".[13] Dabei ist diese Auffächerung der „Dienste" keine Entwicklung allein der jüngsten Vergangenheit, und sie beschränkt sich nicht auf das Handeln der dpa-Verantwortlichen in der „turbulent era of the Internet".[14] Die 75-jährige Geschichte offenbart vielmehr, dass die Ausweitung des Angebots und die an den Bedürfnissen der Kunden und des Marktes orientierte Entwicklung von Nachrichtenprodukten eine Grundkonstante von Beginn an ist.

Großhändler und Schlüsselinstitution

Von dieser Vorstellung eines Dienstleisters im Medienbereich ausgehend, gilt es, ein zweites Charakteristikum festzuhalten. Nachrichtenagenturen arbeiten gleichsam im Hintergrund, wie in der Literatur oft formuliert wird. Sie sind keine Medienunternehmen, die selbst ein journalistisches Produkt auf den Markt bringen oder ihre Informationen veröffentlichen. Sie sind keine Publisher, sondern B2B-Unternehmen – also Business-to-Business-Unternehmen. Ihre Kunden sind Verlage, Redaktionen und andere Medienanbieter, nicht die Mediennutzerinnen und -nutzer selbst. Deshalb wird gern das Bild des Nachrichtengroßhändlers beziehungsweise des „wholesalers" bemüht, um diese Rolle „hinter den Medien" zu beschreiben.[15]

Ist ein solches Bild der Nachrichtenagentur eher defensiv, so unterstreicht ein anderes das große Selbstbewusstsein. Es stellt die Schlüsselfunktion in den Mittelpunkt, die den Nachrichtenagenturen im Mediensystem zukommt.[16] Eine Agentur wie die *dpa* bildet einen entscheidenden Faktor bei der Infrastruktur für die publizistische Informationsleistung der Medien. Sie ist der Ausgangpunkt, an dem eine Nachricht geschaffen wird, und sie ist ein Motor der Informationsgesellschaft. Das bekannteste Bild, das in diesem Zusammenhang von der *dpa* im Umlauf ist, bezeichnet die Agentur als „Wasserwerk der Medien". Nachrichtenagenturen stellen demzufolge mit dem Erarbeiten von Nachrichten, deren Prüfung und Aufbereitung die Grundlage des Nachrichtengeschäfts dar und sorgen als Motor für das Funktionieren des Nachrichtensystems. Im Sprachgebrauch der Metapher heißt das: Aus diesem „Wasser" können andere „sowohl Bier brauen als auch Cola machen oder es pures Wasser sein lassen", so Sven Gösmann, seit 2014 Chefredakteur der *dpa*, der hinzufügt: „Ich finde, das ist genau das, was unseren Charakter ausmacht."[17]

Die DNA der *dpa*

Das Bild vom „Wasserwerk der Medien" wird häufiger auch in einer abgewandelten Variante verwendet. Dieser zufolge ist die *dpa*, die als Nachrichtenagentur ebenso alt ist wie das Grundgesetz und die Bundesrepublik Deutschland, das „Wasserwerk der Demokratie". Wolfgang Büchner, Ex-Chefredakteur der *dpa*, prägte den Begriff im September 2010 bei der Eröffnung des Newsrooms der *dpa* in Berlin, als er ausführte: „Ich sehe die dpa als eine Art Wasserwerk der Demokratie. Wir wollen unseren Kunden in ganz Deutschland sauberes Wasser aus guten Quellen liefern." Aus der Sicht der Agentur wurde deutlich unterstrichen: „Die Information ist ein unverzichtbarer Bestandteil unseres täglichen Miteinanders. [...] Die dpa sorgt – wie ein Wasserwerk – dafür, dass Nachrichten in einer definierten Qualität abrufbar sind."[18] Bundespräsident Frank-Walter Steinmeier nahm den Vergleich zum Ausgangspunkt seiner Festrede zum 70-jährigen Jubiläum der *dpa* im Jahr 2019 und umschrieb, wie sehr Demokratie und Medien aufeinander angewiesen seien: „Denn die Demokratie braucht den Journalismus. Nicht irgendeinen Journalismus, auch keinen, der Geschichten erfindet oder manipuliert, sondern einen, der recherchiert, prüft und analysiert, bevor er publiziert [...]. Fakten sind Fakten, wenn sie von der dpa gemeldet werden."[19]

Nicht zufällig gehört der Grundsatz „Den Fakten verpflichtet" seit langem zur festen DNA der *dpa*. Ihre nachrichtenjournalistische Arbeit baut auf dem vielfach geäußerten Anspruch auf, „unabhängig", „überparteilich" und „zuverlässig" zu sein und einer freien und offenen Gesellschaft geprüfte Informationen zur Verfügung zu stellen. Damit stellt sie ihr Geschäft in die angloamerikanische Tradition eines „journalism of information", der auf Neutralität und Objektivität basiert, und grenzt sich von einem „journalism of opinion" ab.[20] „Nur in diesem Sinn kann eine Nachrichtenagentur parteilich sein", heißt es im dpa-Handbuch „Alles über die Nachricht", dass sie mit ihrer Arbeit für eine „offene Gesellschaftsordnung" eintritt: „Sie lebt von der Überzeugung, daß keine Lehre so rein, keine Regierung oder Institution so unantastbar und unfehlbar sein kann, daß sie sich nicht ständig an den Fakten kritisch messen lassen müßte."[21]

> Die Demokratie braucht den Journalismus. Nicht irgendeinen Journalismus, auch keinen, der Geschichten erfindet oder manipuliert, sondern einen, der recherchiert, prüft und analysiert, bevor er publiziert.
>
> *Frank-Walter Steinmeier*

Die *dpa* im Jahr 1949

Ein Zeitsprung in das Jahr 1949, 75 Jahre zurück. In Westdeutschland war mit der am 20. Juni 1948 durchgeführten Währungsreform die Grundlage für eine neue Wirtschaftsordnung gelegt worden. Mit der Unterzeichnung des Grundgesetzes im Mai 1949 begann die Geschichte der Bundesrepublik Deutschland; die Bundestagswahlen im August 1949 bereiteten den Weg zur konstituierenden Sitzung des ersten Deutschen Bundestags Anfang September 1949. In dieser Zeit der demokratischen Neuordnung erfolgte die Gründung der *Deutschen Presse-Agentur*. Ein notariell besiegelter Gesellschaftsvertrag hielt am 18. August die Struktur dieses neuen Unternehmens fest; am 1. September wurde die erste dpa-Meldung versandt. Die beiden Schlüsseldokumente erlauben eine Momentaufnahme der frisch aus der Taufe gehobenen Nachrichtenagentur in Westdeutschland.

In der charakteristischen Kleinschreibung von Agenturmeldungen verschickte der Aufsichtsrat der *Deutschen Presse-Agentur* die erste Meldung der *dpa*: „mit dem 1. September 1949 nimmt die [...] deutsche presse-agentur ihren dienst auf. die nachrichten fuer presse und funk werden zum erstenmal mit der abkuerzung dpa gekennzeichnet sein. [...] dpa wird die tradition der bisherigen deutschen nachrichten-agenturen fortsetzen und mit vereinten kraeften den ausbau des nachrichtenwesens betreiben. die pflege der objektiven nachricht und die unabhaengigkeit von jeder staatlichen, parteipolitischen und wirtschaftlichen interessengruppe werden das merkmal der neuen agentur sein [...]. das kennzeichen dpa muss vom ersten tage an das vertrauen der deutschen zeitungen, der deutschen oeffentlichkeit und der welt haben."[22]

Mit diesen Worten, gezeichnet vom Vorsitzenden und stellvertretenden Vorsitzenden des Aufsichtsrats, startete das Unternehmen. Es waren vollmundige Worte über ein Leitziel, mit dem die damals 882 dpa-Beschäftigten ihre Arbeit antreten sollten. Doch was ist eine „objektive Nachricht"? Und: Wie will man die „Unabhängigkeit" von Staat und Parteien, von Industrie und Wirtschaft gewährleisten – eine Unabhängigkeit, die „Vertrauen" schaffen soll und immer wieder unter Beweis gestellt werden muss?

Das zweite Schlüsseldokument gibt eine organisationsgeschichtliche Antwort auf diese Fragen. Dieses hält das „Statut" fest, also die Verfassung der neuen Nachrichtenagentur.[23] Die *dpa* wurde als „Gesellschaft mit beschränkter Haftung" (GmbH) gegründet. Deren Gesellschafter waren die beiden Nachrichtenagenturen aus der Besatzungszeit, der *Deutsche Pressedienst (dpd)* und die *Deutsche Nachrichtenagentur (DENA)* – ihrerseits zwei „eingetragene Genossenschaften mit beschränkter Haftpflicht". Im Herbst 1949 zeichneten *dpd* und *DENA* zu gleichen Teilen ein Stammkapital in Höhe von insgesamt 350.000 DM. Auf dieser eher schmalen finanziellen Basis sollte die von ihnen getragene Nachrichtenagentur arbeiten. Im Gesellschaftsvertrag wurde ausdrücklich die „Ausschüttung von Gewinn" ausgeschlossen (§ 13) und ein „Umlage-Prinzip" beschlossen für die „Unkosten [...], so-

```
+++ dpa 1 (inland)
deutsche presse-agentur nimmt dienst auf =

    hamburg, 1+9+49 (dpa)

    mit dem 1. september 1949 nimmt die am 18. august 1949 gegruendete
deutsche presse-agentur ihren dienst auf. die nachrichten fuer presse
und funk werden zum erstenmal mit der abkuerzung dpa gekennzeichnet
sein. mit dem gleichen tage erloeschen die bisherigen bezeichnungen
dpd und dena. wir verabschieden uns von diesen zeichen und gedenken
dabei der rastlosen arbeit, die nach dem zusammenbruch bis auf den
heutigen tag fuer die schaffung einer unabhaengigen deutschen
nachrichtengebung geleistet wurde. abs.

    dpa wird die tradition der bisherigen deutschen
nachrichten-agenturen fortsetzen und mit vereinten kraeften den
ausbau des nachrichtenwesens betreiben. die pflege der objektiven
nachricht und die unabhaengigkeit von jeder staatlichen,
parteipolitischen und wirtschaftlichen interessengruppe werden das
merkmal der neuen agentur sein. sie wird, nachdem auch die
nachrichtenagentur der franzoesischen zone sich anschliesst, der
erste grosse deutsche nachrichtendienst sein und eine besondere
aufgabe darin sehen, auch das ausland mit deutschen nachrichten zu
versorgen. das kennzeichen dpa muss vom ersten tage an das vertrauen
der deutschen zeitungen, der deutschen oeffentlichkeit und der welt
haben.

    der vorsitzende:            der stellvertretende vorsitzende:
    dr. a. betz, duesseldorf            hans heinrich, muenchen

    ende 1 010703

    e n d e
    +++
```

In der ersten Meldung der *dpa* vom 1. September 1949 wurden große Ziele formuliert.

weit sie nicht durch eigene Erträgnisse gedeckt sind". Damit war die *dpa* ein Non-Profit-Unternehmen.

Der „Gegenstand des Unternehmens" wurde in § 4, Absatz 1, mit einfachen Worten umrissen: „Gegenstand des Unternehmens ist das Beschaffen, Erwerben und Sammeln von Informationen, Nachrichten, Bild- und Kartenmaterial jeder Art sowie deren unentgeltliche Weitergabe." Der nächste Absatz machte den damit verbundenen journalistischen Anspruch deutlich: „Der Dienst des Unternehmens muss schnell, unparteiisch und unabhängig sein. Der Begriff der Unabhängigkeit enthält insbesondere die Verpflichtung, unabhängig zu bleiben von Einwirkungen und Einflüssen der Parteien, der Weltanschauungsgruppen, der Regierungen, von Wirtschafts- und Finanzgruppen und von den Besatzungsmächten." Die Formulierungen zeigen: Die *dpa* startete vier Jahre nach dem Zusammenbruch des NS-Regimes mit einem Auftrag, der dezidiert die junge Demokratie fördern sollte.

Das genossenschaftliche AP-Modell als Vorbild

Mit der genossenschaftlichen Organisationsstruktur der *dpa* wurde eine Rechtsform gewählt, die die neue Nachrichtenagentur weder als staatliche Einrichtung noch als kommerzielles Unternehmen begründete. Gegen beide Möglichkeiten sprachen die geschichtlichen Erfahrungen in Deutschland. Ein System der Presselenkung, wie es im „Dritten Reich" geschaffen worden war, sollte unter allen Umständen unterbunden werden. Ebenso galt es, ein privatwirtschaftliches, auf Gewinnmaximierung ausgerichtetes Unternehmensmodell auszuschließen. Das 1849 in Berlin von Bernhard Wolff gegründete *Wolffsche Telegraphenbüro* hatte sich in seiner Geschichte als anfällig für Einflussnahmen aus Industrie, Wirtschaft, Militär und Politik erwiesen.

So wurde ein drittes Modell gewählt, das der „public news agency". Vorbilder für genossenschaftliche Formen als Unternehmensorganisation, die bei der Entwicklung in den Nachkriegsjahren Pate standen, gab es seit längerem in einigen europäischen Ländern. So verdankte die *Schweizerische Depeschen-Agentur (SDA)* ihre Existenz einer Initiative der Zeitungsverleger im Jahr 1895, und entsprechend arbeitete seit 1934 in den Niederlanden das *Algemeen Nederlands Persbureau (ANP)*. Das berühmteste Vorbild jedoch lieferte die bewegte Geschichte der *Associated Press* in den USA. Trotz der Konkurrenz zu den privatwirtschaftlichen Agenturen auf dem US-amerikanischen und vor allem auf dem globalen Markt setzte sich *Associated Press (AP)* als eine von verschiedenen Zeitungsunternehmen getragene Genossenschaft durch, die mit dem ehernen Ziel von objektiven Nachrichten und einem Verständnis von „News" als einem „public good", einem gesellschaftlichen Wert, auftrat.[24]

Die westalliierten Siegermächte hatten dieses Modell vor Augen, als sie daran gingen, das Nachrichtenwesen in den besetzten Gebieten zu entstaatlichen und neu zu gründende Nachrichtenagenturen jeweils als eine „nonprofit cooperative of its newspaper firm members" zu etablieren.[25] Auch außerhalb von Europa wurde dies umgesetzt. In Tokio wurde im November 1945 die japanische Nachrichtenagentur *Kyōdō* als ein solches Non-Profit-Unternehmen gegründet, das die bis dahin existierende staatliche Agentur *Domei* ablöste. Auf dem europäischen Kontinent nahm bereits im Januar 1945 die von den Tageszeitungen getragene *Agenzia Nazionale Stampa Associata (ANSA)* ihre Arbeit im befreiten Italien auf. Im von den Alliierten kontrollierten Österreich wurde die amtliche Nachrichtenstelle im September 1946 in die *Austria Presse Agentur (APA)* als privatwirtschaftlich organisierte Nachrichtenagentur im Eigentum mehrerer österreichischen Zeitungen umgewandelt.[26]

In der amerikanischen, britischen und französischen Besatzungszone in Deutschland wurden die Zonenagenturen *DENA*, *dpd* sowie die *Südwestdeutsche Nachrichtenagentur (SÜDENA)* schon bald in deutsche Hände überführt. Sie waren Genossenschaften mit den Lizenzen der jeweiligen Militärregierungen und wurden von den Lizenzverlegern in den neu gegründeten zonalen Zeitungsverlegerverbänden getragen. (→3 | Aufbaujahre)

Das Zentrum dieses Ordnungsmodells bildete die Idee einer binnenpluralistischen Kontrolle. Bei der Gründung der *dpa* standen hinter der *DENA* 51 Lizenzverleger als Genossen; hinter dem *dpd* weitere 45 Lizenzverleger als Genossen; die Agentur *SÜDENA* in der französischen Zone hatte sich im August 1949 bereits mit

„Gegenstand des Unternehmens ist das Beschaffen, Erwerben und Sammeln von Informationen, Nachrichten, Bild- und Kartenmaterial jeder Art.
Statut der dpa

dem *dpd* zusammengeschlossen. Diese von den westalliierten Militärregierungen lizenzierten Verlage deckten ein breites politisches Spektrum ab und versprachen somit eine gegenseitige Kontrolle. Das Zwischenkonstrukt mit den beiden Genossenschaften war ein noch kurzfristig existierendes Erbe aus der Besatzungszeit. Es fiel schon bald darauf weg. Am 16. Juli 1951 trugen 181 Vertreter von Verlagshäusern und Rundfunkanstalten die Nachrichtenagentur *dpa*.

Die große Zahl derer, die sich zusammengetan hatten, um eine Nachrichtenagentur zu unterhalten, beförderte das erklärte Ziel der Unabhängigkeit. Nicht nur große Unternehmen sollten von der Agenturarbeit profitieren, sondern auch mittlere und kleinere. Die Mindesteinlage wurde daher mit 2.000 DM sehr niedrig angesetzt. Gleichzeitig wurde dafür gesorgt, dass kein Gesellschafter eine dominierende Stellung aufbauen konnte. Die Obergrenze für Einzelverleger oder Verlagsgesellschaften wurde zunächst auf ein Prozent des Stammkapitals festgelegt. Die Stammeinlage aller Rundfunkgesellschaften zusammen durfte zehn Prozent nicht überschreiten.

Düstere Geschäftszahlen und hohe Ansprüche

Den weitblickenden Gründungsdokumenten stehen die nackten Zahlen der Anfangsmonate gegenüber. Der Blick in die Geschäftsunterlagen offenbart, wie wenig komfortabel die Ausgangssituation der *dpa* in ihrem Gründungsmoment war. Personalabbau, Kapitalknappheit und unklare Rechtsverhältnisse gehörten zu den Startbedingungen.

Von den knapp 900 Männern und Frauen, die 1949 bei der *dpa* arbeiteten, waren 206 als Redakteure und 241 als sogenanntes „redaktionelles Hilfspersonal" fest angestellt; 269 arbeiteten im Verlag beziehungsweise in der Technik und 166 in der Verwaltung.[27] Bereits der Vergleich mit der Anzahl von 697 Beschäftigten bei der *dpa GmbH* im Geschäftsjahr 2022 lässt erahnen, dass die aus der Fusion der Zonenagenturen entstandene *dpa* die undankbare Aufgabe hatte, eine Reduzierung des Personals vorzunehmen.

Die Zahlen des ersten „Rumpf-Geschäftsjahres" vom 1. September bis 31. Dezember 1949 sind als Gewinn- und Verlustrechnung nicht mit späteren Geschäftszahlen zu vergleichen. Aufwendungen und Erträge stehen sich mit 4,1 Millionen DM ausgeglichen gegenüber. Bemerkenswert ist, dass bei den Erträgen 2,3 Millionen DM auf Kostenanteile entfallen, also auf Umlagen von den Gesellschaftern. Reine Nachrichtenerlöse von Wort und Bild belaufen sich dem gegenüber auf 1,8 Millionen DM. In der Bilanz von Aktiva und Passiva fallen die hohen Rückstellungen und Verbindlichkeiten auf.[28] Der *dpa* standen schwere Bewährungsproben bevor.
(→ 4 | Bewährungsjahre)

Dem wollte man mit reichlich Anfangselan begegnen. Das Verständnis von Nachrichten als einem Wert in der Gesellschaft, von „News" als einem „public good", bildete den Kern der journalistischen und unternehmerischen Arbeit. In einer dpa-Broschüre zum einjährigen Bestehen am 1. September 1950 versprach man: „Die *Deutsche Presse-Agentur GmbH* ist eine private Gesellschaft. Sie hat keinen offiziellen Auftrag und keine offizielle oder offiziöse Bindung. Sie dient der objektiven, zuverlässigen und schnellen Unterrichtung der Öffentlichkeit, der deutschen und ausländischen Presse. Ihre Geschäftsanteile sind in den Händen deutscher Zeitungsverleger."[29]

Anmerkungen

1. Webseite der dpa: https://www.dpa.com/de/ueber-die-dpa (29.1.2024).
2. Rasmus Kleis Nielsen; Meera Selva: More Important, But Less Robust? Five Things Everybody Needs to Know about the Future of Journalism. January 2019. Online: https://reutersinstitute.politics.ox.ac.uk/sites/default/files/2019-01/Nielsen_and_Selva_FINAL_0.pdf (2.2.2024).
3. Vgl. vor allem das an der London School of Economics and Political Science angesiedelte Verbundprojekt „The Future of National News Agencies in Europe", das 2019 seine Ergebnisse vorlegte: Rantanen et al. (2019).
4. Herlyn 2004, 247.
5. Vgl. Otfried Jarren: Die Medienpolitik ist am Zug. „News Avoidance" ist eine Folge der Medienkrise. In: epd medien, 24.11.2023, 3-7.
6. Vgl. Keller/Eggert 2023 sowie die Pressemeldung des BDZV vom 13.2.2024, in der er seine mit der Unternehmensberatung HIGHBERG erstellte Studie „Trends der Zeitungsbranche 2024" vorstellt. Online: https://www.bdzv.de/service/presse/pressemitteilungen/2024/trend-der-zeitungsbranche-2024 (13.2.2024).
7. Online: https://geschaeftsbericht.dpa.com/de/2022/nachhaltigkeit-oekologische-und-soziale-ziele (29.1.2024).
8. Vgl. Jääskeläinen/Yanatma 2019.
9. Vgl. Segbers 2007, 16; Rantanen/Boyd-Barrett 2001.
10. Gesellschaftsvertrag in der Fassung des Beschlusses der Gesellschafterversammlung vom 28. Juni 2023. dpa. Unternehmenskommunikation.
11. Peter Kropsch im Interview mit Hans-Ulrich Wagner, 8.6.2023.
12. Dovifat 1976, 91. Emil Dovifats Handbuch „Zeitungslehre I. Theoretische und rechtliche Grundlagen. Nachricht und Meinung. Sprache und Form" erschien in erster Auflage 1931.
13. Vyslozil/Surm 2019, 6.
14. Boyd-Barrett 2010.
15. Vgl. Rantanen et al. 2019; Boyd-Barrett 2010; Boyd Barrett 1997; Minet 1977.
16. Zschunke 2001.
17. Sven Gösmann im Interview mit Hans-Ulrich Wagner, 11.5.2023.
18. Wolfgang Büchner: Rede zur Eröffnung des dpa-Newsrooms, 15.9.2010. Videoaufzeichnung. Online auf dem Online-Archiv-Blog des freien Medienjournalisten Jörg Wagner: https://www.wwwagner.tv/?p=2242.
19. Frank-Walter Steinmeier, Festrede des Bundespräsidenten. In: Den Fakten verpflichtet. 70 Jahre dpa, 73-81.
20. Vgl. Grüblbauer/Wagemann 2020, 802; Boyd-Barrett/Rantanen 1998, 1ff.; Chalaby 1996.
21. Die Redaktion der dpa und ihre Grundsätze. In: Alles über die Nachricht. Das dpa-Handbuch 1998, 13f.; Zitat, S. 13.
22. dpa. Unternehmensarchiv.
23. dpa. Unternehmensarchiv. Aufsichtsrat. Protokolle. 1949.
24. Vgl. die ganz aus diesem Ethos heraus verfasste AP-Geschichte von Oliver Gramling (1940) und das „Preface" von AP-Präsident Thomas Curley in der Festschrift „Breaking News" (2007, 18f.). Die Kämpfe um dieses Ideal beleuchten die Studie von Stephen Shmanske (1986) und das Kapitel „Cartel or Free Trade: Supplying the World's News, 1856-1947" in Jonathan Silberstein-Loebs Darstellung der „The international distribution of news" (2014, 196ff.).
25. Shmanske 1986, 56.
26. Vgl. Dörfler/Pensold 2001, 407ff.
27. dpa-Geschäftsbericht 1952, 4. dpa. Unternehmensarchiv.
28. dpa-Geschäftsbericht 1949/50, 3-7. dpa. Unternehmensarchiv.
29. dpa. Unternehmensarchiv.

Walter E. Brell berichtete bis 1945 für das *DNB* aus Istanbul, Ankara und Zagreb. Presseausweis für die *Telegraphen-Union* vom 5. Januar 1933.

2

Im Dienst des Staates

Presselenkung im Nationalsozialismus

Organisation und Arbeitspraxis der *dpa* in den Nachkriegsjahren waren in vielfacher Hinsicht eine unmittelbare Reaktion auf die zwölfjährige Diktatur des „Dritten Reiches". Die Indienstnahme der Medien durch den Staat galt es ein für alle Mal auszuschließen. Mit dem Ende der Weimarer Republik hatten die Nationalsozialisten ein umfassendes System der staatlichen Medienkontrolle und speziell der Presselenkung aufgebaut. Viele deutsche Journalistinnen und Journalisten waren von diesen Erfahrungen zwischen 1933 und 1945 stark geprägt. Mitunter hatten sie für Zeitungen oder für die beiden großen Nachrichtenagenturen *Deutsches Nachrichtenbüro* und *Transocean* gearbeitet und hatten die Zentralisierung der staatlichen Kontrolle der Medien erlebt. Zu diesem Gesamtbild gehört auch ein Blick auf zwei internationale Versuche, gegen die NS-Vorherrschaft vorzugehen beziehungsweise auf dem Nachrichtenmarkt mit dem NS-System zusammenzuarbeiten.

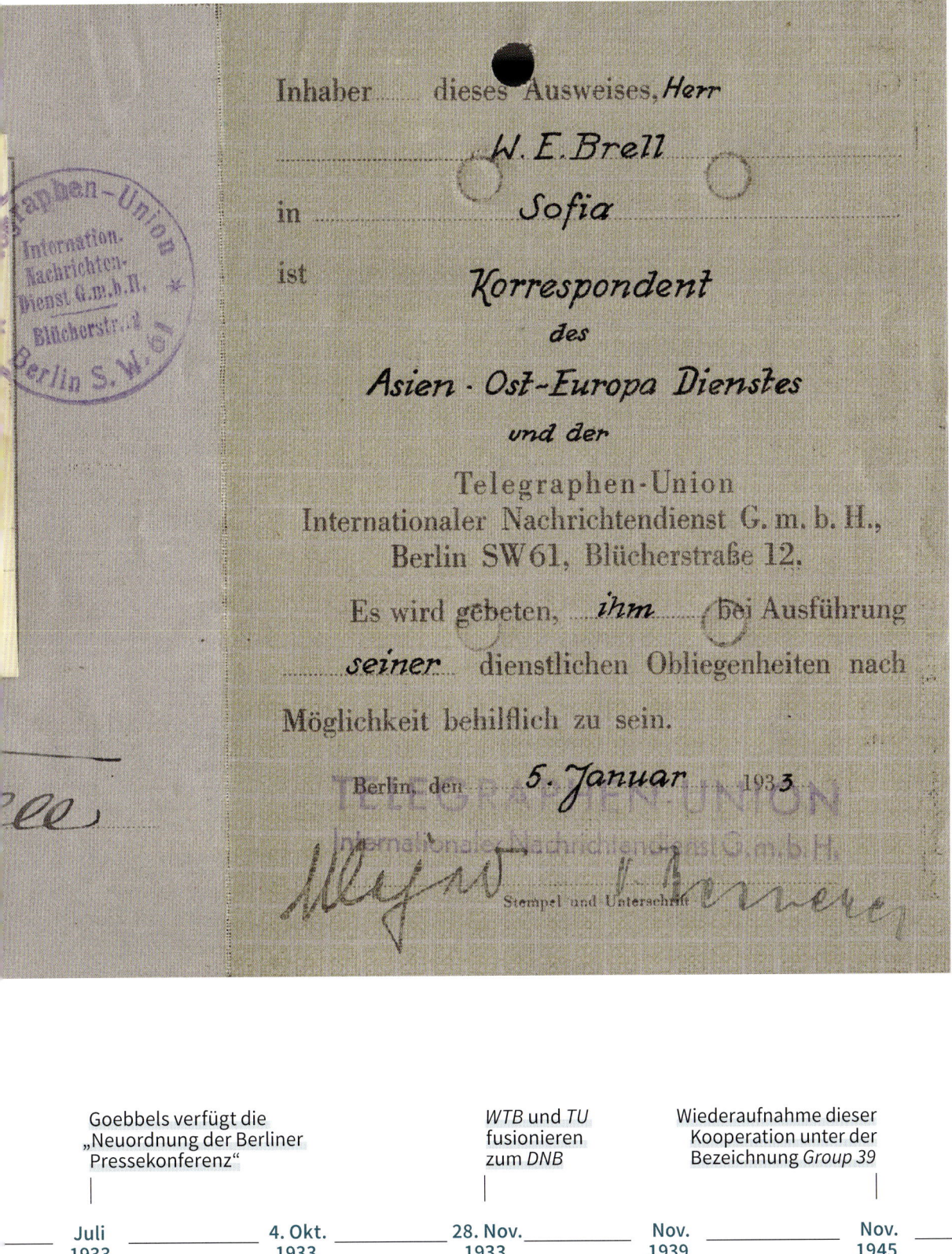

	Goebbels verfügt die „Neuordnung der Berliner Pressekonferenz"		*WTB* und *TU* fusionieren zum *DNB*	Wiederaufnahme dieser Kooperation unter der Bezeichnung *Group 39*	
Juli 1933		4. Okt. 1933	28. Nov. 1933	Nov. 1939	Nov. 1945
		Das „Schriftleitergesetz" tritt in Kraft. Die Presse wird als öffentliche staatliche Aufgabe definiert		Gründung der *Hell Commune* als Kooperation internationaler Agenturen	

Medien als Machtinstrumente

Nach dem Ende der nationalsozialistischen Herrschaft waren manche Zeitgenossen geneigt, die Kontrolle des NS-Staates in den zurückliegenden zwölf Jahren als umfassend zu beschreiben. Dessen System der Presselenkung habe keine Auswege geboten, der eigene Spielraum für wie immer auch geartetes widerständiges Handeln sei allzu begrenzt gewesen. „Presse in Fesseln" und „Presse in der Zwangsjacke" lauteten die Titel zweier Publikationen, die 1947 und 1965 erschienen; ähnlich äußerten sich weitere Veröffentlichungen über die „Publizistik im Dritten Reich".[1] Andere wiederum betonten, sie hätten als Journalistinnen und Journalisten die hier und da verbleibenden Freiräume genutzt und auf subtile Weise nicht-konforme Meinungen geäußert – Aussagen, die nur schwer zu überprüfen sind.[2] Wieder andere Medienschaffende wie der spätere Chefredakteur der *dpa*, Fritz Sänger, der von 1935 bis 1945 für die „Frankfurter Zeitung" und das „Neue Wiener Tagblatt" gearbeitet hatte, machten es sich zur Lebensaufgabe, über den „Mißbrauch der Presse im Dritten Reich" aufzuklären und streitbar gegen jede „Politik der Täuschungen" anzugehen.[3] (→Journalismus und Politik: Fritz Sänger)

Zutreffend ist, dass die NS-Machthaber von Januar 1933 an versuchten, alle Medien – den Rundfunk, das Verlagswesen, das Filmschaffen und vor allem die Presse – zu kontrollieren und über sie als Machtinstrumente des Staates zu verfügen.[4] Auf der rechtlichen Ebene der Presselenkung wurde ein ganzes Bündel an Verordnungen und Gesetzen genutzt, um die existierenden Strukturen aus der Weimarer Zeit zu zerschlagen und die vielfältige Presselandschaft zu zerstören, die zwischen 1918/19 und 1932/33 entstanden war. Mithilfe der Verordnungen „Zum Schutz des deutschen Volkes" und „Zum Schutz von Volk und Staat" wurden die Pressefreiheit und das Recht auf freie Meinungsäußerung ausgesetzt; es konnten Zeitungsverbote verhängt und die kommunistische und sozialdemokratische Presse ausgeschaltet werden. Auf Basis des „Gesetzes zur Wiederherstellung des Berufsbeamtentums" wurden von April 1933 an jüdische und politisch unliebsame Mitarbeiterinnen und Mitarbeiter im öffentlichen Dienst an der Ausübung ihres Berufs gehindert. Das sogenannte „Schriftleitergesetz" vom Oktober 1933 schließlich „schaltete" die „Schriftleiter" in Deutschland gleich, also alle Redakteure. Es regelte die Zulassungsvoraussetzungen für den Beruf, definierte die Arbeit von Journalistinnen und Journalisten als eine öffentliche Aufgabe und verpflichtete diese somit zur Loyalität gegenüber dem NS-Staat.

„Volksaufklärung" und Propaganda

Im Zentrum der institutionellen Ebene der NS-Presselenkung stand ein Machtapparat, mit dem die Medien und alle Medienschaffenden kontrolliert werden sollten: das neu geschaffene „Reichsministerium für Volksaufklärung und Propaganda" (RMVP). Dessen Gründung war in den Wochen nach der sogenannten „Machtergreifung" der Nationalsozialisten vom 30. Januar 1933 keineswegs so zwangsläufig erfolgt, wie es Joseph Goebbels später darstellte. Es kostete den Reichspropagandaleiter einige Mühe, nach den Reichstagswahlen am 5. März einen Kabinettsbeschluss und schließlich den Erlass des Reichspräsidenten zur Errichtung des neuen Ministeriums vom 13. März 1933 zu erwirken. Offiziell nahm das Ministerium zum 1. April 1933 seine Arbeit auf, doch es dauerte noch, bis Goebbels im innerministeriellen Konkurrenzkampf immer mehr Kompetenzen auf sein Ministerium vereinen konnte. Am 1. Oktober 1933 lag der Geschäftsverteilungsplan des RMVP vor.[5]

Sieben Abteilungen umfasste das neu geschaffene regelrechte Super-Ministerium. Die Abteilung IV „Presse" leitete Kurt Jahncke (1898 – 1962). Der promovierte Redakteur war erst seit Juli 1933 in Berlin im RMVP tätig. Er brachte Erfahrungen als Syndikus des Industrie- und Handelsverbands und als Vorsitzender des Gewerbe- und Handelsvereins in Oldenburg mit, hatte als Wirtschaftsredakteur bei den „Oldenburger Nachrichten" gearbeitet und war mit der Tochter des Oldenburger Verlegers Theodor Friedrich Oskar Scharf verheiratet.

Die Struktur des Ministeriums kaschierte indes nur vordergründig die komplexen Machtverhältnisse. Ungenaue Zuständigkeiten sowie Überschneidungen der Kompetenzen waren an der Tagesordnung. Im Fall des Pressewesens bildeten die Regierungs-

> „Mithilfe staatlicher Verordnungen wurden die Pressefreiheit und das Recht auf freie Meinungsäußerung außer Kraft gesetzt."

funktionäre Walther Funk, Otto Dietrich und Max Amann eine wichtige Rolle. Max Amann (1891 – 1957) vereinigte die Ämter des Reichsleiters für die Presse der NSDAP, des Präsidenten der Reichspressekammer und des Vorstandsvorsitzenden des Vereins Deutscher Zeitungsverleger auf sich. Otto Dietrich (1897 – 1952) war Parteipressechef und Vorsitzender des Reichsverbands der Deutschen Presse, und Walther Funk (1890 – 1960) hatte den Titel eines „Reichspressechefs" und war als Staatssekretär im RMVP für die Abteilungen I (Verwaltung) und IV (Presse) zuständig.

Die Pressekonferenzen der Reichsregierung

Als das wirksamste Mittel auf der inhaltlichen Ebene der Presselenkung erwiesen sich die täglichen Pressekonferenzen der Reichsregierung in Berlin. Konferenzen, auf denen sich Journalisten und Regierungsvertreter austauschten, bildeten schon vor 1933 eine feste Einrichtung im Zusammenspiel von Politik und Medien. Doch unmittelbar im Zusammenhang mit der Errichtung seines Ministeriums verfügte Goebbels eine „Neuordnung der Berliner Pressekonferenz" zum 1. Juli 1933. Diese ab jetzt an sechs Tagen der Woche stattfindenden Reichspressekonferenzen fanden unter dem Vorsitz von Kurt Jahncke statt und waren nun ganz von der Idee des „Führerprinzips" geprägt. „Mit dieser Umgestaltung behielt sich das Ministerium die Möglichkeit vor, die Regeln, nach denen die Pressekonferenzen ablaufen sollten, selbst zu bestimmen. Dazu gehörte die Auswahl der Journalisten, die zu den Versammlungen geladen wurden. Wer zur Pressekonferenz zugelassen war und einen Ausweis erhalten hatte, der mußte sich an die neuen Bestimmungen, wie mit den amtlichen Informationen zu verfahren sei, halten, andernfalls drohte der Ausschluß."[6]

Bei den „neuen Bestimmungen", mit denen die handverlesenen Korrespondenten der größeren Zeitungen in Berlin in mündlich vorgetragenen Ausführungen gebrieft wurden, konnte es sich um regelrechte Anweisungen handeln, die so von den Zeitungen zu übernehmen waren; es konnten Anregungen sein, wie eine politische Maßnahme darzustellen sei, die daher einen gewissen Freiraum für die Formulierungen offen ließen; es konnte sich aber auch um Hintergrundinformationen handeln, die vertraulich gegeben wurden und der Geheimhaltung unterlagen. Die Journalisten sollten sich Notizen machen und die mündlich gegebenen Anweisungen an ihre Redaktionen übermitteln. Danach waren sie verpflichtet, ihre Mitschriften zu vernichten.

Zwischen Sommer 1933 und Kriegsbeginn im September 1939 erfolgten auf diesem Weg schätzungsweise 15.000 Presseanweisungen des NS-Regimes, gefolgt von 60.000 bis 80.000 Anweisungen während der Kriegsjahre. Die groß angelegte Edition der NS-Presseanweisungen, die Hans Bohrmann und Gabriele Toepser-Ziegert zwischen 1984 und 2001 am Dortmunder Institut für Zeitungsforschung erarbeiteten,[7] wäre nicht möglich gewesen, wenn sich alle Teilnehmer der Presse-

Handschriftliche Notiz von Fritz Sänger bei der Vorbereitung der Edition der NS-Presseanweisungen.

konferenzen an die Auflage gehalten hätten, ihre Aufzeichnungen zu vernichten. Einige wenige Journalistinnen und Journalisten widersetzten sich.

Einen der umfangreichsten Bestände erstellte Fritz Sänger als Korrespondent der „Frankfurter Zeitung" und rettete dieses brisante Material über das „Dritte Reich" hinweg. Der spätere Chefredakteur der dpa hatte häufig in Pressekonferenzen mitstenografiert und sich Notizen gemacht zu Erläuterungen, die per Fernschreiben oder in einem Telefonat aus dem Ministerium an die Redaktion gingen. 1975 brachte Sänger sein Buch „Politik der Täuschungen" heraus, in dem er eine Auswahl von „Weisungen, Informationen und Notizen" der Jahre 1933 bis 1939 veröffentlichte. Er verfolgte damit ein explizit aufklärerisches Ziel: „Wer dieses Buch liest, soll die Zeit erkennen können, in der geschehen ist, was niemals wieder geschehen darf, nicht in unserem Lande und nicht in einem anderen. Deshalb, nur deshalb wurde dieses Buch geschrieben."[8] Auch die wissenschaftliche Edition, die ein Jahrzehnt später startete, hatte im Zusammenhang mit der Pressegeschichtsforschung über die Jahre 1933 bis 1945 ein entsprechendes Anliegen. „Deshalb kommt den sogenannten Presseanweisungen nicht nur für die Erkenntnis der Lenkungsmechanismen der nationalsozialistischen Publizistik Bedeutung zu, sondern wir haben es mit Quellen zu tun, deren systematische Auswertung Aussagen über die Arbeitssituation der Journalisten und ihrer Redaktionen zuläßt [...]."[9]

Nachrichtenagenturen im nationalsozialistischen Deutschland

Ein weiteres Element im komplexen System der nationalsozialistischen Presselenkung bilden die Nachrichtenagenturen. Im Deutschen Reich gab es nach 1933 mehrere kleinere Agenturen oder Spezialagenturen wie beispielsweise die *Europapress*, die *Eildienst für amtliche und private Handelsnachrichten GmbH*, den *Drahtlosen Dienst* und den *Evangelischen Pressedienst*.[10] Die entscheidende Rolle im „Dritten Reich" spielten jedoch zwei Nachrichtenagenturen: das *Deutsche Nachrichtenbüro (DNB)* als Hauptnachrichtenbüro und die im Ausland arbeitende Agentur *Transocean (TO)*.

Das *Deutsche Nachrichtenbüro*

Aus wirtschaftlichen Gründen und auf politischen Druck hin fusionierten Ende 1933 zwei traditionsreiche Agenturunternehmen: die *Continental Telegraphen-Compagnie Wolff's Telegraphisches Büro Aktiengesellschaft* und die *Telegraphen-Union International Nachrichtendienst mit beschränkter Haftung*. Am 28. November 1933 gab man die „Neuordnung des deutschen Nachrichtenwesens" bekannt und versprach, dass die neue *Deutsches Nachrichten-Büro Gesellschaft mit beschränkter Haftung* zum 31. Dezember 1933 ihre Arbeit aufnehmen werde.[11] Von den sieben Gesellschaftern, die den neuen Gesellschaftervertrag im Dezember 1933 unterzeichneten, spielte Max Winkler als Geschäftsführer der „Cautio"-Treuhandgesellschaft die entscheidende Rolle. Denn nach außen sollte *DNB* als unabhängige Agentur erscheinen, sodass aus Tarnungsgründen die privatwirtschaftliche „Cautio"-Holding die Anteile erwarb, de facto sich jedoch sämtliche Anteile der neuen Gesellschaft in Reichsbesitz befanden und *DNB* somit zu einem Regierungsorgan wurde. Obwohl die Mitarbeitenden des *DNB* keinen beamtenrechtlichen Status erhielten und die Finanzaufsicht nach außen hin nicht komplett dem Reichsministerium für Volksaufklärung und Propaganda unterstellt wurde, war die *DNB* ein Teil von Goebbels' Machtapparat.[12] Das *DNB* zog in das Stammhaus des *Wolffschen Telegraphenbüros* und nahm seinen Sitz im Berliner Zeitungsviertel in der Charlottenstraße, Ecke Zimmerstraße.

Als Teil der Pressestelle der Reichsregierung war das *DNB* keine Nachrichtenagentur auf einem freien Pressemarkt, sondern bildete ein Instrument der Regierungskommunikation. Otto Mejer (1888–1959), der das *DNB* leitete, schlug klare Töne an, wenn er dem „tendenzlosen Nachrichtendienst" eine Absage erteilte.[13]

Rund 1.600 Mitarbeitende des *DNB* waren direkt an der inhaltlichen Presselenkung im NS-Staat beteiligt, sie sammelten und gestalteten die Nachrichten nicht nur nach journalistischen, sondern auch nach ideologisch geprägten Gesichtspunkten und vermittelten sie. Dabei unterschied man im *DNB* verschiedene Vertraulichkeitsstufen, die mit den Farben Grün, Gelb, Blau, Rot und Weiß gekennzeichnet wurden. So war der sogenannte „grüne Dienst" für alle Redaktionen freigegeben, der Geheimhaltungsgrad verschärfte sich bis zum „weißen Dienst", der streng geheime Informationen für die höchsten Staats- und Parteifunktionäre beinhaltete.

Zu den Aufgaben des *DNB* gehörte zuallererst die Versorgung der deutschen Presse mit Deutschland- und Auslandsnachrichten. Aber auch der ausländischen Presse wurden vom *DNB* Nachrichten über Deutschland oder Auslandsnachrichten aus deutscher Perspektive angeboten. Eine dritte Funktion übernahm die zentrale Nachrichtenagentur mit der Aufgabe, deutsche Amts- und Parteistellen mit einem Informationsdienst zu beliefern. Diese große staatliche Agenturmaschine in Berlin mit einem weitverzweigten Netz von untergeordneten Landesbüros und Zweigstellen im Deutschen Reich sowie von Verbindungsstellen im Ausland fungierte als „Transmissionsriemen eines parteipolitischen Willens in die Presse hinein".[14]

Das *DNB* arbeitete mit vielerlei Einschränkungen bis in die letzten Kriegstage. Die Zentrale, die wegen der Luftangriffe auf Berlin von Februar 1943 an in einen Bunker nach Buckow verlegt worden war, wurde Ende April 1945 geräumt. Die letzte Zweigstelle, die zu diesem Zeitpunkt noch senden konnte, befand sich in Hamburg.[15]

> Der tendenzlose Nachrichtendienst ist eine Utopie gleich der des ewigen Friedens.
> *Otto Mejer*

Es gab personelle Kontinuitäten, die von der Arbeit beim *DNB* zu einer Beschäftigung bei den zonalen Nachrichtenagenturen und bei der *dpa* führten. Der Journalist Walter E. Brell ist ein solcher Fall. Als Vertreter des *DNB* in Istanbul, Ankara und Zagreb von 1934 bis 1945 bestritt er 1947 im Untersuchungsausschuss für Politische Säuberung in Freiburg im Breisgau, NS-Propaganda verbreitet zu haben, und wurde als Mitläufer eingestuft. Er startete nach Kriegsende als Schriftleiter bei der Nachrichtenagentur *SÜDENA* in Baden-Baden, wurde Redakteur im dpa-Landesbüro in Baden-Baden und wurde von Fritz Sänger 1951 als Auslandskorrespondent berufen. (→ 5 | Weltnachrichten)

Ein spektakulärer Fall ist die Berufung von Max Freiherr Besserer von Thalfingen zum Geschäftsführer der *dpa* im Oktober 1951. Der Adelige war lange Zeit beim *DNB* tätig gewesen und hatte die Geschicke der NS-Agentur von Februar 1939 an als 2. Geschäftsführer und stellvertretender Vorsitzender des Vorstands gelenkt. (→ 4 | Bewährungsjahre)

Nach dem Untergang des „Dritten Reiches" war das *DNB* als zentrale NS-Einrichtung Gegenstand von juristischen und politischen Fragen. Zum einen hatte die amerikanische Militärregierung das DNB-Vermögen beschlagnahmt und verfolgte eine ordnungsgemäße Auflösung des Unternehmens. Die Liquidation wurde zwischen 1952 und 1957 durchgeführt, die *DNB GmbH* im Dezember 1957 aus dem Handelsregister gelöscht. Zum anderen hatten ehemalige DNB-Mitarbeitende im

Presseausweis Walter E. Brell für das *DNB*, ausgestellt am 25. September 1944 für Kroatien.

Februar 1953 in Hamburg eine „Interessengemeinschaft Deutsches Nachrichtenbüro e.V." gegründet, um als staatliche Angestellte anerkannt zu werden und entsprechende Versorgungsansprüche anmelden zu können. Die Interessengemeinschaft argumentierte, dass „das DNB eine staatliche, allerdings als privatwirtschaftliches Unternehmen getarnte Einrichtung war."[16]

Das Anliegen der „Interessengemeinschaft" beschäftigte noch ein Jahrzehnt später sogar den Deutschen Bundestag. In der Drucksache vom 2. Juni 1966 kamen die Minister des Innern und für Arbeit und Sozialordnung zu dem Schluss, dass keine rechtliche Verpflichtung bestehe, „diesen Personen aus Bundesmitteln eine zusätzliche Versorgungsleistung zu gewähren."[17]

Die *Transocean GmbH*

Im Gegensatz zum *Deutschen Nachrichtenbüro*, das 1933/34 aus einer Fusion entstanden war, existierte die Auslandsnachrichtenagentur *Transocean GmbH* bereits seit 1915. Doch auch sie wurde über Treuhänder vom NS-Staat erworben und faktisch zu einem Regierungsorgan. Schnell und bereitwillig schwenkte man auf den politischen Kurs der neuen Machthaber ein, waren diese doch sehr an der Verbreitung von Nachrichten im außereuropäischen Ausland interessiert. Vor allem das Auswärtige Amt stellte finanzielle Mittel zur Verfügung und baute das Unternehmen personell und technisch aus. Formal waren das *DNB* und die *TO* getrennte Einrichtungen, nicht selten wurden sie allerdings Teil der internen Rivalität im nationalsozialistischen Machtapparat zwischen den Ministern Goebbels und von

Ribbentrop beziehungsweise zwischen dem Reichsministerium für Volksaufklärung und Propaganda und dem Auswärtigen Amt.

Bei der Versorgung der Medien jenseits der Grenzen des Deutschen Reichs mit Nachrichten aus Deutschland war es von Vorteil, dass *Transocean* behaupten konnte, ein privatwirtschaftliches Unternehmen zu sein. Viele Zeitungen und Rundfunksender im Ausland hatten Verträge mit *TO* geschlossen und übernahmen die Texte und Fotos der Agentur.[18] Erst in den Kriegsjahren kündigten immer mehr Abnehmer die Abonnements, und viele Staaten verhängten eine Schließung der TO-Büros. So ermittelten US-Behörden 1940 gegen die TO-Mitarbeiter in den USA und kamen zu dem Ergebnis, dass aus der früheren „legitimate news-disseminating agency", vergleichbar mit *AP* oder *UP*, im NS-Staat eine Agentur geworden sei „for the dissemination of Nazi propaganda"; das „Hitler regime" nutze *Transocean* als Organisation, die auch geheimdienstlich arbeite.[19] Die TO-Mitarbeiter wurden aus den USA ausgewiesen. Vor allem südamerikanische Staaten folgten diesem Schritt Anfang der 1940er Jahre.

Auch die Briten beobachteten die Aktivitäten der *Transocean* auf dem umkämpften Nachrichtenmarkt sehr genau und wussten um die Gefahr geheimdienstlicher Arbeit im Empire und ihren Einflussgebieten. Sie erkannten die Vermischung von Information und Propaganda. Die Historikerin Heidi Tworek kommt zu dem Ergebnis, dass „the blurred boundaries between journalists, propagandists, and spies" charakteristisch für die Arbeit der *Transocean* wurde.[20]

Trotz allen Erfolgs, den die Auslandsagentur vorweisen konnte, kam 1943 ihr Ende. Den NS-Machthabern gingen die finanziellen Ressourcen aus, um den kostspieligen Apparat aufrechtzuerhalten. *Transocean* – für das außereuropäische Ausland zuständig – wurde mit dem europäischen Nachrichtendienst *Europapress* fusioniert. Eineinhalb Jahre arbeitete das Unternehmen *Transocean-Europapress* noch, bevor im Mai 1945 in Europa der Krieg endete und der NS-Staat besiegt war.

Doch mit *Transocean* verbindet sich noch eine zweite Geschichte. Viele berufserfahrene Mitarbeiter kehrten aus ihren weltweiten Einsatzgebieten nach Deutschland zurück und suchten nach dem Ende des Krieges eine Arbeit. Mit Hans Melchers reüssierte ab 1947 beim *Deutschen Presse-Dienst* beziehungsweise ab 1949 bei der *Deutschen Presse-Agentur* der ehemalige Leiter der Asien-Zentrale von *Transocean*, der sein Büro viele Jahre lang in Shanghai gehabt hatte. (→ 3 | Aufbaujahre) In Erich Schneyder, dem ehemaligen Chefredakteur von *Transocean*, erwuchs der *dpa* kurzzeitig ein Konkurrent, als diesem 1950/51 mithilfe konservativer Unternehmer sogar eine Neugründung von *Transocean* gelang. (→ 4 | Bewährungsjahre)

Vor allem für einen Posten als dpa-Auslandskorrespondent erwiesen sich Berufserfahrungen als ehemaliger Transocean-Mitarbeiter als hilfreich. Das prominenteste Beispiel hierfür ist William Lange (1914 – 1987). Der gebürtige Hamburger kam mit einem Aushilfsvertrag im Juli 1954 zur *dpa*, nachdem er am 1. Januar 1954 aus über achtjähriger sowjetischer Kriegsgefangenschaft entlassen worden war. Lange war im September 1945 von sowjetischen Truppen in Hsinking (Manchukuo) festgenommen worden, wo er das dortige Transocean-Nachrichtenbüro geleitet hatte. Zuvor hatte Lange, der mit seinem Stiefvater und seiner Mutter seit 1921 in China gelebt hatte, von Oktober 1934 an in verschiedenen leitenden Positionen für *Transocean* in Chungking, Hongkong und Nanking gearbeitet. Mit dieser reichen China- und Japan-Expertise sowie seinen Erfahrungen im Nachrichtenagenturgeschäft baute er 1956 das dpa-Büro in Tokio auf.[21]

Auseinandersetzung und Zusammenarbeit mit dem „Dritten Reich"

Zur Vorgeschichte der staatlich unabhängigen Nachrichtenagenturen im Nachkriegs-Europa gehört die *Hell Commune*. Diese kurzlebige Kooperation von sieben unabhängigen Nachrichtenagenturen bei Ausbruch des Zweiten Weltkriegs, sich dem gemeinsam getragenen Wert der „true and unbiased news" zu verschreiben, verdient besondere Aufmerksamkeit. Aus ihr ging 1945 die *Group 39* hervor, die ein Jahrzehnt später die Gründung der *European Alliance of News Agencies (EANA)* initiierte.[22]

Mit Sorge hatten Mitglieder der seit 1924 zusammenarbeitenden *Agences Alliées* beobachtet, wie sich das politische Klima in der zweiten Hälfte der 1930er Jahre mehr und mehr verschlechterte. Die zunehmenden ideologischen Auseinandersetzungen machten es immer schwieriger, ein Nachrichtenangebot auf den Markt zu bringen, das auf Faktentreue und Objektivität beruhte.[23] Vor allem die kleineren, wirtschaftlich schwachen europäischen Nachrichtenagenturen bekamen die Konkurrenz der großen sowjetischen Nachrichtenagentur *TASS* und des nationalsozialistischen *DNB* auf dem Weltmarkt zu spüren. Hermann H. J. van de Pol, Direktor der niederländischen Agentur *ANP*, arrangierte 1938/39 ein Treffen der staatlich unabhängigen Nachrichtenagenturen in Schweden, Norwegen, Finnland, Dänemark, Niederlande, Belgien und der Schweiz. Diese nannten sich nach den Hellschreibern als der damals üblichen Übertragungstechnik *Hell Commune*.

Auf einer UNESCO-Tagung rekapitulierte van de Pol 1961, was die Zusammenarbeit der bislang noch nicht vom Kriegsgeschehen betroffenen Agenturen 1939/40 ausmachte: „seven news agencies concerned jointly leased a European radio circuit of several daily Hellschreiber emissions of 20 minutes each or longer. The cost of a 20-minute mission was less than US $ 7. This co-operative regional agency became known as the ‚Hell-Commune' and its emissions were receivable throughout Europe. The agency had no office and no manager or other staff except a book-keeper, who recorded the very low operating costs and divided them among the participants according the number of words each had sent to the transmission centre in Amsterdam for redistribution. Many European agencies, as well as the world agencies, were subscribers to the Hell-Commune."[24]

Doch dem Versuch, inmitten der militärischen Auseinandersetzung auf dem Kontinent ein ideologiefreies Nachrichtenangebot zu bieten, waren nur wenige Mo-

„Aus der 1938/39 gegründeten *Hell Commune* ging 1949 die *Group 39*, ein Zusammenschluss der unabhängigen europäischen Nachrichtenagenturen, hervor.

nate gegeben. Ende November 1939 hatten die niederländische und die belgische Agentur *ANP* und *Belga* damit begonnen, die technische Infrastruktur aufzubauen. Der Sender Radio Kootwijk der niederländischen Post- und Telegraphendienste nahm ab Dezember 1939 den Versuchsbetrieb auf und startete im Februar 1940 mit regelmäßigen Übertragungen. Drei Monate später überfiel die Deutsche Wehrmacht den Nachbarstaat. Die abrückenden niederländischen Truppen sprengten die Übermittlungsstation.

Die gerade einmal hundert Tage währende Arbeit der *Hell Commune* bliebe eine mediengeschichtliche Marginalie, wenn sie nicht nach dem Ende des Zweiten Weltkriegs zum Ausgangspunkt für weitreichende Kooperationen im Agenturgeschäft geworden wäre. Explizit unter dem Namen *Group 39* organisierten sich ab November 1945 in Europa mehrere staatsunabhängige nationale Nachrichtenagenturen.[25] Auf Tagungen in Brüssel, Rom und Straßburg ebnete diese *Group 39* in der ersten Hälfte der 1950er Jahre den Weg zur Gründung der *Alliance Européenne des Agences de Presse* im August 1957. Seither gehört auch die *dpa* diesem Zusammenschluss von unabhängigen europäischen Nachrichtenagenturen an. 2019 feierte die *Group 39* als „non-profit association of privately owned, independent European news agencies" ihr 80-jähriges Bestehen mit ausdrücklichem Verweis auf die Initiative der *Hell Commune*.[26] Hatte die *Group 39* im August 1956 aus acht Mitgliedsagenturen bestanden, so wurde dieser Kreis 2019 um die britische *PA Media Group* und die *dpa* sowie 2023 um die italienische *ANSA* als elftes Mitglied erweitert.

„The AP and Nazi Germany"

Das Aufsehen war groß, als Anfang 2016 die Historikerin Harriet Scharnberg die Zusammenarbeit der US-amerikanischen Nachrichtenagentur *Associated Press* mit dem „Dritten Reich" aufdeckte. Sie behauptete, dass *AP* im großen Stil als „transatlantischer Bildlieferant für die NS-Bildpropaganda" tätig gewesen sei und „die von der Agentur unter der Ägide des Propagandaministeriums, der Wehrmacht und der SS aufgenommenen Fotos" weltweit verkauft habe.[27] In der Presse war davon die Rede, „how Associated Press cooperated with the Nazis" und dass ein „schmutzige[r] Deal" stattgefunden hätte.[28] Die Agentur *AP*, die sich selbst hohen journalistischen Standards verpflichtet fühlt und ihre Vorbildfunktion betont, reagierte umgehend mit einer hausinternen Untersuchung und veröffentlichte im Mai 2017 einen offiziellen Abschlussbericht im Internet. Dabei räumte sie ein: „AP should have done some things differently during this period, for example protesting when AP photos were exploited by the Nazis for propaganda within Germany and refusing to employ German photographers with active political affiliations and loyalties, whether to the Nazis or any party." Aber sie widersprach energisch Vorwürfen, „AP at any point sought to help the Nazis or their heinous cause".[29]

In der Zwischenzeit hatte der Stuttgarter Historiker Norman Domeier nachgelegt. Im Nachlass von Louis P. Lochner, dem langjährigen AP-Korrespondenten im Deutschen Reich, entdeckte er, dass es „eine geheime deutsch-amerikanische Kooperation zwischen Associated Press (AP) und dem ‚Büro Laux', einer Agentur von SS und Auswärtigem Amt" gegeben habe und dass über diese „mit Genehmigung der Roosevelt-Administration [...] schätzungsweise 40.000 Fotos" zwischen den kriegsführenden Parteien übermittelt wurden.[30]

AP hatte im Jahr 1931, kurz vor dem Machtantritt der Nationalsozialisten, im Zuge ihrer weltweiten Expansionsbestrebungen in Europa Tochterunternehmen in Großbritannien und Deutschland gegründet. Zusätzlich zu der in Berlin als GmbH eingetragenen Tochter unterhielt *AP* in der deutschen Hauptstadt auch ein *Picture Department*. Das AP-Büro konnte bis 1941, bis zum Kriegseintritt der USA, in Berlin arbeiten, nachdem es 1933 die von Goebbels forcierten deutschen Schriftleitergesetze akzeptiert hatte. Für das *Picture Department* waren deutsche Fotografen über die 1930er Jahre hinaus auch in den Kriegsjahren bis 1945 tätig. Dieser Umstand ist bedeutsam: Deutsche Fotojournalisten im Sinne des NS-Schriftleitergesetzes arbeiteten im „Dritten Reich" für die *AP*. Die NS-Regierung übte eine Vorzensur über die Bildproduktion aus und erachtete die Bildproduktion der *AP* als Teil der nationalsozialistischen Pressebildlenkung.

„Deutsche AP-Fotografen waren in den NS-Propagandakompanien tätig.

Ein Beispiel kann das verdeutlichen. Günther Beukert (1907 – 1993) war von 1937 bis 1939 Hauptschriftleiter beim AP-Bilderdienst und später Hauptschriftleiter bei *Presse-Illustrationen Heinrich Hoffmann*. Als AP-Verantwortlicher veranlasste er, dass seine Fotografen am 9. November 1938 Bilder von der „Reichspogromnacht" machten und eine Auswahl davon vom NS-Bildpressereferat freigegeben wurde.[31] Diese Praxis setzte sich in den Kriegsjahren fort. Deutsche AP-Fotografen waren in den Propagandakompanien tätig und teilweise der SS zugeordnet. Das NS-Regime kontrollierte auf diese Weise die Darstellung des Kriegsgeschehens, die über *AP* an die Weltöffentlichkeit gelangte.[32]

Diese Verflechtung mit dem NS-Regime hemmte den Neustart auf dem Nachrichtenagenturmarkt im besetzten Deutschland jedoch nicht. *AP* gab von Juni 1946 an von Berlin-Zehlendorf aus einen deutschsprachigen Dienst heraus, und auch der AP-Bilderdienst startete. Unter Wes Gallagher (1911 – 1987), einem erfahrenen AP-Kriegsreporter, wurde die amerikanische Weltagentur ein Konkurrent auf dem von hartem Wettbewerb geprägten deutschen Nachrichtenmarkt. Denn *AP* bot nicht nur Weltnachrichten in deutscher Sprache an, sondern baute auch seinen Inlandsdienst aus. 1948 unterhielt *AP* bereits Büros in Hamburg, Bonn, München, Essen, Hannover, Stuttgart. Mit der Gründung einer eigenen deutschen *AP-Gesellschaft m.b.H.* im Jahr 1950 wurde der Sitz nach Frankfurt am Main verlegt.[33]

Das umfangreiche Fotoarchiv der *AP GmbH* überstand den Krieg. Helmut Otto Laux (1916 – 1987), im „Dritten Reich" Leibfotograf von Reichsaußenminister Ribbentrop und Organisator des nach ihm benannten „Büro Laux", hatte versucht, sich nach Kriegsende in Memmingen als AP-Mitarbeiter auszugeben, wurde dort jedoch als ehemaliges Mitglied der Waffen-SS verhaftet.[34] In vier Militärlastwagen wurde das Archiv in das AP-Büro im amerikanischen Teil Berlins gebracht, dort jedoch – AP-Angaben zufolge – aus Platzgründen weitgehend aussortiert.[35]

Anmerkungen

1 Vgl.: Presse in Fesseln. Das Zeitungsmonopol im Dritten Reich. Berlin: Verlag Archiv und Kartei 1947; Walter Hagemann: Publizistik im Dritten Reich. Ein Beitrag zur Methodik der Massenführung. Hamburg: Hansischer Gildenverlag J. Heitmann 1948; Oron James Hale: Presse in der Zwangsjacke. 1933–1945. Düsseldorf: Droste 1965.
2 Konrad Dussel, der in einer Fallstudie untersuchte, ob die Presseanweisungen des NS-Regimes bei den Zeitungen umgesetzt worden seien, kommt zum Ergebnis, dass es keine dissidenten Stimmen in der NS-Presse gab (Dussel 2010); entsprechend skeptisch auch Stöber 2010.
3 Sänger 1975.
4 Zur nationalsozialistischen Pressepolitik vgl. Pürer/Raabe 2007, 81–102 und 486–490; Stöber 2010; Wilke 2007b; NS-Presseanweisungen der Vorkriegszeit 1984; Hagemann 1970; Abel 1968.
5 Die schwierige Gründungsgeschichte des RMVP zeichnet Mühlenfeld (2006) nach.
6 NS-Presseanweisungen der Vorkriegszeit 1984, 29.
7 Bohrmann/Toepser-Ziegert 1984–2001.
8 Schlusssatz der im Frühjahr 1975 geschriebenen Einleitung mit dem Titel „Warum?". In: Sänger 1975, 15.
9 Hans Bohrmann: Vorwort II. In: NS-Presseanweisungen der Vorkriegszeit 1984, 15.
10 Vgl. den Überblick über Nachrichtenagenturen im Nationalsozialismus von Uzulis 1995, speziell 93–185; zu den „Nachrichtenagenturen und Pressediensten", die der Presseabteilung des Auswärtigen Amtes unterstanden, vgl. Longerich 1987, 235–256.
11 Zur Geschichte der DNB vgl. Uzulis 1995, speziell 187–217; Reitz 1991; Höhne, Band 2, 1977, 126–133; sowie die ausführliche Beschreibung des Bestands R34 „Deutsches Nachrichtenbüro" im Bundesarchiv. Online: https://www.archivportal-d.de/item/CRJBOH2SS-3GGI4OUJRWYT7DKHNCSETQW (27.12.2023).
12 Vgl. hierzu speziell die Beschreibung des Bestands R34 „Deutsches Nachrichtenbüro" im Bundesarchiv. (Anm. 11).
13 Otto Mejer: Ein aktueller Beitrag zum Kapitel der internationalen Nachrichtenverträge. In: Zeitungswissenschaft. Monatsschrift für internationale Zeitungsforschung 9(1934), Nr. 7, 1.7.1934, 290–297; Zitat, 294. – In einem Beitrag über das Nachrichtenwesen in Deutschland räumte Mejer später zwar ein, dass das DNB „eine einem totalitären System verhaftete Agentur" gewesen sei, betonte aber, dass die Regierung „nur das bezahlt" habe, „was sie an Leistungen des Büros, die über die Bedürfnisse der Presse und der Wirtschaft hinausgingen, für sich gesondert in Anspruch nahm". Otto Mejer: Die Geschichte des deutschen Nachrichtendienstes. Ein Rückblick von 1849 bis 1954. In: Die Entwicklung des Nachrichtenwesens in Deutschland von 1840 bis 1954. Sonderdruck des Zeitungs-Verlags und Zeitschriften-Verlags. 1954, 1–3; Zitat, 3.
14 Uzulis 1995, 193.
15 Zum „Ende des DNB" vgl. Reitz 1991, 264–266; Höhne, Band 2, 1977, 131–133.
16 Interessengemeinschaft der früheren Angestellten des DNB. In: Zeitungs-Verlag. Fachorgan für das gesamte Pressewesen 50(1953), 182; vgl. Reitz 1991, 265f.
17 Deutscher Bundestag. Versorgung der Angehörigen des ehemaligen reichseigenen Deutschen Nachrichtenbüros (DNB). Drucksache V/668 vom 2.6.1966. Online: https://dserver.bundestag.de/btd/05/006/0500668.pdf (30.12.2023).
18 Uzulis 1995, 219ff. – Vgl. auch den Beitrag des Chefredakteurs der Transocean-Gesellschaft Wilhelm Schwedler: Das Nachrichtensystem der Weltpresse. In: Zeitungswissenschaft. Monatsschrift für internationale Zeitungsforschung 9(1934), Nr. 7, 281–290.
19 „[…] could, with a minimum of suspicion, engage in espionage activities". Investigation of Un-American Propaganda Activities in the United States. Special Committee on Un-American Activities. House of Representatives. Seventy-eighth Congress. First Session on H.Res. 282. Appendix – part VII. Washington 1941, 19.
20 Tworek 2023.
21 Lange konnte für seine Bewerbung auf den Posten als Auslandskorrespondent der dpa in Tokio mehrere Empfehlungsschreiben ehemaliger führender Transocean-Mitarbeiter vorweisen. Hans Melchers bescheinigte ihm, „ein eifriger und gewissenhafter Arbeiter" zu sein (1.7.1954); Erich Schneyder attestierte ihm „ausgezeichnete Spezialkenntnisse und Erfahrungen"; Edmund Fürholzer, nach eigenen Angaben „Leiter der Transocean Fernost" von 1933 bis 1937, hielt Lange „fuer den geborenen Nachrichtenmann": „Er wird jeden ihm anvertrauten Posten zuverlaessig und loyal ausfuellen" (19.7.1954). Privatarchiv. Familie Tschechne.
22 Die Geschichte der Hell Commune und der Group 39 zeigen vor allem Vyslozil (2014a) und Dörfler/Pensold (2001) auf.
23 Vgl. Dörfler/Pensold 2001, 377ff.
24 Hermann H. J. van de Pol: The Development of Co-operative News Agencies. UNESCO-Meeting of Experts on Development of News Agencies in Asia and Far East, 13 October 1961. UNESCO. Digital Library. Online: https://unesdoc.unesco.org/ark:/48223/pf0000147923 (20.11.2023).
25 Vgl. Gunnar Naesselund: Collaboration between News Agencies in Nordic Countries. UNESCO. International Commission for the Study of Communication Problems. Stockholm, 1978, 5. UNESCO. Digital Library. Online: https://unesdoc.unesco.org/ark:/48223/pf0000028459 (20.11.2023). Gunnar Naesselund war Geschäftsführer der dänischen Agentur Ritzaus Bureau.
26 Vyslozil 2014a, 34.
27 Scharnberg 2016; Zitate, 12 sowie aus dem Abstract.
28 Vgl. Philipp Oltermann: Revealed: how Associated Press cooperated with the Nazis. In: The Guardian, 30.3.2016. Online: https://www.theguardian.com/world/2016/mar/30/associated-press-cooperation-nazis-revealed-germany-harriet-scharnberg (26.11.2023); der Historiker Norman Domeier im Interview mit Christoph Gunkel: Geheimer Fotodeal zwischen Nazis und Amerikanern. „Hitler war regelrecht bildersüchtig". In: Der Spiegel, 16.5.2017. Online: https://www.spiegel.de/geschichte/zweiter-weltkrieg-geheimer-foto-deal-zwischen-den-nazis-und-ap-a-1147481.html (26.11.2023).
29 Associated Press 2017, Introduction, 2.
30 Domeier 2017, Abstract.
31 Beukert 1983. Günther Beukert arbeitete in den Nachkriegsjahrzehnten als Bildredakteur, Leiter des Bilderdienstes und Leiter des Bild-Verkaufs beim Magazin „Stern".
32 Domeier 2017; Domeier 2022.
33 Vgl. Schumacher 1998, 146ff.; Höhne, Band 2, 1977, 159ff.
34 Vgl. Domeier 2017, 217f.
35 Associated Press 2017, 134f.

Ein Herd musste als Unterlage für einen Fernschreiber dienen, um am 12. Mai 1949 von der Zonengrenze in Helmstedt aus über das Ende der Berlin-Blockade zu berichten.

3

Die Pläne der Alliierten, eine zentrale Nachrichtenagentur im besetzten Deutschland zu errichten, waren schnell vom Tisch. In jeder Besatzungszone ging eine eigene Nachrichtenagentur an den Start, insgesamt drei im Westen. Nach und nach übergaben die Militärregierungen die Verantwortung für ihre zonalen Agenturen in deutsche Hände und lizenzierten die von den zonalen Zeitungsverlegerverbänden gegründeten genossenschaftlichen Nachrichtenagenturen. Das Ziel einer nationalen Agentur für ganz Westdeutschland führte 1948/49 zu schwierigen Fusionsverhandlungen und bescherte der *dpa* im September 1949 einen alles andere als reibungslosen Start.

Aufbaujahre

Die Nachrichtenagentur in der britischen Besatzungszone 1945-1949

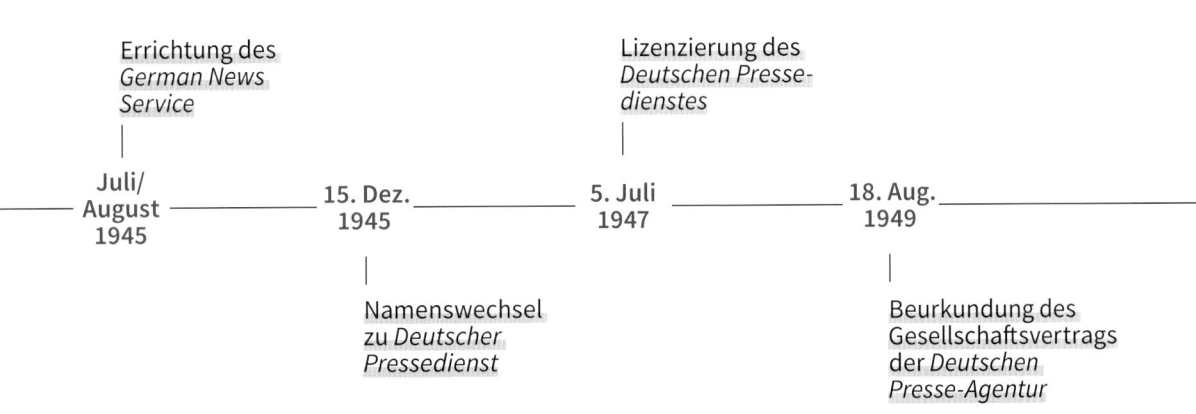

Errichtung des *German News Service*		Lizenzierung des *Deutschen Pressedienstes*	
Juli/August 1945	15. Dez. 1945	5. Juli 1947	18. Aug. 1949
	Namenswechsel zu *Deutscher Pressedienst*		Beurkundung des Gesellschaftsvertrags der *Deutschen Presse-Agentur*

Nicht eine Agentur, sondern mehrere zonale Agenturen

Über viele Aspekte ihrer Deutschland- und Informationspolitik waren sich die alliierten Siegermächte uneins. In einer Hinsicht jedoch herrschte Einigkeit: Nach den Jahren der NS-Propaganda sollte in Deutschland ein neues Mediensystem aufgebaut werden. Dabei setzte man in Bezug auf die Informationsdienste eine erste Phase des sogenannten „Blackout" im besetzten Deutschland um: Deutsche sollten zunächst einmal von sämtlichen Aktivitäten auf dem Gebiet der Medien ausgeschlossen werden. Erst nach und nach sollten ausgewählte Deutsche wieder Aufgaben und Verantwortung übernehmen können. Vor allem auf britischer Seite wollte man so Zeit gewinnen, um Pläne zu konkretisieren, wie eine weitere Phase der Reeducation, der „Umerziehung", auszugestalten sei. Doch die Situation in Deutschland nach dem Zusammenbruch des NS-Staates und der Kapitulation der deutschen Wehrmacht erforderte ab Mai 1945 auf vielen Ebenen pragmatische Anpassungen an die Nachkriegsrealität.

Das galt speziell auch für die Schaffung einer neuen Nachrichtenagentur. Von Frühjahr 1944 an hatte es Pläne der Alliierten gegeben, das *Deutsche Nachrichtenbüro*, die große NS-Nachrichtenagentur, aufzulösen und an ihrer Stelle in Berlin eine neue zentrale Agentur zu errichten. Vorschläge – „Proposals for the Establishment of Tripartite Anglo-American-Russian Control over Information and Propaganda in Germany during the Occupation Period" – wurden am 24. April 1944 formuliert; eine „Operation Talisman" sollte unter der Ägide der Presseabteilung der Psychological Warfare Division (PWD) ab Juli 1944 Näheres vorbereiten.[1] Doch was sich auf der weltpolitischen Ebene zunehmend deutlich abzeichnete, wurde hier bereits Tatsache: Der Plan für eine gemeinsam von Westalliierten und der Sowjetunion getragene Agentur scheiterte. Die Folge: In jeder Besatzungszone nahm eine eigene Nachrichtenagentur ihre Arbeit auf.

In der US-amerikanischen Besatzungszone preschte man vor. Bereits am 29. Juni 1945 kam die erste Meldung des *German News Service (GNS)* heraus. Die Bezeichnung der in Bad Nauheim arbeitenden Nachrichtenagentur wechselte sehr bald. Aus dem *GNS* wurde zunächst die *Deutsche Allgemeine Nachrichtenagentur (DANA)*, ab 1. Januar 1947 die *Deutsche Nachrichtenagentur (DENA)*. In der sowjetischen Besatzungszone nahm am 19. Juli 1945 das *Sowjetische Nachrichtenbüro (SNB)* seinen Dienst auf. Aus ihm ging im Oktober 1946 der *Allgemeine Deutsche Nachrichtendienst (ADN)* hervor. In der französischen Zone schließlich startete Ende August 1945 die *Rheinische Nachrichtenagentur (RHEINA)* in Baden-Baden, die im März 1947 in der *Südwestdeutschen Nachrichtenagentur (SÜDENA)* aufging. Allen Agenturen in den westlichen Besatzungszonen war gemeinsam, dass sie zunächst ein Instrument der jeweiligen Militärregierung waren und unter deren Kontrolle operierten. Doch die Zahl der deutschen Mitarbeiterinnen und Mitarbeiter nahm von Anfang an zu, was sich im Zuge der Lizenzierung der Nachrichtenagenturen in den Jahren 1946/47 fortsetzte.

German News Service – Deutscher Pressedienst

In diesen dezentralen Prozess reihte sich in der britischen Besatzungszone im Juli/August 1945 der *German News Service* ein. Um die Errichtung dieser britischen Nachrichtenagentur in Hamburg ranken sich vielfältige Geschichten, darunter Husarenstücke, die möglich wurden, da alte Ordnungen aufgehört hatten zu existieren und neue noch nicht an deren Stelle getreten waren. Erlebnisreiche Berichte werden anfällig für spätere autobiografische Ausschmückungen und für Legendenbildungen, vor allem wenn es um die Rolle der jeweiligen Person und ihre biografischen Hintergründe geht.[2] Die Geschichte des *German News Service*, der von Juni/Juli 1945 an in Hamburg-Harvestehude aufgebaut wurde, hat von all diesen Elementen etwas zu bieten.

In ihrem Zentrum steht Denis Sefton Delmer (1904 – 1979). In Berlin geboren und zur Schule gegangen, war der britische Journalist ein ausgewiesener Deutschland-Kenner. Nach einem kurzen Aufenthalt in London arbeitete er von 1928 an als Korrespondent des „Daily Express" in Deutschland. In den Kriegsjahren war er kurz beim Deutschsprachigen Dienst der BBC, bevor er von 1941 an in England mehrere deutschsprachige Propagandasender aufbaute. Sie betrieben sogenannte „schwarze" Rundfunkpropaganda, gaben also vor, deutsche Sender zu sein und verschwiegen ihre britische Herkunft. Dieser versierte Medienmann machte sich einen Monat nach Kriegs-

> „Der Plan für eine gemeinsam von Westalliierten und der Sowjetunion getragene Agentur scheiterte.

ende mit der Rückendeckung der konservativen Regierung Churchills in der britischen Besatzungszone an die Arbeit.

Delmer schwebte offensichtlich nicht nur die Gründung einer Nachrichtenagentur vor, sondern die Neuorganisation des gesamten Medienbereichs in der britischen Zone. Doch seine Pläne für eine Zonenzeitung scheiterten, und die den Rundfunk kontrollierenden britischen Offiziere verwiesen ihn schnell an eine eigene Adresse: an eine Villa genau gegenüber dem Hamburger Funkhaus. Rothenbaumchaussee 167/169: Unter dieser Adresse scharte Sefton Delmer im Spätsommer/Herbst 1945 eine reichlich bunte Gruppe um sich. Auf britischer Seite waren dies zunächst seine Kollegen aus Kriegstagen, erfahren mit der Arbeit in der „schwarzen" Rundfunkpropaganda gegen das Hitler-Regime; es handelte sich dabei um die sogenannte „Milton-Bryan-Mannschaft", benannt nach einem kleinen Ort im Nordwesten Londons, wo die im Auftrag der Psychological Warfare Division tätigen Sender errichtet worden waren. Die britische Militärregierung, die ihren Sitz im ostwestfälischen Bünde hatte, stimmte dem Einsatz der zivilen Fachleute zu und stattete sie – wenngleich zögerlich – für ihre Aufgabe mit einem Offiziersrang aus. Doch im Headquarter war man auch vorsichtig und beschloss, dieser Mannschaft, die Delmer gegenüber so loyal war, weiteres Personal aus der Besatzungsarmee zuzuordnen.

Schon bald standen in der Rothenbaumchaussee 167/169 aber auch deutsche Bewerber vor der Tür. Journalistische Erfahrungen und berufliches Können waren den Briten sehr willkommen, wie die Anstellung mehrerer Journalisten zeigt.

Da ist zunächst Gustav Adolf Döring (1900 – 1950) zu nennen. Er hatte in den 1920er Jahren als Reporter für „Tempo" und die „BZ am Mittag" in Berlin gearbeitet. Seit Mai 1933 Mitglied der NSDAP, war er im „Dritten Reich" beim „Chemnitzer Tageblatt" und der „Stralsunder Zeitung" tätig. Döring wurde Mitarbeiter des *GNS/BZ* und wechselte später als Chefreporter zum im Juli 1948 lizenzierten „Hamburger Abendblatt". Auf einer Reportagefahrt nach Helgoland erlitt er an Silvester 1950 einen Herzinfarkt. Die Nachrufe würdigten ihn als „Vollblut-Journalisten" (Hamburger Freie Presse, 2.1.1951) und „Inbegriff des schnellen und geschickten Reporters" (Hamburger Abendblatt, 2.1.1951).

Auch Erich Eggeling (1902 – 1984), der spätere Chefredakteur der *dpa*, klopfte damals bei Delmer an die Türe. Eggeling hatte als Journalist in Berlin gearbeitet. Als aktives Mitglied des „Jungdeutschen Ordens" wurde er 1929 Redakteur des „Jungdeutschen", der „Tageszeitung für Volkskraft und Ständefrieden", die seit 1922 vom „Jungdeutschen Orden" herausgegeben wurde. Bei diesem „Orden" handelte es sich um einen streng hierarchisch organisierten, politisch konservativen Verband, der dem parlamentarisch-demokratischen Staat ablehnend gegenüberstand. Eggeling zeichnete bis zum Sommer 1933 verantwortlich für die Innenpolitik der Tageszeitung. Der „Orden" wurde von den Nationalsozialisten verboten bzw. löste sich in Preußen im Juli 1933 auf. Erich Eggeling gelang es in diesen Monaten, zur „Deutschen Allgemeinen Zeitung" (DAZ) zu wechseln und als Redakteur der Hauptstadtzeitung im „Dritten Reich" zu arbeiten.

Direkt gegenüber vom Hamburger Funkhaus wurde eine Villa für den *German News Service* geräumt: Rothenbaumchaussee 167/169.

Im Gegensatz zu den Amerikanern fragten die Briten weniger nach etwaigen Belastungen aus den zurückliegenden Jahren. Ihre pragmatischen Erwägungen setzten auf journalistische Erfahrungen und berufliches Können. Die sofortige Anstellung von Hans Rudolf Berndorff (1895 – 1963) unterstreicht, wie viel Kontinuitäten es dabei in der vermeintlichen Stunde Null geben konnte. Berndorff hatte ab 1925 als Chefreporter für verschiedene Titel des Ullstein Verlags gearbeitet und war bekannt für seine Sensationsreportagen. Er hatte im „Dritten Reich" Karriere gemacht, nebenher war er ein versierter Roman- und Drehbuchautor. Delmer und Berndorff kannten sich aus der Zeit vor 1933 in Berlin. Nun klopfte der ehemalige Starjournalist in der Rothenbaumchaussee an, und Delmer erkannte den früheren Kollegen.[3] Mit seiner Anstellung als Reporter des *GNS/BZ* knüpfte Berndorff nahtlos an seine Erfolge an und baute sie in den 1950er Jahren in der Bundesrepublik noch aus.

Wie flexibel die britische Personalpolitik gehandhabt werden konnte, zeigt schließlich die Übernahme des Stabs um Kapitän zur See Max Kupfer. Um sich das Know-how dieser im Nachrichtenwesen erfahrenen Männer sowie der „Nachrichtenhelferinnen" zu sichern, war man bereit, das Screening nicht allzu genau zu nehmen. Delmer will sich sogar der Hilfe der britischen Admiralität versichert haben, auf dass man das in Flensburg akquirierte Marinepersonal sicher durch „all the ‚Fragebogen' questionnaire business"⁴ – in der deutschen Übersetzung: durch den „Fragebogen-Schlamassel"⁵ – führe. Ein Vorgehen, das auch peinliche Pannen verursachen konnte.

Eine solche stellte zweifelsfrei die Übernahme von Franz Rademacher (1906 – 1973) dar. Rademacher gehörte zu den Marineoffizieren in Flensburg, die für die Arbeit im Newsroom des *GNS/BZ* übernommen wurden. Doch Rademacher war erst seit April 1943 bei der deutschen Kriegsmarine gewesen, in den Jahren zuvor hatte er als hochrangiger Funktionär dem NS-Regime gedient. Seit 1937 im Auswärtigen Amt tätig, zunächst als Legationssekretär, war er im Mai 1940 zum Leiter des Referats „D III", dem sogenannten „Judenreferat" in der „Abteilung Deutschland", aufgestiegen. Er hatte sich aktiv für die „Liquidation von Juden" eingesetzt und war an der Wannseekonferenz beteiligt gewesen. Während Sefton Delmer behauptete, Rademacher sei bereits im November 1945 verhaftet worden, führt das „Biographische Handbuch des deutschen Auswärtigen Amtes" an, Rademacher habe bis Mai 1946 beim *GNS/BZ* und von November 1946 bis Januar 1947 beim *dpd* gearbeitet.⁶ Das hieße, dass britische und amerikanische Stellen erst spät Rademachers wahre Identität aufdeckten. Danach inhaftierten sie ihn und brachten ihn vor Gericht. Rademachers weitere Biografie war von Prozessen geprägt, denen er sich mitunter geschickt zu entziehen wusste; sie weist vielfältige Spionagearbeiten für den BND und für ausländische Geheimdienste auf.

Sefton Delmers Mission fand ein relativ schnelles Ende. Bereits im November 1945 musste er seine Stellung in Hamburg räumen. Er hatte durch den Regierungswechsel in Großbritannien – bei den Unterhauswahlen im Juli 1945 hatte die Labour-Partei einen Sieg über die Konservativen unter Winston Churchill errungen – seinen politischen Rückhalt eingebüßt. Überdies hatte er sich in der Militärverwaltung der britischen Zone wenig Freunde gemacht. Seine weitreichenden Ziele in Bezug auf eine neue Medienordnung in der britischen Besatzungszone musste er auf die Etablierung der Nachrichtenagentur beschränken; die Gründung der Zonenzeitung „Die Welt" – obwohl von ihm geplant – vollzogen andere. In der Leitung der Agentur folgten ihm für kurze Zeit Major Ward-Dyer sowie Hans Bermann und Kenneth Hunt nach, wobei Hunt sich sehr bald zurückzog.

Die Medienlandschaft im Nordwesten 1945/46

Von 15. Dezember 1945 an firmierte die Nachrichtenagentur bereits auch unter dem Namen *Deutscher Pressedienst*. Trotz Namenswechsels und obwohl bereits mehr und mehr deutsche Journalisten mitarbeiteten, die Nachrichtenagentur selbst blieb weiterhin Teil der britischen Militärregierung. Mit ihr kontrollierte sie den Informationsfluss an die in der britischen Zone erscheinenden Zeitungen sowie an den Rundfunk.

„Radio Hamburg" sendete als „Station of the Allied Military Government" schon seit dem 4. Mai 1945. Mit der Wiederinbetriebnahme des Kölner Funkhauses im

September/Oktober 1945 firmierte der Sender als „Nordwestdeutscher Rundfunk" und versorgte die britische Zone mit einem Rundfunkprogramm.[7]

Die britische Pressepolitik bestimmte den Zeitungsmarkt in zwei Phasen.[8] In den ersten Monaten nach dem Ende des Krieges erschienen zunächst Zeitungen, bei denen die britischen Besatzungsbehörden selbst als Herausgeber fungierten. Beispiele hierfür sind das „Hamburger Nachrichten-Blatt" (ab 9.5.1945) und die „Neue Hamburger Presse" (ab 9.6.1945), die „Neue Rheinische Zeitung" in Düsseldorf (ab 18.7.1945), die in Essen erscheinende „Ruhrzeitung" (ab 12.5.1945) oder die im Kreis Tecklenburg erscheinende „Neue Westfälische Zeitung" (ab 30.5.1945). Erst ab Anfang 1946 verfolgten die Briten das Konzept der sogenannten Parteirichtungszeitungen. Sie vergaben die Lizenzen an Personen, die zwar eine gewisse Parteinähe aufweisen konnten, jedoch nicht an die inzwischen zugelassenen Parteien selbst. Die „Braunschweiger Zeitung" mit dem ausdrücklichen Zusatz „Unabhängig, nicht parteigebunden" (ab 8.1.1946) war die erste lizenzierte Zeitung in der britischen Zone, gefolgt unter anderem von der „Lüneburger Landeszeitung" (ab 15.1.1946), der „Rheinischen Post" (ab 26.2.1946) und dem „Rhein-Echo" (ab 9.3.1946).

Ein großer Festakt im Hamburger Rathaus am 26. März 1946 demonstrierte die sich vollziehende Wende eindrücklich für den Hamburger Raum. Generalmajor W. H. Alexander Bishop, Leiter der Public Relations/Information Services Control Group (PR/ISC), übergab an diesem Tag offiziell die Lizenzurkunden für vier neue Hamburger Tageszeitungen – für das SPD-nahe „Hamburger Echo" (ab 3.4.1946), die CDU-nahe „Hamburger Allgemeine Zeitung für christlich-demokratische Erneuerung" (ab 2.4.1946), die FDP-nahe „Hamburger freie Presse" (ab 3.4.1946) und die KPD-nahe „Hamburger Volkszeitung. Kommunistische Tageszeitung für Hamburg und Umgebung" (ab 3.4.1946).[9] Weitere solche Lizenzen wurden in der britischen Zone bis Herbst 1946 an insgesamt mehr als 40 Zeitungen erteilt.[10]

Übergänge

Den Nachrichtenagenturen in der amerikanischen, französischen und britischen Besatzungszone kam angesichts dieses stetigen Aufbaus der deutschen Presse eine immer größere Bedeutung zu. Entsprechend standen auch die *Deutsche Allgemeine Nachrichtenagentur (DANA)* in Bad Nauheim, die *Rheinische Nachrichtenagentur (RHEINA)* in Baden-Baden und der *German News Service/Deutscher Pressedienst* in Hamburg vor Veränderungen. Die westlichen Zonenagenturen wurden im Verlauf der Jahre 1946 und 1947 nach und nach aus der Abhängigkeit der jeweiligen Besatzungsmacht entlassen. Es handelte sich um schrittweise Übergänge. Die Zahl der Presseoffiziere sank, die der deutschen Mitarbeiter stieg; statt einer Vorzensur fand nun lediglich eine nachträgliche Überprüfung statt. Man konnte eigene Fernschreibnetze nutzen, sodass die Übermittlung nicht länger über die Dienstleitungen der Militärregierungen lief.

DENA – zentral in Deutschland. DENA-Bezieher in allen vier Zonen. Als genossenschaftliches Unternehmen von 47 Lizenzzeitungen mit über 6 Millionen Abonnenten völlig unabhängig. Tag und Nacht ununterbrochener Nachrichtendienst aus Deutschland, Europa und der Welt. Über zwanzig DENA-Außenbüros an den wichtigsten Punkten. 200 **DENA** Redakteure, Korresponde nten u. 400 technische Mitarbeiter der DENA im Dienste des Friedens u. des demokra tischen Aufbaues. Tägliche Aufnahme: 150 000 Wörter. Tägliche Sendeleistung: 30 000 Wörter. Die erste und einzige deutsche Nachrichten-Agentur mit eigenem Pressesender. Fernschreibverbindungen nach allen Richtungen innerhalb Deutschlands. Innerdeutscher Nachrichtendienst der DENA. Austausch mit europäischen und außereuropäischen Nachrichten-Agenturen. Das aktuelle „DENA-BILD" für Zeitungen, Zeitschriften, Magazine vom DENA-Bilderdienst, Frankfurt a. M., Untermainkai 56

unabhängig . objektiv . schnell

← DENA →

DEUTSCHE NACHRICHTEN-AGENTUR · BAD NAUHEIM (HESSEN)

Mit einer Anzeige machte die *DENA* im „Handbuch Deutsche Presse" auf ihre Dienste aufmerksam. Das Handbuch erschien anlässlich der Deutschen Presse-Ausstellung in Düsseldorf im Oktober 1947.

All diese Entwicklungen bereiteten die Übergabe der Nachrichtenagenturen in deutsche Hände und in deutschen Besitz vor. Bemerkenswert ist die Organisationsform, die man für die westdeutschen Nachrichtenagenturen wählte – die einer Genossenschaft. Die Nachrichtenagenturen sollten im Besitz vieler Verleger sein, die mit ihren Anteilen das Unternehmen gemeinsam tragen. Durch die Lizenzierungspraxis, die man in den Nachkriegsmonaten verfolgt hatte, konnte man von den ausgewählten Verlegern erwarten, dass sie für den Aufbau einer demokratischen Presse standen. Die Verteilung der Verantwortung auf mehrere deutsche Verlegerschultern sollte die Unabhängigkeit von staatlichen, politischen und wirtschaftlichen Einflüssen stärken und überdies einen Ausgleich zwischen den unterschiedlichen politischen Überzeugungen herbeiführen.

Ein solches Genossenschaftsmodell war als staatsunabhängige Organisationsform nicht neu. Vor allem die 1846 aus dem Zusammenschluss konkurrierender New Yorker Zeitungen hervorgegangene Nachrichtenagentur *Associated Press (AP)* lieferte hierzu das Vorbild. Die Idee, die Nachrichtenagenturen im besetzten Deutschland damit gleichzeitig auch privatwirtschaftlich zu organisieren, knüpfte an die in den USA und in Großbritannien seit 1942 diskutierten Überlegungen an, wie weltweit mehr Pressefreiheit garantiert werden könne. Kent Cooper, Generaldirektor von *AP*, hatte damals eine „Charter for Freedom for News and Communication" lanciert, und Christopher J. Chancellor, Generaldirektor von *Reuters*, hatte sich entsprechend gegen ein System von staatlichen Agenturen ausgesprochen. Eine Grundsatzvereinbarung von *AP* und *Reuters* von 1942, nach dem Ende des Weltkriegs unabhängige Nachrichtenagenturen zu befördern, fand nun ihre Umsetzung.

Den Anfang machte die *Austria Presse Agentur (APA)* in Österreich. Die Besatzungsmächte ermöglichten hier bereits am 6. April 1946 eine Generalversammlung, auf der die *APA* als privatwirtschaftlich organisiertes Unternehmen und als genossenschaftliche Agentur im Eigentum der österreichischen Zeitungsverleger gegründet wurde.[11] Im besetzten Deutschland übernahm die *DANA* die Vorreiterrolle. Sie wurde am 26. Oktober 1946 von den Amerikanern in deutsche Hände übergeben, und zwar als Genossenschaft der in der US-Zone lizenzierten Zeitungsverlage. Ab 1. Juli 1948 ging sie als *DENA* vollständig in deutschen Besitz über. Im März 1947 wurde in Baden-Baden aus der *RHEINA* die *Südwestdeutsche Nachrichtenagentur (SÜDENA)*. Hier verblieben zunächst 51 Prozent in französischem Besitz, während 49 Prozent an die Zeitungsverlage in der französischen Zone gingen. Anfang Juli 1948 wurden dann auch die französischen Anteile an die deutschen Zeitungsverlage übertragen.

Die Gründung eines deutschen Pressedienstes

Die beschriebene Entwicklung lässt sich so auch im Nordwesten Deutschlands beobachten. Für die britische Militärregierung war klar, dass sie ebenfalls immer mehr Verantwortung in deutsche Hände übergeben möchte. Gleichzeitig wollte sie jedoch die Rahmenbedingungen dafür geschaffen haben, dass eine solche Kompetenzverlagerung das übergeordnete Projekt der Demokratisierung der deutschen Gesellschaft nicht gefährden konnte. Bereits im Mai 1946 fanden erste Gespräche zwischen der zuständigen Einheit, der Information Services Control Branch Hamburg, und den Lizenzverlegern statt; ein eigener Ausschuss kümmerte sich darum, Vertreter des britischen *dpd* und der nordwestdeutschen Zeitungsverleger an den Tisch zu bringen. Der „Nordwestdeutsche Zeitungsverleger-Verein" übernahm die entscheidende Rolle bei den Verhandlungen. Die neuen Lizenzverleger zwischen Aachen und Braunschweig, Flensburg und Göttingen hatten sich zunächst in regionalen Interessenvertretungen zusammengefunden, dem „Niedersächsischen", dem „Rheinisch-Westfälischen", dem „Hamburger" und dem „Schleswig-Holsteinischen Verleger-Verein". Im Mai 1946 hatten sich diese dann zur zentralen Vertretung der Verleger in der britischen Zone vereinigt.[12]

Beide Seiten trafen sich mehrfach. Auf britischer Seite waren vor allem beteiligt Major N.B.I. Huijsman, Offizier der Press and Publications Branch, und Hans Berman, Leiter des britischen *dpd* in der Nachfolge von Sefton Delmer; die deutsche Seite repräsentierte Emil Groß, Vorsitzender des Nordwestdeutschen Zeitungsverleger-Vereins und Chef der „Freien Presse" in Bielefeld. Im November 1946 machte Groß auf einer Verlegerkonferenz in Bielefeld klar, dass die „Unabhängigkeit, Leis-

dpd
DEUTSCHER PRESSE DIENST
e. G. m. b. H.

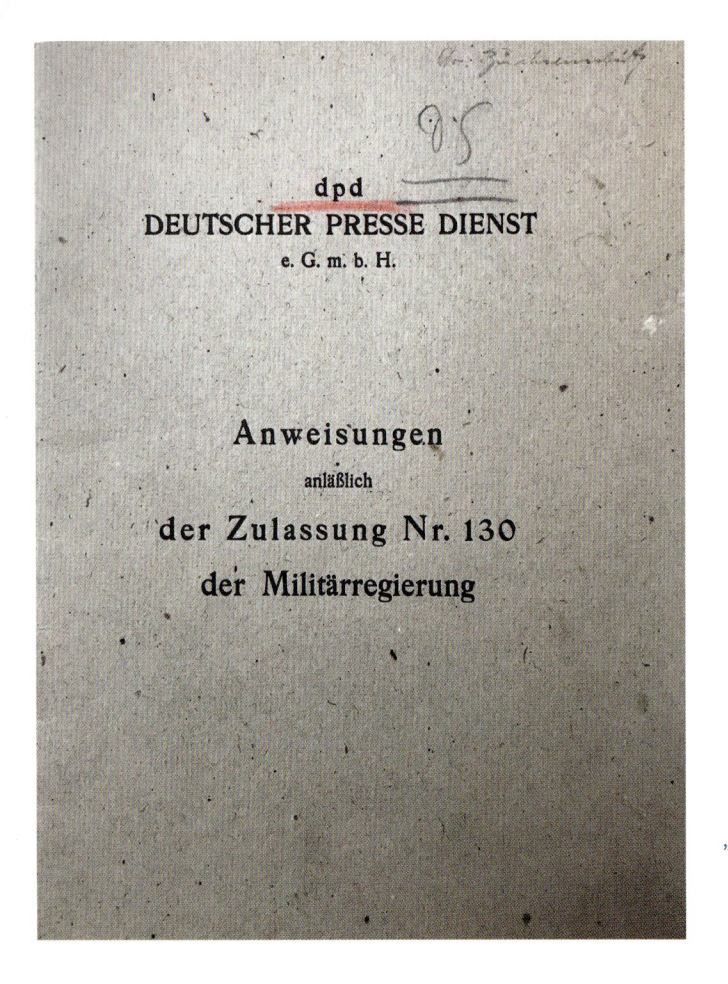

Anweisungen
anläßlich
der Zulassung Nr. 130
der Militärregierung

Der feierliche Akt der Lizenzvergabe war mit klaren Anweisungen versehen. Eine eigene Broschüre hielt die „licensing instructions" fest, die bei Verstößen auch den Lizenzentzug vorsahen.

tungsfähigkeit und finanzielle Gesundheit" wichtige Grundlagen der neuen Einrichtung sein müssten. Bis zur großen Verlegertagung am 30. Mai 1947 in Hamburg sollte die Frage nach einer Nachrichtenagentur unter Führung der Lizenzverleger geklärt werden. Groß verschickte 14 Tage zuvor eine gedruckte „Denkschrift zur Ueberführung des DPD in deutsche Hände" an die Mitglieder des Verbands. Sie beinhaltete den „Entwurf eines Statuts" und machte Vorschläge für den zu wählenden Vorstand und Aufsichtsrat. Für die neue Agentur, den *Deutschen Pressedienst*, wählte man die Form einer eingetragenen Genossenschaft mit beschränkter Haftpflicht, einer eGmbH. Ihr Sitz war Hamburg. Am 30. Mai 1947 legte man ein entsprechendes „Statut für den Deutschen Presse-Dienst" beim Amtsgericht Hamburg vor. 49 „Genossen", darunter die beiden Verlegerinnen Frida Deutschmann und Helene Wessel, gründeten die *dpd eGmbH* und machten deren Aufnahme in das Handels- und Genossenschaftsregister perfekt.

Am 5. Juli 1947 wurde die dazugehörende Lizenz feierlich im Hamburger Rathaus übergeben. Die englisch- und deutschsprachige „License/Zulassung Nr. 130" beurkundete den „Betrieb einer Nachrichtenagentur einschließlich Foto-Wirtschafts-und-Artikel-Dienst/Operation of a news agency, including Photographic, Economic and feature Service".[13] Die „Lizenzbestimmungen" bzw. „licensing instructions" regelte eine 13-seitige gedruckte Broschüre mit dem Titel „Anweisungen anläßlich der Zulassung Nr. 130 der Militärregierung".[14] Der Ton war scharf gehalten. Die „Anweisungen" regelten unter anderem die Veröffentlichung von

Auflagennachrichten, also Nachrichten, deren Bekanntmachung die Militärregierung anordnen konnte, sowie die Nachzensur. Es wurde mit einem zeitweisen oder völligen Entzug der Lizenz gedroht. In den einleitenden „general policy instructions" wurden die lizenznehmenden Verleger unmissverständlich in die Pflicht genommen: „You will, thereby, make an important contribution to the building up of a free and democratic form of society in which each individual is aware of his responsibilities." „Objektiv dargestellte Tatsachen" sollen beitragen, sich eine „eigene unabhängige Meinung" bilden zu können, „ungefärbt durch eine Politik der Aggression oder eine Diskriminierung gegen bestimmte Rassen oder Religionsformen". Die Lizenzverleger stimmten diesen Zielen gern zu. Kurze Zeit später zeichneten die 49 „Gründungsgenossen" am 15. Juli 1947 vor dem Amtsgericht Hamburg ihre Geschäftsanteile in Höhe von 10.000 Reichsmark (RM). Bereits seit Anfang des Monats war der nun in deutscher Verantwortung arbeitende *dpd* am Start.

Der Führungsstab des neu zu errichtenden *dpd* war bereits am 30. Mai 1947 auf einer Gründerversammlung in Hamburg-Nienstedten gebildet worden.[15] Emil Groß leitete als Vorsitzender des Nordwestdeutschen Zeitungsverleger-Vereins das Treffen von 37 anwesenden Gründergenossen. Es erfolgte die Wahl eines zwölfköpfigen Aufsichtsrats, dem unter anderen die Verleger Reinhold Heinen, Ernst Riggert, Henri Nannen und Heinrich Hellwege angehörten. Für den dreiköpfigen Vorstand des *dpd* kandidierten fünf Verleger. In einer geheimen Wahl wurden Georg Macknow, Paul Bugdahn und Anton Betz gewählt. Macknow war ein von den Briten eingesetzter Treuhänder und seit April 1946 Verlagsleiter des „Flensburger Tageblatt". Paul Bugdahn, Sozialdemokrat, war Lizenzträger der Hamburger Buchdruckerei und Verlagsanstalt und des „Hamburger Echo".

Anton Betz war das christdemokratische Gegengewicht. Betz (1893–1984) avancierte unmittelbar nach dem Ende des Krieges zur starken konservativen Kraft in der westdeutschen Pressegeschichte. Die Tatsache, dass die Nationalsozialisten den ehemaligen Geschäftsführer und Verlagsdirektor von Knorr & Hirth in München zunächst verhaftet und ihn dann auf wenig einflussreiche Positionen abgeschoben hatten, machte ihn für die britischen Presseoffiziere interessant. Hinzu kam, dass er zu den Gründungsmitgliedern der CDU gehörte und entsprechend gut politisch vernetzt war.[16] Betz war sehr rege. Er entwickelte Konzepte für die Entwicklung eines deutschen Pressewesens, engagierte sich im Rheinisch-Westfälischen Zeitungsverleger-Verein; bekam im Juli 1945 die Verlagsleitung für die „Neue Rheinische Zeitung" übertragen und wurde im Februar 1946 einer von drei Lizenzträgern der „Rheinische Post". An der Ausarbeitung des *dpd*-Statuts war Betz entscheidend beteiligt, sodass er im Juli 1947 nicht nur in den Vorstand der neuen Nachrichtenagentur gewählt wurde, sondern den Vorsitz des Gremiums übernahm. (→Unabhängigkeit als hohes Gut: Anton Betz)

Das parteipolitische Kräftemessen war damit voll im Gang, denn die Ernennung des Sozialdemokraten Fritz Sänger zum Chefredakteur des *dpd* stand fest. (→Journalismus und Politik: Fritz Sänger) Der gelernte Journalist hatte in den Nachkriegsmonaten als Chefredakteur der „Braunschweiger Zeitung" gearbeitet und als Herausgeber und Chefredakteur den SPD-Pressedienst mit aufgebaut. Politisch hatte Sänger sich als Sonderbeauftragter für die Betreuung der NS-Verfolgten und Mitglied des Gemeinderats von Gifhorn, als Vorsitzender der SPD-Fraktion im Kreistag und als SPD-Landtagsabgeordneter in Niedersachsen hervorgetan. Ideale Voraussetzungen also, um die schwierige Führungsrolle beim *dpd* zu übernehmen. Sänger legte sein Landtagsmandat nieder und wechselte von Hannover nach Hamburg. Am 7. Juli 1947 nahm er „mit sofortiger Wirkung" seinen Dienst auf, das Hamburger Wohnungsamt hatte ihm übergangsweise ein Pensionszimmer zugewiesen, später dann eine größere Wohnung.[17]

Geschäftsführer des *dpd* wurde Hans Melchers. Sein biografischer Hintergrund ist bemerkenswert. Hans H. P. Melchers wurde 1908 in Tientsin (Tianjin) als Sohn einer dort ansässigen deutschen Unternehmerfamilie geboren. „Melchers & Co." gehörten seit Mitte des 19. Jahrhunderts zu den großen Import-Export-Firmen in Asien, speziell in China. Der junge Hans Melchers machte bei der deutschen Nachrichtenagentur *Transocean* Karriere. So leitete er ab 1934 das Shanghaier Büro der Agentur, einige Zeit später stieg er zum Chefredakteur und Geschäftsführer für Ostasien auf.[18] *Transocean* arbeitete offiziell unabhängig von Berlin, in Wirklichkeit unterstand sie dem Propagandaministerium. Melchers war aus Karrieregründen zum 1. Januar 1937 der NSDAP beigetreten, das zeigen die Unterlagen im Bundesarchiv Berlin. Keine gesicherten Quellen gibt es darüber, inwieweit zur Arbeit bei den Auslandsagenturen wie *Transocean* auch Tätigkeiten als Informant für NS-Regierungsstellen gehörten.[19] Nach dem Ende des Zweiten Weltkriegs kehrte Melchers nach Deutschland zurück. Er bewarb sich zunächst bei den Amerikanern, doch diese lehnten eine Anstellung bei der *DANA* ab. Er stellte sich daraufhin bei den Briten vor, die ihn im November 1946 beim *dpd* als Chef vom Dienst im Ressort Außenpolitik akzeptierten.[20] Seine Erfahrungen im kaufmännischen Bereich und seine Zurückhaltung auf journalistischem Gebiet empfahlen ihn für die Position des neuen *dpd*-Geschäftsführers.

„Der freie, zuverlässige deutsche Pressedienst"

Der im Sommer 1947 an den Start gehende *dpd* trat von Anfang an sehr selbstbewusst auf. Schließlich musste man neues Vertrauen in die journalistischen Leistungen bei den Kunden und in der Bevölkerung gewinnen. Man arbeitete nicht mehr unter Kontrolle der Besatzungsbehörden, sondern war unabhängig geworden. Im „Handbuch Deutsche Presse", das im Oktober 1947 erstmals erschien, schaltete der *dpd* eine ganzseitige Werbung und stellte sich als „Die unabhängige deutsche Nachrichten-Agentur" vor. Auf einem „dpd meldet"-Flyer, der im Herbst 1948 gedruckt wurde, listete man stolz seine Erfolgsbilanz auf und titelte: „Der freie, zuverlässige deutsche Pressedienst" – „zuverlässig, schnell, unabhängig, unzensiert".

„Der freie deutsche
Pressedienst –
zuverlässig, schnell,
unabhängig, unzensiert.

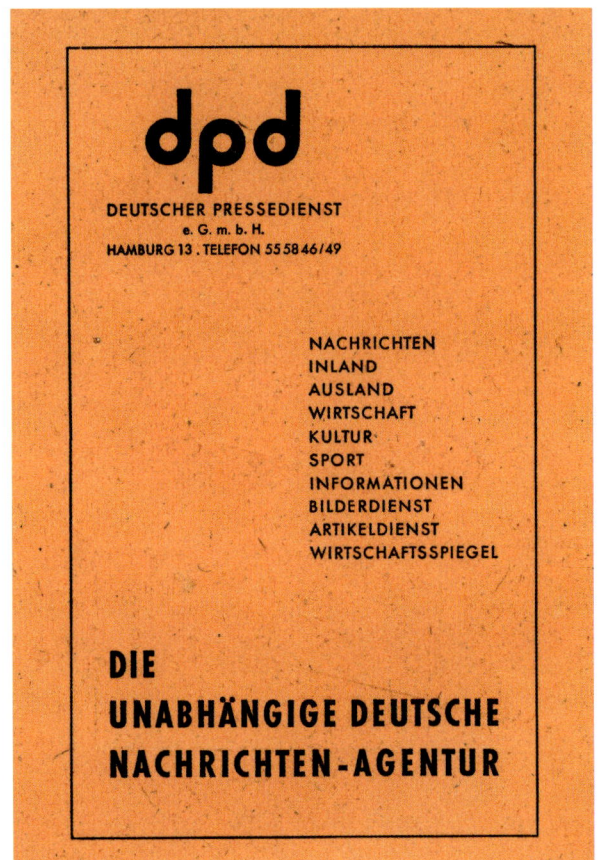

Schnell und zuverlässig zu sein, versprach der Werbeflyer des *dpd* aus dem Jahr 1947. Man betonte, unabhängig und zensurfrei zu arbeiten.

Gleichzeitig entfachten „Organisation und Vertrieb" der neuen Nachrichtenagentur ihre Aktivitäten, um all die entsprechenden „Dienste" der Agentur an die Kunden, die Zeitungs- und Zeitschriftenverlage, zu verkaufen. Ein ganzes Portfolio an Diensten wurde in diesen Wochen und Monaten aufgebaut. Es reichte vom dpd-Brief, dem dpd-Hintergrund, dem dpd-Wirtschaftsspiegel, dem dpd-Artikeldienst und einem Elite-Namen-Dienst bis hin zu den dpd-Landesdiensten und einem dpd-Überseedienst. Beim *dpd* achtete man jetzt deutlich stärker auf das, was der Markt benötigte und was man erfolgreich anbieten konnte.

Das neue Leistungspaket wurde von einer steigenden Zahl von Mitarbeiterinnen und Mitarbeitern erstellt. War man im September 1945 beim *German News Service* bereits mit 320 Angestellten gestartet, so kletterte die Zahl beim *dpd* auf 482 im September 1946 und auf 645 im September 1948.[21] Aus einem ersten „Überblick über die Organisation der Redaktion des dpd", den Fritz Sänger am 5. August 1947 zusammenstellte, geht die Struktur der „Zentralredaktion" mit insgesamt elf „Ressorts" hervor, darunter: Ausland, Inland, Wirtschaft, Kultur, Sport und Bilderdienst.

Sie erstellten vor allem den dpd-Brief, den Artikeldienst, den Wirtschaftsspiegel und die Hintergrund-Informationen. Die einzelnen Landesdienste wurden von der „Außenredaktion" verantwortet, mit „Hauptbüros" in Berlin, Düsseldorf, Hannover, Hamburg und Frankfurt. Diesen Hauptbüros waren zahlreiche „Zweigstellen" in weiteren Städten und Regionen in Deutschland zugeordnet. In Abgrenzung zu den zonalen Nachrichtenagenturen in der amerikanischen und französischen Besatzungszone lag der Schwerpunkt des *dpd* auf dem Norden und Westen Deutschlands. Gleichwohl unterhielt das Hauptbüro Frankfurt auch Zweigstellen in Nürnberg, München, Stuttgart, Heidelberg, Wiesbaden und Freiburg im Breisgau. Das Hauptbüro Berlin hatte „in der Ostzone", wie es hieß, „eine Reihe von Stützpunkten mit nebenamtlichen Korrespondenten".

Darüber hinaus war es ein großes Anliegen des *dpd* und speziell ihres Chefredakteurs Fritz Sänger, die neue Nachrichtenagentur auch international zu positionieren. Noch war es den Deutschen nicht erlaubt, Auslandsvertretungen zu errichten, und auch finanziell hätte man sich Auslandskorrespondenten zu diesem Zeitpunkt noch nicht leisten können. Sänger vermerkte im August 1947, dass der *dpd* Verträge mit *Reuters* und *AFP* geschlossen habe und man bereits mit dem *Nordisk Pressbüro* in Kopenhagen zusammenarbeite; ein dänischer Korrespondent sei schon in Hamburg tätig und ein deutscher Korrespondent solle demnächst in die dänische Hauptstadt entsandt werden.

Eine besondere Herausforderung war die Errichtung eines Korrespondentenbüros in der britischen Hauptstadt. Fritz Sänger setzte sich vehement dafür ein, und er war schnell erfolgreich. Am 1. September 1947 bestätigte der Liaison Officer Hans Berman dem Vorstand des *dpd*, dass das britische Schatzamt 1.500 Pfund für den Unterhalt eines dpd-Korrespondenten in London bewilligt habe.[22] Ohne diese britische Finanzhilfe wäre die Etablierung eines Auslandsbüros zu diesem frühen Zeitpunkt noch nicht möglich gewesen. Den Umstand einer solch weitreichenden Unterstützung durch die Briten machte der dpd-Vorstandsvorsitzende Anton Betz freilich nicht publik.[23]

Die Besetzung dieser neu geschaffenen Stelle geriet zu einer Überraschung. Im Oktober 1947 wechselte Brigitte Krüger (1913–1974) als Leiterin des Düsseldorfer Hauptbüros auf die Position in London. Der *dpd* errichtete damit im Nachkriegsdeutschland nicht nur die erste Korrespondentenstelle im Ausland, sondern vertraute diese wichtige Aufgabe einer Frau an – eine Tatsache, die damals viel Aufmerksamkeit auf sich zog und so manches männliche Vorurteil provozierte. Krüger konnte sich trotz mancher Schwierigkeiten behaupten. Ihre kurze Karriere in London – sie heiratete 1951 und beendete wenig später ihre Korrespondententätigkeit – ist ein bemerkenswerter Umstand in dem ansonsten männlich-dominierten Berufsfeld Journalismus. (→Porträt von Brigitte Krüger in 8 | Wundertiere, Schlachtschiffe und Alibi-Besetzungen)

Neue journalistische Standards

Von Anfang an versuchten die Briten, die deutschen Mitarbeiter, die sie auswählten, an journalistische Grundsätze heranzuführen, die durch das „Dritte Reich" außer Kraft gesetzt oder die in Deutschland bislang nur unzureichend etabliert worden waren. Bereits in der allerersten „Directive" vom 20. Juli 1945 wurden folgende Prämissen festgehalten: „to present news objectively; to avoid the tendentious writing of news; to distinguish, and seperate, news from comment; to avoid the confusion produced by editorials on news pages; to segregate such editorials, where they belong – in a clearly defined opinion page".[24] Diese Standards wurden seither in vielen Dokumenten wiederholt und fanden so auch Eingang in die Lizenz und die Lizenzbestimmungen für den *dpd* im Juli 1947.

Von der in der amerikanischen Zone etablierten *DANA/DENA* heißt es, dass sie unter ihrem sprachbewussten Chefredakteur Eugene Jolas zu einem regelrechten „Experimentiersaal" und für die jüngeren Mitarbeiter zu „einer Journalistenschule"[25] geworden sei, durch die „professionelle Nachrichtenwerte" Eingang in den deutschen Journalismus gefunden hätten.[26] Ähnliches gilt für die Nachrichtenagenturen *GNS/BZ* und *dpd* in der britischen Zone, wobei mit Bezug auf bereits berufserfahrene Journalisten der Aspekt des Umdenkens und des Einübens der neuen Leitlinien in den Vordergrund rückte. Erich Lüth, Leiter der Hamburger Pressestelle, attestierte dem *GNS* und dem

„Der angelsächsische Nachrichtenstil, vor allem die Trennung von Nachrichten und Kommentar, prägte viele junge Journalisten.

dpd bereits Ende 1946, dass diese Einrichtungen für den Journalistennachwuchs eine große Hilfe seien und auf diese Weise „viele Deutsche den angelsächsischen Nachrichtenstil kennengelernt" hätten, „vor allem die Trennung von Nachrichten und Kommentar".[27] Während die ehernen Werte des angelsächsischen Journalismus von den deutschen Journalisten grundsätzlich akzeptiert wurden, schien ihm eine Frage nicht so leicht zu beantworten, nämlich inwieweit deutsche Traditionen damit verknüpft werden könnten. Erich Lüth nannte die „Objektivität, Kürze und Nüchternheit", wie sie die „Frankfurter Zeitung" gepflegt habe, und unterstrich im selben Dokument: „In diesem Punkte bin ich angesichts der kritischen Nervensituation des deutschen Volkes mehr für die Nüchternheit des alten Frankfurter Stils: Lieber 10 Attribute zu wenig als eines zu viel!"[28]

Auch Fritz Sänger stellte sich diesem Thema. „Die Nachricht und ihr Leser" überschrieb er seinen Beitrag für das „Handbuch Deutsche Presse".[29] Die Antwort auf die Frage, wie eine Nachricht zu schreiben sei, lautete: Sie müsse „wahrhaftig" sein, also „das Ereignis wiedergeben und getreulich mitteilen". Doch diese „Objektivität der Information" müsse den Leser auch ansprechen, müsse die „Atmosphäre" wiedergeben, in der ein Ereignis stattfindet, und dabei auf den „Erfahrungs- und Erlebniskreis" der Leserschaft zielen. Für den amtierenden dpd-Chefredakteur galt: „Solange der Journalist sparsam mit solcher Auswahl und Betonung umgeht, bleibt er auf dem richtigen Wege, den *Leser* entscheiden zu lassen." Diese Serviceeinstellung gegenüber der Leserschaft übte Sänger als die „Kunst der Nachricht" mit seinen dpd-Mitarbeiterinnen und Mitarbeitern ein.

Schwierige Fusionsverhandlungen

Zeitgleich mit der Etablierung von drei genossenschaftlich organisierten Nachrichtenagenturen in den Westzonen begann ab 1947 die Diskussion, diese zu einer Institution zu vereinigen. Dafür sprachen vor allem wirtschaftliche Erwägungen, denn der Betrieb einer Nachrichtenagentur war kostspielig. Ein weiterer Grund kam hinzu: In den Nachkriegsjahren drängten auch ausländische Agenturen wie *United Press*, *Reuters*, *Associated Press* und *Agence France-Presse* auf den deutschen Nachrichtenmarkt.[30] Eine größere, finanzkräftigere deutsche Agentur sollte dieser Konkurrenz besser begegnen können.

Die Verhandlungen über eine Fusion gestalteten sich jedoch schwierig. In den Gesprächen, die mit den Vertretern der alliierten Militärregierungen zu führen waren, zeigte sich, dass die unterschiedliche Personalpolitik der Amerikaner und der Briten ein großes Konfliktpotenzial barg. Die Einstellungspraxis in der US-amerikanischen Zone war strenger und schloss Mitarbeiter aus, die im „Dritten Reich" der NSDAP beigetreten waren oder damals journalistisch gearbeitet hatten. Man setzte auf unbelastete und damit meist junge Mitarbeiter. Die Konsequenz war, dass – im Vergleich mit den deutschen Mitarbeitern des *dpd* in der britischen Zone –

Die vermeintliche Agenturmeldung

Frankfurt als Bundeshauptstadt?

Die Ideale des neuen Agenturjournalismus waren klar. Doch es gab Vorkommnisse, die ein kritisches Gegenbild entstehen ließen und zeigen, dass einzelne dpd-Journalisten politisch motiviert handelten. Ein extremes Beispiel liefert die „vermeintliche Agenturmeldung über die Entscheidung in der Bundessitzfrage von 1949", die in der Stiftung Bundeskanzler Adenauer-Haus als besonderes Dokument aufbewahrt wird.[1] Vieles spricht dafür, dass es sich dabei um einen regelrechten Coup des dpd-Korrespondenten Franz Hange handelte, der die Abstimmung im Parlamentarischen Rat zugunsten von Bonn als provisorischer Hauptstadt der Bundesrepublik beeinflusste.[2]

Franz Hange (1921–2011) war politisch ganz auf Linie des CDU-Politikers Konrad Adenauer. Nicht ohne Grund soll sein Spitzname „Hangenauer" gelautet haben. Im Mai 1949 griff Hange in die Abstimmung über die Hauptstadtfrage ein. Die Probeabstimmungen der jeweiligen Fraktionen des Parlamentarischen Rats hatten gezeigt, dass sehr wahrscheinlich Frankfurt am Main zur vorläufigen Bundeshauptstadt gewählt werden würde. Viele CDU-Delegierte und vor allem Konrad Adenauer favorisierten jedoch Bonn. Hange, so zeigen Unterlagen, verfasste auf dem Fernschreiber des *dpd* eine Meldung, wonach der SPD-Vorsitzende Kurt Schumacher im Vorfeld der Abstimmung die Entscheidung über den Bundessitz als „fuer die spd von grosser politischer bedeutung" bezeichnet habe. Die bevorstehende Wahl von Frankfurt sei „fuer die spd eine prestige frage" und „ein[] abschliessende[r] taktische[r] erfolg". Freilich hatte Hange den Fernschreiber auf Warteklinke gesetzt, das heißt, der Text konnte als eine Agenturmeldung erscheinen, er war aber nicht an die Zentrale abgeschickt worden. Diese vermeintliche Meldung gelangte in die Hände von Konrad Adenauer, und dieser unterrichtete die Unionsfraktion im Parlamentarischen Rat.

Die „Frage des Bundessitzes" war „jetzt so politisch geworden, daß wir einfach nicht anders können, als geschlossen für Bonn zu stimmen", hielt das Sitzungsprotokoll fest.[3] Bis dahin unentschlossene oder Frankfurt favorisierende CDU/CSU-Politiker schwenkten auf den Kurs der Fraktionsspitze ein. Obwohl die entscheidende Plenarsitzung sogar noch unterbrochen werden musste, als die SPD die von Adenauer benutzte dpd-Meldung als unrichtig bezeichnete, fiel das Ergebnis der Abstimmung am 10. Mai 1949 mit 33 zu 29 Stimmen denkbar knapp zugunsten von Bonn aus.

Franz Hange handelte nicht allein. Eingeweiht war Heinrich Böx (1905–2004),

> der parteivorstand der spd beschaeftigte sich auf seiner parteikonferenz am dienstag in brueck auch eingehend mit der frage des kuenftigen bundessitzes, due an gleichen tage vom plenum des parl rates entschieden werden wird. wie aus teilnehmerkreisen bekannt wird, hat der erste vorsitzende der spd, drm k
>
> urt schumacher, der erstmalig wieder ausserhalb hannovers an einer vorstandssitzung teilnahm, dem sozialdemokratischen parteigremium die gruende dargelegt, weshalb die spd sich fuer frankfurt entscheiden muesse. schumacher, sagte ein teilnehmer, habe den mitgliedern der sozialdemokratischen fraktion des parl rates, die ebenfalls der parteivorstandssitzung beiwohnten erklaert, frankfurt sei fuer die spd eine prestige frage nach mancherlei konzessionen, die sie der cdu- csu beu den arbeiten am grundgesetz gemacht habe, nachdem die spd mit der cdu gemeinsam die provisorische verfassung verabschiedet habe, brauche die sozialdemokratie fuer den kommenden wahlkampf einen abschliessenden taktischen erfolg. das sei durch die geschlossene haltung der spd - fraktion so gut wie gewaehrleistet, zumal die cdu-csu niemals eine solch geschlossene haltlung gezeigt habe und auch dieses mal, wie schumacher sich ausgedrueckt haben soll anf. eubuge starrkoepfige aussenseiter inner halb der cdu-csu -abf. es verhindern wuerden, dass s diese fraktion im parl rat geschlossen fuer bonn stimme. die entscheidung ueber den bundessitz sei fuer die spd von grosser politischer beudetung. die geschlossene uebersiedlung des parteivorstandes vn von hannover nach cfrakxx frankfurt liege auf dieser linie.
> in frankfurt wuerde sich der einfluss der spd fuer den aufbau des bundes und die gestaltung der bundesregierung leichter auswirken als in bonn.

Die vermeintliche dpd-Meldung vom 10. Mai 1949 findet sich im Nachlass von Konrad Adenauer.

der als Adjudant von Kapitän zur See Max Kupfer im Sommer 1945 zum *GNS/ BZ* gekommen war und als Ressortleiter beim *dpd* gearbeitet hatte. Die zweite Person, die an dem Vorgang beteiligt war, war Elfriede Moritz, Mitarbeiterin bei der *DENA*. Die junge sozialdemokratische Reporterin hatte Informationen über die SPD-Beratungen im Parlamentarischen Rat erhalten und diese an ihren Verlobten Franz Hange weitergegeben.[4]

Aufschlussreich ist, welche Folgen der politisch-journalistische Coup hatte, der bisweilen auch zu einem der „großen Polit-Skandale" der Bundesrepublik stilisiert wird.[5] „Fräulein Moritz", wie es in den Unterlagen heißt, verlor ihre Anstellung bei der *DENA*. Die Entlassung von Franz Hange wurde ebenfalls gefordert, doch er konnte sich halten. Fritz Heine hatte Hanges Entlassung vehement beim Vorsitzenden des *dpd*, Anton Betz, gefordert. Als Vorstandsmitglied der SPD schrieb Heine am 19. Mai 1949, dass sich in Hanges Verhalten „eine politische und journalistische Verantwortungslosigkeit" ausdrücke und Betz „im Rahmen" der „dpd-Genossenschaft" darauf dringen müsse, „dass die publizistische Vertretung des dpd Kräften anvertraut" werde, „die sich bereit finden, objektive und sachliche Arbeit ihren persönlichen und politischen Wünschen voranzustellen".[6]

Doch bereits einige Tage zuvor hatte sich Fritz Sänger hinter Franz Hange gestellt. In einer mehrseitigen Erklärung vom 13. Mai 1949 zeichnete der Chefredakteur des *dpd* die Vorgänge minutiös nach, um zu betonen, dass „die Weitergabe auch unbestätigter Informationen an vermeintlich umfassender orientierte Personen [...] ein üblicherweise benutztes Mittel" sei, „um sich eine Information bestätigen, ergänzen oder berichtigen zu lassen".[7] Für Arno Scholz, den Gründer des Berliner „Telegraf", war dies eine „langatmige Erklärung", die verkenne, dass hier ein Journalist „seine eigentliche Aufgabe" vernachlässigt und „Politik" gemacht habe.[8] Adenauer selbst spielte die Sache herunter und versicherte, er habe bereits vor Hanges „Information" Kenntnis über vergleichbare Äußerungen Schumachers erhalten.[9]

Im *dpd* liefen die Ermittlungen jedoch weiter. Hange machte sich ernste Sorgen um seine Anstellung. Gegenüber Konrad Adenauer bezeichnete er sich am 26. Juli 1949 als den „letzten Vertreter der CDU im dpd" und hielt fest: „Irgend eine [sic] Erklaerung werden die fuer Personalfragen zustaendigen SPD-Herren im dpd schon finden." Noch am selben Tag schrieb Adenauer an Betz: „Ich bitte noch einmal, und zwar in der nachdrücklichsten Weise, dass Sie sich mit Ihrer ganzen Persönlichkeit hinter Herrn Hange stellen. Es ist unmöglich, in der Weise zu verfahren, wie das anscheinend beabsichtigt ist. Die CDU würde bei allen irgendwie abhängigen Journalisten eine sehr grosse Einbusse an Ansehen erleiden."[10]

Nicht nur die von Hange befürchtete „Vernehmung" im *dpd* blieb aus, sondern auch das bei der Bonner Staatsanwaltschaft in der Zwischenzeit beantragte Strafverfahren in Sachen Bundeshauptstadt wurde eingestellt.[11] Franz Hange wurde im Bonner dpa-Büro Chefkorrespondent für die unmittelbare Berichterstattung über die Arbeit des Bundeskanzlers. In dieser Eigenschaft war er auch ständiger Gast der „Teegespräche", zu denen Adenauer von April 1950 an ausgewählte Journalisten regelmäßig einlud. In vertraulichen „Aktennotizen" informierte Franz Hange bis Ende 1955 seinen Chefredakteur Fritz Sänger in Hamburg über die Themen und den Diskussionverlauf.[12] 1965 schließlich wechselte Hange ins Bundeskanzleramt und später ins Presse- und Informationsamt der Bundesregierung.

Anmerkungen

1 Vgl. Spitz 2022.
2 Vgl. Dreher 1979, 90–113.
3 Die CDU/CSU im Parlamentarischen Rat 1981, 162.
4 Schmitz 1987a, 315f.
5 Ramge 2003.
6 dpa, Unternehmensarchiv.
7 dpa, Unternehmensarchiv. Das Schreiben findet sich auch in: StBKAH, I 09.20/281.
8 dpa, Unternehmensarchiv.
9 Dr. A.: Interne Mitteilung für Herrn Sänger und Herrn Fritze, 14.5.1949, StBKAH, I 09.20/288; Konrad Adenauer an Fritz Sänger, Brief vom 19.5.1949, StBKAH, I 09.20/280. Veröffentlicht in: Adenauer, Briefe 1947–1949, 462f.
10 Franz Hange an Konrad Adenauer, 26.7.1949, StBKAH, I 09.20/262; Konrad Adenauer an Anton Betz, 26.7.1949, StBKAH, I 09.20/261.
11 Franz Hange an Konrad Adenauer, 3.8.1949, StBKAH, I 09.20/259.
12 Zum Teil basiert die Edition der „Teegespräche" auf Franz Hanges Aktennotizen. Vgl. Adenauer. Teegespräche (Bände 1950–1954 und 1955–1958) 1984 und 1986.

die Kolleginnen und Kollegen der *DENA* im Altersdurchschnitt sehr viel jünger und deutlich weniger profiliert waren.[31] Die britische Personalpolitik hatte dagegen immer auch auf die Berufserfahrungen von Bewerberinnen und Bewerbern gesetzt, entsprechend waren die journalistischen Qualifikationen dieser Mitarbeiter höher. Fritz Sänger, dem von Anfang an eine Schlüsselrolle bei den Fusionsverhandlungen zukam, urteilte beispielsweise im Mai 1948 in einem internen Bericht über die *DENA*-Mitarbeiter: „Die Dena-Reaktion ist zu jung, und es fehlt an Erfahrung und am Willen, sie durch ernsthafte Arbeit zu erlangen. Mangel an persönlicher Reife scheint einer der Hauptgründe für taktloses Benehmen und für unzureichende Auffassung der Informationen zu sein."[32] Umgekehrt hatten führende *DENA*-Presseoffiziere Vorbehalte gegenüber Fritz Sänger und seinem ausgesprochen selbstbewussten Auftreten.

Sie setzten sich nicht durch. Die Ernennung von Fritz Sänger zum Chefredakteur einer neuen zentralen Nachrichtenagentur zeichnete sich ab. Die Fusionspläne wurden von den politischen Parteien sehr genau verfolgt. Fritz Sänger, dpd-Chefredakteur, stand mit Fritz Heine, SPD-Vorstandsmitglied, in ständigem Austausch. Entsprechend argwöhnisch beäugte Konrad Adenauer, der Vorsitzende der CDU in der britischen Zone, die Entwicklung. „In der Sache dpd-Dena empfehle ich Ihnen, dass Herr Böx, Hamburg, den Geschäftsführerposten erhält. Den Posten des Chefredakteurs wird wohl kein Mann bekommen, der zu uns gehört. Er wird wohl Herrn Sänger übertragen werden", schrieb Adenauer privat am 22. April 1948 an den Verleger Anton Betz, zu diesem Zeitpunkt Vorstandsvorsitzender des *dpd*. Im Postskriptum wurde Adenauer noch deutlicher: Im Gespräch mit General Bishop habe dieser erklärt, dass „ein Zusammenschluss Dpd – Dena ausschliesslich eine Angelegenheit deutscher Stellen sei", sodass er den Brief an Betz mit den Worten schließt: „Ich bitte Sie, sich doch mit ganzer Kraft dafür einzusetzen, dass mehr Parität bei Dpd und Dena in Zukunft herrscht."[33]

Im Kräftespiel der Fusionsverhandlungen spielte die Standortfrage eine Rolle. Frankfurt am Main als Sitz der neu zu bildenden Nachrichtenagentur hätte die Position der *DENA* gestärkt, Hamburg die des *dpd*. Fritz Sänger setzte klar auf den Medienstandort Hamburg. Bereits der Umzug aus dem von den Briten beschlagnahmten Gebäude in der Rothenbaumchaussee in die gemietete Villa im Mittelweg zu Beginn des Jahres 1949 kann als Zeichen in diese Richtung gewertet werden. Selbstbewusst lautete das Rundschreiben von Helmut F. Englisch, dem Leiter des „Hauptbüro Hamburg" des *dpd*: „Der Deutsche Pressedienst, bisher Rothenbaumchaussee 169, hat am 6. Februar ein neues Gebäude bezogen. Die neue Anschrift der Zentralredaktion und des Hauptbüros Hamburg des Deutschen Pressedienstes ist jetzt: Hamburg 13, Mittelweg 38 […]."[34] Als zeitgleich durchsickerte, dass Frankfurts Oberbürgermeister Walter Kolb versuche, den *dpd* nach Frankfurt zu holen, reagierte Sänger prompt. Er wandte sich am 8. Februar 1949 an Hamburgs Bürgermeister Max Brauer und bat den Parteigenossen, er möge helfen, Wohnraum für die Familien von Journalisten zu finden. Mit Erfolg, wie der Vermerk des Senatssyndikus an das Wohnungsamt vom 14. Februar 1949 zeigt: „Hamburg hat aber ein Interesse daran, den dpd hierzubehalten, und zwar nicht zuletzt im Hinblick auf die ständige Ausdehnung seines internationalen Dienstes."[35] Einigen Familien konnte auf diese Weise geholfen werden, wie Dokumente zeigen.

„Damit wir uns verstehen": Gründung der *Deutschen Presse-Agentur*

Die Gründung der *Deutschen Presse-Agentur* wurde im August 1949 zum Kraftakt. Im niedersächsischen Goslar, im luxuriösen Hotel „Der Achtermann", hatten sich am 16. August Vorstände und Aufsichtsräte des *dpd* und der *DENA* einquartiert. Die *Südwestdeutsche Nachrichten-Agentur (SÜDENA)* hatte sich zwei Tage zuvor mit dem *dpd* verständigt, ab Oktober 1949 einen gemeinsamen Nachrichtendienst herauszugeben – faktisch ein Zusammenschluss, „um die Bildung einer Nachrichtenagentur für das Bundesgebiet zu beschleunigen und zu erleichtern", wie die dpd-Meldung verkündete.[36] Noch einmal verhandelten die anwesenden dpd- und DENA-Vertreter in getrennten Sitzungen, bevor die beiden Genossenschaften beschlossen, sich zu einer „Gesellschaft mit beschränkter Haftung" unter der „Firmenbezeichnung ‚dpa – Deutsche Presse Agentur G.m.b.H."' „zusammenzuschließen". Einen Notar mit der notwendigen Vollmacht hatte man bereits vorsorglich eingeladen, sodass dieser am 18. August 1949 die Gründung der neuen Gesellschaft auf der Basis des ausgehandelten „Gesellschaftsvertrags" beurkunden konnte.[37]

Mehrere Details dieses Vertrags lassen ein gewisses Konfliktpotenzial erahnen. So ist der Sitz der Gesellschaft „der jeweilige Sitz der Bundesregierung" (§ 2), also vorerst Bonn. Hamburg wird nicht erwähnt. Geschäftsführung und Aufsichtsrat sind streng paritätisch besetzt. Es gibt mindestens zwei Geschäftsführer (§ 6); der zehnköpfige Aufsichtsrat setzt sich aus je fünf Vertretern der beiden Gesellschafter zusammen (§ 8). Das Stammkapital beträgt 350.000 DM (§ 5), wobei jeder der beiden Gesellschafter die Hälfte einbringen soll, 150.000 DM in Geld und 25.000 DM in Sachanlagewerten (§ 5) – eine Absichtserklärung, wie sich zeigen wird. Mit welchen Hypotheken das neue Unternehmen an den Start ging, offenbart die schnell anberaumte allererste Sitzung des Aufsichtsrats der *dpa* am Nachmittag des 18. August 1949. „Die Kündigungen des Personals bei den beiden bisherigen Agenturen sind bereits mit dem heutigen Tage ausgesprochen worden", hielt das Protokoll fest. Die beiden anwesenden Geschäftsführer Fitz Sänger und Kurt Neuß wurden beauftragt, zur nächsten Sitzung einen Etat vorzulegen, der 700.000 bzw. 750.000 DM nicht überschreiten soll. Kurt Neuß' Versuch, stattdessen mit 1 Million DM zu starten, wurde nicht akzeptiert, man wolle „den ersten Schnitt beim Personalabbau tief und gründlich" machen. Bevor man sich auf den 27. August 1949 als nächsten Sitzungstermin verständigte, wurde noch ein „Gebührenausschuss" eingesetzt, der „Verhandlungen mit den neuen Zeitungen wegen des Preises des Nachrichtendienstes"

„Die Herausgeber der deutschen Zeitungen, auch die Journalisten und die meisten Politiker wissen, dass ein demokratisches Deutschland nur entstehen wird, wenn es eine freie Presse hat.

Fritz Sänger

Gruppenfoto des dpa-Aufsichtsrats in Frankfurt am Main am 3. September 1949. Die Verleger Reinhold Heinen (Kölnische Rundschau), Anton Betz (Rheinische Post), Edmund Goldschagg (Süddeutsche Zeitung), Hans Henrich (Münchner Merkur), Walther Karsch (Tagesspiegel), Karl Ackermann (Mannheimer Morgen), Arno Rudert (Frankfurter Rundschau), Wilhelm Grabbert (Hamburger Echo) sowie Kurt Neuß (Geschäftsführer der *dpa*, 4. von rechts) und Fritz Sänger (Chefredakteur der *dpa*, ganz rechts).

führen soll. Die lakonische Kürze in Bezug auf die ganz zentralen Mitarbeiter- und Finanzfragen in diesem ersten Protokoll weist auf die gewichtigen Probleme voraus, die zu lösen das neu gegründete Unternehmen als Aufgabe noch vor sich hatte.

Die angespannte wirtschaftliche Situation wurde zum Dreh- und Angelpunkt, wenn die Frage der Fusion zu einer nationalen Nachrichtenagentur diskutiert wurde. Aktive Schützenhilfe hatten sich die Befürworter eines Zusammengehens geholt, indem sie den österreichisch-britischen Agenturjournalisten und Reuters-Manager Alfred Geiringer (1911 – 1996) zu einer Ansprache ins Goslarer Hotel eingeladen hatten. Geiringer, als „European Editor" von *Reuters* maßgeblich an der Neuordnung der Nachrichtenagenturen in Österreich und Deutschland beteiligt, machte den Delegierten deutlich, dass „durch die Fusion eine Stärkung und Kräftigung der deutschen Agentur und der deutschen Presse" erreicht werde. Geiringer wünschte sich, dass die *dpa* „Anschluß an das europäische Nachrichtenwesen" finden möge, und plädierte für einen Weg hin zu einer „Weltnachrichtenagentur".[38]

Kritische Stimmen hingegen sprachen von einer Monopolstellung in der Nachrichtenverteilung und malten die Gefahr aus, dass nach dem Wegfall der westalliierten Kontrolle der deutsche Staat Zugriff auf die Nachrichtenagentur erlangen könne. Auf solche Argumente, wie sie in der „Los Angeles Times" am 13. September 1949 vorgebracht wurden, bezog sich Fritz Sänger in einem offenen Brief im Oktober

1949. Unter der Überschrift „Damit wir uns verstehen" machte er deutlich, dass nur eine „wirtschaftlich starke Agentur" und nur eine Agentur, die im Besitz vieler Zeitungsherausgeber ist, die Gewähr für Unabhängigkeit biete. Sowohl an die Adresse der ausländischen Kritiker als auch an die der eigenen westdeutschen Anteilseigner gewandt, formulierte Sänger: „Deutschland braucht eine unabhängige Nachrichtenagentur, und die Deutschen verwirklichen sie gerade jetzt. Das lassen sich die deutschen Zeitungen viel kosten. Sie bringen große Opfer, weil sie wissen, was eine unabhängige Agentur wert ist."[39]

Anmerkungen

1 Vgl. Kristionat 1991, 267–269; Koszyk 1986, 10–38.
2 Autobiografische Darstellungen lieferten Sefton Delmer in der britischen (1962a) und in der deutschen Ausgabe (1962b) seiner Memoiren sowie Hans Rudolf Berndorff in seiner gemeinsam mit Richard Tüngel gegen die Besatzungsmächte gerichteten Nachkriegspublikation 1958. Der „Spiegel"-Artikel von Tim Tolsdorff (26.11.2010) fußte auf den Aussagen der Zeitzeugin Clementine Schmidt, einer ehemaligen Mitarbeiterin im Stab von Max Kupfer.
3 Vgl. Tüngel/Berndorff 1958, 19–29; 36–51.
4 Delmer 1962a, 245.
5 Delmer 1962b, 654.
6 Vgl. Delmer 1962a, 247ff.; Delmer 1962b, 654f. sowie den Eintrag zu Rademacher in: Biographisches Handbuch des deutschen Auswärtigen Dienstes. 1871–1945, Band 3. L-R. Bearbeiter: Gerhard Keiper, Martin Kröger. Paderborn u.a.: Ferdinand Schöningh 2008, 548f.
7 Wagner 2005, 13–84.
8 Die pressepolitischen Entwicklungslinien von 1945 bis 1949 zeichnen Betz 1963; Koszyk 1986; Gossel 1993; Süssmuth 1993 nach; zu den Medienmachern und ihren Berufsbiografien vgl. Sonntag 2005. Zur Geschichte der DANA/DENA vgl. Schmitz 1987a und 1987b.
9 Sonntag 2005: 117–152; Gossel 1993, 90–104.
10 Handbuch Deutsche Presse 1947, 239–253.
11 Dörfler/Pensold 2001, 407ff.
12 Die Geschichte des Deutschen Pressedienstes ist wissenschaftlich vergleichsweise gut aufgearbeitet durch die Studien von Kristionat (1991) sowie schießlich mit der Studie von Eumann (2011). Der dpd fand bereits seit den 1950er Jahren viel Aufmerksamkeit. Eine 1953 im Auftrag des dpd verfasste Geschichte der Nachrichtenagentur unter dem Titel „Werden und Wert" ist sehr materialreich, aber auch deutlich interessengeleitet; Ernst Riggerts „Abriß" der Geschichte des Deutschen Pressedienstes 1945–1949 hebt besonders die „deutsch-britische team-Arbeit" hervor (1951), 2). Ohne Quellenangaben arbeitet die sechsteilige dpd-Geschichte des dpa-Mitarbeiters Gerhard Matthäus (o.J.).
13 dpa. Unternehmensarchiv.
14 dpa. Unternehmensarchiv.
15 StAHH. Amtsgericht Hamburg. Handels-, Genossenschafts- und Musterregister. 231–7. Sign. B 1973–51. Bd. 2.
16 Henkel 2011; Henkel 2005.
17 StAHH. Staatliche Pressestelle. 135-1. V. Sign. II. A. II. b1.
18 Eumann 2011, 108ff.; vgl. auch Tworek 2022.
19 Freyeisen 2000, 323.
20 Eumann 2011, 109.
21 dpd-Flyer 1948. dpa. Unternehmensarchiv.
22 Matthäus o.J., 4. Teil, 55.
23 Eumann 2011, 148.
24 Zit. n. Süssmuth 1993, 33.
25 Matthäus 1963, 310.
26 Wilke 2001, 34.
27 Erich Lüth: Stichworte für Herrn Bürgermeister Brauer. Geburtstag des Deutschen Nachrichtendienstes, 16.12.1946. StAHH. Staatliche Pressestelle. 135-1. V. Sign. II. A. II. b1.
28 Ebd.
29 Sänger 1947, 110–113.
30 Schumacher 1998, 83–149; Wilke 1999, 472f.
31 Schmitz 1987b, 690ff.
32 Zit. n. Eumann 2011, 201.
33 dpa. Unternehmensarchiv.
34 StAHH. Deutscher Presse-Dienst GmbH. 131-1. Sign. II_6309.
35 Ebd.
36 Abgedruckt in: Hamburger Abendblatt, 17.8.1949.
37 dpa. Unternehmensarchiv.
38 Geiringer 1949, 2.
39 Sänger 1949, 1.

Blick in die Zentralredaktion der *dpa* in Hamburg Anfang der 1950er Jahre.

4

Als die *dpa* Ende August 1949 startete, war die Situation des jungen Unternehmens in vielfacher Weise prekär. Zum einen übernahm sie von den beiden Genossenschaften *dpd* und *DENA* eine Reihe ungelöster Probleme, zum anderen sah sie sich zahlreichen neuen Herausforderungen gegenübergestellt. In wirtschaftlicher Hinsicht galt es, auf einen liberalisierten Medienmarkt und auf eine erstarkende Wirtschaft zu reagieren; in politischer Hinsicht bestimmten die neuen Kräfteverhältnisse in der jungen parlamentarischen Demokratie sowie die mit Nachdruck verfolgte Anbindung der Bundesrepublik Deutschland an die westlichen europäischen Nachbarstaaten und die USA die Entwicklung der Nachrichtenagentur mit. Untrennbar verwoben ist ihre Geschichte mit Konrad Adenauers medienpolitischem Handeln und speziell mit dem Aufbau des Bundespresseamts. Wollte die *dpa* sich als unabhängige nationale Nachrichtenagentur in Westdeutschland positionieren, musste sie sich im ersten Jahrzehnt ihres Bestehens in vielerlei Hinsicht bewähren.

Bewährungsjahre

Die *dpa* 1950 – 1959

Generallizenz für den westdeutschen Pressemarkt		Gründung des *Deutschen Nachrichtendienstes (DND)*		Der neue Gesellschaftervertrag der *dpa* tritt in Kraft	
21. Sept. 1949	29. Okt. 1949	1. Jan. 1950	10. Apr. 1951	14. Apr. 1951	1. Juni 1959
	Dienstleistungsvertrag zwischen den *VWD* und der *dpa*		Vertrag zwischen der *dpa* und der Bundesregierung über Sammlung von Nachrichten		Ende des Vertrags von Chefredakteur Fritz Sänger

Stellenabbau

Die *dpa* kämpfte mit gravierenden finanziellen Problemen. Diese resultierten vor allem aus den Verbindlichkeiten der beiden Zonenagenturen *DENA* und *dpd*, die die Agentur bei ihrer Gründung übernehmen musste. Eine erste, unpopuläre Maßnahme trafen Aufsichtsrat und Geschäftsführung der *dpa* sehr schnell mit der Reduzierung des Personals. Die beiden Zonenagenturen zählten zusammen circa 1.100 Mitarbeitende – eine Größenordnung, die marktwirtschaftlich nicht tragfähig war. Dieser Personalstand musste reduziert werden. Noch auf seiner ersten Sitzung im Goslarer Hotel „Der Achtermann" sprach der Aufsichtsrat am 18. August 1949 Kündigungen aus. Die *dpa* startete mit 882 Festangestellten (1.10.1949), deren Zahl in den folgenden zwei Jahren auf 711 reduziert wurde (31.12.1951). In besonderer Weise war das Verwaltungspersonal betroffen, das von 166 (1.10.1949) auf 91 (31.12.1951), also um etwa 45 Prozent, schrumpfte, aber auch die Redaktion wurde von 206 (1.10.1949) auf 155 Festangestellte (31.12.1951) verkleinert, also um etwa 25 Prozent.

Den Stellenabbau musste die Geschäftsführung der *dpa* bewerkstelligen. Diese wurde 1949 von Fritz Sänger und Kurt Neuß gebildet. Sänger hatte zusätzlich zu seiner Position als Chefredakteur die eines Geschäftsführers erhalten; Neuß war als kaufmännischer Geschäftsführer von der *DENA* gekommen. In den ersten Aufsichtsratssitzungen war es Neuß, der über die schwierige finanzielle Lage der jungen *dpa* berichtete und der die unpopulären Maßnahmen, die vor allem den Frankfurter Standort betrafen, begründen musste. Offensichtlich war Neuß mit dem Tempo und der konkreten Praxis nicht immer einverstanden; er kündigte zum Jahresende 1949. Gegenüber dem Aufsichtsrat betonte er, dass er „nicht robust genug [sei], um immer wieder weitere Einsparungen und Kündigungen vornehmen zu können". Anton Betz als Aufsichtsratsvorsitzender bedankte sich bei dem scheidenden Geschäftsführer in einem persönlichen Brief und zeigte Verständnis dafür, dass „Ihnen die vielen Abbau- und Umbaumaßnahmen [...] sehr zu Herzen gehen und dass vor allem die Kündigungen, die noch vor Weihnachten ausgesprochen werden mussten, Sie sehr bedrücken".[1]

Umbruch des Pressewesens

Als die *dpa* am 18. August 1949 von den Genossenschaften *dpd* und *DENA* gegründet wurde und am 1. September 1949 an den Start ging, waren alle tragenden Kräfte der Nachrichtenagentur sogenannte Lizenzverleger, also Verleger, die während der Besatzungszeit eine Lizenz erhalten hatten und damit ihren jeweiligen Verlag hatten aufbauen können. Im Zuge der Verabschiedung des Grundgesetzes durch den Parlamentarischen Rat im Mai 1949 gaben die Westalliierten den Lizenzzwang schrittweise auf. Am 21. September 1949 wurde eine Generallizenz erteilt, d.h. ab

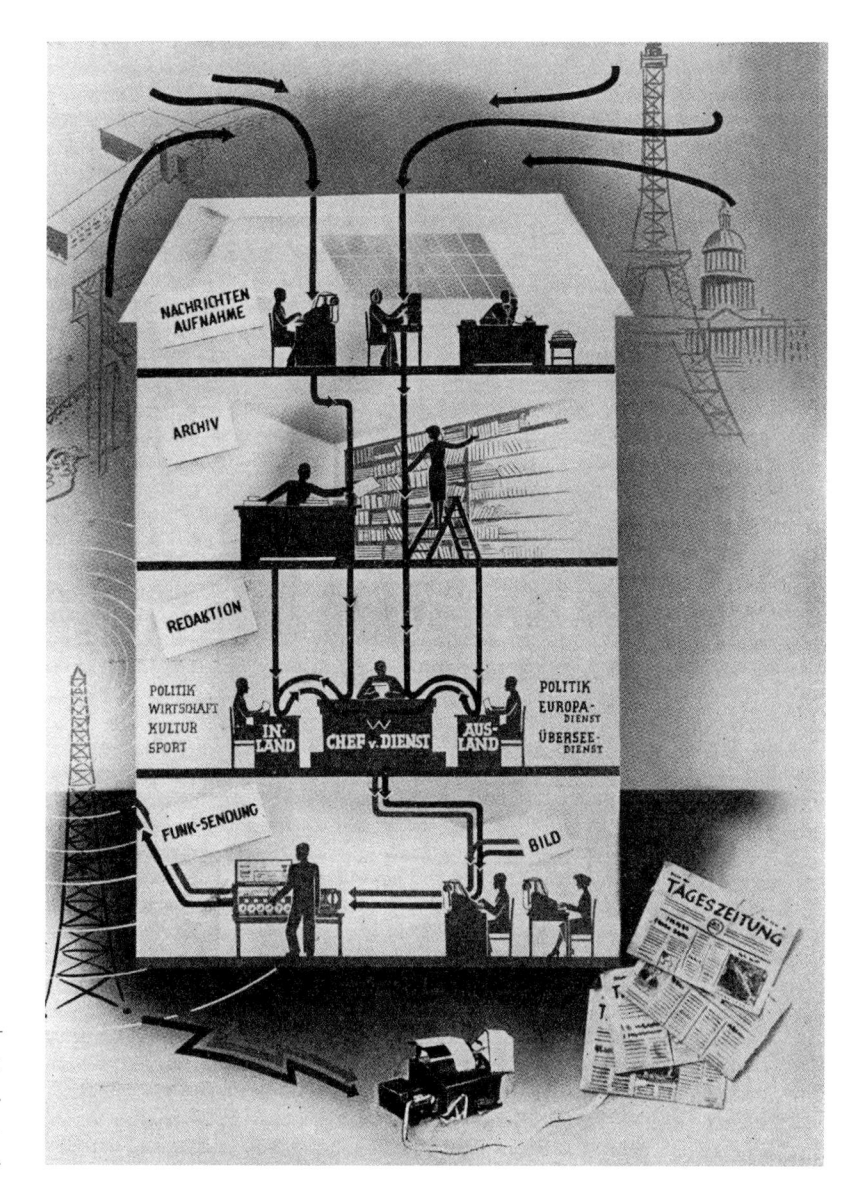

Die Geschäftsorganisation gleicht einem gut strukturierten Haus. Eine dpa-Werbegrafik aus den 1950er Jahren.

diesem Zeitpunkt herrschte uneingeschränkte Gewerbefreiheit. In ihrer Folge kamen die sogenannten Altverleger auf den Pressemarkt zurück, Verleger also, die bereits vor 1945 Zeitungen herausgegeben hatten, aber während der Besatzungszeit ausgeschlossen worden waren.[2] Innerhalb kürzester Zeit veränderte sich der Pressemarkt: Zu den bestehenden 165 Zeitungen in West-Deutschland traten knapp 600 weitere Titel[3], darunter viele Kleinst- und Heimatzeitungen, aber auch Titel wie der „Kölner Stadt-Anzeiger" im Oktober 1949 und die „Frankfurter Allgemeine Zeitung" im November 1949, die zu publizistischen Schwergewichten wurden.

Dem „derzeit sich vollziehenden Umbruch des Pressewesens", wie es im Aufsichtsratsprotokoll vom 1. Oktober 1949 heißt, wurde von den Aufsichtsräten begegnet. In Bezug auf zwei Fragen waren sie sich schnell einig: 1. Unter keinen Umständen sollten die neuen Akteure als „Kunden" die Dienste der *dpa* günstiger beziehen können als die „Genossen". Man regelte entsprechende Gebührentarife für die Altverleger als „Nichtgenossen". 2. Da viele kleine Titel sehr schnell in finanzielle Schwierigkeiten gerieten, überlegte man, Vorkasse für den Bezug der Dienste einzuführen oder ab einem bestimmten Zahlungsverzug die Lieferung einzustellen. Im grundsätzlichen Umgang mit den vielen neuen Zeitungen war man jedoch vorsichtiger. Etliche der kleinen Titel schlossen sich nämlich sehr bald zusammen, sodass sie als Gruppe einen Tarif mit der *dpa* aushandeln wollten. Wenn man diesen Gruppen in den Verhandlungen nicht entgegenkam, drohten sie, die deutschsprachigen Dienste der internationalen Agenturen etwa von *Reuters*, *Associated Press* und *United Press International* zu bestellen. Eine zusätzliche Gebührenfrage ergab sich schließlich durch Neugründungen, die begannen, mit den Lizenzverlegern zusammenzuarbeiten, und die von einer der Lizenzzeitungen den Mantelteil übernahmen.

Der Boom der Zeitungsneugründungen verebbte zwar recht schnell, doch der bundesrepublikanische Pressemarkt wies in dieser Anfangsphase hohe Kennzahlen auf. Bis Anfang Dezember 1954, als der Pressestatistiker Walter J. Schütz zum ersten Mal die Stichtagsammlung bundesdeutscher Tageszeitungen durchführte, pendelte sich die deutsche Tagespresse auf 225 „Zeitungen" mit 1.500 „Ausgaben" ein. Schütz unterschied zwischen „Zeitung" und „Ausgabe", um die publizistische Konzentration auf dem Zeitungsmarkt bestimmen zu können. Eine „Zeitung", so Schütz 1956, „besteht aus publizistisch zusammengehörenden Ausgaben, die in einzelnen Teilen stets jedoch im ‚Mantel' (insbesondere im politischen Teil) übereinstimmen, in anderen Sparten (insbesondere im lokalen Teil) aber abweichend gestaltet sind".[4] Später prägte Schütz den Begriff der „publizistischen Einheit" für Tageszeitungen, die ihren Mantelteil mit eigenen Inhalten befüllen, also Vollredaktionen darstellen.

Konkurrenzen

Der große Pressemarkt in West-Deutschland war entsprechend umkämpft. Vielfältige wirtschaftliche und politische Interessen verbanden sich damit. Das betraf auch die Arbeit der *dpa*, die sich auf diesem Markt als zentrale Nachrichtenagentur positionieren wollte.

Kritiker meldeten sich zu Wort, die von einem neuen „Monopolgebilde" im „deutschen Informationswesen" sprachen.[5] Stimmen wurden laut, verschiedene Akteure würden daran arbeiten, eine Gegen-Agentur zur *dpa* zu errichten. Der CDU-Politiker und Bundeskanzler Konrad Adenauer war einer der Protagonisten solcher Mutmaßungen, brachte er doch mehrfach zum Ausdruck, dass die *dpa* „stark mit Sozialdemokraten durchsetzt" sei und die „Berichterstattung und Informierung aus Bonn" „sich als unterdurchschnittlich erwiesen" habe.[6] Dass die Bundesregierung solche Pläne verfolge, wies der Chef des gerade gegründeten Bundespresseamts zwar am 14. November 1949 offiziell zurück, doch entsprechende Gerüchte ließen nicht nach. Im Aufsichtsrat der *dpa* mutmaßte man am 12. Dezember 1949, dass die Gründung einer neuen deutschen Nachrichtenagentur mit Sitz in Bonn lediglich auf März 1950 verschoben worden sei.

Wie brisant das Thema möglicher Konkurrenten auf dem Nachrichtenmarkt für die *dpa* war, zeigt ein „Exposé", das die Chefredaktion am 13. Januar 1950 zusammenstellen ließ. Fritz Sänger berichtete darin über Kampagnen, die ein „Monopol" der *dpa* anprangerten, sowie über mehrere Bestrebungen, eine weitere Nachrichtenagentur ins Leben zu rufen. Eine dieser Initiativen verband sich mit dem Vizepräsidenten des Deutschen Bundestags, Hermann Schäfer von der FDP, und nannte die Unternehmer Tengelmann, Reemtsma und Brinckmann sowie den Hannoverschen Verleger Erich Madsack. In diesem Zusammenhang machte der Name „Telepress" bereits die Runde, ohne dass es zu dieser Gegen-Gründung kommen sollte. Das interne dpa-Exposé stellte darüber hinaus Informationen zusammen, die von Gesprächsanbahnungen ehemaliger Transocean- und Europapress-Mitarbeiter mit DANA-Technikern berichteten sowie von finanzkräftigen Unternehmern, die im Rotary Club in Hamburg konsultiert worden seien. In der Tat versuchte damals der ehemalige Chefredakteur von *Transocean*, Erich Schneyder, die Auslandsagentur, die 1943 von den Nationalsozialisten mit *Europapress* fusioniert worden war, mithilfe konservativer Wirtschaftsvertreter wiederzubeleben. Der Neustart gelang ihm mit der Eintragung ins Berliner Handelsregister im Juli 1951. Doch der *Transocean GmbH* war kein Erfolg beschieden.[7]

Schneller reüssierte der *Deutsche Nachrichtendienst (DND)* auf dem Nachrichtenmarkt. Diese Agentur wurde bereits am 1. Januar 1950 gegründet,

> „Die Positionierung der *dpa* fand in einem wirtschaftlich und politisch umkämpften Pressemarkt statt.

hatte ihren Sitz in Frankfurt am Main und war mit dem Bild-Materndienst der „Arbeitsgemeinschaft deutscher Redaktionsbüros" verbunden. Ein Brief-, ein Artikel- und ein Unterhaltungsdienst, ergänzt um vier Landesdienste, ließ die *dpa* aufhorchen, auch wenn der *DND* „auf äußerst schmaler Grundlage tätig ist", wie Sänger bilanzierte.

Viele der insgesamt 59 „Korrespondenzen, Agenturen, Informationsdienste etc.", die die *dpa* in einer Übersicht im März 1950 auflistete, stellten keine unmittelbare Konkurrenz zur Tätigkeit der *dpa* als Vollagentur dar. Hier sind Spezialagenturen und -dienste zu nennen, beispielsweise der *Evangelische Pressedienst (epd)* und die *Herder-Korrespondenz/Orbis Catholicus* beziehungsweise die *Freie Demokratische Korrespondenz*, der *Sozialdemokratische Pressedienst* und der *Sopade-Informationsdienst*.

Im Falle des *Deutschen Nachrichtendienstes (DND)*, der an erster Stelle im Exposé der *dpa* genannt wird, sah das anders aus. Auch der *Dienst mittlerer Tageszeitungen (DIMITAG)* zählte zunächst einmal zu den Konkurrenten. Der *DIMITAG*, eine Gründung von Verlegern und Chefredakteuren von „mittleren" Zeitungen im „Dritten Reich", war 1949 wieder ins Leben gerufen worden. Er bot seinen Mitgliedern „Nachrichtenstoff" an, „der sich hinsichtlich seiner Aktualität, Originalität, Farbigkeit sehr wohl mit dem selbst der größten Zeitungen messen kann".[8] Bereits am 1. Oktober 1949 hatte der dpa-Aufsichtsrat festgehalten, dass DIMITAG-Mitglieder zwar Mit-Genossen der *dpa* sein können, jedoch mit einem 10-Prozent-Aufschlag auf die entsprechenden Gebühren. Bei der Frage, zu welchen Bedingungen DIMITAG-Mitglieder als Kunden die dpa-Dienste beziehen können, urteilte der Aufsichtsrat in seiner Sitzung am 29. Oktober 1949 vorsichtiger. Zum einen wollte er verhindern, dass diese zu den deutschsprachigen Diensten der internationalen Agenturen wechseln; zum anderen verwies er auf einige Anbieter von Materndiensten, also von redaktionell erstellten Mantelteilen, deren Bezug vor allem für kleine und regionale Zeitungen interessant war. Die *dpa* und der *DIMITAG* trafen schließlich eine Übereinkunft, die es der *DIMITAG* erlaubte, an ihre Kunden auch eine Auswahl von dpa-Material liefern zu dürfen, und die der *dpa* im Gegenzug Einnahmen bescherte. Erich Wagner, Chef des in Bonn ansässigen Dienstes, bemühte sich wiederholt, das „enge[] kollegiale[] Arbeitsverhältnis" mit der *dpa* zu betonen.[9]

Neben dem Konkurrenzkampf im Agentur- und Matern-Geschäft wurde eine Konstellation für die weitere Entwicklung im Pressewesen bestimmend: das Gegenüber von Altverlegern und Lizenzverlegern. Auf die Generallizenz hatte entscheidend die „Arbeitsgemeinschaft für Pressefragen e.V." hingearbeitet. Dieser Verein, mit dem die Altverleger ihre Interessen verfolgt hatten, wurde im September 1949 zum „Verein Deutscher Zeitungsverleger" (VDZV) umgewandelt. Er verstand sich als direkte Antwort auf die Interessenvertretung der Lizenzverleger. Diese hatten nämlich im September 1949 ihre zonalen Verbände fusioniert und den „Gesamtverband der Deutschen Zeitungsverleger" gegründet. Die deutsche Presse war also durch zwei Verbände vertreten, die die vielfachen Spannungen der beiden Lager austrugen, nicht zuletzt auch im Aufsichtsrat der *dpa*. Es sollte bis Juli 1954 dauern, bis ein Zusammenschluss zum „Bundesverband der Deutschen Zeitungsverleger" (BDZV) erfolgen konnte.[10]

Kooperationen

Den Wettbewerb auf dem Nachrichtenmarkt verschärften schließlich auch die großen internationalen Nachrichtenagenturen.[11] Für *Reuters Ltd.* aus Großbritannien, für *Associated Press (AP)*, *United Press International (UPI)* und *International News Service (INS)* aus den USA sowie für *Agence France-Presse (AFP)* aus Frankreich war der sich in der Nachkriegszeit rasch entwickelnde deutsche Pressemarkt von großem Interesse. Man knüpfte vielfach an die Beziehungen zu Deutschland aus den Jahren vor dem Zweiten Weltkrieg an, errichtete bereits im Verlauf des Jahres 1946 neue Nachrichtenbüros in Deutschland und startete eigene deutschsprachige Dienste. Entsprechend eng verknüpft waren die großen Agenturen mit den jeweiligen Nachrichtenagenturen in der Besatzungszone.

Durch die Fusion der Zonenagenturen konnte die *dpa* 1949 an diese bestehenden Verbindungen anknüpfen. In den Verträgen, die die *dpa* und die großen Nachrichtenagenturen miteinander schlossen, setzte man mehr auf Kooperation denn auf Konkurrenz.

Der wichtigste Vertrag für die *dpa* war 1949 mit *Reuters* geschlossen worden. „Die Zusammenarbeit war nach wie vor eng und freundschaftlich", berichtete man im Geschäftsbericht des Jahres 1951. Die *dpa* bezog Weltnachrichten von *Reuters* und lieferte dieser im Gegenzug auch Deutschlandnachrichten. Im Januar 1951 hatte man eine Vereinbarung mit *AFP* getroffen, der zufolge „für AFP der Deutschlanddienst der dpa und für dpa die Nachrichten aus Frankreich und der französischen Union zur Verfügung stehen".[12] Den Vertrag mit der US-amerikanischen Agentur *INS* kündigte man zwar zunächst zum Ende des Jahres 1951, „da das amerikanische Material auf anderem Wege beschafft werden kann".[13] Doch weitere Verhandlungen führten ein Jahr später zu einem Neuabschluss mit *INS* und dessen Bildorganisation *International News Photos*, sodass fortan der Bezug von Wortdienst und Bilderdienst miteinander gekoppelt war.

Auch in Bezug auf die Nachrichtenagenturen der europäischen Nachbarländer sowie von weiteren Ländern auf der Welt wurde von der *dpa* von Anfang an konsequent ein Kurs der Kooperation verfolgt. Fritz Sänger hielt im April 1950 anlässlich eines Vortrags seines spanischen Kollegen von der Nachrichtenagentur *EPE* für die Hamburger Staatskanzlei fest, dass man „die selbstmörderische Verzettelung in der Nachrichtengebung eines jeden Landes verhindern und die Anstrengungen auf dem wichtigen Gebiet der Nachrichtengebung koordinieren" wolle.[14] Sänger und die europäischen Kollegen beriefen sich bei dieser Strategie auf zwei Aspekte. Zum einen, so argumentierte man, werde so das Prinzip der „Freiheit der Nachricht in der ganzen Welt" umgesetzt, wie es in der UNO-Satzung niedergelegt wurde; zum anderen erkannte man, dass der finanzielle Aufwand für ein erfolgreiches Nachrichtenagenturgeschäft die Möglichkeiten eines jedes einzelnen Landes übersteige. Wollte man der Aufteilung der Welt in die Einflusszonen von wenigen großen internationalen Agenturen wirksam begegnen, musste man eng zusammenarbeiten.

Die *dpa* knüpfte in den 1950er Jahren ein immer dichter werdendes Netz mit den Agenturen in anderen Ländern. Verträge und Vereinbarungen hielten den Bezug oder den Austausch von Nachrichten- und Bilddiensten fest. Viele dieser Abkommen bauten auf dem Grundsatz der guten Partnerschaft auf. So erkannten die *dpa* und die jeweilige nationale Agentur des anderen Landes einander an. Nicht selten unentgeltlich stellte man sich wechselseitig den je eigenen Inlandsdienst zur Auswertung zur Verfügung. Man versicherte sich, dass Konkurrenzsituationen vermieden werden sollten und man den jeweiligen Partner unverzüglich über besondere Vorkommnisse unterrichte, die für das andere Land bedeutsam sind. Auch die Möglichkeiten der persönlichen Zusammenarbeit sollten vertieft werden, Gelegenheiten zu Austausch und für Hospitanzen geschaffen und technische Fragen gemeinsam besprochen werden. Im Unternehmensarchiv der *dpa* finden sich mehrere solcher Partnerschaftsverträge, beispielsweise mit der *Schweizerischen Depeschenagentur (SDA)*, mit der italienischen Nachrichtenagentur *ANSA*, der *Algemeen Nederlands Persbureau (ANP)*, der schwedischen Agentur *Tidningarnas Telegrambyrå (TT)* und den finnischen Partnern *Finska Notisbyrån*.

Sanierungsfall *VWD*

Im Fall eines deutschen Wirtschaftsnachrichtendienstes musste die *dpa* bei ihrer Gründung im Herbst 1949 eine besondere Hypothek übernehmen. Die Anteile, die die *DENA* und der *dpd* an der *Vereinigten Wirtschaftsdienste GmbH (VWD)* gehalten hatten, waren durch die Fusion der Zonenagenturen auf die *dpa* übergegangen.

Die *VWD* war am 24. Februar 1949 in Frankfurt am Main als Wirtschaftsinformationsdienst gegründet worden.[15] Die Initiative, eine eigene Wirtschaftsnachrichtenagentur aufzubauen, war unmittelbar nach der Währungsreform im Juni 1948 aus der Verwaltung der Bizone von alliierter Seite ausgegangen. Sie wurde überdies durch die speziell auf dem Gebiet der Wirtschaftsnachrichten international führende Agentur *Reuters* über ihre Tochter *Comtelbüro Ltd.* aufgegriffen. Sie plante, ein solches Vorhaben nicht allein, sondern in Zusammenarbeit mit den Zonenagenturen *DENA* und *dpd* zu realisieren. *Comtelbüro*, stellvertretend für *Reuters*, wollte zunächst 76 Prozent der Anteile tragen, die beiden deutschen Juniorpartner sollten je 12 Prozent der Anteile erhalten. Das gemeinsame Vorhaben schien aussichtsreich, da mit einem Erstarken der westdeutschen Wirtschaft zu rechnen war.

Zu den ersten Gesprächen von *Reuters* beziehungsweise *Comtelbüro* und den beiden Zonenagenturen gesellten sich Vertreter der deutschen Industrie und Wirtschaft, organisiert als *Arbeitsgemeinschaft Außenhandel*. Sie dachten zunächst an eine eigene privatwirtschaftliche Organisation und hatten hierfür eine eigene Holding gegründet, die *Deutsche Wirtschaftsdienst GmbH (DWD)*. Die Verhandlungen brachten schließlich für den Gesellschaftervertrag der *VWD* eine Anteilsstruktur von 50 Prozent für *Reuters* und 50 Prozent zu gleichen Teilen für die *DENA*, den *dpd* und die *DWD*. Als Spezialagentur für Wirtschaftsnachrichten sollte die *VWD* das Ziel der Objektivität und Neutralität verfolgen: „Alle Nachrichten, die durch das Unternehmen verbreitet werden, sollen wahr und unbeeinflußt sein, frei von jeder Kontrolle seitens behördlicher und sonstiger Interessen. Die Nachrichten sollen einzig und allein aufgrund ihrer Bedeutung als Nachrichten gesammelt und ausgewählt werden."[16]

Doch die *Vereinigte Wirtschaftsdienste GmbH* kämpfte in den ersten Nachkriegsjahren mit gravierenden organisatorischen Problemen und mit immensen finanziellen Schwierigkeiten. Die *dpa* hatte durch die Anteile der *DENA* und des *dpd*, die auf sie übergegangen waren, einen Sanierungsfall übernommen.

In den ersten dpa-Aufsichtsratssitzungen nahm das Thema *VWD* einen wichtigen Platz ein.[17] Bereits auf seiner konstituierenden Sitzung am 18. August 1949 in Goslar beschloss der Aufsichtsrat, dass angesichts einer Bürgschaft in Höhe von 45.000 DM „keine weiteren Verpflichtungen" ohne sein Einverständnis übernommen werden dürfen. Die dpa-Geschäftsführer wurden beauftragt, „monatlich einen kurzen Bericht zu erstatten" und darüber zu informieren, „ob das vorgesehene Sanierungsprogramm eingehalten wird". In der Sitzung im September 1949 spitzte sich die Frage zu, ob die *VWD* „als selbständige Organisation erhalten bleiben soll" oder ob die *dpa* einen eigenen Wirtschaftsdienst herausgeben soll. Jedenfalls sollte die *VWD*, deren Dienste von den Zeitungen als zu teuer erachtet wurden, „so schnell wie möglich unter eine deutsche, fachmännische Geschäftsleitung gestellt" und „die Leitung der Redaktion ebenfalls einem deutschen Fachmann übertragen" werden.

Am 1. Oktober 1949 wurde der Aufsichtsrat deutlicher und stellte sich vor, die *VWD* „als Wirtschaftsredaktion der *dpa* aufzuziehen, mit irgendeiner Beteiligung von *Reuters* für den Comtel-Dienst in Form einer festen Bezahlung oder Abgrenzung". Das Gebaren der deutschen Wirtschaftsvertreter erregte Unmut, da der *DWD* seine Zuschüsse nicht bezahlt und die Kapitalerhöhung noch nicht geleistet hatte, stattdessen sich sogar monatlich 3.000 DM bezahlen ließ „für 0,0 Leistungen". Der dpa-Aufsichtsrat bildete einen Unterausschuss, dem die Verleger Reinhold Heinen, Hans Heinrich und Arno Rudert angehörten.

> „Das Erstarken der westdeutschen Wirtschaft sollte von einem Wirtschaftsdienst begleitet werden.

Doch zur Trennung von der *VWD* kam es nicht. Heinrich berichtete am 29. Oktober 1949, dass man sich mit *Reuters* darauf verständigt habe, die Schulden des *VWD* aufzuteilen und der *dpa* einen entscheidenden Einfluss auf die Geschäftsführung und die Redaktion der *VWD* zu verschaffen.

Für die *dpa* war es ein Rechenexempel. Eine eigene Wirtschaftsredaktion aufzubauen, wäre teurer gekommen. Die Hamburger Nachrichtenagentur übernahm einen Teil der insgesamt 280.000 DM Schulden. In einem „Dienstleistungs-Vertrag" zwischen der *VWD GmbH* und der *dpa* vom 29. Oktober 1949 verpflichtete sich die *VWD*, allen dpa-„Genossen" einen „Grund-Nachrichtendienst wirtschaftlicher Art zu liefern", „ca. 4.000 Worte täglich deutscher und ausländischer Wirtschaftsnachrichten", die „den Anforderungen einer durchschnittlich interessierten Zeitung an einen wirtschaftlichen Nachrichtendienst" entsprechen.[18] Im Gegenzug zahlte die *dpa* monatlich 35.000 DM an die *VWD*. Darüber hinaus wurde festgehalten, dass von November 1949 an eine gemeinsame Presseredaktion in Hamburg ihre Arbeit aufnimmt, geleitet von einem Wirtschaftsredakteur der *dpa*. Schließlich musste die *VWD* einen Aufsichtsrat bilden, in dem drei Vertreter der *dpa* einen Sitz hatten und in dem ein dpa-Vertreter den Vorsitz übernahm. Erster Vorsitzender wurde Hans Heinrich.

Die von Heinrich damals als „unhaltbar" beschriebenen Zustände bei der *VWD* wurden auf diese Weise verbessert. „Es klappt zwar noch nicht alles so wie es sollte", berichtete er dem dpa-Aufsichtsrat am 12. Dezember 1949, „aber es sei bereits eine bedeutende Besserung zu bemerken". Diese Entwicklung weg vom Sanierungsfall hin zur Schwesteragentur spiegeln sich in den dpa-Geschäftsberichten der frühen 1950er Jahre. Die Bilanz für das Geschäftsjahr 1951 zeigte, dass die *VWD GmbH* „eine wirtschaftlich zufriedenstellende Entwicklung genommen" hatte.[19] Ein Jahr später überließ die *dpa* der *VWD* ein Darlehen zur Aufstockung des Gesellschaftskapitals.[20]

Die *VWD* selbst markierte in ihrer Festschrift, die 1974 zum 25-jährigen Bestehen erschien, das Jahr 1951 zum „Wendepunkt": Nach der „Verlustperiode" sei man nun in die „Gewinnzone" eingetreten.[21] In der Tat konnte sich das Unternehmen konsolidieren. Die *VWD* setzte sich auf dem Gebiet der Wirtschaftsnachrichten durch, indem sie viele kleine in den Nachkriegsjahren gegründeten Wirtschaftsinformationsdienstleister verdrängte.

Die Beziehungen zwischen der *dpa* und der *VWD* waren in den Folgejahren nie ungetrübt; immer wieder gab es Spannungen. Ständige Reibungspunkte lieferte die Arbeitsteilung der beiden Agenturen. So sollte Frankfurt „Nachrichtenmaterial über Wirtschaftsthemen" liefern, während Hamburg die „wirtschaftspolitische Berichterstattung" vorbehalten war. „Überschneidungen waren nicht immer zu vermeiden", hielt der Geschäftsbericht 1951 fest.[22] Auch zwei Jahre später bemühte man sich, „die Arbeitsteilung noch klarer als bisher vorzunehmen. Nur die Absprache am Ort des Ereignisses selbst, die zwischen den Korrespondenten von *VWD* und *dpa* vorgenommen wird, ermöglicht es, die Berichterstattung sinnvoll zu koor-

„Die dpa soll in Zukunft nicht nur den Zeitungen dienen, sondern darüber hinaus eine deutsche und freie Stimme in der Welt sein und der Wahrheit dienen, fundiert auf den Werten der Demokratie und der Würde des Menschen.

Fritz Sänger

dinieren. Die gegenseitige Unterrichtung der an einem Ort tätigen Korrespondenten sollte noch mehr gepflegt werden."[23]

Die Tatsache, dass Hans Melchers, der frühere dpa-Geschäftsführer, vom 1. Februar 1954 die Geschäftsführung der *VWD* übernahm, könnte als Stärkung der dpa-Position erscheinen. Doch Melchers war Ende 1950 bei der *dpa* abgewählt worden und hatte seinen Posten räumen müssen. Unter Melchers wurde die *VWD* als Organisation wiederholt umstrukturiert und musste ihr Leistungsspektrum für die deutsche Wirtschaft als Ganzes und für die Wirtschaftsteile der deutschen Presse anpassen. Dabei agierte sie nicht immer glücklich. Gleichwohl bestand das Joint Venture von *dpa* und *VWD* in puncto Wirtschaftsnachrichten bis zu Beginn der 1990er Jahre.

Reorganisation der *dpa*

Parallel zu den geschilderten Vorgängen erfuhr die *dpa* selbst eine entscheidende Veränderung. Ihre organisationale Verfassung wurde in den ersten eineinhalb Jahren ihres Bestehens geändert. Im Herbst 1949 war die *dpa* eine Gesellschaft mit beschränkter Haftung (GmbH) mit nur zwei Gesellschaftern, den Genossenschaften *DENA* und *dpd*. Ihr Stammkapital betrug 350.000 DM. Im Frühjahr 1951 war sie eine GmbH mit einem Gesellschaftskapital in Höhe von 1,2 Millionen DM, getragen von über 180 Verlagen, Verlagsgesellschaften und dem öffentlich-rechtlichen Rundfunk. Dieser Wandel innerhalb kurzer Zeit verlief alles andere als reibungslos, da nicht nur wirtschaftliche Gesichtspunkte, sondern auch politische Interessen eine große Rolle spielten.

Ausgangspunkt dieses Transformationsprozesses waren Fragen der Finanzen und der Kompetenzen, die damals zwischen den beiden Genossenschaften *DENA* und *dpd* im Zuge ihrer Fusion nicht geklärt worden waren. In der Folge bestimmten und behinderten diese offenen Punkte das Handeln der neuen nationalen Nachrichtenagentur auf dem so rasch in Bewegung geratenen Pressemarkt. Im August 1950 fanden im rheinland-pfälzischen Bad Ems deshalb zwei getrennte Tagungen der beiden Genossenschaften statt. Das Ziel, die *dpa GmbH* auf eine breitere wirtschaftliche Basis zu stellen, war zwar unstrittig, doch das Engagement, sich finanziell an einer Kapitalerhöhung zu beteiligen, war nicht besonders ausgeprägt. Vor allem die Bewertung der Betriebsvermögen der jeweiligen Genossenschaften war strittig. Allein die Tatsache, dass die *DENA* als Genossenschaft ihrerseits kurz zuvor eine eigene Aktiengesellschaft, die *DENA-AG*, gegründet hatte, um ihre Sende- und Empfangstechnik darin aufzufangen, sprach für wenig Verhandlungsbereitschaft.

Gleichwohl erreichten die Mitglieder des ersten dpa-Aufsichtsrats, dass noch im August 1950 ein neuer Gesellschaftsvertrag auf den Weg kam. Für das Gesamtkapital wurde eine Erhöhung um 850.000 DM festgehalten. Davon entfielen je 175.000 DM auf die beiden Genossenschaften *DENA* und *dpd*, die diese durch Übergabe von Vermögensgegenständen in Form von Betriebseinrichtungen einbringen sollten, und das im Zuge ihrer Liquidation, die gleichzeitig beschlossen wurde. Die weiteren 500.000 DM sollten Zeitungsverleger und Rundfunkanbieter einbringen können.

Für die Unternehmensstruktur hatte eine Änderung im Gesellschaftsvertrag entscheidende Konsequenzen: Paragraph 14 des alten Gesellschaftsvertrags fiel weg. Er schrieb das Kostendeckungsprinzip fest, demzufolge Einnahmen der *dpa* immer mit den Zahlungen der beiden Genossenschaften zu verrechnen waren. Entsprechend hatte die *dpa* bislang keine Gewinne erzielen können. Dieser notwendig gewordene Schritt sollte die *dpa* auf dem Markt wettbewerbsfähig machen, auch wenn die Agentur dadurch gleichzeitig körperschaftssteuerpflichtig wurde.

Formal traten die Beschlüsse vom August 1950 nicht sofort in Kraft. Der neue Gesellschaftsvertrag wurde erst am 14. April 1951 mit der ersten Gesellschafterversammlung der erweiterten *dpa GmbH* gültig.

In der Zwischenzeit wurde die Möglichkeit, sich an dieser größer werdenden *dpa* zu beteiligen, umgesetzt. Eine „Liste der Gesellschafter der dpa-GmbH" vom 16. Juli 1951 hielt fest, dass an der erweiterten *dpa* 49 Verlage als ehemalige DENA-Genossen und 32 Verlage als ehemalige dpd-Genossen beteiligt waren. 72 Verlage kamen hinzu, die dem „Verein Deutscher Zeitungsverleger e.V." (VDZV) angeschlossen waren. Weitere 28 Mitglieder waren verschiedene Gewerkschaftsverlage, die Sozialdemokratische Pressedienst GmbH sowie die Axel Springer Verlag GmbH und der Nordwestdeutsche Rundfunk. Alle Einlagen zusammen ergaben die 1,2 Millionen DM Stammkapital und sicherten den Gesellschaftern zusammen 12.000 Stimmen.

> Führungswechsel bei der *dpa*.

Diese medienunternehmerische Entwicklung war verknüpft mit politisch motivierten Verschiebungen, was Einfluss und Macht im Agenturgeschäft anbelangte. Der erste Aufsichtsrat der *dpa* hatte sich aus zehn Lizenzverlegern zusammengesetzt. In Bad Ems wurde ein neuer vorläufiger Aufsichtsrat beschlossen, der sich im September 1950 konstituierte. Dieser war jetzt 14-köpfig. Es gab einige Wechsel, vor allem aber war das Gremium durch Kooptierungen erweitert worden, so um den Präsidenten des „Gesamtverbandes der Deutschen Zeitungsverleger", Hugo Stenzel, sowie um den Vorsitzenden der Verleger- und Journalistenverbände, Paul Heile.

Hugo Josef Maria Stenzel (1901 – 1964) entpuppte sich als der neue machtbewusste Mann. Er war nach dem Ende des Zweiten Weltkriegs Mitbegründer der CDU in Kassel, Lizenzträger der „Frankfurter Neuen Presse", Vorsitzender des „Verbandes Hessischer Zeitungsverleger" und Vorstandsvorsitzender der „Wirtschaftlichen Genossenschaft der Presse GmbH" sowie seit 1949 Präsident des „Gesamtverbandes der Deutschen Zeitungsverleger e. V.".[24] Nachdem Anton Betz „aus persönlichen Gründen von seinem Amt als Vorsitzender des Aufsichtsrats" zurückgetreten war, wie die offizielle Pressemeldung verkündete, wagte Stenzel den Vorstoß. Auf der Aufsichtsratssitzung, die eine Woche nach der Gesellschafterversammlung am 24. April 1951 in Frankfurt stattfand, erklärte er, dass er zum Vorsitzenden gewählt werden wolle.

Das Protokoll zeigt, dass dies für manche der inzwischen 18 Aufsichtsräte ein Überraschungscoup war. Georg Reuter, als stellvertretender Vorsitzender des Deutschen Gewerkschaftsbunds neu im Aufsichtsrat, erklärte, „er habe den Eindruck, daß bei der Aufstellung der zu wählenden Aufsichtsratsmitglieder Treu und Glauben insofern verletzt worden sei, als die Vereinbarungen, die vorher zwischen den Herren von dpd und DENA getroffen worden seien, nicht eingehalten wurden".[25] Walther Jänecke, als Sprecher des „Vereins Deutscher Zeitungsverleger" neu im Aufsichtsrat, widersprach Reuter. Aber auch der Verleger Georg Macknow, ein Gründungsmitglied der *dpa*, war überrascht, denn er erklärte, dass er nicht für den stellvertretenden Vorsitz kandidiert hätte, wenn er gewusst hätte, dass Stenzel für den Vorsitz vorgeschlagen wird. Die Sitzung wurde unterbrochen. Als man wieder zusammentrat, waren Macknow weitreichende Vollmachten für die Finanzaufsicht zugestanden worden. Die Wahl fand statt. Hugo Stenzel übernahm den Vorsitz des dpa-Aufsichtsrats und behielt diese Position bis 1963. Georg Macknow wurde stellvertretender Vorsitzender und folgte 1963 Stenzel als Vorsitzender.

Kritische Beobachter sahen in der Art, wie der Wechsel im Aufsichtsrat zustande kam, einen „Sieg der Intoleranz". Ein Zeitungsartikel im SPD-nahen „Telegraf" resümierte: „Die dpa hätte so aus der Taufe gehoben werden müssen, daß für jeden sichtbar wurde, hier wächst eine von Parteien und Regierungen unabhängige Nachrichtenagentur, deren Träger die deutschen Zeitungsverleger sind. Dieses Ziel ist nicht erreicht worden."[26] Für den Verfasser des Artikels galt es als ausgemacht, dass Stenzel als Liquidator der *DENA* und als GVDZ-Chef sowie durch eine Absprache mit dem VDZ eine solche Stimmenanzahl auf der Gesellschafterversammlung hinter sich gebracht hatte, dass er den Vorsitz im Aufsichtsrat übernehmen konnte.

Den Zitaten, die in den dpa-Meldungen von damals festgehalten sind, merkt man das Bemühen an, die Vorgänge ins rechte Licht zu rücken und gegenüber nicht-genannten Kritikern zu rechtfertigen. So bezeichnete der scheidende Aufsichtsrats-Chef Anton Betz die „Schwierigkeiten, die nach der im September 1949 erfolgten Fusion [...] aufgetreten" seien, heute als überwunden. Es sei jetzt „eine neue Basis zu fruchtbarer Zusammenarbeit geschaffen worden". Curt Frenzel, stellvertretender Chef des alten Aufsichtsrats, „sprach dem aus persönlichen Gründen von seinem Amt als Vorsitzendem des Aufsichtsrats zurücktretenden Dr. Betz den Dank der Gesellschaft aus". Am deutlichsten wurde Chefredakteur Sänger bei seinem Versuch zu betonen, dass mit dieser organisatorischen Veränderung kein Verlust von Unabhängigkeit und Überparteilichkeit verbunden sei: „Die dpa solle", so Sänger, „in Zukunft nicht nur den Zeitungen dienen, sondern darüber hinaus eine deutsche und freie Stimme in der Welt sein und der Wahrheit dienen, fundiert auf den Werten der Demokratie und der Würde des Menschen."[27]

Unabhängigkeit als hohes Gut

Anton Betz (1893 – 1984)

„Eine gründliche Aussprache über den gegenwärtigen Stand der DPA erscheint auch von Seiten der Regierung im allseitigen Interesse für wünschenswert", lautete am 23. Dezember 1949 die Antwort aus dem Presse- und Informationsamt der Bundesregierung. Ihr Verfasser war Dr. Heinrich Böx, der nach seiner Zeit bei den Nachrichtenagenturen *GNS/BZ* und *dpd* in die Politik gewechselt war. Der Adressat: Dr. Anton Betz, Herausgeber der „Rheinischen Post" in Düsseldorf. Vorausgegangen war die Bitte von Betz: „Ich möchte als Vorsitzender des dpa-Aufsichtsrats mit Herrn Bundeskanzler Dr. Adenauer gern einmal eine Viertelstunde sprechen über das Funktionieren der dpa, ihre Finanzbasis und ihre Entwicklungsmöglichkeiten. Ich habe die Absicht, nur dann den AR-Vorsitz weiterzuführen, wenn ich weiss, dass die Grundlage für eine gedeihliche Entwicklung der dpa gegeben ist."[1] In der Unterredung am 9. Januar 1950 erhielt Betz offensichtlich die aus seiner Sicht notwendige Rückendeckung des Bundeskanzlers, „eine gedeihliche Entwicklung der dpa" weiterverfolgen zu können: Angesichts der immensen wirtschaftlichen und organisatorischen Schwierigkeiten der jungen Nachrichtenagentur ein wichtiges Verhandlungsergebnis, doch eines, das sich bereits im Frühjahr 1951 bei der Reorganisation der *dpa* als nicht tragfähig erwies.

Betz, Böx und Adenauer kannten einander gut. Sie einte die Parteizugehörigkeit und die Arbeit am Aufbau der CDU in der britischen Zone. Doch in puncto Medien gingen ihre Überzeugungen auseinander. Für Böx, seit September 1949 verbeamteter Staatssekretär im Bundeskanzleramt, hatten seine politische Karriere und der gerade begonnene Ausbau des Bundespresseamts Vorrang. Adenauer hingegen wollte die Medien stärker in den Dienst der Regierungsarbeit nehmen, was er auch mit einem ihm unterstellten Bundespresseamt zu erreichen versuchte. Darüber hinaus favorisierte Adenauer klar das Ziel einer starken Parteipresse. Die von den Briten lizenzierten Zeitungen, die zwar CDU-nah waren, aber eben kein Organ der Partei, kritisierte er regelmäßig: Sie würden den Standpunkt der Partei nicht genügend berücksichtigen, führende Vertreter der Partei kämen in den Artikeln nicht ausreichend zu Wort. Gern hätte Adenauer die in der Zeit der alliierten Kontrolle ins Leben gerufenen Lizenzzeitungen nach seinen Vorstellungen umgestaltet.[2] Anton Betz, mit der „Rheinischen Post" einer der führenden Lizenzverleger einer solchen CDU-nahen Zeitung, sah für eine solche Parteipresse keine Zukunft. Als Verleger verantwortete er eine konservative und an den CDU-Werten orientierte

Der Düsseldorfer Verleger Dr. Anton Betz bei der Gesellschafterversammlung der *dpa* am 23. April 1958 in Wiesbaden.

Zeitung, die er wirtschaftlich tragfähig auf dem Markt zu etablieren versuchte.[3]

„Ich bin Verleger, insbesondere Zeitungsverleger" – so heben Anton Betz' Memoiren, die 1973 unter dem Titel „Zeit und Zeitung" veröffentlicht wurden, programmatisch an.[4] In diesen „Notizen aus acht Jahrzehnten" wird deutlich, wie stolz der erfolgreiche Zeitungsmann auf seine Karriere war. 1893 im saarländischen St. Ingbert geboren, aufgewachsen in einem streng katholischen Elternhaus, startete Betz nach dem Studium und der Promotion in den 1920er Jahren eine Laufbahn als Verlagsmanager. Er übernahm leitende Positionen im Kontext der katholisch-politischen Presse in der Weimarer Republik, kam als Verlagsdirektor des Münchner Verlags Knorr & Hirth 1933 in Konflikt mit den Nationalsozialisten und erhielt Berufsverbot. In untergeordneten Positionen konnte er beim Frankfurter Societäts-Verlag und bei den Vereinigten Stahlwerken in Düsseldorf arbeiten. Er wurde zur Wehrmacht eingezogen und ohne Angabe von Gründen aus ihr wieder entlassen. Im April 1944 war seine Wohnung ausgebombt worden.

Mit dem Ende des „Dritten Reiches" startete Anton Betz seine zweite Verlegerkarriere. Politisch vernetzt mit führenden Politikern, die die Zonen-CDU des Rheinlands aufbauten, widmete sich Betz dem Pressewesen. Er war äußerst umtriebig unterwegs, verfasste zahlreiche Denkschriften, engagierte sich in Vereinen und Ausschüssen, die den Aufbau der Presse voranzubringen versuchten.[5] Mit der Lizenz für die in Düsseldorf erscheinende „Rheinische Post" im Februar 1946 wurde Betz zu einem der wichtigsten Verleger im bürgerlichen, christlich-konservativen Lager.

Das spannungsreiche Verhältnis zu Konrad Adenauer durchzieht seine verlegerische Arbeit wie ein roter Faden. Auf der einen Seite suchte er dessen Nähe – so wird die Tatsache erwähnt, dass der aufsteigende Politiker im Mai 1946 zum Nachmittagskaffee der Familie Betz zu Besuch kam.[6] Auf der anderen Seite bescheinigte er Adenauer in einem Zeitungsartikel anlässlich dessen Abschiedsrede als Bundeskanzler im Oktober 1963: „Adenauer war nicht leicht ansprechbar. Man spürte, daß ihm die Presse irgendwo und irgendwie nicht lag, und es dauerte Jahre, bis er ihre Eigenständigkeit erkannte und mit ihr umzugehen vermochte." Vor allem aber verwahrte sich Betz als Verleger gegen die permanenten Versuche von CDU-Persönlichkeiten, „in die Rheinische Post hineinzudirigieren", und wehrte sich „kompromißlos gegen das Kommando kleinerer und größerer Parteistellen".[8]

Die Korrespondenz zwischen Adenauer und Betz ist voll solcher Ansinnen und Abwehrversuche. So hatte Adenauer in einem persönlichen Schreiben vom 7. Oktober 1947 Betz im Aufsichtsrat des dpd direkt aufgefordert, sich für den CDU-treuen Franz Hange als Korrespondenten in Bonn einzusetzen. Betz besprach das mit der Geschäftsführung, beschied das Anliegen am 10. November 1947 aber abschlägig.[9] Umgekehrt hatte sich Betz als Aufsichtsratsvorsitzender des dpd im Frühjahr 1948 an den CDU-Vorsitzenden Adenauer gewandt und Vorschläge für die Geschäftsführung und Chefredaktion der zu gründenden dpa erbeten. Dessen Wunsch vom 22. April 1948, Heinrich Böx als Gegengewicht zu Fritz Sänger zu installieren, verfolgte Betz gleichwohl nicht weiter.[10]

War es Betz zu Beginn des Jahres 1950 bei Adenauer um die Gewissheit gegangen, dass „die Grundlage für eine gedeihliche Entwicklung der dpa gegeben" sei, so kam ihm Adenauers Einverständnis in den kommenden eineinhalb Jahren abhanden. Im April 1951 benannte Betz, was er als Vorsitzender der dpa erreicht hatte: „Dr. Anton Betz teilte auf einem Empfang der dpa anläßlich ihrer Gesellschafterversammlung […] in Bonn mit, dass dpa nach der britischen Agentur Reuter die größte europäische Nachrichten-Agentur ist, die ihre Unabhängigkeit gewahrt hat."[11] Aber diese Aufbauleistung, die Betz zunächst beim dpd und dann bei der jungen dpa vollbracht hatte, fand im Rahmen der Reorganisation der dpa keine Fortsetzung. Betz, der mit seiner beruflichen Erfahrung von vor 1933 sagen konnte, „Ich gehörte zu den sehr wenigen Neuverlegern, die Altverleger waren"[12], wurde abgelöst. Der neue Verbandsstratege Hugo Stenzel, sein Parteifreund, mit dem ihm auch „ein sehr enges persönliches und berufliches Verhältnis" verband[13], übernahm den dpa-Aufsichtsratsvorsitz. Das Angebot, Ehrenmitglied des dpa-Aufsichtsrats zu werden, nahm Anton Betz an. In den Protokollen ist vermerkt, dass er immer wieder aktiv an Sitzungen teilnahm.

Anton Betz, bei seiner Abwahl 59 Jahre alt, zog sich keineswegs zurück. Er blieb überaus engagiert im Pressewesen und wurde unter anderem Gründungsmitglied der *Katholischen Nachrichtenagentur (KNA)*, die 1952 als Spezialagentur ins Leben gerufen wurde. 1963 löste er Hugo Stenzel im Amt des Präsidenten des „Bundesverbandes Deutscher Zeitungsverleger" (BDZV) ab.

Anmerkungen

1. dpa. Unternehmensarchiv.
2. Küsters 1988, 18.
3. Henkel 2010; Betz 1973.
4. Betz 1973, 7.
5. Henkel 2010; Kaltscheuer 2014, 272–279.
6. Betz 1973, 209.
7. Betz 1963.
8. Betz 1973, 217. Der Nachlass Anton Betz im Redaktionsarchiv der „Rheinischen Post" enthält keine Dokumente, die näheren Aufschluss über Anton Betz' Tätigkeit in den Aufsichtsräten des dpd und der dpa geben. So die Auskünfte von Dr. Esther Betz, Tochter von Anton Betz, und von Johannes Werle, Vorsitzender der Geschäftsführung der *Rheinischen Post Mediengruppe GmbH*, an den Verfasser vom 4.1.2023 und 31.7.2023.
9. dpa. Unternehmensarchiv.
10. Ebd.
11. dpa-Meldung vom 16.4.1951.
12. Betz 1973, 214.
13. Ebd., 227.

Wechsel in der Geschäftsführung

Zur Phase der Reorganisation der *dpa* gehören auch die Wechsel in der Geschäftsführung. Nach dem Ausscheiden von Kurt Neuß zum Ende des Jahres 1949 wurde die Suche nach einer kaufmännischen Geschäftsführung aufgenommen. Die frei gewordene Position übernahm Hans Melchers. Dieser hatte bereits eine entsprechende Aufgabe beim *dpd* wahrgenommen, musste sich im Fusionsprozess der Zonenagenturen jedoch zunächst mit einer stellvertretenden Rolle begnügen. Nun rückte er auf. Seine Tätigkeit währte allerdings nur bis Dezember 1950. Er wechselte später auf die Geschäftsführerposition der *VWD* in Frankfurt am Main.

Daraufhin blieb die Stelle des Geschäftsführers bei der *dpa* fast ein Jahr vakant. Erst im Oktober 1951 berief der neue, erweiterte Aufsichtsrat Max Freiherr von Besserer. Der Spross eines schwäbischen Adelsgeschlechts wechselte aus München nach Hamburg. In der Hauszeitschrift des Betriebsrats der *dpa* wurde der „Neue Mann am Steuer" mit folgender Kurzbiografie eingeführt: „Max Freiherr von Besserer [...] wandte sich 1920 dem Presseberuf zu, war bis 1930 in München und danach in Berlin in verschiedenen großen Nachrichtenbüros als Verlagsdirektor und kaufmännischer Leiter tätig. 1950 beriefen ihn die bayerischen Altverleger zum Geschäftsführer des Landesvereins Bayrischer Zeitungsverleger in München [...]."[28]

Eine solche Vorstellung war in den Nachkriegsjahren nicht unüblich, sparte sie doch genauere Auskünfte über die Tätigkeiten im „Dritten Reich" aus. Max Freiherr von Besserer (1889 – 1962) war lange Zeit bei der *Deutschen Nachrichtenbüro GmbH* tätig gewesen und hatte von Februar 1939 an als 2. Geschäftsführer und stellvertretender Vorsitzender des Vorstands die Geschicke dieser zentralen NS-Agentur mitbestimmt. Seit 1. Juni 1940 war er Mitglied der NSDAP[29] und bekleidete bei Ende des Krieges – den Angaben des Online-Portals für Heimat- und Familienforschung im östlichen Oberbayern zufolge – den Rang eines Obersts der Reserve.[30]

Freiherr von Besserer übte seine neue Aufgabe in Hamburg bis 1955 aus. Als kaufmännischer Geschäftsführer bildete er nicht nur ein konservatives Gegengewicht zum sozialdemokratischen Chefredakteur und Mit-Geschäftsführer Fritz Sänger, darüber hinaus sollte er gezielt dessen Stellung schwächen.

Der Rundfunk als Gesellschafter

Vor der Reorganisation der *dpa* bestand der Gesellschafterkreis ausschließlich aus Verlegern. Indem sich die Nachrichtenagentur im Frühjahr 1951 breiter aufstellte, wurde der Nordwestdeutsche Rundfunk (NWDR) als öffentlich-rechtliche Rundfunkanstalt mit einer Einlage von 100.000 DM – somit einem Zwölftel des Stammkapitals – zu einem Mitgesellschafter und übernahm einen Sitz im Aufsichtsrat. Das finanzielle Engagement des NWDR kam nicht von ungefähr. Die Beziehung zwischen Nachrichtenagentur und öffentlich-rechtlichen Rundfunkanbietern be-

Die Redaktion des dpa-Basisdienstes im Jahr 1957.

Geschäftsführer Hans. H. Melchers, Zeichnung aus „Betriebs-Rundblick".

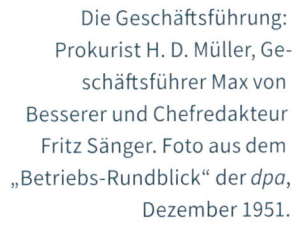

Die Geschäftsführung: Prokurist H. D. Müller, Geschäftsführer Max von Besserer und Chefredakteur Fritz Sänger. Foto aus dem „Betriebs-Rundblick" der *dpa*, Dezember 1951.

saß eine Vorgeschichte, in der beide Seiten ihre recht unterschiedlichen Erwartungen aneinander klären und etliche Hindernisse aus dem Weg räumen mussten. Bei den Verhandlungen ging es seit 1949 um die Frage, ob sich der Rundfunk als Genosse beziehungsweise als Gesellschafter an der *dpa* beteiligen solle oder ob er als Kunde und somit unter welchen vertraglichen Bedingungen er die Dienste der *dpa* beziehen könne.

Die aus den Rundfunksendern der westlichen Besatzungszonen hervorgegangenen öffentlich-rechtlichen Rundfunkanstalten koordinierten ihr Vorgehen auf regelmäßig stattfindenden Intendantenkonferenzen; der jeweilige geschäftsführende Intendant führte die Verhandlungen. Die „Arbeitsgemeinschaft" der öffentlich-rechtlichen Rundfunkanstalten – die ARD – wurde im Juni 1950 gegründet. Eine besondere Rolle in diesem Verbund kam immer wieder dem Nordwestdeutschen Rundfunk zu, zum einen, weil dessen Generaldirektion in Hamburg angesiedelt war und eine unmittelbare Vor-Ort-Nähe zur *dpa* gegeben war; zum anderen, weil diese bereits 1948 öffentlich-rechtlich lizenzierte Anstalt der größte und finanzkräftigste Sender war und somit über deutlich mehr Spielraum verfügte als die kleineren Anstalten im Süden der Bundesrepublik.

Im Mai 1949 – die *dpa* war noch gar nicht gegründet – war die Frage eines Beitritts als Genosse zur *DENA* und zum *dpd* aufgekommen. Die Vertreter auf der in Stuttgart stattfindenden Intendantenkonferenz zögerten aus wirtschaftlichen Gründen und aus prinzipiellen Erwägungen: Welche finanziellen Forderungen würden womöglich aus der Fusion der beiden Nachrichtenagenturen entstehen? Wäre man mitverantwortlich für die Richtigkeit der von der *dpa* übernommenen Nachrichten? Auf der Intendantenkonferenz in München im Februar 1950 trafen sich dpa- und ARD-Vertreter zu Verhandlungen. Der stellvertretende Chefredakteur Robert Lembke vom Bayerischen Rundfunk sah die *dpa* als einen „für Zeitungen eingerichtete[n] Dienst", der „auf die speziellen Bedürfnisse von Rundfunkstationen nur sehr bedingt eingehen könne". Überdies sei das Verhältnis der Korrespondentennetze von *dpa* und den einzelnen Rundfunkanstalten zu klären.[31] Bis September 1950 verhandelten beide Seiten, dann gaben steuerrechtliche Fragen den Ausschlag: Die ARD lehnte es ab, sich an der *dpa* zu beteiligen. Ihre juristische Einschätzung ergab, dass die *dpa* als „Gewerbebetrieb" eingestuft werden müsse, und die „Frage der Steuerpflicht der Rundfunkanstalten" es nicht zulasse, sich an der Hamburger Nachrichtenagentur zu beteiligen.[32]

Zu diesem Zeitpunkt kursierte in Fachkreisen das Gerücht, die ARD plane, eine eigene Presseagentur zu gründen. Die ARD dementierte das zwar offiziell, die Unterlagen zeigen jedoch, dass sie sehr wohl Berechnungen anstellte, welche Kosten dies mit sich brächte und in welchem Verhältnis diese zu den finanziellen Bedingungen stünden, wenn man die Dienste der *dpa* weiterhin als Kunde beziehen würde. Separatistische Überlegungen – man solle sich nicht an die *dpa* verkaufen – und strategische Argumente – der Rundfunk könne so eine „größere Einflußnahme auf die Presse" gewinnen – wurden als Pro und Contra einer Beteiligung an der *dpa* in der ARD-Spitze vertreten.[33]

Doch plötzlich ging alles sehr schnell. Zu Beginn des Jahres 1951 kam Bewegung in die Frage einer Beteiligung der Rundfunkanstalten. Die Initiative ging von der *dpa* aus. Sie war darauf angewiesen, die notwendige Erhöhung des Stammkapitals zu bewerkstelligen. Fritz Sänger dürfte der Vorstellung skeptisch gegenübergestanden haben, dass diese ausschließlich durch die Beteiligung der Altverleger erfolgen würde. Sänger, der als Chefredakteur und Mit-Geschäftsführer der *dpa* einen Sitz im Hauptausschuss des NWDR hatte, wandte sich bereits im September 1950 an NWDR-Generaldirektor Adolf Grimme. Nachdem die steuerrechtliche Frage eine Beteiligung des öffentlich-rechtlichen Rundfunks zunächst verhinderte, machte eine neuerliche juristische Bewertung Ende Januar 1951 den Weg frei. „Dr. Grimme hält eine solche Beteiligung für wertvoll", hält das Protokoll der Sitzung des NWDR-Verwaltungsrats – neben dem Hauptausschuss das zweite Organ der öffentlich-rechtlichen Struktur – fest. „Der NWDR sei dann im Kuratorium dieser Agentur vertreten, gewänne Einblicke in die innere Organisation des Unternehmens, was auch die Beziehungen des NWDR zu dpa günstig beeinflussen würde. Am meisten zu begrüßen wäre natürlich eine Gesamtbeteiligung aller westdeutschen Rundfunkanstalten. Bis auf den Bayerischen Rundfunk hätten sich die Anstalten bereits positiv geäußert."[34]

Hauptausschuss und Verwaltungsrat des NWDR stimmten im März 1951 ei-

> Das Verhältnis zwischen der *dpa* und den ARD-Rundfunkanstalten war nicht immer einfach.

ner Beteiligung des NWDR an der *dpa* mit einem Geschäftsanteil von 100.000 DM zu; der Schritt war mit der ARD abgesprochen. Den Sitz des potenten Mitgesellschafters im Aufsichtsrat der *dpa* übernahm zunächst Finanzdirektor Georg Hubrich als NWDR-Vertreter, von 1952 bis 1956 dann der Leiter des NWDR-Außenreferats Walter D. Schultz.

Als sich der NWDR 1955/56 in die beiden öffentlich-rechtlichen Rundfunkanstalten NDR und WDR aufspaltete, musste die Beteiligung der öffentlich-rechtlichen Rundfunkanstalten neu geklärt werden. Für eine gewisse Übergangszeit vertrat der Leiter der Hauptabteilung Politik beim WDR Fritz Brühl den Rundfunk auf der Gesellschafterversammlung und im Aufsichtsrat als offizieller Vertreter des „NWDR in Liquidation". Danach blieb Brühl – in Absprache mit dem NDR und treuhänderisch für die ARD-Anstalten – bis April 1974 der Vertreter des öffentlich-rechtlichen Rundfunks bei der *dpa*.[35]

Das Verhältnis zwischen der *dpa* und den ARD-Rundfunkanstalten war dabei nicht immer einfach. Grund dafür war aus Sicht des Rundfunks nicht selten das umtriebige Geschäftsgebaren der *dpa*. So zeigten sich die Rundfunkanstalten zu Beginn des Jahres 1956 überaus „verärgert", als sie vom Start des „Fernsprechnachrichtendienstes" erfuhren, den die Deutsche Bundespost mit der *dpa* als Partner auf den Markt brachte. (→Visitenkarte der Agentur) In den Augen der Intendanten war dies ein Affront gegen die aktuellen Nachrichtensendungen im Hörfunk. Sie sprachen von einem „Konkurrenzvertrag" und erörterten wieder einmal die Möglichkeit, ein „eigenes Nachrichtennetz aufzubauen".[36] Ähnlich kritisch verfolgte man das Engagement der *dpa*, als diese 1962 im Vorfeld der Gründung des Zweiten Deutschen Fernsehens (ZDF) der Mainzer Anstalt anbot, „die innenpolitische Berichterstattung" für die geplante tägliche Nachrichtensendung „zu übernehmen".[37] Aus Sicht der Nachrichtenagentur erschien die ARD als kapriziöser Mitgesellschafter, der viele dpa-Aktivitäten über den eng gesteckten Pressemarkt hinaus unter Konkurrenzverdacht stellte.

Eine „echte kommerzielle" Vereinbarung mit der Bundesregierung

Im politischen und wirtschaftlichen Kräftespiel dieser frühen bundesrepublikanischen Jahre bekundete die *dpa* leitmotivisch ihr Selbstverständnis, eine *unabhängige* Nachrichtenagentur zu sein. Ihr unablässig bekundetes Leitziel lautete, unabhängig „von jeder staatlichen, parteipolitischen und wirtschaftlichen Interessengruppe" zu arbeiten und sich der „Pflege der objektiven Nachricht" zu widmen[38] – dieser eherne Anspruch war jedoch immer wieder schwerwiegenden Anfeindungen ausgesetzt. Vor allem der Vertrag, den die *dpa* am 10. April 1951 mit der Bundesregierung der Bundesrepublik Deutschland schloss, bildete die Grundlage für entsprechende Kritik, offenbarte er doch auch eine weitere Facette des Unternehmens *dpa*.

Chefredakteur Fritz Sänger bemühte sich 1951 mit Kräften, den „Charakter einer echten kommerziellen Vereinbarung" zu betonen, „die Ware bietet und korrekte Bezahlung fordert". Am 20. August 1951 übergab er allen Leitern der dpa-Landesbüros „einen Abzug des Wortlauts des Vertrags, den wir mit der Bundesregierung abgeschlossen haben".[39] Die leitenden Mitarbeiter sollten das Vertragswerk zwar vertraulich behandeln, gleichwohl sollten sie die inhaltlichen Abmachungen kennen und diese nutzen, „wo es zur Abwehr von unsere Gesellschaft schädigenden Behauptungen erforderlich und zweckmässig erscheint".

Was war der Gegenstand des Vertrags? In dem nur drei Seiten langen Schriftsatz vom 10. April 1951 verpflichtete sich die *dpa*, „für sie im Rahmen ihres Geschäftsbetriebes im In- und Ausland erreichbares Nachrichtenmaterial in deutscher Sprache unverzüglich an die Bundesregierung" zu liefern (§ 1) und „für das Sammeln von Nachrichten im Ausland" ein Korrespondentennetz aufzubauen (§ 2 – 4). Konkret wurden 15 Korrespondentenstellen vereinbart: zwei in London, drei in Paris, je einer in Washington, Stockholm, Kopenhagen, Den Haag, Rom, Wien, Lissabon, Brüssel, Belgrad und Kairo. Im Gegenzug für den Bezug dieses großen Pakets von dpa-Diensten bezahlte der Vertragspartner, die Bundesregierung, vertreten durch das Presse- und Informationsamt, die stolze Summe von 75.000 DM monatlich und übernahm sämtliche Kosten für die Einrichtung und Unterhaltung der Fernschreibleitungen (§ 6).

Mit der Sammlung von Nachrichten im In- und Ausland als Service für die politischen Entscheidungsträger kam das Bundespresseamt einer seiner zentralen Aufgaben nach. Für die *dpa* war der Vertrag in zweierlei Hinsicht ein Verhandlungserfolg. Rein wirtschaftlich gesehen war die Einnahme von 900.000 DM jährlich für die notorisch unterfinanzierte *dpa* recht bedeutsam. Aber auch in Hinblick auf das Ziel, als international operierende Nachrichtenagentur über ein großes eigenes Korrespondentennetz verfügen zu können, war der Vertrag wichtig. Das Geld, das die Bundesregierung zu zahlen bereit war, ermöglichte erst den Aufbau von Büros im Ausland und die Einstellung von Journalistinnen und Journalisten, die von dort berichteten. Insofern deckte sich das Ziel der Agentur mit den Bemühungen der Bundesregierung, die junge Bundesrepublik Deutschland auf der internationalen Bühne zu etablieren und diplomatisch, wirtschaftlich und kulturell mit anderen Staaten in Beziehung zu treten.

In den Geschäftsberichten wurde der Vertrag mit der Bundesregierung nie erwähnt. 1951 sprach man von „einer *selbständigen* Nachrichtenschöpfung im Ausland".[40] Man bilanzierte: „Die Kennzeichen der Entwicklung der redaktionellen Arbeit in der dpa waren im Berichtsjahr 1951 der Aufbau eines Netzes eigener Auslandsvertretungen, die Konzentration und qualitative Reform des Nachrichtenmaterials, das in ständig wachsendem Umfange aus dem Inland und Ausland anfällt, und die Berücksichtigung der Tatsache, daß die Bundesrepublik durch ihre zunehmende Einbeziehung in die internationale Politik an die Informationstätigkeit der deutschen Presse besondere Anforderungen stellen würde."[41]

Doch der Verdacht, sich in eine Abhängigkeit von der Bundesregierung zu begeben, blieb. Alle Versuche, diesen Eindruck zu zerstreuen, bestärkten ihn mitunter sogar – etwa wenn es in einem dem Vertrag beigefügten Protokoll heißt: „Die in der Präambel des Vertrags enthaltene Feststellung des kommerziellen Prinzips von Leistung und Gegenleistung soll dazu dienen, jeden Verdacht einer einseitigen Leistung der Bundesregierung oder der Deutschen Presse-Agentur zu beseitigen." Vor allem auch die enge Verknüpfung der journalistischen Arbeit im Ausland mit den Aufgaben der diplomatischen Vertretungen im Ausland wird noch näher darzustellen sein. (→ 5 Weltnachrichten) Die im Protokoll festgehaltene Formulierung, wonach „eine ständige Fühlungnahme zwischen der Geschäftsführung der dpa und der Bundesregierung über die Auswahl des Ortes für die Arbeit eines Korrespondenten und über die am zweckmässigsten auszuwählenden Personen" stattfinden sollte, öffnete der Einflussnahme Tür und Tor.

Die *dpa* und die Bonner Politik

Die *dpa* musste ihre Bewährungsproben nicht nur in wirtschaftlicher Hinsicht bestehen, sie musste sich – eng damit verknüpft – auch in einem heftig umkämpften politischen Kräftefeld der 1950er Jahre positionieren. Keine wegweisende Entscheidung der Agentur, die nicht mit den parteipolitischen Auseinandersetzungen im „Treibhaus" der Bonner Republik verbunden war; kein strategisches Vorgehen, das nicht auf den politischen Führungsanspruch des Christdemokraten Konrad Adenauer und auf die Medienpolitik und staatliche Öffentlichkeitsarbeit in der ersten „Kanzlerdemokratie" reagierte.

Konrad Adenauer, CDU-Politiker und seit 15. September 1949 erster Bundeskanzler der Bundesrepublik Deutschland, war die zentrale politische Figur der Bonner Republik. Adenauers Medienverständnis, seine Presse- und Rundfunkpolitik, die Regierungskommunikation und politische Informationsarbeit sowie schließlich seine Konzeption von Kulturdiplomatie waren nicht immer kohärent, sondern unterlagen den Einflüssen von wechselnden engsten Beratern und Ministerialbürokraten oder reagierten auf die Notwendigkeiten der jeweiligen Situation während seiner Kanzlerschaften bis 1963.[42] Dennoch lassen sich zwei Konstanten herauskristallisieren.

Zum einen versuchte Adenauer, bestimmte medienpolitische Entscheidungen der westalliierten Siegermächte nach 1949 rückgängig zu machen. Vor allem die Einrichtungen, die institutionell so verfasst worden waren, dass sie dem staatlichen Einfluss weitestgehend entzogen sein sollten, wurden angegangen. Das waren der öffentlich-rechtliche Rundfunk, das System der Lizenzpresse und naheliegenderweise auch eine Nachrichtenagentur wie die *dpa*, die genossenschaftlich als Gesellschaft mit beschränkter Haftung organisiert war und ihre staatliche Unabhängigkeit unterstrich.

„Einen neuen Goebbels brauchen wir nicht und wollen wir nicht; aber ein wirksamer Apparat mit einem presseerfahrenen Mann an der Spitze, das muss unbedingt sein!

Konrad Adenauer

Die zweite Konstante hängt damit zusammen und verdeutlicht Adenauers Machtanspruch, Presse und Rundfunk nicht als Gegenüber zu betrachten, sondern sie in den Dienst zu nehmen und sie zu führen. So sollten die Massenmedien große staatspolitische Ziele unterstützen und diese nicht kleinreden; sie sollten über das Regierungshandeln informieren, dieses jedoch nicht einer permanenten Kritik aussetzen. Bereits damals erkannte man, dass Adenauer mit einer solchen Auffassung von der Rolle von Medien eher Anleihen beim zentralistischen, straff organisierten Propagandaapparat des „Dritten Reiches" nahm und die Bedeutung der Medien für eine Öffentlichkeit mit mündigen Bürgerinnen und Bürgern sowie ihre Rolle für eine gut funktionierende Demokratie nicht beförderte.

Zwei Zitate können die Gratwanderung unterstreichen, auf der sich Adenauer bewegte, Aussagen, die Werner Krueger als ehemaliger leitender Mitarbeiter des Presse- und Informationsamts auf der Tagung „Konrad Adenauer und die Presse" 1987 seinem früheren Chef zuschrieb. Demnach sagte Adenauer über seine Pläne für ein amtliches Informationswesen: „Einen neuen Goebbels brauchen wir nicht und wollen wir nicht; aber ein wirksamer Apparat mit einem presseerfahrenen Mann an der Spitze, das muß unbedingt sein!"[43] Entsprechend soll Adenauer im Februar 1950 bei der Anstellung Kruegers als persönlicher Referent des Bundespressechefs zu ihm gesagt haben, dass Krueger „für Presseeffizienz und Ordnung" sorgen solle,[44] und im „Einweisungsgespräch" bekam er als „Richtschnur" die Aufgabe „Sorgen Sie für schnelle und vor allem wirksame Unterrichtung der Presse, aber bedenken Sie immer, alles, was Sie wissen, brauchen und dürfen Sie nicht sagen. [...] Und demnächst überlegen Sie auch mal, ob und wie das Amt vielleicht auch Propaganda für die Regierungspolitik machen kann."[45]

Adenauer verkannte keineswegs die große Bedeutung von öffentlicher Meinung und die zentrale Rolle des Journalismus; er versuchte, sie aktiv zu gestalten. Das Bundespresseamt und ein Akteursnetzwerk, das der politischen Regierungswerbung diente, wurden zum wichtigsten Mittel, um das kommunikative Handeln der Regierung während seiner Kanzlerschaft zu steuern.

Sofort mit seinem Amtsantritt als Bundeskanzler begann der Aufbau des Bundespresseamts (BPA). Doch es dauerte einige Zeit, bis es die „zentrale Institution der bundesdeutschen Regierungskommunikation" wurde, „auf die Person Adenauers und seinen Regierungsstil zugeschnitten".[46] Dass es in zweieinhalb Jahren vier Amtswechsel an der Spitze der Behörde gab, mag die Anfangsschwierigkeiten verdeutlichen. Zwischen Oktober 1949 und Februar 1952 amtierten Heinrich Böx, Paul Bourdin, Heinrich Brand und Fritz von Twardowski als „Pressechefs". Sie alle genügten den Anforderungen Adenauers nicht. Erst mit Felix von Eckardt (1903–1979) avancierte ein Journalist und Autor zum Chef des Bundespresseamts, der die Ziele des Kanzlers umsetzte und so „Auge, Ohr und Sprachrohr Konrad Adenauers" wurde.[47] Am 14. Februar 1952 stellte von Eckardt sich als neuer Bundespressechef vor und bat, „dass ich Sie, wie ich eben in der Anrede es verwendet habe, weiterhin als Kolleginnen und Kollegen betrachten darf".[48] Es war eine geschickte

Geste, die Journalistinnen und Journalisten einzubinden, wenn es darum ging, über die Politik der Regierung zu informieren und diese zu vermitteln.

Doch die Arbeit der *dpa* war nicht nur mit der Informationspolitik der Pressechefs verbunden. Ein weiterer Akteur war direkt im Bundeskanzleramt positioniert: Otto Lenz (1903–1957), seit 1951 Staatssekretär im Bundeskanzleramt. Lenz erwies sich „als hervorragender Kommunikator und Modernisierer der Öffentlichkeitsarbeit, der seine auf USA-Reisen erworbenen Erkenntnisse der Public Relations geschickt zur Steigerung der Akzeptanz von Adenauers Politik in den frühen 1950er Jahren einsetzte".[49] Lenz verfolgte ehrgeizig Pläne für ein eigenes Informationsministerium. Dazu organisierte er ein Geflecht von „Thinktanks", das – meist verdeckt finanziert durch das Bundespresseamt – der politischen Regierungswerbung diente. Er gründete und unterstützte Einrichtungen wie die „Gesellschaft für Auslandskunde", die „Bundeszentrale für Heimatdienst" (die spätere „Bundeszentrale für politische Bildung"), die „Deutsche Atlantische Gesellschaft" und die „Gesellschaft Freies Europa". Schließlich beauftragte und förderte er halb offizielle Auslandspressedienste wie etwa die „Deutsche Korrespondenz", die eine klare Konkurrenz zu den Aktivitäten der *dpa* darstellte,[50] und unterstützte innenpolitische Werbemaßnahmen, wobei er unter anderem mit dem *DIMITAG* zusammenarbeitete.

Der lange Sänger-Streit

Im Zentrum der politischen Auseinandersetzung zwischen der Bonner Führung und der Hamburger Nachrichtenagentur stand die Person Fritz Sänger. Für Adenauer war der Chefredakteur und Mit-Geschäftsführer der *dpa* ein „typischer Vertreter der von den Westalliierten nach 1945 favorisierten Gegenelite".[51] Es galt, den Sozialdemokraten Sänger aus seiner Schlüsselposition im Mediensystem zu entfernen und die Nachrichtenagentur mithilfe konservativer Gefolgsleute stärker in die Kanzlerdemokratie einzubinden. Diese Auseinandersetzung dauerte ein knappes Jahrzehnt. Erst im April 1959 nahm Sänger seinen Hut. Vorausgegangen war ein jahrelanger zermürbender „Sänger-Streit", der anhand von einigen ausgewählten Vorfällen anschaulich nachgezeichnet werden kann.

Zum Anlass eines erbittert geführten Streits mit der *dpa* wurden Äußerungen Adenauers vor der CDU/CSU-Fraktion, die Forderungen für die europäische Integration und für den Eintritt der Bundesrepublik in die NATO formulierten. Die *dpa* meldete diese am 4. Februar 1952. Angesichts der internationalen Reaktionen, die seine Ausführungen ausgelöst hatten, wollte Adenauer diese sogleich dementieren. Als Sänger im Gespräch mit Otto Lenz erklärte, er verfüge über Belege, dass die Aussagen so erfolgt seien und er die dpa-Meldung deshalb nicht zurücknehme, will Lenz gegenüber Sänger von einer offenen Kriegserklärung gesprochen und ihm gedroht haben: „Ich machte ihn darauf aufmerksam, daß wir gegenüber dpa schließlich noch einige Druckmittel in der Hand hätten." Sänger konterte, dass er diese Drohung veröffentlichen werde.[52] Felix von Eckardt versuchte offensichtlich zu beschwichtigen, doch Lenz legte nach und verwies in einem weiteren Gespräch mit Sänger auf die „nationale Diszipin", die die Nachrichtenagentur im Auge haben müsse. In seinen Memoiren urteilte Sänger: „Ich glaube nicht, daß eine solche Situation im Verhältnis einer Regierung zu einer unabhängigen Nachrichtenagentur irgendwo und irgendwann schon einmal bestanden hat."[53]

Obwohl man sich darauf geeignet hatte, dass die Meldung der *dpa* zwar geprüft worden sei, aber auf einer privaten Niederschrift und nicht auf einem offiziellen Protokoll beruhe, hatte der Eklat noch zwei Nachspiele. Das erste fand am 11. Februar 1952 statt, als Adenauer die dpa-Aufsichtsratsmitglieder Hugo Stenzel, Reinhold Heinen und Anton Betz empfing. Einen Tag später fand die Redaktionskommission des dpa-Aufsichtsrats in Bonn statt, in der einige Mitglieder mit ihrer Kritik an Sänger nicht zurückhielten.[54]

Das zweite Nachspiel ereignete sich eineinhalb Wochen später. Obwohl man nach dem verbalen Schlagabtausch zwischen Lenz und Sänger vereinbart hatte, die Sache auf sich beruhen zu lassen, legte der *SOPADE*, der sozialdemokratische Pressedienst, nach. Am 21. Februar 1952 stellte er mit Bezug auf politisch irritierende Äußerungen Adenauers die „Glaubwürdigkeit des Bundeskanzlers" infrage und bezichtigte ihn, die „Unwahrheit" gesagt zu haben. Adenauer konnte in der anschließenden Kabinettssitzung davon abgehalten werden, Strafantrag gegen den Pressedienst zu stellen, beschwerte sich gegenüber dem SPD-Parteivorstand jedoch über schwerwiegende Beleidigungen und verletzende Angriffe.[55]

Ein weiterer Vorfall ereignete sich im Sommer 1952. Am 6. Juni 1952 erschien im Pressedienst „Politik und Wirtschaft" die Meldung, dass Fritz Sänger als dpa-Chefredakteur und Mit-Geschäftsführer abberufen worden sei. Diese Meldung war falsch, aber sie war sehr wahrscheinlich bewusst lanciert worden. Richtig war, dass der Verleger der „Kölnischen Rundschau", Reinhold Heinen, im Aufsichtsrat der *dpa* den Antrag gestellt hatte, Sänger von der Position als Mit-Geschäftsführer zu entbinden. Dieser Antrag war gescheitert. Die Vorgänge aber zeigten, dass eine Koalition aus konservativen Kräften begonnen hatte, sich auf den Sozialdemokraten an der Spitze der *dpa* einzuschießen.

Dies verdeutlichte auch der im August 1952 an die Öffentlichkeit gelangte Brief von Altverleger-Lobbyist Walther Jänecke „an einen ihm befreundeten Verleger". In ihm ist von der „Kaltstellung von Herrn Sänger in seiner bisherigen Eigenschaft als Geschäftsführer von dpa" die Rede.[56] Als Adressat des Briefes nannte die „Frankfurter Rundschau" später den seit Oktober 1951 amtierenden dpa-Geschäftsführer Freiherr von Besserer und zitierte daraus: „Ich brauche darüber kein Wort zu verlieren, daß der Sinn Ihrer Berufung doch letzten Endes der gewesen ist, in der dpa stabile Verhältnisse zu schaffen und die politisch verfilzte [...] beeinträchtigte Geschäftsführung zu normalisieren."[57] Interessanterweise erwähnte Sänger den Namen von Besserer in seinen „Erinnerungen und Bemerkungen eines Journalisten" überhaupt nicht.

Die Position von Fritz Sänger als Chefredakteur *und* Mit-Geschäftsführer verlieh ihm eine besonders starke Stellung in der Nachrichtenagentur. Er unterstand nicht der Geschäftsführung, sondern war ihr nebengeordnet. Auf diesen für das Unternehmen so besonderen Umstand konzentrierten sich die Kritiker. Sänger sollte die Doppelspitze noch bis September 1955 halten können.

Immer wieder wurde Fritz Sänger kritisiert, dass er sich zu wichtigen gesellschaftlichen Fragen öffentlich äußerte und politisch Stellung bezog, etwa im Frühjahr 1954, als er eine stärkere Verantwortung der Regierung gegenüber dem Parlament angemahnt hatte. Sängers Äußerungen im Zusammenhang mit seinen USA-Reisen, die Kritik am amerikanischen Verbündeten und am deutschen Kanzler übten, lösten 1955 sogar außenpolitische Verwerfungen aus. Die ausführlichen Protokolle der Sitzungen des Aufsichtsrats am 14. Januar und am 2. Februar 1956 ergeben ein vielschichtiges Bild der Vorgänge.[58] Am 8. Dezember 1955 hatte Sänger im Rahmen eines Mittagessens im Deutschen Presse-Club in Hamburg zu seinen USA-Erfahrungen gesprochen. Der Bericht eines Mitarbeiters des Generalkonsulats der USA in Hamburg machte daraus einen Vortrag, in dem die Position von Vertretern einer Wiedervereinigung gestärkt, das amerikanische Wirtschaftsleben kritisiert und ein „ausgesprochen negatives Trauerlied auf das amerikanische Leben" gesungen wurde. Die deutsche Übersetzung der Niederschrift des US-Mitarbeiters ergänzte als Anlage das Protokoll.

„Parteipolitische Ränkespiele in der Adenauerzeit.

Sänger musste sich in den dpa-Aufsichtsratssitzungen gegenüber zwei Vorwürfen rechtfertigen. Zum einen hatte man ihm auferlegt, sich als Vertreter der *dpa* zurückzuhalten. Der Verleger Curt Frenzel formulierte es so: „Wenn Herr Sänger ein Referat hält, dann wird nicht unterschieden zwischen Herrn Fritz Sänger und dem Chefredakteur der dpa, sondern da wird alles in einen Topf hineingeworfen. Es entsteht dann der Eindruck, als sei dies die Meinung von dpa." Hierzu konnte Sänger deutlich machen, dass es sich um ein nicht-öffentliches Treffen gehandelt habe, dass er vor Kolleginnen und Kollegen gesprochen und über Vertraulichkeit Einverständnis geherrscht habe. Der Vorwurf, er hätte gegen die Abmachung, sich nicht mehr öffentlich dezidiert politisch zu äußern, verstoßen, sei somit hinfällig.

Zum anderen war zu erklären, wie es dazu kommen konnte, dass die „Welt" am 9. Dezember 1955 und am selben Tag auch der ostdeutsche *ADN* über Sängers Äußerungen berichteten und damit auf der politischen Ebene für Verstimmungen zwischen der Bundesrepublik und den USA sorgten. Hier scheint Hans Zehrer, der Chefredakteur der „Welt", einen Coup gelandet zu haben, indem er eine der Anwesenden, eine „Welt"-Mitarbeiterin, als Informantin benutzte. Sänger sprach offen an, dass „die Dame, die die Vertraulichkeit gebrochen hat, […] vom Chefredakteur ihrer Zeitung dazu gezwungen worden [ist], weil dieser Wert darauf legt, mich öffentlich anzugreifen, und weil der Verleger – Herr Springer – den Wunsch hat, dass ich abtrete".

Mit dieser Diskussion im Aufsichtsrat am 14. Januar 1956 war es jedoch noch nicht getan. Alleiniger Tagesordnungspunkt der Sitzung am 2. Februar 1956 wurde wiederum der „Vortrag des Herrn Sänger im Hamburger Presse-Club". Knapp fünf Stunden lang dauerte der Schlagabtausch, festgehalten auf fünfzig Seiten Protokoll. Sänger wurde erneut mit dem Vorwurf konfrontiert, er habe ein zu starkes politisches Profil; überdies legte man ihm zur Last, dass durch seine Vorträge in der Öffentlichkeit der Eindruck entstehe, das Bundespresseamt subventioniere die *dpa* durch die deutsche Wirtschaft und finanziere den Ausbau des Auslandsdienstes der *dpa*. Sänger konterte sehr klar, dass er es sei, der „die Objektivität der Agentur" wahre und er deshalb „sehr viele Kämpfe im Aufsichtsrat habe durchstehen müssen". Am Ende wurde der Antrag auf die Vertrauensfrage von Reinhold Heinen zurückgezogen und man schloss mit einer Erklärung. In ihr hieß es: „Der Aufsichtsrat sprach deshalb die Erwartung aus, dass der Chefredakteur bei der schwierigen Stellung, die er in der Agentur bekleidet, sich künftig von keiner Stelle in Situationen bringen lassen sollte, die dem Interesse der Gesellschaft nicht dienlich sind. Der Aufsichtsrat stellte einmütig fest, dass, entgegen den in der Öffentlichkeit aufgestellten Behauptungen, Versuche, die Unabhängigkeit der Agentur anzutasten, von keiner Seite unternommen worden sind."

Ein weiterer Konflikt fand schließlich Ende 1958 statt. Wiederum ging es um einen Vortrag, den Sänger gehalten hatte. Dieses Mal hatte er sich in Hörste vor einem Fachpublikum zum Thema „Der Deutsche Presserat und seine Aufgaben" geäußert. In Sängers Augen war dies kein Verstoß gegen den „Maulkorb", der ihm auferlegt worden war, sondern eine berufspolitische und presserechtliche Frage, zu der er Stellung zu beziehen hatte. Aber Sängers Ausführungen, in denen er „eine stärkere Einflussnahme unabhängiger Persönlichkeiten im deutschen Presserat" und ein neues Presserecht gefordert hatte, in dem er das Verhältnis von Verlag und Redaktion kritisch beleuchtete und eine Besinnung „auf die geistige Aufgabe des Zeitungsmachens" anmahnte, stießen bei den Verlegern auf großen Unmut. Auf der Sitzung des Aufsichtsrats am 29. Januar 1959 in Köln schossen sich speziell Walther Jänecke und Franz Karl Maier als Verleger des „Tagesspiegels" auf Sänger ein. Der eine wehrte sich gegen den Begriff des „Verbandsfunktionärs", der andere sah in Sängers Position einen Angriff auf die Verleger als Verfechter der Freiheit der Presse und somit auf die Gesellschafter.[59] Es zeigte sich ein tiefsitzender Dissens; die Zeit für eine Trennung war gekommen. Eine Kommission des Aufsichtsrats legte Sänger eine gütliche Einigung nahe.

Die Entscheidung war gefallen. Am 7. April 1959 eröffnete der Aufsichtsratsvorsitzende Hugo Stenzel dem Gremium, dass Fritz Sänger der gütlichen Einigung zugestimmt habe. Sein Vertrag werde zum 1. Juni 1959 beendet. Stenzel dankte dem scheidenden Chefredakteur und erinnerte alle anwesenden Mitglieder des Aufsichtsrats und der Geschäftsführung daran, dass man sich verpflichtet habe, „alles zu tun, um sich gegenseitig keinen Schaden zuzufügen". Sänger ließ es sich nicht nehmen, am Ende der Sitzung kurz das Wort zu ergreifen. Er betonte seine Auffassung, dass es auf die „Gesinnung" von Redaktion und Verlag ankomme, die dem Pressewesen in Deutschland diene, nicht „kommerzielle Erwägungen" und „kommerzielle Bestrebungen", die einen Verlag wie eine „Konservenfabrik" aufbauen möchten. Damit bekräftigte er noch einmal seine Position aus dem Vortrag beim „Deutschen Presserat". Obwohl es „Auseinandersetzungen heftigster Art" waren, wie Sänger einflocht, dankte auch er dafür, dass „wir einen Weg gefunden haben, der es uns ermöglicht, keine öffentliche Auseinandersetzung über die Agentur herbeizuführen". Es sei sein Wunsch gewesen, dass „bei diesem Unternehmen nichts geschehen sollte, was ihm Schaden zufügen kann".[60]

Die dpa-Meldung Nr. 145 vom 7. April 1959, die eine Stunde nach Sitzungsschluss unter der Überschrift „Chefredakteur Sänger scheidet aus der dpa aus" erschien, fiel entsprechend kurz aus. Gleichwohl löste Sängers Ausscheiden ein Presseecho aus und wurde vielfach politisch kommentiert. Von „Zuviel Profil"[61] war die Rede, von einem „Alarmzeichen" für die „Freunde und Anhänger der demokratischen Presse- und Meinungsfreiheit".[62] Für den sozialdemokratischen „Vorwärts" war Fritz Sänger „das erste Opfer auf dem Wege zur Bundespresseagentur" und waren die Entwicklungen ein „beunruhigendes Symptom für die Bedrohung der geistigen Freiheit".[63] Volkmar Hoffmann schilderte damals in der „Frankfurter Rundschau" die politische Manipulation zwecks Einflussnahme auf den bedeutendsten Nachrichtenapparat der Bundesrepublik.[64]

Journalismus und Politik

Fritz Sänger (1901 – 1984)

Am 31. Mai 1959 wandte sich der aus dem Amt gedrängte Chefredakteur Fritz Sänger mit einem zweiseitigen Schreiben an „alle Angehörigen der Deutschen Presseagentur".[1] Der Stolz auf das Erreichte und die Warnung vor möglichen politischen Eingriffen hielten sich in seinem kurzen Abschiedsstatement die Waage. „In den zwölf Jahren seit 1947 hat sich die Deutsche Presse-Agentur Ansehen und Respekt erworben. Man nennt diesen Namen überall in der Welt, wo Journalisten tätig sind: Das ist Ihre Arbeit und Ihr Verdienst!", unterstrich Sänger. Die hierfür notwendige Unabhängigkeit sah er indes bedroht: „Es ist mein aufrichtiger Wunsch, dass die Redaktion der dpa die seit Bestehen stets uneingeschränkt erhaltene, aber keineswegs immer ungefährdete Unabhängigkeit auch künftig wahren kann, dass [...] jeder Redakteur in der dpa alle inneren und äußeren Freiheiten behält, die jeder zur Erfüllung seiner journalistischen Aufgabe braucht." Fritz Sänger war zu diesem Zeitpunkt 57 Jahre alt. Doch wer glaubte, dass sich der versierte Journalist nach vierzig Jahren Berufserfahrung zurückziehen werde, wurde schnell eines Besseren belehrt.

Fritz Sänger blieb streitbar, nahm publizistisch Stellung und setzte sich vehement für Presse- und Meinungsfreiheit ein. Zudem wechselte er in die Politik. Angebote der SPD, Kultusminister in Hannover oder Bildungsminister in Wiesbaden zu werden, hatte er abgelehnt; die Einladung, das neue Grundsatzprogramm der SPD zu redigieren, nahm er allerdings bereits im Februar 1959 an. Als Vorsitzender einer Redaktionskommission war er an den For-

Fritz Sänger (Mitte) in angeregtem Gespräch mit Bundespräsident Theodor Heuss, in den 1950er Jahren. Links Vizekanzler Franz Blücher.

mulierungen des im November 1959 verabschiedeten „Godesberger Programms" und dessen Leitidee einer „Sozialen Demokratie" beteiligt.

1960 kandidierte Sänger für den Wahlkreis Lauenburg/Stormarn für ein Bundestagsmandat und zog im Herbst 1961 über die Landesliste der SPD in den Bundestag ein. In zwei Legislaturperioden setzte er sich bis 1969 unter anderem für diplomatische Beziehungen zu Israel und zu den Ostblockländern ein. Medienpolitisch beschäftigte ihn die Frage nach einem bundesweiten Presserechtsrahmengesetz. Er forderte ein Zeugnisverweigerungsrecht für Journalisten. Das Einsetzen zweier Enquete-Kommissionen des Deutschen Bundestags in den 1960er Jahren zu Fragen der Wettbewerbsverhältnisse von Presse, Funk/Fernsehen und Film bzw. zu Medienkonzentration und Medienfreiheit begrüßte er. Dem Notstandsgesetz im Mai 1968 stimmte er als Abgeordneter nicht zu.

Ein zorniger Mann

Sänger veröffentlichte in den 1970er Jahren viele Bücher, Aufsätze und Stellungnahmen. So erschien 1975 die „Politik der Täuschungen", eine Publikation über den „Mißbrauch der Presse im Dritten Reich", in der er das System der „Presselenkung" im „Dritten Reich" beschrieb, das er als Journalist selbst erlebt hatte.[2] Drei Jahre später veröffentlichte er „Verborgene Fäden" mit dem Untertitel: „Erinnerungen und Bemerkungen eines Journalisten".[3] Hier schilderte er seine Zugehörigkeit zur SPD seit 1918 und seine frühe journalistische Laufbahn, die ihn ohne höheren Schulabschluss zunächst 1920/21 zum Volksschullehrer und Redakteur des „Rufs", der Zeitschrift des Preußischen Lehrervereins für junge Lehrer und Seminaristen, führte, später dann von 1923 bis 1927 in die Pressestelle des Deutschen Beamtenbundes und von 1927 bis 1933 in die Redaktion der „Preußischen Lehrerzeitung". Nach seiner Entlassung durch die nationalsozialistischen Machthaber gelang es ihm, Redakteur bei der angesehenen „Frankfurter Zeitung" zu werden. Nach deren Verbot am 31. August 1943 arbeitete er bis Kriegsende als Berliner Redaktionsleiter des „Neuen Wiener Tagblatts".

Ein lebenslanges Motto von Fritz Sänger fand in seiner Autobiografie ihren Ausdruck. Ihr Verfasser wünschte sich, ebenso bescheiden wie nachdrücklich, „daß der Leser nachdenklich wird, wenigsten hin und wieder".[4] Doch Sänger gehörte auch zu den „zornigen alten Männern", die der Hamburger Publizist Axel Eggebrecht 1979 gebeten hatte, sich „Gedanken über Deutschland seit 1945" zu machen. Der Beitrag des inzwischen 78-Jährigen zu diesem Band kreiste um die Gefährdungen, denen die in Artikel 5 des Grundgesetzes festgehaltene Meinungsfreiheit seit Kriegsende unentwegt ausgesetzt gewesen sei. Er unterstrich, dass eine freie Presse für die Demokratie lebenswichtig sei, und schloss mit den einschränkenden Worten: „Eine demokratische Staatsverfassung verlangt eine aristokratische Seelenverfassung!"[5] Als Sänger am 6. Juli 1979 im Hamburger Rathaus der Alexander-Zinn-Preis überreicht wurde, ehrte die Hansestadt sein „weitreichendes publizistisches Wirken in Hamburg". Der Preisträger referierte über den politischen Druck, dem die Nachrich-

Fritz Sängers Gedicht „Arbeit" wurde im Juli 1950 im „Betriebs-Rundblick" der *dpa* veröffentlicht.

Chefredakteur und Geschäftsführer Fritz Sänger am 17. November 1951 mit seiner Frau auf dem Bundespresseball in Bad Neuenahr.

tenagentur durch die Bundesregierung ausgesetzt gewesen war, und verwies auf eine souveräne Haltung, die der Journalist als Mittler von Verwaltung und Bürger einnehmen müsse.

Der Fritz-Sänger-Preis

Eine weitere Ehrung wurde Fritz Sänger anlässlich seines 80. Geburtstags zuteil. Am 8. Dezember 1981 hatte das Präsidium der SPD beschlossen, einen „Fritz-Sänger-Preis" zu stiften. Die Auszeichnung solle, wie der SPD-Vorsitzende Willy Brandt dem Jubilar am 15. Januar 1982 schrieb, „Ermutigung und Anerkennung für die sein, die durch ihr Leben und ihre Arbeit unerschrocken für die Freiheit der Meinungsäußerung sowie die Presse- und Rundfunkfreiheit eintreten".[6]

Den Eklat um diesen Preis, der seinen Namen trug und der sich 1989 an Fritz Sängers Tätigkeit im „Dritten Reich" entfachte, erlebte der Journalist und Politiker nicht mehr. Er war am 30. Juli 1984 in München gestorben.

Diesen zweiten „Sänger-Streit" – nach dem ersten im Jahr 1959 – entzündeten 1989 die designierten Preisträger Wolfgang Moser und Hans-Joachim Lang. Vor allem Moser führte schwerwiegende Vorwürfe ins Feld. Er richtete die Aufmerksamkeit auf Sängers Tätigkeit als Journalist während des „Dritten Reiches" und warf der preisstiftenden SPD Geschichtsklitterung vor. Die Person Fritz Sängers könne jedenfalls nicht als „Vorbild" dienen, wenn es um eine Auszeichnung für „mutigen Journalismus" gehe.[7] Fritz Sänger, der so lange als „mutiger Journalist" gegolten hatte, wurde nun ins Zentrum einer Debatte um Journa-

Betriebs-Rundblick

dpa – HAUSZEITSCHRIFT · MITTEILUNGSBLATT DER GESCHÄFTSFÜHRUNG UND DES BETRIEBSRATS DER DEUTSCHEN PRESSE-AGENTUR G.M.B.H.

NR. 2 – 15. JULI 1950

Fritz Sänger / Arbeit

Verachte deine Arbeit nie,
auch wenn sie dir gering erscheint –
auch wenn sie ganz entfernt nicht ist,
was du gewollt, was du gemeint.

Denn jede Mühe, die vollbracht
auch irgendwo nur Hilfe bringt,
ist eines braven Menschen wert,
der mit ihr kämpft und sie bezwingt.

Und jede Leistung, noch so klein,
erscheint sie auch so unbegehrt
und keinem andern etwas nütz,
ist mehr als alles Nichtstun wert.

Drum sei auf deine Arbeit stolz
und freu dich, wenn du deine Pflicht
nach besten Kräften hast erfüllt;
denn mehr tut auch der Größte nicht.

---

lismus im Dritten Reich[8] und Schreibmaschinentäter[9] gestellt. Dabei hatte Sänger selbst aus der Tatsache, dass er bis in die letzten Tage des Zweiten Weltkriegs journalistisch tätig gewesen war, zwar nie einen Hehl gemacht, diese aber immer mit dem Hinweis verknüpft, dass er dem Widerstandskreis um den ehemaligen Reichstagsabgeordneten Julius Leber angehört hatte und nach einem Attentat auf Hitler für eine Regierungsposition vorgesehen war – weshalb ihn die britische Militärregierung nach dem Ende des Krieges auch sofort mit verantwortungsvollen Aufgaben betraut hatte.

Das „Dilemma Fritz Sängers zwischen Mittun und Opposition"[10] wurde erst in den späten 1980er Jahre offensichtlich. Bernd C. Hesslein, der 1991 im Auftrag des SPD-Vorstands den gerade zurückliegenden Streit um Fritz Sänger dokumentierte, brachte die Auseinandersetzung auf die Formel „Ein Mutiger – kein Held".[11] Mag diese Formel allzu einfach erscheinen, so bleibt unbestritten, dass Fritz Sängers publizistisches und politisches Handeln nach 1945 gar nicht adäquat zu verstehen ist ohne seine Erfahrungen im NS-Regime und ohne die Einsicht, dass sein streitbares Engagement als politischer Journalist eine unmittelbare Antwort auf die NS-Diktatur war.

Anmerkungen

1 dpa. Unternehmensarchiv.
2 Sänger 1975.
3 Sänger 1978.
4 Sänger 1978, 16.
5 Sänger 1979, 240.
6 dpa. Unternehmensarchiv.
7 Moser 1989.
8 Frei/Schmitz 1989, 127f.
9 Köhler 1989, 254–259.
10 Rätsch 2007.
11 Hesslein 1991.

1953: MIT DPA AUF KANZLERREISE IN DEN USA

Sechs Schwarz-Weiß-Fotos dokumentieren die erste USA-Reise von Bundeskanzler Konrad Adenauer im April 1953. Die Collage zeigt den deutschen Regierungschef, unter anderem mit dem amerikanischen Präsidenten Dwight D. Eisenhower und dem US-Außenminister John Foster Dulles sowie bei Empfängen, in Gesprächen, am Rednerpult, vor dem Mikrofon, schließlich händeschüttelnd und den Menschen freundlich zuwinkend. Mit einer solchen Zusammenstellung, die die dpa 1953 mit Titelblättern verschiedener deutscher Zeitungen und deren Schlagzeilen versah, warb sie bei den Gesellschaftern und Kunden für ihren Bildfunk und ihre Informationsleistung.

Franz Hange aus dem Bonner dpa-Büro begleitete den Kanzler als Sonderkorrespondent auf dessen zwölftägiger Reise quer durch die USA. Darüber hinaus waren die beiden Journalisten Fritz von Globig und Oscar W. Reschke zu diesem Zeitpunkt als dpa-Korrespondenten in Washington bereits akkreditiert. Gleichzeitig bewarb die Agentur damit ihren Bilderdienst, der von einer steigenden Zahl von Zeitungen abonniert wurde – eine Entwicklung, die auch mit dem Erscheinen von neuen Boulevardzeitungen verknüpft war.

Der Staatsbesuch in den USA, acht Jahre nach Kriegsende, war ein wichtiger diplomatischer Schritt. Er sollte die Westbindung der jungen Bundesrepublik verdeutlichen. Innenpolitisch konnte Konrad Adenauer (CDU) die USA-Reise am Ende seiner ersten Amtszeit als Bundeskanzler nutzen: Bei der Bundestagswahl im September des Wahljahres 1953 ging er als Sieger hervor.

Die erste USA-Reise von Bundeskanzler Konrad Adenauer

dpa und *ADN* als Gegenspieler

Wie sah es mit dem Nachrichtenapparat in der Deutschen Demokratischen Republik aus? Am 10. Oktober 1956 feierte der *Allgemeine Deutsche Nachrichtendienst (ADN)* sein 10-jähriges Bestehen. Deba Wieland, seit Ende 1952 Direktorin der Nachrichtenagentur in der DDR, unterstrich im „Neuen Deutschland" die politische Rolle des *ADN* im staatlichen und parteilichen Lenkungsapparat: „Der ADN ist ein wichtiges Instrument unserer Arbeiter-und-Bauern-Macht und unterstützt die Innen- und Außenpolitik der Deutschen Demokratischen Republik." Das Selbstbewusstsein als Staatsagentur stellte sie den Bekundungen der „angeblich" unabhängigen Nachrichtenagenturen im Westen gegenüber: „In den kapitalistischen Ländern liegt das Nachrichtenwesen in den Händen kapitalistischer Monopolvereinigungen, die bei jeder Gelegenheit ihre angebliche Unabhängigkeit vom Staat proklamieren."[65] Die Rhetorik des Kalten Kriegs und der deutsch-deutschen Systemkonkurrenz ist überdeutlich. Im „Sieben-Punkte-Programm" für den *ADN*, das drei Jahre später, am 7. Oktober 1959, beschlossen wurde, formulierte man den medialen Wettkampf um Deutungshoheiten noch stärker: „Wir wollen die dpa auf allen Gebieten der Nachrichtenarbeit schlagen."[66]

Die *dpa* verfolgte alle Aktivitäten und Verlautbarungen des „Gegenspielers" im anderen Teil Deutschlands sehr genau. So wurden die Ausführungen der ADN-Direktorin noch am selben Tag als Dienstmeldung im Haus verbreitet. dpa-Geschäftsführer Wolfgang Weynen hielt 1959/60 dagegen, als er über „unser[en] Gegenspieler, die ostzonale Nachrichtenagentur" berichtete, und in einem Vortrag forderte: „Es gilt, dem Propagandazeichen ADN das Markenzeichen DPA gegenüberzustellen und die Position der Bundesrepublik Deutschland in der Weltpresse immer wieder so zu profilieren, dass sie dem ausländischen Beobachter wirklich nahe kommt."[67]

Der deutsch-deutsche Schlagabtausch beschränkte sich nicht nur auf solch harsche Töne. Sie waren der öffentlich vorgetragene Teil eines umfangreichen Public Diplomacy-Wettstreits, der zwischen der Bundesrepublik und der DDR ausgetragen wurde.[68] Der Hinweis auf eine gegebene oder vermeintliche Vorreiterstellung der DDR-Nachrichtenagentur im globalen Wettbewerb konnte in der Bundesrepublik freilich die politischen Weichenstellungen befördern und größere finanzielle Mittel freisetzen.

Die deutsch-deutsche Kalte-Krieg-Konfrontation auf dem Nachrichtenmarkt hatte sich in den Nachkriegsjahren parallel zur allgemeinen politischen Zuspitzung nach und nach herausgebildet. Auf der Arbeitsebene hatte es zunächst vielfältige Kontakte der westlichen Agenturen mit dem am 26. September 1946 durch einen Befehl der sowjetischen Militäradministration in Berlin ins Leben gerufenen *ADN* gegeben. So konnten sich die vier deutschen Zonenagenturen – *dpd*, *DENA*, *SÜDENA* und *ADN* – noch Ende 1947 gemeinsam auf der „Deutschen Presse Ausstellung" in Düsseldorf präsentieren. In einem Vertrag zwischen *ADN* und *dpd* regelte man am 8. Juli 1947 den wechselseitigen Nachrichtenaustausch. Demnach

> In den kapitalistischen Ländern liegt das Nachrichtenwesen in den Händen kapitalistischer Monopolvereinigungen, die bei jeder Gelegenheit ihre angebliche Unabhängigkeit vom Staat proklamieren.

Neues Deutschland

hatte der *ADN* das Recht, den Helldienst vom *dpd* aufzunehmen und in der russischen Zone zu verbreiten; dieser umfasste nur die Inlandsdienste des *dpd*, nicht die Auslandsberichte von *Reuters*, *AFP* und nicht die Inlandsberichte der *DENA*. Im Gegenzug erhielt der *dpd* den ADN-Dienst durch Fernschreiber und in gedruckter Form über sein Berliner Büro zur Verwendung für die Westzonen.[69] Eine gemeinsame Eingabe der vier Nachrichtenagenturen an den Alliierten Kontrollrat, deren Wortlaut man im Sommer/Herbst 1947 abstimmte, zog sich allerdings schon in die Länge. Pragmatisch wollte man erreichen, dass alle Agenturen „in allen Besatzungszonen Deutschlands Nachrichten" sammeln können und „zu diesem Zwecke in allen vier Besatzungszonen Zweigstellen und Korrespondenten" unterhalten dürfen.[70]

Auch wenn der Austauschvertrag bestehen blieb, wollten die beiden Agenturen *dpa* und *ADN* auch selbst Nachrichten sammeln. Während der *ADN* ab 1949 Korrespondenten in der Bundesrepublik akkreditieren konnte, hatte die *dpa* große Probleme, Nachrichten aus den „ost- und mitteldeutschen Provinzen und Ländern" zu erhalten. Bereits im Geschäftsbericht 1951 wurde festgehalten, dass „von freier journalistischer Tätigkeit nicht mehr die Rede sein konnte".[71] Ein Treffen mit ostdeutschen Chefredakteuren brachte 1952 keine Besserung. Ein Jahr später bilanzierte man: „Die Nachrichtensammlung ist dort" – das heißt „jenseits der Zonengrenze" – „nicht leichter geworden. Noch immer steht einer echten journalistischen Tätigkeit der Unterschied in den Auffassungen über freie Informationsarbeit entgegen. Die Frage nach der Produktionskapazität eines industriellen Werkes ist drüben ebenso ein Spionagefall wie die Frage nach den Plänen der Regierung oder des Magistrates einer Stadt. [...] es bleibt die Hoffnung, die freilich immer dringender wird, daß doch bald ein freier Austausch der Nachrichten durch unbehinderte Tätigkeit der Korrespondenten hüben wie drüben möglich wird."[72]

Diese Hoffnung sollte sich nicht erfüllen. Zum Januar 1953 fand beim *ADN* ein entscheidender Wechsel an der Spitze statt. Georg Hansen (1903 – 1976), ein kommunistischer Rückkehrer aus dem Exil in der Sowjetunion, hatte 1946 den *ADN* als eine Gesellschaft, getragen von Verlegern und dem Berliner Rundfunk, entscheidend mit aufgebaut[73] und war deren Geschäftsführer geworden. Doch im Dezember 1952 wurde er abgelöst. Seinen Posten übernahm Deba Wieland (1916 – 1992), die nach dem Krieg als Kommunistin ebenfalls aus dem Exil in der Sowjetunion nach Berlin zurückgekehrt war und dort schnell Karriere machte. Bis dahin stellvertretende Leiterin des Amtes für Information der DDR-Regierung, übernahm sie ab 1953 das ADN-Direktorat, das sie bis 1977 innehaben sollte.

Es war nicht nur ein personeller Wechsel. Wieland sorgte dafür, dass die Nachrichtenagentur der DDR – obwohl bereits wesentlich vom Amt für Information finanziert, aber bis dahin pro forma noch immer eine GmbH – von Mai 1953 an dem Presseamt beim Vorsitzenden des Ministerrats unterstand. Im Kontext der Neuordnung des gesamten DDR-Medienbereichs in dieser Zeit wurde so auch die Nachrichtenagentur *ADN* in den Staatsapparat integriert und direkt von der SED kontrolliert.

Werbeanzeige der DDR-Fotoagentur *Zentralbild*: Bilder „vom Kampf der friedliebenden Menschen in der Welt".

Im Januar 1956 wurde dann auch noch die Photoagentur *Zentrale Bildstelle GmbH (Zentralbild)* in den *ADN* integriert. Der *ADN* war damit eine große staatliche Nachrichtenagentur geworden – mit einer Organisationsform, die der der *dpa* diametral entgegenstand.

Was das konkret bedeutete, wusste der nach West-Berlin geflüchtete ADN-Redakteur Siegfried Trappe im Februar 1955 zu berichten. Ihm zufolge nahm Wieland „eine bedeutende Stellung innerhalb der SED-Führung ein"; zu ihren Aufgaben gehörte es demnach, „das SED-Zentralkomitee über besonders wichtige Meldungen aus ganz Deutschland zu unterrichten, und die zuständigen Spitzenfunktionäre besonders in allen Fällen zu konsultieren, in denen der Inhalt der betreffenden Nachrichten im östlichen Sinne problematisch sei". Der Vermerk „ohne vier", den Wieland oder der zuständige Chef vom Dienst vergeben konnte, bedeutete, dass eine so markierte Nachricht im ADN-Fernschreibernetz besonders wichtig war, aber zugleich nicht an die angeschlossenen vier westlichen Agenturen *AP*, *AFP*, *dpa* und *Reuters* ging.[74]

Die Konkurrenz der beiden politischen Systeme im Kalten Krieg fand folgerichtig Eingang in die DDR-Presse. Eine Auswertung der in Ostdeutschland erscheinenden Zeitungen „Neues Deutschland", „Neue Zeit" und „Berliner Zeitung" in den 1950er Jahren zeigt, dass der *dpa* immer wieder vorgeworfen wurde, sie lüge, verleumde, stehe Kriegshetzern nahe, sie sei Gegner freier Wahlen, bringe Falschmeldungen und habe nicht den Mut, objektiv zu informieren. Der *ADN* „entlarvt" diese Falschmeldungen, „überführt" die *dpa* der „Lüge".[75] Auffällig bei den Vorwürfen der Lüge und der Hetze ist, dass die DDR-Presse der *dpa* bei der Verbreitung von Unwahrheiten einen Vorsatz unterstellt. So wurde in der „Berliner Zeitung" gesprochen von einer „Lüge, die offensichtlich in der Absicht verbreitet wird, die Bevölkerung der Deutschen Demokratischen Republik zu beunruhigen".[76] Insgesamt sah man einen „Verleumdungsfeldzug gegen die DDR"[77] am Werk; man sprach von Meldungen, die „die fortschrittliche Entwicklung in der DDR" aufhalten und stören sollten.[78]

Die treibende Kraft hinter dieser feindlichen Agenda wurde ebenfalls vom *ADN* ausgemacht: Bundeskanzler Adenauer. Ihm sei die *dpa* direkt unterstellt, hieß es: „In Bonn nötigte Adenauer die offizielle westdeutsche Nachrichtenagentur DPA zu direkten Fälschungen."[79] Besonders die immer wiederkehrende Behauptung der Falschmeldung und der Fälschung sollte die *dpa* diskreditieren und ihr die Unabhängigkeit absprechen. Für den *ADN* war der Gegenspieler im Westen abhängig von der Bundesregierung und handelte „im Auftrage des Bonner Kaiserministeriums und dessen Hintermännern".[80]

Anmerkungen

1. dpa. Unternehmensarchiv.
2. Schütz 1999.
3. Pürer/Raabe 2007, 117.
4. Schütz 1956, 32.
5. R.T.: Ein neues Nachrichten-Monopol in Deutschland. In: Berliner Finanz- und Handelsblatt, Nr. 5, 20.10.1949, 5f.
6. Freie Deutsche Presse, 28.1.1950.
7. Zur Neugründung von Transocean 1951, dem Einstellen der Aktivitäten 1952 und der Löschung aus dem Handelsregister 1957 vgl. Uzulis 1995, 228f. Der „Sozialdemokratische Pressedienst" berichtete bereits am 1. Juni 1950 über Erich Schneyders „Bestrebungen […], eine deutsche Propaganda-Agentur zu errichten", und nannte den Unternehmer Gert P. Spindler als entscheidende Kraft (Herr Spindler hat nichts damit zu tun? In: Sozialdemokratischer Pressedienst, 1.6.1950, 7).
8. Wagner 1954, 7.
9. Ebd.
10. Schulze 1994, 9–44.
11. Wilke 1999, 472; Schumacher 1998, 83–162; Wilke 1998a; Schmidt 1993; Höhne, Band 2, 1977, 159–163.
12. dpa-Geschäftsbericht 1951, 13.
13. Ebd.
14. Staatsarchiv Hamburg. Deutscher Presse Dienst GmbH, später: Deutsche Presse-Agentur GmbH (dpa), 1947–1979. 131-1. Sign.: II_6309.
15. Schumacher 1998, 143–145; Merkl/Wilke 1993; Gross 1982, 208ff.; 25 Jahre VWD 1974.
16. 25 Jahre VWD 1974, 13.
17. dpa. Unternehmensarchiv.
18. Ebd.
19. dpa-Geschäftsbericht 1951, 8.
20. dpa-Geschäftsbericht 1952, 8.
21. 25 Jahre VWD 1974, 18.
22. dpa-Geschäftsbericht 1951, 15.
23. dpa-Geschäftsbericht 1953, 17.
24. Bendig 2013; Weyel 1995.
25. dpa. Unternehmensarchiv.
26. Telegraf, 19.4.1951.
27. dpa. Unternehmensarchiv.
28. Betriebs-Rundblick, Nr. 17, 15.12.1951, 2.
29. Bundesarchiv. Berlin. R 55. 24125; NSDAP-Zentralkartei. R 9361-VIII-Kartei / 2261213.
30. http://www.genealogie-oberbayern.de/phpgedview/individual.php?pid=I33729&ged=Rauck_2010_Aug_20.ged&tab=0 (5.9.2023).
31. Protokoll über die Verhandlungen der Intendanten der Rundfunkanstalten des Bundesgebietes mit den Vertretern der DPA am 22. Febr. 50 in München. DRA. ARD-Schriftgut. A06/272, 4-631. – Ein besonderer Dank gilt Frau Susanne Hennings, Dokumentarin in der Abteilung Dokumentation. Schriftgut/Bild, für die Unterstützung der Recherchen.
32. Protokoll der Intendantenkonferenz, 29./30.9.1950. DRA. ARD-Schriftgut. A06/272, 4-631; vgl. auch die Anlage zum Protokoll der 30. Sitzung des NWDR-Verwaltungsrats am 28./29.10.1950. Staatsarchiv Hamburg. 621-1/144_661.
33. Protokoll der Intendantenkonferenz, 19.1.1951. DRA. ARD-Schriftgut. A06/272, 4-631.
34. Anlage zum Protokoll der 34. Sitzung des NWDR-Verwaltungsrats am 27./28.1.1951. Staatsarchiv Hamburg. 621-1/144_661.
35. Vgl. die Unterlagen von Fritz Brühl zu seiner Tätigkeit im Aufsichtsrat der dpa im Unternehmensarchiv des WDR mit den Signaturen: 2897, 2899, 3231, 3232, 3703, 3832, 3944, 3945, 3946, 3947, 3948. 3949, 3996, 5245. – Ein besonderer Dank gilt Frau Petra Witting-Nöthen, der Leiterin des Unternehmensarchivs, und Frau Laura-Jane Müller, Mitarbeiterin in der Abteilung Dokumentation und Archive, für die Unterstützung der Recherchen.
36. Protokollnotiz vom 3.2.1956. DRA. ARD-Schriftgut. A06/272, 4-631.
37. Tagebuch des ARD-Vorsitzenden. Nr. 31, 27.4.1962. DRA. ARD-Schriftgut. A06/272, 4-631.
38. dpa-Meldung vom 1.9.1949.
39. dpa. Unternehmensarchiv.
40. dpa-Geschäftsbericht 1951, 12 (Hervorhebung vom Autor).
41. Ebd.
42. Beucke/Meiring/Russ 2016; Rosumek 2007, 48–78; Steinmetz 1996, 35–83; Hoffmann 1995; Buchwald 1991; Hase 1988; Küsters 1988; Baring 1969.
43. Krueger 1988, 34.
44. Ebd., 35.
45. Ebd., 36.
46. Morcinek 2004, 195.
47. Grau o.J.
48. Konrad-Adenauer-Stiftung.
49. Michel o.J.
50. Grube 2005.
51. Hodenberg 2006, 206.
52. Tagebuchaufzeichnung von Otto Lenz. Diese wird zitiert nach der Edition der Kabinettsprotokolle der Bundesregierung von Kai von Jena 1989. Siehe auch online: https://www.bundesarchiv.de/cocoon/barch/01/k/k1952k/kap1_1/para2_8.html#d8e258_rueck (13.9.2023).
53. Sänger 1978, 160.
54. Baring 1969, 303f.
55. Vgl. von Jena 1989; Baring 1969, 305–307.
56. Sänger 1978, 171.
57. Frankfurter Rundschau, 12.4.1959.
58. WDR. Historisches Archiv. 2899.
59. dpa. Unternehmensarchiv.
60. dpa. Unternehmensarchiv.
61. FAZ, 9.4.1959.
62. Hamburger Echo, 10.4.1959.
63. 17.4.1959.
64. 12.4.1959.
65. Neues Deutschland, 10.10.1956.
66. Zitiert nach Minholz/Stirnberg 1995, 396.
67. Bericht über Entwicklung und Stand der Auslandsarbeit der dpa. Dr. Weynen, Hamburg, 21.9.1959; Vortrags-Typoskript „Die Deutsche Presse-Agentur: Arbeit für das Ausland", Dr. Weynen, Hamburg, 15.8.1960. dpa. Unternehmensarchiv.
68. Vgl. Gißibl 2017.
69. dpa. Unternehmensarchiv.
70. Ebd.
71. dpa-Geschäftsbericht 1951, 14.
72. dpa-Geschäftsbericht 1953, 14.
73. Vogelsänger 1991, 47–65; Minholz/Stirnberg 1995, 75–106.
74. dpa. Unternehmensarchiv.
75. Neues Deutschland, 3.2.1955.
76. Berliner Zeitung, 12.3.1955.
77. Ebd., 30.5.1954.
78. Ebd., 6.8.1952.
79. Neues Deutschland, 6.1.1955.
80. Ebd., 6.8.1952.

Die Grafik aus der Jubiläumsbroschüre vom 1. September 1950 unterstreicht bereits den Anspruch der *dpa*, ein „Welt-Nachrichtendienst" zu sein.

5

Weltnachrichten

Die *dpa* auf dem internationalen Nachrichtenmarkt

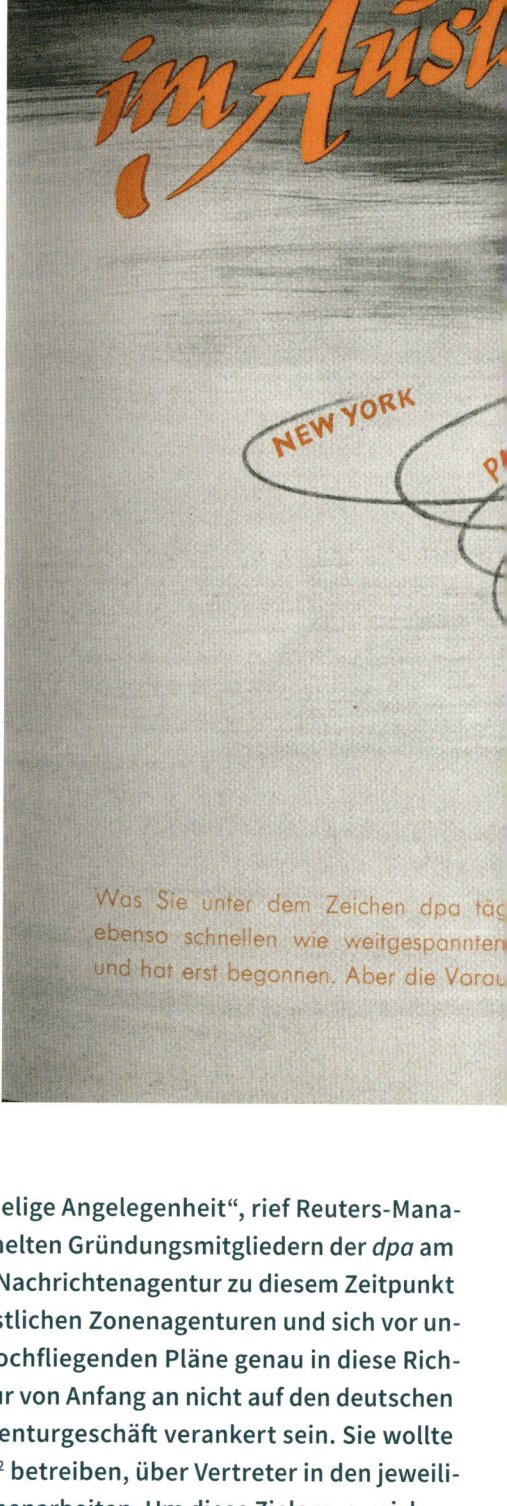

„Eine Welt-Nachrichtenagentur ist eine unendlich kostspielige Angelegenheit", rief Reuters-Manager Alfred Geiringer den in einem Goslarer Hotel versammelten Gründungsmitgliedern der *dpa* am 18. August 1949 zu.[1] Obwohl die im Entstehen begriffene Nachrichtenagentur zu diesem Zeitpunkt noch erschüttert war von der schwierigen Fusion der westlichen Zonenagenturen und sich vor ungeklärte finanzielle Probleme gestellt sah, zielten ihre hochfliegenden Pläne genau in diese Richtung: Die *dpa* wollte sich als nationale Nachrichtenagentur von Anfang an nicht auf den deutschen Binnenmarkt beschränken, sondern international im Agenturgeschäft verankert sein. Sie wollte eine „selbständige[] Nachrichtenschöpfung im Ausland"[2] betreiben, über Vertreter in den jeweiligen Ländern verfügen und mit Partneragenturen zusammenarbeiten. Um diese Ziele zu erreichen, vernetzte sich die *dpa* und schloss mit vielen Agenturen im europäischen und außereuropäischen Ausland ein dichtes Netz von Verträgen und Vereinbarungen. Darüber hinaus baute sie systematisch ein eigenes Korrespondentennetz auf und erarbeitete Nachrichten aus Deutschland für das Ausland.

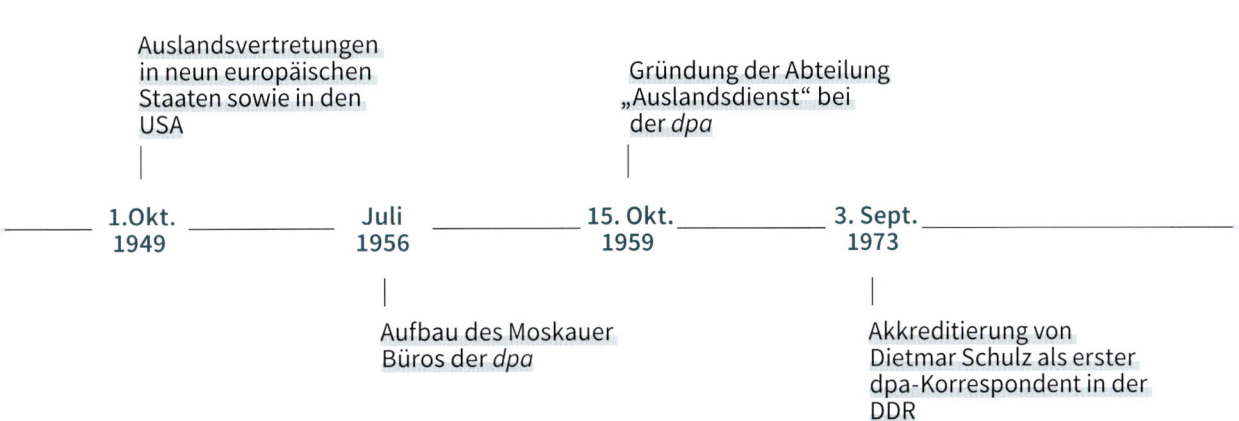

...also das Ergebnis einer ... Arbeit. dpa ist jung ... geschaffen und werden laufend verbessert: der komplizierte technische Apparat, ein Stamm von erfahrenen Journalisten und eine unermüdliche Aktivität, deren Symbol wir in dem stetigen Surren des Hellschreibers sehen.

1. Okt. 1949 — Auslandsvertretungen in neun europäischen Staaten sowie in den USA

Juli 1956 — Aufbau des Moskauer Büros der *dpa*

15. Okt. 1959 — Gründung der Abteilung „Auslandsdienst" bei der *dpa*

3. Sept. 1973 — Akkreditierung von Dietmar Schulz als erster dpa-Korrespondent in der DDR

Der Aufbau eines eigenen Auslandskorrespondentennetzes

Die Überzeugung, die *dpa* als eine nationale Nachrichtenagentur aufzubauen, die auch international agiert und auf dem Weltmarkt der Nachrichten mitspielt, teilten alle Aufsichtsräte. Fritz Sänger wurde die treibende Kraft, dieses Vorhaben in die Tat umzusetzen. Eine Schlüsselrolle kam dabei den Korrespondenten zu. Es galt, vertrauensvolle Journalistinnen und Journalisten zu gewinnen, die sich vor Ort in einem Land oder an besonderen Schauplätzen befanden und als Freiberufler, als Mitarbeiter mit Honorarverträgen oder als Festangestellte aus erster Hand berichten konnten. Idealerweise verfügten sie über langjährige Erfahrungen mit dem Gastland oder der Gastregion und über ein Netz von Kontakten, das der Beschaffung von Nachrichten dienen konnte.

Ein solch systematischer Aufbau eines Auslandskorrespondentennetzes war bereits in der Zeit des *dpd* begonnen worden. Sobald Reiseerleichterungen und Währungsreform es im Verlauf des Jahres 1948 erlaubten, hatte die britisch-deutsche Zonenagentur erste Korrespondenten ins Ausland geschickt. Im Juni 1949 waren beim *dpd* bereits fünf Auslandskorrespondenten fest angestellt, in London, Amsterdam, Kopenhagen, Stockholm und Paris. Hinzu kamen sogenannte Pauschalkorrespondenten in Triest, Lissabon und Saarbrücken, das zu diesem Zeitpunkt noch nicht zu Deutschland gehörte. Die Tatsache, dass der damals wichtigste Korrespondentenplatz in London mit einer Frau besetzt wurde, sorgte in der Männerdomäne Journalismus für Aufsehen. Brigitte Krüger aber setzte sich gegen mancherlei Widerstände als England-Korrespondentin durch. (→ 8 | Wundertiere, Schlachtschiffe und Alibi-Besetzungen)

„Es wirkte sich sehr bald positiv in der Redaktionsarbeit aus, daß sich dpd in stärkerem Maße auf die eigenen Korrespondenten stützen konnte. Die endgültige Überwindung der zu Anfang der Berichtszeit noch erheblichen Paß- und Devisenschwierigkeiten sowie die Notwendigkeit, die Auslandsberichterstattung der Deutschen Presse-Agentur nunmehr weiter zu entwickeln, ermöglichten die Entsendung weiterer festangestellter Korrespondenten in das Ausland", bilanzierte der dpd-Geschäftsbericht.[3] Mit der Gründung der *dpa* im Herbst 1949 wuchs die Zahl der festangestellten und der freien Mitarbeiterinnen und Mitarbeiter im Ausland.

Eine Übersicht vom 1. Oktober 1949 hielt die neun Vertreter und die eine Vertreterin der *dpa* im Ausland namentlich fest: Walter von Sass in Amsterdam, Karl Raloff in Kopenhagen, Brigitte Krüger in London, Emil Keydel in Madrid, Detlev Graf von der Schulenburg in New York, Günther Weber in Paris, Hilding Bengtsson in Stockholm, Heinrich Baron in Lissabon, Günther Hoffmann in Wien und Kurt Klinger in Rom.[4] Die Korrespondenten, die hier Pionierarbeit leisteten, verfügten über unterschiedliche Berufsbiografien. Walter von Sass hatte im „Dritten Reich" journalistisch gearbeitet, Brigitte Krüger war nach ihrem Abschluss als Berufsdolmetscherin bis 1945 als Übersetzerin und Schriftleiterin tätig gewesen, zuletzt für Handelsnachrichten bei der Reichsstelle für den Außenhandel. Auffallend sind die Exilerfahrungen, die zu einer Beschäftigung in dem Land führten, in das man hatte fliehen müssen. So hatte Heinrich Baron als politischer Redakteur bei der „Magdeburgischen Zeitung" gegen den Nationalsozialismus angeschrieben, bevor seine Situation so prekär geworden war, dass er mit Kriegsbeginn ins Exil nach Portugal flüchtete. Karl Raloff war ein sozialdemokratischer Parteifunktionär. Als Reichstagsabgeordneter der SPD musste er 1933 fliehen, zunächst ins dänische, später ins schwedische Exil. Raloff arbeitete für den Sopade, den exilierten Vorstand der Sozialdemokratischen Partei Deutschlands, leitete die Bibliothek und das Archiv der Arbeiterbewegung (Arbejderbevaegelsens Bibliotek og Arkiv) in Kopenhagen und betätigte sich journalistisch. Die Exil-SPD und der neue Parteivorstand in Hannover versuchten nach 1945, Raloff zur Rückkehr aus dem Exil zu bewegen, doch schlug er die ihm in Deutschland angebotenen Tätigkeiten aus. Gern aber übernahm er für den *dpd* die Korrespondentenstelle in Dänemark, zunächst freiberuflich, dann mit einem Pauschalhonorar. In seiner Autobiografie schilderte Raloff (1899 – 1976), dass die skandinavischen Nachrichtenbüros *Ritzaus Bureau*, *Tidningarnes Telegrambyrå* und *Norsk Telegram Byrå* ihm durch vertragliche Zusicherungen ihrerseits geholfen hätten, ein festes Vertragsverhältnis mit dem *dpd* und dann der *dpa* zu ermöglichen.[5]

Der Aufbau des Auslandskorrespondentennetzes erfuhr 1951 einen entscheidenden ersten Schub. Der Vertrag, den die *dpa* mit der Bundesregierung im Frühjahr schloss, und die damit ver-

„Ein wichtiger Schritt auf dem Weg zu einer „selbständigen Nachrichtenschöpfung im Ausland".

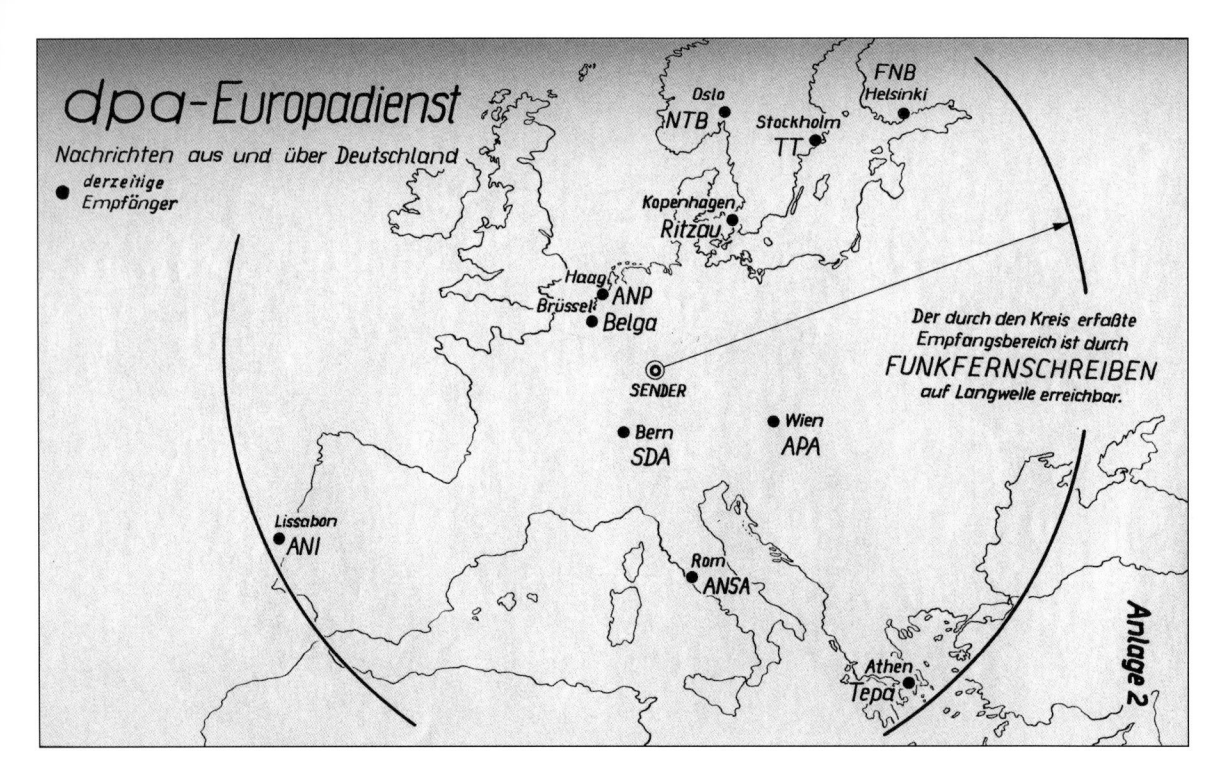

Von Lissabon bis Helsinki oder Athen – *dpa* wirbt 1956 für seine Nachrichten, die europaweit über Funkfernschreiber auf Langwelle versendet werden.

bundenen finanziellen Einnahmen von staatlicher Seite (→ 4 | Bewährungsjahre) ermöglichen es der Hamburger Nachrichtenagentur, ihre Präsenz im Ausland systematisch auszubauen. Nach und nach wuchs die Zahl der Länder, in denen die *dpa* mit einem Korrespondentenbüro vertreten war. 1953 war man bereits in 23 Ländern vertreten. 1957 kamen sieben weitere Büros hinzu, darunter in Beirut, Jerusalem, Tokio und Bangkok sowie bei der UNO in New York. Im Herbst 1957 arbeiteten 34 fest angestellte Korrespondentinnen und Korrespondenten für die *dpa* sowie viele freiberufliche Journalistinnen und Journalisten mit entsprechenden Verträgen.

Das Netz war bald schon nicht mehr nur auf Europa beschränkt, sondern umspannte den gesamten Globus, was man auf Werbegrafiken gern festhielt. Die Agentur unterstrich, wie unverzichtbar der Ausbau eines eigenen Korrespondentennetzes sei, wenn man über Vorgänge im Ausland unterrichten wolle: „Die dpa will in dem Rahmen, den sie sich selbst gesteckt hat, ihren Abnehmern in Deutschland und im Ausland ein Nachrichtenmaterial bieten, das die Ereignisse aus der Kenntnis und Erfahrung der deutschen Beobachter mitteilt und darstellt. Das ist […] im Interesse einer ausreichenden Berichterstattung erforderlich und dient der Objektivität der Information auch der deutschen Leser."[6] Ausgewählte Beispiele können diese strategisch vorangetriebene Positionierung der *dpa* auf dem internationalen Nachrichtenmarkt deutlicher zeigen.

dpa-Überseedienst

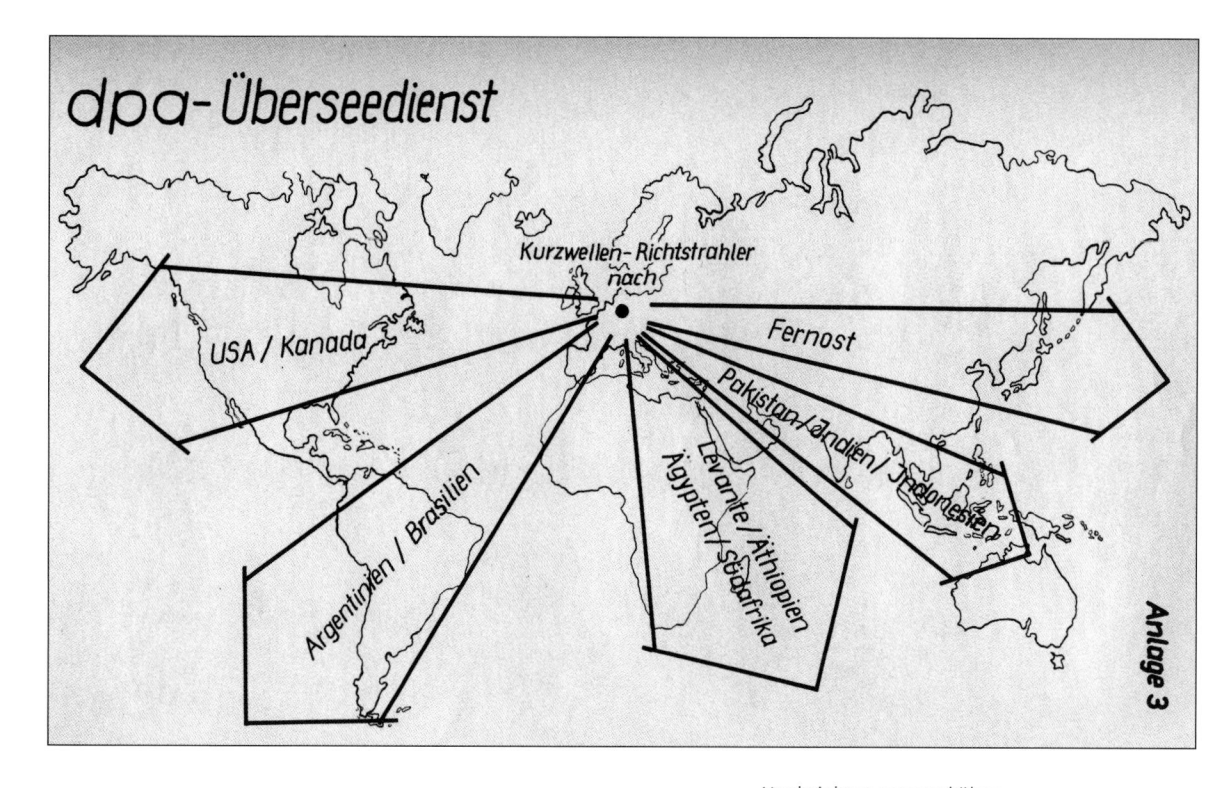

Kurzwellen-Richtstrahler nach
USA / Kanada
Fernost
Pakistan / Indien / Indonesien
Argentinien / Brasilien
Levante / Äthiopien
Ägypten / Südafrika

Anlage 3

Nachrichten aus und über Deutschland, weltweit empfangbar durch den dpa-Überseedienst.

Journalismus und Diplomatie

Die Entwicklung der Korrespondententätigkeit aus dem Ausland war eng verschränkt mit der Aufnahme und dem Ausbau der diplomatischen Beziehungen der Bundesrepublik Deutschland zu den ausländischen Nachbarn in dieser Zeit. Die Arbeit eines Korrespondenten oder einer Korrespondentin im Ausland war – so kurz nach dem Ende des Zweiten Weltkriegs – mit der Bewältigung von organisatorischen Problemen verbunden. Um notwendige Aufenthaltsgenehmigungen und Visa zu beschaffen, korrespondierte man mit den Konsulaten des Gastlandes und stellte sich persönlich vor. Man traf aber auch Absprachen mit den Politischen Vertretungen der Bundesrepublik und den Regierungsstellen im Ausland. Einmal vor Ort, stellte sich sodann nicht selten eine Nähe von Journalist und diplomatischen Vertretern ein.

Ein besonders anschauliches Beispiel lieferte Karl Raloff, dessen Tätigkeit als Korrespondent aus Kopenhagen sich mit dem Ausbau der diplomatischen Beziehungen zwischen der jungen Bundesrepublik und Dänemark verband. „Als dpa-Korrespondent habe ich natürlich schon vor der Eröffnung engen Kontakt mit der offiziellen deutschen Vertretung gehabt", schrieb er über die Zeit 1950/51, als in Kopenhagen zunächst ein Generalkonsulat seine Arbeit aufnahm und dieses im Juni 1951 in eine Botschaft umgewandelt wurde. „Ich ging in der Bredgade" – so lautete die Adresse der deutschen Botschaft in Kopenhagen – „ein und aus und stand mit allen Herren auf bestem Fuße."[7] Obwohl die Trennung zwischen Politik und Journalismus mit einer solchen Aussage zu verschwimmen droht, war sich Raloff der Abgrenzung der beiden Arbeitswelten sehr bewusst. Als er vom Bundespresseamt das Angebot erhielt, halbtags als Presseattaché zu arbeiten, neben seiner Tätigkeit als dpa-Korrespondent, lehnte er das sofort ab: „Das mußte ich [...] abschlagen, weil meine Arbeit für dpa mich voll in Anspruch nahm und dies auch mit der Unabhängigkeit von dpa nicht zu vereinbaren" war.[8] Als ihm das Bundespresseamt kurze Zeit später eine volle Stelle anbot, besprach sich der Sozialdemokrat Raloff sowohl mit seiner Parteiführung als auch mit Fritz Sänger. Parteivorstand und Chefredaktion waren überrascht, dass die Adenauer-Regierung einen ehemaligen Emigranten und Sozialdemokraten in den diplomatischen Dienst berufen wollte. Sie stimmten dem Wechsel zu. Raloff wechselte in den staatlichen Dienst und arbeitete von 1951 bis zu seiner Pensionierung als Presseattaché in der deutschen Botschaft in Kopenhagen.

In mehrerlei Hinsicht bemerkenswert ist die Errichtung des Korrespondentenbüros in Belgrad. Auch hier verband sich der Start der journalistischen Arbeit mit dem Aufbau der diplomatischen Beziehungen zur Sozialistischen Föderativen Republik Jugoslawien. Beide Entwicklungen spielten sich innerhalb weniger Monate ab. Am 13. Juli 1951 nahm eine Politische Vertretung der Bundesrepublik ihre Arbeit in Jugoslawien auf; am 8. Dezember 1951 wurde daraus eine Botschaft. Sänger fragte am 23. März 1951 Walter E. Brell – zu diesem Zeitpunkt Redakteur im Landesbüro der *dpa* in Baden-Baden –, ob er Korrespondent in Belgrad werden wolle. Bereits fünf Monate später, am 24. August nahm dieser seine Arbeit in der jugoslawischen Hauptstadt auf. Die Korrespondenz von Brell zeigt, wie viele Absprachen getroffen werden mussten und welche Rahmenbedingungen zu klären waren.[9]

Walter E. Brell (1900 – 1978) war ein überaus versierter Balkankenner. Er lebte von 1924 bis 1945 auf dem Balkan, war mit einer Bulgarin verheiratet und berichtete für verschiedene Zeitungen, Verlage und Nachrichtenbüros aus Sofia, Istanbul, Ankara und Zagreb. Zu seiner journalistischen Laufbahn gehörte, dass er von 1934 an Vertreter der Presseagentur des nationalsozialistischen Staates, des *Deutschen Nachrichtenbüros (DNB)*, in der Türkei und von 1944 bis Kriegsende in Zagreb war. Als ehemaliges Mitglied der NSDAP und Mitarbeiter des *DNB* rechnete Brell also mit „begreifliche[m] Misstrauen" auf jugoslawischer Seite. An Sänger schrieb er Ende März 1951: „Es bleibt also die Frage zu klären, wie man sich bei den zuständigen Belgrader Stellen dazu äussern wird, wenn es darum geht, mich als Anwärter auf den dpa-Posten zu nominieren."

Sänger und Brell wurden aktiv. Die *dpa* unterrichtete im Juni 1951 die Mission der Volksrepublik Jugoslawien in Deutschland und bat um „Genehmigung zur Aufnahme seiner Tätigkeit als Vertreter der Deutschen Presse-Agentur in Jugoslawien". Diese stimmte zu, und Brell stellte sich im Juli 1951 persönlich beim Presseattaché der Mission in Bonn vor. Schließlich wurde der deutsche Gesandte in der Politischen Vertretung in Belgrad informiert; auch er stimmte im Juli 1951 zu: „Ich freue mich, dass die dpa hier durch einen erfahrenen Balkankenner vertreten sein wird, und werde Herrn Brell bei seiner Tätigkeit in jeder Weise unterstützen." Damit stand der Eröffnung der ersten Vertretung der *dpa* in einem sozialistischen Land nichts mehr im Wege.

Die sozialistische Republik Jugoslawien spielte im Nachkriegseuropa als Staat zwischen Ostblock und westlichem Staatenbündnis eine besondere Rolle. Brell war also auf politisch heiklem Gebiet unterwegs. Alle Meldungen wurden im Kontext des Kalten Krieges verstanden, etwa positive Äußerungen des jugoslawischen Präsidenten, Marschall Tito, zur Wiederbewaffnung Westdeutschlands, die er Mitte der 1950er Jahre Brell exklusiv am Rande einer Presseeinladung gab. Kurze Zeit später wurde die *dpa* in der jugoslawischen Presse heftig angegriffen, was in direktem Zusammenhang mit Belgrads diplomatischer Anerkennung der DDR und dem daraufhin erfolgten Abbruch der diplomatischen Beziehungen zwischen der Bundesrepublik und Jugoslawien im Oktober 1957 stand.

Brell äußerte sich im Jahr 1966 rückblickend über seinen „Versuchsposten im sozialistischen Südosten" sehr positiv.[10] So sei das Verhältnis zwischen ihm und den Agenturvertretern von *AP*, *AFP* und *Reuters* stets „gut gewesen". Er konstatierte: „Für Rankünen und Intrigen ist in Belgrad kein Platz." Auch die Beziehungen zum Auswärtigen Amt wurden von Brell ausdrücklich gelobt: „In fünfzehn Belgrader dpa-Jahren hat es mit den Beauftragten des AA keine Reibung, keinen Zusammenstoß gegeben. Der Wille und der Wunsch zur sachlichen Zusammenarbeit und die Pflege persönlicher Kontakte in freundschaftlichem Klima waren auf beiden Seiten stets vorhanden." Die Realität war jedoch spannungsreicher, etwa wenn Brell einen Umstand ausblendet, über den damals sogar der „Spiegel" berichtet hatte.[11] Demzufolge war Konrad Adenauer äußerst verstimmt, dass nicht wie üblich Franz Hange vom dpa-Büro in Bonn den Kanzler auf seiner Griechenland-Reise begleiten sollte, sondern Brell als Südosteuropa-Korrespondent darüber berichtete. Sänger hatte diese Entscheidung zu verantworten. Der „Spiegel" bilanzierte damals: „Es rächt sich nun der Entschluß der Deutschen Presse-Agentur, eigene Entscheidungen zu treffen, ohne mit dem Leiter des Bundespresseamts vorher Kontakt aufgenommen zu haben."

Auslandskorrespondent im Kalten Krieg

Wie eng die Tätigkeit der Auslandskorrespondenten geknüpft war an die Entwicklung bei den diplomatischen Beziehungen sowie an die Interessen einer rasch an Fahrt gewinnenden bundesrepublikanischen Wirtschaft, zeigt auch die Erweiterung des dpa-Korrespondentennetzes in Richtung Ostblock. In den Geschäftsberichten der 1950er Jahre wurde immer wieder berichtet, welche Fortschritte man mache, auch „Ost-Berichte" zu sammeln über die „Länder jenseits des Eisernen Vorhangs, die die Bundesrepublik angehen".[12] Es waren zunächst kleine Schritte, etwa wenn dpa-Mitarbeiter gelegentlich zu besonderen Anlässen wie Messen und Sportereignissen in ein Ostblock-Land reisen konnten. In der Hamburger Zentralredaktion kümmerte sich seit 1954 eine „kleine Gruppe von Redakteuren" zusätzlich zu ihren anderen Aufgaben um eine verstärkte Berichterstattung. Sie bildete bald eine „Ost-Redaktion" bei der *dpa*.[13] Dabei richtete sich das Interesse vor allem auf die Sowjetunion. Die osteuropäischen Staaten Tschechoslowakei, Ungarn, Bulgarien und Rumänien gehörten zum Aufgabengebiet des dpa-Korrespondenten in Wien. Polen rückte zeitweise in den Blick, als von 1957 an gelegentlich ein Korrespondent in Warschau arbeiten konnte. Erst mit der Akkreditierung von Bodo Linde im Jahr 1961 und von Renate Marsch-Potocka im Jahr 1965 gewann die Berichterstattung aus Polen größere Bedeutung. (→ 8 | Wundertiere, Schlachtschiffe und Alibi-Besetzungen)

Einen entscheidenden Impuls erhielten die Aktivitäten der sogenannten „Ost-Nachrichten" Mitte der 1950er Jahre parallel zur Neuausrichtung der bundesrepublikanischen Außenpolitik. Adenauers Politik einer aktiven Westbindung der Bundesrepublik Deutschland war zwar unbestritten, doch wurde sie im September 1955 ergänzt von einem intensiv vorbereiteten Staatsbesuch in Moskau. In dessen Folge wurde eine diplomatische Vertretung in der sowjetischen Hauptstadt errichtet, und gleichzeitig konnten sich nun westdeutsche Journalisten in der UdSSR akkreditieren.

Für die *dpa* wechselte der auslandserfahrene Walter E. Brell von Belgrad nach Moskau. Sänger warb um ihn für das „Projekt Moskau", als er ihm im März 1956 schrieb: „Ich wiederhole noch einmal meine am Telefon benutzten Argumente: Wir brauchen für Moskau einen starken Mann, der politisch erfahren ist und bei dem Anfälligkeit nicht zu erwarten steht. Wir brauchen einen Journalisten, der die slawischen und insbesondere die sowjetrussischen Vorgänge kennt, aber auch ihre Mentalität versteht [...]. Wir sind auf Sie verfallen, weil wir sagen, dass Sie [...] imponderabile Voraussetzungen haben, die in Moskau nur nützlich sein können."[14]

Brell handelte für sich und seine neue Aufgabe sehr komfortable Konditionen heraus, bevor er im Juli 1956 im Hotel Savoy in Moskau sein Büro eröffnete. In Hamburg, in der dpa-Zentrale, war man von seiner Tätigkeit sehr angetan. Mehrfach schickte man positives Feedback nach Moskau. Die Meldung zur Übergabe der deutschen Wiedervereinigungsnote durch den Botschafter Wilhelm Haas in Moskau am 7. September 1956 wurde zu einem Agenturerfolg: Als „Chef des Nachrichtendienstes" teilte Erich Eggeling Walter E. Brell mit, dass dessen „Kabel" hierzu um 19.54 Uhr gesendet werden konnte, während die Konkurrenz *AP* erst um 21.30 Uhr, *UP* um 21.55 Uhr und *Reuters* um 21.52 Uhr ihre Meldung brachten.[15]

Brell schien seiner Aufgabe in der Tat mehr als gewachsen. Über sein Hotel, in dem auch andere Moskau-Korrespondenten – darunter Gerd Ruge für den Westdeutschen Rundfunk – ihr Domizil hatten, schrieb er, dass er dort als Fremder „bewacht" werde, ein Soldat die Telefonanlage bediene und eine Aufsichtsperson den Hotelflur einsehe, er aber auch „frei und unbeaufsichtigt durch die Stadt wandern" könne.[16] In einem Vortragstyposkript gab er Auskunft darüber, wie er vom „dpa-Standpunkt" als ausländischer Korrespondent arbeitete: „Von sich auf andere schliessend mussten die Sowjets überzeugt sein, dass der erste Vertreter einer Presseagentur der Bundesrepublik aus Moskau so zu berichten versuchen wird wie etwa ein sowjetrussischer Pressevertreter – Tass, ‚Prawda', ‚Iswestija' – aus einem sogenannten kapitalistischen, imperialistischen fremden Staat, also gehässig, tendenziös, alles andere als objektiv. Ich habe versucht anders zu arbeiten; objektiv, ohne Tendenz, wie es dem Charakter und den Prinzipien unserer Agentur entspricht. Und ich glaube in Moskau festgestellt zu haben, dass man darüber etwas erstaunt war."[17]

Brell leistete Aufbauarbeit in der Hauptstadt der UdSSR. Doch schon nach zwei Jahren verließ er seinen Posten in der Sowjetunion und kehrte als Korrespondent nach Jugoslawien zurück. Ihm folgte von 1957 bis 1960 Bernd Nielsen-Stokkeby (1920–2008) als Leiter des Moskauer dpa-Büros. Der 1952 in Hamburg diplomierte Kaufmann und 1954 promovierte Wirtschaftswissenschaftler hatte zu diesem Zeitpunkt bereits eine bewegte Biografie aufzuweisen. Er war in Estland aufgewachsen und als Deutschbalte im „Dritten Reich" in den „Warthegau" umgesiedelt worden. Er musste sein Studium in Wien unterbrechen, um von 1941 bis Mai 1945 als Soldat Dienst in einer Nachrichten-Aufklärungsabteilung zu tun. In Kurland geriet er in sowjetische Gefangenschaft, aus der er erst im Frühjahr 1950 entlassen wurde.[18]

Die Tätigkeit aller westdeutscher Korrespondenten in Moskau unterlag den Bedingungen des Kalten Krieges. Julia Metger schildert das Zusammenspiel von Auswärtigem Amt, Bundespresseamt und den jeweiligen westdeutschen Redaktionen auf der bundesrepublikanischen Seite sowie den staatlichen Stellen und der Presse in der Sowjetunion, wenn es darum ging, Handlungsspielräume auszuloten, die die politischen Rahmenbedingungen gewährten oder einschränkten. Der von Metger als „wagemutig" bezeichnete dpa-Korrespondent Nielsen-Stokkeby, der seine Sprachkenntnisse für besondere Recherchen einsetzte, geriet dabei immer wieder ins Visier der russischen Behörden. Ende 1959 beispielsweise prangerte die „Komsomolskaja Prawda" Verstöße gegen Reise- und Verkehrsvorschriften an. Es bedurfte diplomatischer Kanäle des Auswärtigen Amtes und des Bundespresseamtes zur sowjetischen Botschaft in Bonn und zum Presseattaché des russischen Ministeriums für auswärtige Angelegenheiten, um die ablehnende Haltung des KGB zu beschwichtigen.[19]

Nielsen-Stokkeby hielt sich bis 1960. Der Eklat – die von der Moskauer Regierung verhängte Schließung des Moskauer dpa-Büros – ereignete sich dann vier Jahre später, im April 1964, unter seinem Nachfolger Heinz Günther Wurzel. Die sowjetische Staatsführung reagierte damals energisch auf die Falschmeldung der *dpa*, in der der Tod von Nikita Sergejewitsch Chruschtschow verkündet worden war. (→ 7 | Agenturjournalismus) Wurzel, der an der Meldung vom angeblichen Ableben des Parteichefs und sowjetischen Ministerpräsidenten nicht beteiligt war, wurde dennoch die Einreise verweigert, als das dpa-Büro im Dezember 1964 wiedereröffnet werden konnte.

Reise in ein „fernes Land": Berichterstattung aus der DDR

Die Arbeit von bundesrepublikanischen Journalisten in der Deutschen Demokratischen Republik stellt einen besonderen Abschnitt in der geteilten und miteinander verflochtenen deutsch-deutschen Geschichte dar.[20] Nur gelegentlich hatte sich die DDR geöffnet und einen westlichen Blick in den SED-regierten Staat erlaubt, so etwa 1964 für drei Journalisten der Wochenzeitung „Die Zeit". Sie übertitelte ihre Berichte damals als „Reise in ein fernes Land".

Mit der politischen Annäherung Anfang der 1970er Jahre in der kontroversen Frage der Zweistaatlichkeit Deutschlands sollten auch neue Möglichkeiten der Berichterstattung einhergehen. Mit dem „Vertrag über die Grundlagen der Beziehungen zwischen der Bundesrepublik Deutschland und der Deutschen Demokratischen Republik", unterzeichnet am 21. Dezember 1972 in Ost-Berlin, wurde erstmals eine Akkreditierung als ständiger Korrespondent möglich. Die *dpa* hatte die Verhandlungen von Egon Bahr auf westdeutscher und von Michael Kohl auf ostdeutscher Seite aufmerksam verfolgt und startete sofort entsprechende Aktivitäten: „Nach Unterzeichnung des Grundvertrages zwischen Bonn und Ostberlin", so schilderte es bereits der Geschäftsbericht des Jahres 1972, „begannen Vorbereitungen für die Etablierung eines dpa-Korrespondenten in Ostberlin."[21]

In den 1950er und 1960er Jahren, das hatte die Chefredaktion der *dpa* wiederholt beklagt, war es enorm schwierig, Nachrichten in „Mitteldeutschland" zu sammeln und von den Vorgängen in Ost-Berlin und den Bezirken der DDR zu berichten. In den Geschäftsberichten der 1950er Jahre wurde der Begriff „Mitteldeutschland" verwendet, weil die Deutsche Demokratische Republik im Westen als Staat nicht anerkannt wurde. Nach dem Mauerbau 1961 verschärfte sich der Ton, sodass nunmehr von der „Sowjetzone" die Rede war. Es war ein heikles Terrain, auf dem sich das Büro der *dpa* in West-Berlin bewegte. Spannungen und entspannende Maßnahmen wechselten sich ab. So wurden der *dpa* in Berlin von 1957 an zwei Presseplätze in der Volkskammer eingeräumt, doch für weitere Berichte war man auf Reisekorrespondenten angewiesen, denen mitunter Schwierigkeiten bereitet wurden. Gelegentlich konnten eigene Redakteure zu Großereignissen in der DDR geschickt werden, wie etwa zur regelmäßig stattfindenden Leipziger Messe. Das Spannungsfeld der Berichterstattung kann exemplarisch an zwei Vorfällen gezeigt werden.

Im Juni 1952 wurden, so die in West-Berlin erscheinende „Neue Zeitung", die beiden dpa-Redakteure Friedrich Weber und Günter Bratke eine Woche lang in der DDR inhaftiert. In ihrem Bericht war von einer „Verschleppung aus dem britischen Sektor" durch den „sowjetdeutschen Staatssicherheitsdienst" die Rede.[22] Sehr wahrscheinlich stand die Maßnahme in Zusammenhang mit der kurz zuvor erlassenen Verordnung, der zufolge der Aufenthalt in der DDR an den Besitz eines DDR-Passes oder eines Passierscheines geknüpft wurde. Vehement verwahrte sich die ostdeutsche Presse gegen „Lügen" der *dpa*, dass „irgendwelche Beschränkungen

> Wir brauchen für Moskau einen starken Mann, der politisch erfahren ist und bei dem Anfälligkeit nicht zu erwarten steht.

Fritz Sänger

auf dem Gebiete des Reiseverkehrs und telegrafischen Verbindung eingeführt" worden seien.[23]

Ein weiterer Vorfall ereignete sich 1960, als der dpa-Redakteur Wolfgang Marquardt ausgewiesen wurde. Der „Tagesspiegel" berichtete am 13. September 1960, dass der im Berliner Büro der *dpa* tätige Journalist auf Einladung des Presseamtes der DDR die Leipziger Herbst-Messe besucht und dort Gespräche mit den westdeutschen Ausstellern geführt habe. Marquardt war anschließend vom Staatssicherheitsdienst festgenommen und verhört worden. In der DDR-Presse war zu lesen, dass man ihm vorwerfe, die westdeutschen Aussteller zum Verlassen der Messe aufgefordert zu haben. Den politischen Hintergrund lieferte der Vorwurf der Bundesregierung, die DDR schränke den Reiseverkehr ein, was bestimmte westdeutsche Medien im Vorfeld der Leipziger Messe zum Anlass genommen hatten, die Teilnahme westlicher Aussteller zu hinterfragen. In der DDR wehrte man sich gegen eine solche „Macht das Tor zu"-Kampagne.[24]

Die Entspannungspolitik der Bundesregierung führte Anfang der 1970er Jahre zur Ausarbeitung eines Grundlagenvertrags. Nach dessen Unterzeichnung Ende 1972 stellten insgesamt 35 westdeutsche Rundfunkanstalten und Medienhäuser den Antrag auf einen akkreditierten Korrespondenten in der DDR, darunter auch die dpa-Chefredaktion. Die Anträge der westdeutschen Medien wurden jedoch eher schleppend behandelt. Die DDR bestand auf einer Residenzpflicht in der DDR und stellte die Kosten für ein Büro in Rechnung. Im Geschäftsbericht hieß es, dass die „Bedingungen", zu denen Dietmar Schulz als dpa-Korrespondent in Ost-Berlin „leben und arbeiten kann, [...] in Gesprächen, die sich über mehrere Monate hinzogen, ausgehandelt worden" waren.[25] Gleichwohl war es ein Ausdruck der Wertschätzung, dass der Korrespondent der bundesrepublikanischen Nachrichtenagentur die allererste Akkreditierung erhielt.

Dietmar Schulz hatte auf diesen Moment gewartet. Der damals 30-jährige Journalist hatte sein Handwerk als Volontär beim „Westfalen-Blatt" in Bielefeld und als Jung-Redakteur beim „Kölner Stadt-Anzeiger" erlernt. Im Landesbüro der *dpa* in Hannover hatte er erste Erfahrungen im Themenbereich der deutsch-deutschen Fragen gesammelt; als Verstärkung im Landesbüro in West-Berlin hatte er zudem regelmäßig von den laufenden Verhandlungen berichtet, die schließlich zum Grundlagenvertrag führen sollten. Schulz hoffte, dass er, wenn die *dpa* eines Tages einen Korrespondenten in Ost-Berlin installieren könne, diese Chance erhalte.[26]

Im Herbst 1973 war es so weit. Am Rande der Leipziger Messe überreichte Gerhard Meyer, der Leiter der Abteilung „Journalistische Beziehungen" im MfAA, Dietmar Schulz am 3. September 1973 die Akkreditierung als Journalist aus der Bundesrepublik. Stolz dokumentierte Schulz diesen bedeutsamen Akt mit einem Foto vor dem Eingang seines dpa-Büros in Ost-Berlin: Selbstbewusst und skeptisch zugleich hielt er seinen Presseausweis in die Kamera. Ein weiteres Foto hielt den Moment der offiziellen Eröffnung des Büros in der Clara-Zetkin-Straße Nummer 89 fest. Im Archivraum, in dem der Fernschreiber stand, mit dem das Ostberliner Büro

Als erster Korrespondent der *dpa* erhielt Dietmar Schulz aus „der BRD", wie vermerkt wurde, Anfang September 1973 einen Presseausweis der DDR.

direkt mit der Zentrale in Hamburg verbunden war, versammelten sich hochrangige Vertreter: Horst Jäntsch vertrat die DDR-Nachrichtenagentur *ADN*, Rolf Muth die Abteilung „Journalistische Beziehungen" im DDR-Außenministerium; für die *dpa* reiste Heinz Köster, der Leiter des Inlandsdienstes, aus Hamburg an.

Den offiziellen Bildern folgte der Arbeitsalltag. Die Betätigung von Dietmar Schulz und weiteren kurze Zeit später akkreditierten westdeutschen Journalistinnen und Journalisten unterlag bestimmten Bedingungen. Von DDR-Seite aus wurde zugesichert, dass „der dpa-Korrespondent ab sofort völlige Gleichbehandlung wie andere Korrespondenten anderer Staaten" genieße, dass er grundsätzlich „Bewegungsfreiheit innerhalb der DDR" habe, Reisen außerhalb von Ost-Berlin jedoch einer „Informationspflicht gegenüber dem Außenministerium" unterlägen. „Alle Dienststellen und Organisationen [wurden] gebeten, dem Inhaber dieses Presseausweises bei seiner journalistischen Tätigkeit, entsprechend den in der Deutschen Demokratischen Republik geltenden Rechtsvorschriften, Unterstützung zuteilwerden zu lassen."[27] Mithilfe einer „Grenzempfehlung" wurden die „zuständigen Grenz- und Zollbehörden" der DDR angewiesen, den Inhaber an bestimmten Grenzübergangsstellen „bevorzugt abzufertigen".[28]

Doch es gab auch eng gefasste Rahmenbedingungen. Bereits im Vorfeld des Grundlagenvertrags hatte der Ministerrat der DDR im Februar 1973 seine „Journalistenverordnung" neu gefasst, die der Pressefreiheit auch Grenzen setzte. Vor allem §5, Absatz 1 verpflichtete Korrespondenten, „Verleumdungen oder Diffamierungen der Deutschen Demokratischen Republik, ihrer staatlichen Organe und ihrer führenden Persönlichkeiten sowie der mit der Deutschen Demokratischen Republik verbündeten Staaten zu unterlassen" und „wahrheitsgetreu, sachbezogen und korrekt zu berichten sowie keine böswillige Verfälschung von Tatsachen zuzulassen".[29] Mit diesen dehnbaren Formulierungen konnten in der Praxis immer wieder entsprechende Sanktionen gegen Korrespondenten begründet werden. (→„Chronistenpflicht" versus „Falschmeldung")

Bei der *dpa* wusste man, auf welch schmalem Grat man sich journalistisch bewegte. Entsprechend zurückhaltend fiel die erste Bilanz aus, die Chefredakteur Hans Benirschke im Oktober 1974 auf der Gesellschafterversammlung der *dpa* zog: „Ich glaube, wir haben das, was in diesen Verhandlungen erreicht werden konnte, auch tatsächlich erreicht, machen uns allerdings keine Illusionen über das Ausmaß der Berichterstattungsmöglichkeiten in der DDR. Der Korrespondent kann zwar frei reisen, aber beileibe nicht ohne weiteres recherchieren. Gesprächstermine jeder Art müssen beim Aussenministerium beantragt werden. Die bisherigen Erfahrungen haben nach meiner Überzeugung und bei voller Nutzung der gegebenen Möglichkeiten insgesamt bestätigt, daß es für die Deutsche Presse-Agentur richtig und notwendig war, nach Ost-Berlin zu gehen."[30]

Schulz, der bei seinem Start in Ostberlin keinerlei Briefing seitens der *dpa* hatte, trat seine neue Position an mit einer Mischung aus politischer Zustimmung, was die Anbahnung von Ostverträgen anbelangte, und einem gerüttelten Maß an Pragmatismus. „Wer in ein Ostblockland geht, der weiß, was ihn erwartet, was die Überwachung angeht, die Lebensqualität", erinnert er sich im Interview fünfzig Jahre nach seinem Antritt.[31] Schulz erledigte zunächst einmal die „nackte politische Berichterstattung", wie er sagt. Er griff aber auch politisch brisante Themen auf wie beispielsweise Reaktionen auf die Ausbürgerung Wolf Biermanns.[32] Sein „Ehrgeiz" aber war es immer auch, „über das Offizielle hinweg die Leben in der DDR näherzubringen".[33] Mit diesem Verständnis als Mittler zwischen Ost und West formuliert er: „Ich glaube, ich darf sagen, auch in die Hinterhöfe geschaut zu haben, um herauszufinden, wie läuft das denn, wie ist die Stimmung?" So berichtete er in Reportagen beispielsweise über den Türmer auf einem Kirchturm in Bautzen, den Urlaub von DDR-Bürgern an der Ostsee oder über das Kunsthandwerk im Erzgebirge. Sechs Jahre lang berichtete Schulz aus Ost-Berlin, dann wechselte er auf den frei gewordenen Korrespondentenposten in Peking. Hartmut Jennerjahn, damals 36-jährig, kam von der Agentur *Reuters* zur *dpa* und übernahm im April 1980 die Stelle in Ostberlin.

Nachrichten aus und über Deutschland für das Ausland

Der systematische Aufbau eines eigenen Netzwerks von Korrespondenten in allen als wichtig erachteten Gebieten und die damit einhergehende „selbständige[ ] Nachrichtenschöpfung im Ausland"[34] waren ein wichtiger Schritt, um die *dpa* zu einer weltweit operierenden Agentur auszubauen. Ein weiterer Schritt war der Aufbau eines eigenen „Auslandsdienstes" in den Jahren 1957 bis 1959. Nachrichten aus und über Deutschland, Berichte mit einer deutschen Perspektive auf die Ereignisse

„Chronistenpflicht" versus „Falschmeldung"

Der Delikatläden-Aufstand zu Wittenberge

Die dpa-Meldung, die Dietmar Schulz am 8. Mai 1978 von Ostberlin aus mit der Zentrale in Hamburg besprach, barg Zündstoff: „ost-berlin, 8. mai 78 dpa – die hohen preise, die in der ddr in sogenannten ‚delikatlaeden' fuer vielbegehrte waren gezahlt werden muessen, scheinen in der bevoelkerung zunehmend verbitterung hervorzurufen. wie erst am montag in ost-berlin bekannt wurde, sollen am 1. mai in wittenberge (ddr-bezirk schwerin) veraergerte buerger auf offener strasse eine diskussion mit funktionaeren gefuehrt haben. nach augenzeugenberichten soll kurze zeit spaeter die ddr-polizei eingeschritten sein, um die angeblich 300-koepfige menschenmenge auf dem ‚platz der freiheit' vor dem rathaus auseinanderzutreiben. nach anschliessenden schweren zusammenstoessen zwischen passanten und den uniformierten polizeikraeften seien etwa 20 personen festgenommen worden. von ihnen befaenden sich noch mehrere in haft. [...] eine bestaetigung der zwischenfaelle durch ddr-stellen liegt bisher nicht vor." Diese zurückhaltend formulierten Sätze mit vielfach indirekter Rede, den „es-soll-sich-..."-Einschränkungen und dem ausdrücklichen Verweis, dass die Vorfälle bislang nicht bestätigt wurden – diese Meldung sorgte für einen politischen Eklat und brachte dem Korrespondenten der *dpa* am folgenden Tag eine offizielle Verwarnung ein.

Eine Verwarnung auszusprechen, bildete die erste Stufe der Maßnahmen, die die DDR-Führung gegen westliche Journalistinnen und Journalisten ergreifen konnte – die Ausweisung des Korrespondenten und die Schließung des Büros waren weitere Eskalationsstufen, von denen die DDR-Regierung mit der Ausweisung von ZDF-Journalist Lothar Loewe im Dezember 1976 und der Schließung des „Spiegel"-Büros im Januar 1978 auch bereits Gebrauch gemacht hatte. Insofern war die Verwarnung im Mai 1978 „eine Art Warnschuss", wie sich Dietmar Schulz erinnert, „so nach dem Motto ‚haltet euch an die Journalistenverordnung'".[1]

In einem fensterlosen Raum der Abteilung „Journalistische Beziehungen" im Ministerium für Auswärtige Angelegenheiten (MfAA) wurde ihm am Nachmittag des 9. Mai 1978 die Verwarnung vorgelesen; Rückfragen des Journalisten wurden abgewiesen. Im Protokoll, das der Leiter der Hauptabteilung Presse im MfAA, Siegfried Hoeldtke, über die wenige Minuten dauernde Vorladung anfertigte, hielt er fest, dass Schulz „eine Falschmeldung über Wittenberge verbreitet" und damit gegen die Journalistenverordnung verstoßen habe. Auf Schulz' Nachfrage, „in welchen Punkten die Meldung falsch sei", konterte Hoeldtke unwirsch, „ob er denn die deutsche Sprache nicht verstünde, ob er die Beziehungen stören wolle". Diesem Vorwurf setzte Schulz sein Selbstverständnis als Agentur-Journalist entgegen: „er habe Beziehungen weder zu stören noch zu fördern, sondern nur seine Chronistenpflicht zu erfüllen".[2]

Die Vorgänge, die sich am 1. Mai-Feiertag in der kleinen mecklenburgischen Industriestadt abgespielt haben, waren Ausdruck einer zeitgenössischen Stimmungslage. Speziell bei den Jugendlichen in der DDR „gärte" es, sie waren mitunter „aufmüpfig vor lauter Langeweile".[3] Insofern passte, was ein DDR-Bürger wenige Tage nach dem 1. Mai im Ostberliner dpa-Büro Dietmar Schulz vortrug. Bernhard Kienas, ein junger Arbeiter aus Wittenberge, hatte zunächst Schulz und danach weitere westdeutsche Korrespondenten aufgesucht und vom Unmut in der DDR-Bevölkerung, von den Ausschreitungen und vom Durchgreifen der Polizei berichtet. Schulz fragte daraufhin bei den offiziellen Stellen nach, doch diese dementierten jegliche Vorkommnisse. Die westdeutschen Journalisten in Ostberlin, die sich über den Besuch des DDR-Informanten bei ihnen ausgetauscht hatten, entschieden gleichwohl, darüber zu berichten. Die dpa startete mit ihrer wohl ausformulierten Agenturmeldung.

Wie sehr die Berichterstattung über die Vorkommnisse in Wittenberge die DDR-Führung traf, unterstrich ihr hartes Vorgehen gegen die westdeutschen Korrespondenten. Gleichzeitig offenbart die „Pressekontroverse", die sich daraufhin entzündete, die unterschiedlichen Auffassungen von journalistischer Arbeit.

Die ARD schickte ihren Korrespondenten Fritz Pleitgen nach Wittenberge. Dessen Reportage in den „Tagesthemen" am 10. Mai belegte durch Aussagen von Augenzeugen die Vorkommnisse vom 1. Mai. Nach diesem Beitrag erhielt auch Pleitgen eine Verwarnung, über die die „Tagesschau" berichtete: „Die Auseinandersetzung zwischen dem DDR-Außenministerium und westlichen Journalisten […] weitet sich aus. […] Das DDR-Außenministerium verwies bei der Verwarnung lediglich auf eine Verordnung, in der ausländische Journalisten aufgefordert werden, eine Verfälschung von Tatsachen nicht zuzulassen."[4]

Innenpolitisch nutzten CDU und CSU die Verwarnungen, um der Bundesregierung „eine unverständliche Zurückhaltung" vorzuwerfen, die „eine Einladung an Ost-Berlin" sei, „die Daumenschrauben gegenüber den westlichen Korrespondenten immer enger zu ziehen".[5] Auch die Springer-Presse ließ sich die Gelegenheit zu einem publizistischen Schlagabtausch in der deutsch-deutschen Systemauseinandersetzung nicht entgehen. „Wir machen weiter – ohne Maulkorb", titelte die „Bild am Sonntag" am 14. Mai kämpferisch. Den inzwischen fünf verwarnten Korrespondenten wurden markige Sätze in den Mund gelegt. Regierungssprecher Klaus Bölling wurde in derselben Ausgabe mit der Aussage zitiert: „Das war eine um Sachlichkeit bemühte Berichterstattung. Es geht also in Wahrheit nicht um Verzerrung oder Verleumdung, wie in

Ost-Berlin behauptet wird, sondern darum, daß einige in der DDR sich Journalisten nur als Propagandisten vorstellen können."[6] Bei der *dpa* pochte man auf die „Regeln der journalistischen Sorgfaltspflicht", die ihr Korrespondent eingehalten habe. In einem Fernschreiben der dpa-Geschäftsführung und der dpa-Chefredaktion an das DDR-Außenministerium verwahrte sich die Nachrichtenagentur gegen den Vorwurf der „Verbreitung einer ‚Falschmeldung'".[7]

Die Berichterstattung über die Ausschreitungen, die sich an den für DDR-Bürgerinnen und -Bürger nahezu unerreichbaren Waren der Delikatläden in Wittenberge entzündet hatten, blieb ein Intermezzo. Nach den Verwarnungen und dem politisch-publizistischen Schlagabtausch kehrte wieder normaler Arbeitsalltag ein. Die gegensätzlichen Auffassungen von Journalismus blieben freilich bestehen und sorgten für weitere Zuspitzungen.

Was passierte mit Bernhard Kienas? Der damals 23-jährige Heizer aus Wittenberg wurde sofort verhaftet. Die Büros der West-Korrespondenten wurden von der Staatssicherheit natürlich abgehört, und Kienas hatte sich sogleich mit vollem Namen vorgestellt. Kienas war den DDR-Sicherheitskräften nicht unbekannt. Er hatte offensichtlich schon länger Flugblätter gegen die SED-Regierung verfasst und sich im Kreis der Bekennenden Kirche um den Wittenberger Pastor Ulrich Woronowicz engagiert. Ein DDR-Gericht verurteilte den Oppositionellen zu siebeneinhalb Jahren Gefängnis. Im Juli 1983 kaufte die Bundesregierung ihn als politischen Häftling frei.[8]

Anmerkungen

1. Dietmar Schulz im Interview mit Hans-Ulrich Wagner, 12.10.2023.
2. Das Protokoll ist wiedergegeben bei Holzweißig 1995, 32.
3. Vgl. J. N.: Angst vor dem Funken. In: Die Zeit, 12.5.1978; Marlies Menge: Aufmüpfig vor lauter Langeweile. In: Die Zeit, 19.5.1978.
4. Zitiert nach dem Video der Ausgabe der „Tagesschau" auf YouTube: https://www.youtube.com/watch?v=ZcdH32Kafp4 (16.10.2023).
5. CDU und CSU fordern Reaktionen der Bundesregierung. dpa-Meldung, 11.5.1978.
6. Bild am Sonntag, 14.5.1978.
7. dpa verwahrt sich gegen Ost-Berliner Vorwürfe. dpa-Meldung, 10.5.1978.
8. Vgl. Ehrhart Neubert: Geschichte der Opposition in der DDR 1949–1989. 2., durchges. und erw. Aufl. Berlin: Ch. Links Verlag 1998, 205; sowie: Wie üblich tot. In: Der Spiegel, Nr. 52, 25.12.1983, 39.

in der Welt sollten ins Ausland gebracht und dort angeboten werden. Das Ziel lautete: „project German events into the world and describe the world as seen through the eyes of dpa correspondents", so eine Werbebroschüre. In ihr versprach die *dpa*, „our special diplomatic correspondent in Bonn deals with themes of particular interest to foreign clients".[35]

Die Entscheidung, einen solchen „Auslandsdienst" systematisch aufzubauen, wurde vor dem Hintergrund zweier Entwicklungen in der jungen Bundesrepublik gefällt – dem wirtschaftlichen Aufschwung von Industrie und Handel in Westdeutschland sowie der Auseinandersetzung zwischen „dem Westen" und dem Ostblock im Kalten Krieg. Allein der Hinweis, dass die Nachrichtenagentur der DDR, der *ADN*, über Kurzwelle Nachrichten in englischer Sprache nach China und in spanischer Sprache nach Südamerika sende und dass Sendungen in französischer Sprache geplant seien, genügte Mitte der 1950er Jahre in Westdeutschland bereits als Alarmzeichen. In einem Gutachten über „Die Sendung deutscher Nachrichten für das Ausland", das Geschäftsführung und Chefredaktion im Auftrag des Aufsichtsrats von Januar 1956 an erstellten, führten sie aus: „Der ADN-Dienst [...] bemüht sich, als ein Dienst aus Gesamt-Deutschland angesehen zu werden. Die Sprache der Sendungen des ADN ist überwiegend weniger polemisch als demokratisch-politisch in allgemeiner Form. Ein nicht deutscher Empfänger kann nur bei genauen Kenntnissen der heutigen deutschen Verhältnisse feststellen, dass es sich um Nachrichtenmaterial aus dem Ostblock handelt. Es ist die reale Gefahr festzustellen, dass ADN sich durch diesen Dienst im Bewusstsein vor allem auch der jungen politischen Nationen in Asien und im Nahen Osten, aber auch sonst in der Welt als ‚die deutsche Stimme' einführt."[36] Aufsichtsrat, Geschäftsführung und Chefredaktion der *dpa* setzten sich zum Ziel, dem entgegenzuwirken. Eine „deutsche Stimme" sollte auch aus Westdeutschland zu vernehmen sein.

In der Chefetage fädelte man das Projekt „Auslandsnachrichten" 1956/57 sehr geschickt ein. Zunächst einmal verwies man auf die redaktionellen und organisatorischen Voraussetzungen, die die *dpa* für einen solchen neuen Dienst prädestinierte. Bereits seit 1949/50 bediente eine eigene „Europa- und Übersee-Redaktion" von Hamburg aus ausländische Kunden. Mit dem deutschsprachigen „Europa-Dienst" belieferte sie über Fernschreiber zehn Nachrichtenagenturen in Europa. Den ebenfalls deutschsprachigen „Übersee-Dienst" verschickte sie dreimal pro Woche per Luftpost „an die wichtigsten deutschsprachigen Zeitungen im Ausland und an eine große Zahl der deutschen Missionen" sowie an „eine Reihe von überseeischen Nachrichtenagenturen".[37]

Auf zwei Karten verdeutlichten Geschäftsführer Wolfgang Weynen und Chefredakteur Fritz Sänger die Ausbaupläne für die neuen „dpa-Europa- und Überseedienste". Beim neuen deutschsprachigen „Europa-Dienst" bestand die Verbesserung vor allem in technischer Hinsicht. Mit einem eigenen Funkfernschreibverkehr auf Langwelle sollte eine täglich 16-stündige Sendebereitschaft gewährleistet werden. Dieser „hat den Vorteil einer fertigen Manuskriptsendung gleichzeitig für ganz

Europa; gewährleistet ist ein unabhängiger und konkurrenzfähiger Transport, der der Kurzwellensendung in Europa (ADN) überlegen ist."[38] Mit dem neuen englischsprachigen „Übersee-Dienst" sollten über Kurzwellen-Richtstrahler täglich zwei Stunden lang Abnehmer auf allen Erdteilen erreicht werden. „Empfänger […] sind zunächst ausländische Agenturen; in späterer Folge auch Zeitungen, andere private Empfänger und Regierungsstellen, an die der Dienst verkauft werden kann […]. Es ist anzustreben, dass alle deutschen diplomatischen Vertretungen im Ausland mit Empfangsanlagen ausgestattet werden."[39]

Womit die Frage der Kosten im Raum stand. Geschäftsführung und Chefredaktion kalkulierten hoch. Die Aufwendungen für die Personalaufstockung bezifferten sie auf 41.000 DM pro Monat; die für den Betrieb der Sender auf weitere 40.000 DM. Hinzu kamen Übermittlungskosten in Höhe von 24.000 DM. Die monatlichen Gesamtkosten würden sich also auf 105.000 DM belaufen.

Diese ehrgeizigen Ziele mussten finanziert werden. Zwei Partner kamen hierfür in Frage: die deutsche Außenpolitik und die erstarkende deutsche Wirtschaft. Beide hatten ein dezidiertes Interesse an solchen Dienstleistungen der *dpa*. Mit dem Presse- und Informationsamt der Bundesregierung wurde am 4. April 1956 ein Vertrag geschlossen, der eine monatliche Zahlung in Höhe von 52.500 DM zusicherte. Die andere Hälfte der Kosten sollte die „am Aussenhandel interessierte Wirtschaft" stemmen. In Gesprächen auf dem Industrie- und Handelstag sowie mit der Bundesvereinigung der Deutschen Industrie bot man den Bezug „alle[r] unsere[r] Dienste" an, um aus dem „Erlös" die Kostenlücke zu decken.[40] Damit war man erfolgreich und startete zwischen 1957 und 1959 eine Aufbauphase.

Die sich immer wieder stolz als unabhängig präsentierende *dpa* kam den sich beteiligenden Finanziers entgegen, indem sie in dieser dreijährigen Phase ein – wie es ausdrücklich hieß – beratendes Gremium schuf. „Um die Beratung im Interesse des Nachrichtendienstes für das Ausland wirkungsvoll zu gestalten", wurde ein Ausschuss des Aufsichtsrats gebildet. Ihm gehörten zwei „Vertreter der wirtschaftlichen Unternehmen", zwei „Vertreter der Bundesregierung" und drei Mitglieder des dpa-Aufsichtsrats an. Zwar übernahm der Vorsitzende des Aufsichtsrats den Vorsitz dieses Ausschusses und die Mitglieder der beiden Partner wurden vom Aufsichtsrat berufen, doch ein Zugeständnis an die Geldgeber war, dass „Bundesregierung, Spitzenverbände der gewerblichen Wirtschaft und der Deutsche Gewerkschaftsbund" „gebeten" wurden, „dpa zusätzliches Nachrichtenmaterial laufend zuzustellen"[41] – Nachrichtenmaterial also, das diese aus strategischen Gründen gern im Ausland verbreitet wissen wollten.

Der damit beschrittene Grat zwischen journalistisch erstellten objektiven Nachrichten und zur Verfügung gestelltem werblichem Material war schmal. Die Passagen in einem Vortrag der Geschäftsführung im August 1960 mit dem Titel „Arbeit für das Ausland" machten das nur allzu deutlich. Den anwesenden „Exzellenzen" wurde zwar zunächst eine Erfolgsbilanz vorgetragen, aber schließlich auch die Frage vorgelegt: „Wie mache ich den Dienst für den Empfänger glaubhaft?" Der

1961: MIT DPA BEIM EICHMANN-PROZESS IN JERUSALEM

Im Februar 1957 wurde Rudolf Küstermeier (1903 – 1977) als erster deutscher Korrespondent in Israel akkreditiert. Der ehemalige Widerstandskämpfer und KZ-Überlebende hatte 1951 zusammen mit dem Direktor der Staatlichen Pressestelle Hamburg die Aktion „Frieden mit Israel" initiiert, in der Israel um Verzeihung gebeten wurde. In den 1950er Jahren hatte er eine aktive Mittlerrolle zwischen Deutschland und Israel übernommen. Als dpa-Korrespondent berichtete Küstermeier über den von der Weltöffentlichkeit mit großer Aufmerksamkeit verfolgten Prozess gegen den ehemaligen SS-Obersturmbannführer Adolf Eichmann. Das Verfahren wurde am 11. April 1961 in Jerusalem eröffnet und endete im August 1961 mit der Verkündung des Strafmaßes. In der Nacht vom 31. Mai auf den 1. Juni 1962 fand die Exekution von Adolf Eichmann statt.

„tel aviv, 1. Juni 62 dpa – das klicken der sich ploetzlich oeffnenden falltuer, auf der adolf eichmann gestanden hatte, war der einzige laut, den wir noch hoerten. [...] drei offizielle zeugen, vier journalisten, ein pfarrer, zwei polizeioffiziere und die beamten, die mit der hinrichtung beschaeftigt waren, insgesamt 15 personen – das sind die menschen, die adolf eichmann in den letzten augenblicken seines lebens gesehen haben [...]." Der dpa-Korrespondent Rudolf Küstermeier gehörte zu den vier ausgewählten Journalisten, die Augenzeugen der Exekution von Adolf Eichmann wurden.

Der Prozess gegen Adolf Eichmann endet mit der Todesstrafe

Vortragende – sehr wahrscheinlich Geschäftsführer Wolfgang Weynen – sagte unmissverständlich, dass dazu auch gehöre, „kritische Stimmen zur Politik der Bundesregierung" nicht zu verschweigen. Wenn „dpa nicht in den abträglichen Geruch einer Propaganda-Agentur mit den allen bekannten Folgen geraten soll", müsse „eine kontinuierliche objektive Berichterstattung aus Deutschland" erfolgen.[42] Im Zusammenhang mit der Konkurrenz auf dem internationalen Nachrichtenmarkt unterstrich er, dass „beispielsweise objektive Meldungen der Deutschen Presse-Agentur über den Komplex der KZ-Lager, der Entschädigung für ausländische Hitler-Verfolgte, Prozess-Berichte über Kriegsverbrechen und viele andere Dinge dieser Art viel dazu beigetragen haben und beitragen, psychologisch positiv für Deutschland und eine deutsche Nachrichtengebung ins Ausland zu wirken".[43]

Die Nachrichten aus und über Deutschland waren in journalistischer Hinsicht ein heikles Unterfangen; wirtschaftlich gesehen waren sie überaus erfolgreich. Die Geschäftsberichte der Jahre 1957 bis 1959 waren voll von Meldungen über Personalaufstockungen und über neue technische Möglichkeiten. Am 15. Oktober 1959 wurde die Abteilung „Auslandsdienst" aus der Taufe gehoben, in die der bisherige „Europa- und Überseedienst" aufging. Alfred Bragard (1914 – 1983) leitete den „Auslandsdienst" bis zu seiner Pensionierung 1978. Lange Zeit erwirtschaftete man ein sattes Plus. In einem Bericht vom September 1959 legte Wolfgang Weynen neue, gegenüber der Planung aktualisierte Zahlen vor. Demnach flossen inzwischen von „Firmen der gewerblichen Wirtschaft" monatlich 70.000 DM und von der Bundesregierung monatlich 68.000 DM an die Hamburger Nachrichtenagentur, um diesen Dienst zu gewährleisten.[44] Die Zusage der Bundesregierung, die Auslandsdienstleistungen der *dpa* zu unterstützen, blieb bis in die 1990er Jahre hinein eine wettbewerbsrechtlich nicht näher hinterfragte Praxis. (→ 12 | Umzüge)

Die *dpa* profitierte schließlich in strategischer Hinsicht. Sie konnte ihr Geschäftsfeld derart ausbauen, dass ihr englischsprachiger Dienst, später auch ihre spanisch-, französisch- und arabischsprachigen Dienste mit Nachrichten aus und über Deutschland den Grundstein legten für die Entwicklung der *dpa* hin zu einer internationalen Nachrichtenagentur.

Anmerkungen

1. Mr. Geiringer, Reuters-London: dpa und die Weltnachrichtenagenturen. In: Die Deutsche Zeitung, 3(1949), H. 3, 2–3; Zitat, 2.
2. dpa-Geschäftsbericht 1951, 12.
3. dpd-Geschäftsbericht. [1950]. Darin: Bericht des Vorstandes über das verlängerte Geschäftsjahr, 21.6.1948–31.12.1949, 7–13; Zitat, 9–10. dpa. Unternehmensarchiv.
4. Redaktion (Übersicht über die Organisation – Verzeichnis der Anschriften und der Leiter der Aussenbüros) (Stand am 1. Oktober 1949). dpa. Unternehmensarchiv.
5. Vgl. Raloffs Darstellung seiner Anstellung beim dpd und seiner Arbeit für die dpa: Raloff 1995, 144ff. Zu Raloff siehe auch: Callesen 2009.
6. dpa-Geschäftsbericht 1953, 15.
7. Raloff 1995, 154f.
8. Ebd., 155.
9. 2002 übergab die Hamburger Journalistin Rosemarie Hirsch dem Unternehmensarchiv der dpa Dokumente von Walter E. Brell. Alle nachfolgenden Zitate aus der Korrespondenz stammen aus diesem Bestand. Vgl. auch: Walter E. Brell 65 Jahre alt. In: Der Journalist 15(1965), Heft 11, 28f.
10. Walter E. Brell: Fünfzehn Jahre dpa Belgrad. Bericht vom September 1966. dpa. Unternehmensarchiv. Bestand Brell.
11. Pressefreiheit. Bessere Dienste. In: Der Spiegel, Nr. 12, 16.3.1954, 5f.
12. Vgl. beispielsweise: dpa-Geschäftsbericht 1956, 23.
13. Vgl. dpa-Geschäftsbericht 1954, 13; dpa-Geschäftsbericht 1955, 18.
14. Fritz Sänger an Walter E. Brell, 15.3.1956. dpa. Unternehmensarchiv. Bestand Brell.
15. Erich Eggeling an Walter E. Brell, 20.9.1956. Ebd.
16. Nicht bibliografierter Zeitungsartikel. Ebd.
17. „Vortrag von Herrn Brell über Moskau". Undatiertes Typoskript [circa Ende 1956]. dpa. Unternehmensarchiv. Bestand Brell.
18. Die biografischen Angaben folgen dem „Lebenslauf", der seiner Promotionsschrift an der Universität Hamburg beigegeben ist: Die Organe der Aktiengesellschaft. Ein Beitrag zur Frage der Aktienrechtsreform. Diss. Wirtschaftswissenschaften. Hamburg 1954.
19. Vgl. Metger 2016, 33 und 52f.
20. Wissenschaftliche Studien hierzu liegen vor von Jürgen Döschner (1984), Denis Fengler (2007), Frank Bösch und Christoph Classen (2015); Erfahrungsberichte veröffentlichten unter anderem Manfred Rexin (1979), Fritz Pleitgen (1993), Karl-Heinz Baum (1993), Eberhard Grashoff und Rolf Muth (2000), Lutz Mükke (2014), Peter Pragal (2018) sowie die Bundesstiftung zur Aufarbeitung der SED-Diktatur (2023). Der Zeithistoriker Gunter Holzweißig arbeitete 1993/94 als Gutachter für die Enquete-Kommission des Deutschen Bundestags „Aufarbeitung von Geschichte und Folgen der SED-Diktatur in Deutschland" und zeigte die Strukturen auf, innerhalb derer die Arbeit der „West-Medien" im „Fadenkreuz von SED und MfS" stattfand. Seine Darstellung erschien 1995 in der Schriftenreihe des Berliner Landesbeauftragten für die Unterlagen des Staatssicherheitsdienstes der ehemaligen DDR.
21. dpa-Geschäftsbericht 1972, 39.
22. DPA-Redakteure wieder in Freiheit. Nach einwöchiger Haft bei Volkspolizei und im SSD-Gefängnis. In: Die Neue Zeitung (Berlin), 18.6.1952.
23. DPA log einmal mehr. In: Berliner Zeitung, 6.6.1952; vgl. auch: DPA verbreitet Lügen. In: Neue Zeit, 7.6.1952; Erklärung des Amtes für Information. In: Neues Deutschland, 6.6.1952.
24. Vgl. Journalisten aus Leipzig ausgewiesen. Vom SSD festgenommen – West-Berliner dpa-Redakteur 12 Stunden verhört. In: Der Tagesspiegel, 13.9.1960; Westdeutsche Journalisten drohen Ausstellern. In: Neues Deutschland, 12.9.1960; Erpressung vereitelt. In: Berliner Zeitung, 12.9.1960; Bonn will friedlichen Handel stören. In: Neues Deutschland, 4.9.1960; DPA muß bestätigen: Verkehr zur Messe normal. In: Neues Deutschland, 4.9.1960.
25. dpa-Geschäftsbericht 1973, 43.
26. Alle biografischen Details folgen den Aussagen von Dietmar Schulz im Interview mit Hans-Ulrich Wagner am 12.10.2023.
27. Zitate aus: Akkreditierung. DDR akkreditiert erstmals dpa-Korrespondenten in Ost-Berlin. dpa-Meldung vom 3.9.1973. dpa. Unternehmensarchiv.
28. Grenzempfehlung für Dietmar Schulz vom 28. November 1973. Privatbesitz Dietmar Schulz.
29. Verordnung über die Tätigkeit von Publikationsorganen anderer Staaten und deren Korrespondenten in der Deutschen Demokratischen Republik vom 21.2.1973. Online: https://www.verfassungen.de/ddr/akkreditierung-presse73.htm (17.10.2023).
30. Hans Benirschke: Bericht über die redaktionelle Arbeit der dpa auf der Gesellschafterversammlung am 9. Oktober 1974, 2. dpa. Unternehmensarchiv. Protokoll dpa-Gesellschafterversammlung, 9.10.1974.
31. Dietmar Schulz im Interview mit Hans-Ulrich Wagner am 12.10.2023.
32. Vgl. den Bericht des Ministeriums für Staatssicherheit, Nr. 809/76, der auf ein Interview mit dem Schriftsteller Georg Heym Bezug nimmt. Bundesarchiv. Stasi-Unterlagen-Archiv. Online: https://www.ddr-im-blick.de/jahrgaenge/jahrgang-1976/report/weitere-reaktionen-auf-die-ausbuergerung-wolf-biermanns-1/ (18.10.2023).
33. Dietmar Schulz im Interview mit Hans-Ulrich Wagner am 12.10.2023.
34. dpa-Geschäftsbericht 1951, 12.
35. Undatierte englischsprachige Werbebroschüre: Deutsche Presse Agentur GmbH. Hamburg o.J.
36. Gutachten über die Sendung deutscher Nachrichten für das Ausland. Erstattet von Geschäftsführung und Chefredaktion der Deutschen Presse-Agentur G.m.b.H., 6. dpa. Unternehmensarchiv.
37. Ebd., 7f.
38. Ebd., 11.
39. Ebd., 12.
40. Ebd., 15f.
41. Ebd., 16f.
42. Arbeit für das Ausland. Hamburg, 15. August 1960, 16. dpa. Unternehmensarchiv. Das 19-seitige Vortragstyposkript weist keinen Verfasser aus und gibt keine Angaben darüber, in welchem Rahmen der Vortrag gehalten wurde.
43. Ebd., 8.
44. Wolfgang Weynen: Bericht über die Entwicklung und Stand der Auslandsarbeit der dpa, 21.9.1959. dpa. Unternehmensarchiv.

Über ein Dutzend thematischer oder regionaler Dienste konnten schon frühzeitig von *dpa* bezogen werden. Werbegrafik aus der Jubiläumsbroschüre vom 1. September 1950.

6

Information nach Maß

Die Wort- und Bilderdienste in den 1950er bis 1970er Jahren

Die *dpa* war nie ein reiner Lieferant von Nachrichten. Zwar führte sie das klassische Agenturgeschäft fort, so wie es sich in der zweiten Hälfte des 19. und in der ersten Hälfte des 20. Jahrhunderts entwickelt hatte. Doch beschränkte sich die *dpa* von Anfang an nicht nur auf Meldungen in Textform und auf einen Bildfunk, sondern startete als Nachrichtenagentur bereits 1949/50 mit einer Palette von „Diensten" rund um den Markenkern „Nachricht". Diese Dienste baute sie in all den Jahrzehnten immer weiter aus und passte sie den Bedürfnissen des Marktes an. Nicht-lukrative Dienste wurden eingestellt, neue zielgruppenorientiert entwickelt und den Kunden angeboten. Die *dpa* entwickelte sich bereits in ihren ersten drei Jahrzehnten zu einem journalistischen Vollsortimenter mit weiteren speziellen Angeboten. Dabei wurde der Anspruch auf journalistische Unabhängigkeit betont. Ein Blick auf das Portfolio der Dienste, die die *dpa* zwischen Ende der 1950er und Ende der 1970er Jahre anbot.

	Start des Fernsprechnachrichten- dienstes der Deutschen Bundespost		Start des Wissenschafts- dienstes „fwt – Forschung, Wissenschaft und Technik"
10. Jan. 1956		1957	15. Jan. 1975

Start des wirtschaftspolitischen
Dienstes „dpa-Spezial"

„Ein wahrhaftes Bild der Ereignisse und Entwicklungen"

Die *dpa* erachtete 1959 als einen ersten Höhepunkt ihrer Arbeit. Zufrieden blickte sie nach zehn Jahren ihres Bestehens auf ihren Aufbau in den wirtschaftlich schwierigen ersten Jahren der Bundesrepublik, desgleichen wusste sie um die politischen Bewährungen in den zurückliegenden Jahren, die sie bestanden hatte. Die Ära Fritz Sänger war soeben eher unrühmlich zu Ende gegangen, seine Vision einer wirtschaftlich stabilen und international operierenden deutschen Nachrichtenagentur blieb jedoch bestehen. Der Aufsichtsrat dankte im Geschäftsbericht 1959 Sänger mit recht dürren Worten für die „Verdienste", und der neue Chefredakteur Erich Eggeling beeilte sich, alle Redakteurinnen und Redakteure daran zu erinnern: „Die Aufgabe der Redaktion ist im Statut der Gesellschaft festgelegt und jedem Redakteur zur Pflicht gemacht: Nachrichten in aller Welt unbeeinflußt und unabhängig von allen Seiten zu sammeln und zu verbreiten. Alle organisatorischen Maßnahmen in der Redaktion dienten seit 1949 dazu, Dienste zu liefern, die das Geschehen in Politik und Wirtschaft, Kultur, Wissenschaft und Sport objektiv, schnell, zuverlässig und interessant spiegeln."[1]

Geschäftsführung und Chefredaktion der *dpa* bilanzierten zum 31. Dezember 1959 ein erfolgreiches Jahr. 760 fest angestellte Mitarbeiterinnen und Mitarbeiter hatten Erträge in Höhe von 14,9 Millionen DM aus Nachrichtendiensten und 2,0 Millionen DM aus Bilderdiensten erwirtschaftet. Beide Zahlen markierten vorläufige Jahreshöchstergebnisse, die sich durch die Anstiege seit 1957 abgezeichnet hatten.

Flaggschiffe der Nachrichtendienste waren der Basisdienst und die insgesamt acht Landesdienste aus den Büros in verschiedenen Bundesländern. 98,9 Prozent bzw. 95,3 Prozent der Gesamtauflage der Tageszeitungen nutzten 1959 diese beiden Dienste. Besonders stolz war man auf die Bewältigung des stark gestiegenen „Materialflusses", also der journalistischen Selektionsleistung. Sie setzte „bei allen Redakteuren großes Verantwortungsbewußtsein, Sachkenntnis und Fingerspitzengefühl" voraus, um „das eingehende Material so auszuwählen und zusammenzuarbeiten, daß ein wahrhaftiges Bild der Ereignisse und Entwicklungen entsteht".[2] Demnach gingen 1959 im Tagesdurchschnitt Informationen im Umfang von 595.000 Wörtern bei der Agentur ein; die Redaktionen erstellten daraus Meldungen und Artikel mit im Tagesdurchschnitt 131.040 Wörtern.[3] Dieser Output ging zu 46,4 Prozent auf das Konto der Landesdienste und zu 26 Prozent auf das des Basisdienstes.

Dieser Basisdienst für die deutschen Zeitungen und Rundfunkanstalten, verantwortet von der Zentralredaktion in Hamburg, wurde 1959 reorganisiert und bekam zum 1. November mit Heinz H. Köster einen neuen Chef. Zum Basisdienst gehörte die Kulturredaktion, die auch wissenschaftliche, kirchliche und literarische Themen behandelte. Die Sportredaktion war bis dahin noch unterentwickelt: „Der Sportdienst soll aber auch noch vollständiger und abwechslungsreicher, in der

2.000 Mitarbeiterinnen und Mitarbeiter erstellen die Nachrichten, 50 Millionen Menschen lesen und hören sie täglich. Werbegrafik aus dem Geschäftsbericht 1955.

Form lebendiger werden."[4] Kösters Aufgaben waren also vielfältig, denn die Zusammenarbeit des Basisdienstes mit den Landesbürochefs verlief keineswegs reibungslos und musste verbessert werden. Diese stellten ressortübergreifend Nachrichten aus den Bundesländern zusammen. Lediglich lokale Nachrichten blieben seit jeher bei der *dpa* außen vor und gehören bis heute nicht zu ihrem Portfolio.

Eine Grundfrage schälte sich bereits in den 1950er Jahren heraus: Sollte sich eine Nachrichtenagentur wie die *dpa* mehr auf die einzelne „interessante" Nachricht konzentrieren, also vor allem kürzere Meldungen liefern, oder sollte sie Nachrichtenmaterial auch zusammenfassen, sollte sie berichten und Zusammenhänge aufzeigen? In der Hamburger Zentralredaktion betonte man selbstbewusst, beides liefern zu wollen. Dabei sah man die „ernste Gefahr", die entstehen würde, wenn die Balance zwischen beiden Leistungen verloren ginge. So dürfe der „von den Redaktionen der Zeitungen ausgesprochene Wunsch nach Zusammenfassungen und Übersichten" nicht dazu führen, dass die Nachrichtenagentur „eine Art ‚Zentralredaktion'" werde und „damit der Gefahr der uniformen Information Vorschub leisten würde". Umgekehrt wollte man sich nicht auf „die nur interessante Nachricht beschränken" und betonte, dass „die Vollständigkeit der Information […] ein Attribut der Zuverlässigkeit" sei, „auf die die Redaktion der dpa den entscheidenden Wert" lege.[5]

Den entscheidenden Schritt hin zu einer Nachrichtenagentur, die auch international tätig ist, hatte man in der Aufbauphase am Ende der 1950er Jahre getan: zum einen mit dem Ausbau des Auslandskorrespondentennetzes, zum anderen mit der Einrichtung eines „Auslandsdienstes". (→ 5 | Weltnachrichten) Zum Stichtag 1. Juli 1960 unterhielt die *dpa* bereits in mehr als zwanzig Ländern Auslandsbüros, darunter außerhalb von Europa in Tokio, Neu-Delhi, Jerusalem, Kairo, Tunis, Westafrika sowie in Washington und New York. Hinzu kamen Korrespondenten und freie Mitarbeiter in knapp zwanzig weiteren Städten wie etwa in Sydney, Pretoria, Teheran und Santiago de Chile.

Informationsdienste

Dieses kostspielige Unterfangen war durch Verträge mit der Bundesregierung, dem Bundespresseamt und dem Auswärtigen Amt sowie mit Vertretern der Wirtschaft möglich geworden. Für diese erstellte die *dpa* als Gegenleistung verschiedene Dienste in einer eigens dazu eingerichteten „Informations-Redaktion". „Einer kaum im breiteren Abnehmerkreis der dpa bekannten, aber für die Gesamtarbeit wichtigen kleinen Arbeitsgruppe, der Informations-Redaktion", so stellte der dpa-Geschäftsbericht 1954 die Redaktion vor, war die Aufgabe gestellt, das der *dpa* „für den Nachrichtendienst zur Verfügung stehende Material zum Zweck der Materialzusammenstellung für besondere Themen auszuwerten". Der merkwürdig unklar formulierte Auftrag wird etwas greifbarer, wenn ausgeführt wird: „Das geschah in Verbindung mit der zusätzlichen Auswertung von offiziellen und Presseveröffentlichungen des Auslandes, die nicht schon oder nur auszugsweise im Nachrichtendienst enthalten waren, aber für die Unterrichtung über tiefere außenpolitische Zusammenhänge beachtenswert erschienen. In dem gegebenen, leider beschränkten Rahmen war die Informations-Redaktion besonders bemüht, solches Material zu liefern, das für deutsche außenpolitische Überlegungen von unmittelbarem Interesse sein könnte."[6]

Wie heikel eine solche unmittelbare Dienstleistung für die Politik auch bei der dpa-Chefredaktion empfunden wurde, wird deutlich, wenn im selben Abschnitt vom „Verantwortungsbewußtsein der Journalisten" und von der Verpflichtung zu „Objektivität und Sorgfalt" die Rede ist und berichtet wird, dass diese Informations-Redaktion der Kontrolle einer eigens vom Aufsichtsrat eingesetzten Redaktionskommission untersteht. Aus der „kleinen Arbeitsgruppe" wurde Ende der 1950er Jahre eine Abteilung. Seit 1957 verantwortete sie auch „dpa-Spezial", einen wirtschaftspolitischen Ergänzungsdienst, der an Vertreter von Industrie und Handel ging und Informationen lieferte, die für die exportorientierte Wirtschaft wichtig waren. Im Dezember 1959 wurde der Informations-Redaktion im Zuge der Neuordnung schließlich die „Bearbeitung des ‚Vertraulichen Informationsdienstes'" übertragen,[7] also von Dossiers für außenpolitische Entscheidungsträger.

Visitenkarte der Agentur

Der Fernsprechnachrichtendienst der Deutschen Bundespost

Heute, wo Nachrichten jederzeit über die Online-Auftritte großer Medienhäuser abrufbar sind und News auf Bildschirmen in Bahnhöfen und öffentlichen Verkehrsmitteln angezeigt werden, bietet dieses Kapitel die Begegnung mit einer vor-digitalen Medienwelt. Bis zu Beginn der 2000er Jahre bildeten sogenannte Fernsprechansagedienste einen festen Bestandteil des Medienrepertoires der Bundesbürgerinnen und Bundesbürger. Mit einem Anruf ließen sie sich die genaue Uhrzeit, Toto-

Von Pferdetoto über den Theater- und Konzertdienst, vom Wetterdienst bis zur Zeitansage: die Ansagedienste der Post stehen rund um die Uhr bereit.

Plakatwerbung der Deutschen Bundespost für Telefonansagedienste, um 1960. Die Rufnummer 253 galt für die Landespostdirektion Berlin.

Ergebnisse, Kochrezepte, aktuelle Kinoprogramme, Öffnungszeiten von Apotheken und vieles mehr ansagen. Zeitweise betrieb die Deutsche Bundespost (DBP) mehr als 30 solcher Fernsprechansagedienste – „FeAns", wie diese im Fachjargon des elektronischen Fernmeldewesens genannt wurden. Die Bundespost als Behörde verstand sich mit den Angeboten als modernes Dienstleistungsunternehmen, das den Kommunikationsbedürfnissen der Bevölkerung nachkam. Gleichzeitig bescherten ihr die Gebühren aus den kostenpflichtigen Anrufen hohe Einnahmen.

1956 gesellte sich als „jüngstes Kind in der Familie der Ansagedienste" der Fernsprechnachrichtendienst (FND) hinzu. Der Bundesminister für das Post- und Fernmeldewesen und die Hamburger Nachrichtenagentur hatten in einem Vertrag den Start dieses neuen „FeAn" vereinbart. Vom 10. Januar 1956 an konnten „Fernsprechteilnehmer", wie es damals hieß, über einen Anruf drei Minuten lang aktuelle Nachrichten abrufen. Diese lieferte die *dpa*.

Über den Telex-Anschluss gingen die von der *dpa* ausgewählten Nachrichten an das Funkamt in Hamburg, von wo aus sie die Deutsche Bundespost über ein eigenes Fernschreibernetz nach West-Berlin und in einige größere Städte der Bundesrepublik weiterleitete. Vor Ort wurden sie dann eingesprochen und auf Magnettonband aufgezeichnet, sodass „die sprachliche Wiedergabe unter Berücksichtigung des heimatlichen Dialekts wirkungsvoll gestaltet" werden konnte.[1]

„Es ist selbstverständlich, daß der Fernsprechnachrichtendienst die neuesten und wichtigsten Ereignisse im Weltgeschehen nur in Kurzfassung bringen kann", verkündeten die „Presse-Mitteilungen des Bundesministeriums für das Post- und Fernmeldewesen".[2] Dort hieß es weiter: „Der Fernsprechnachrichtendienst hat auch neben der Presse und dem Rundfunk seine Existenzberechtigung; gestattet er doch den Fernsprechteilnehmern jederzeit unabhängig vom Erscheinen der Tageszeitungen und den Zeiten für die Bekanntgabe der neuesten Nachrichten im Rundfunk, sich über das Neueste im Weltgeschehen zu unterrichten. Daß die Deutsche Bundespost mit der Einführung des Fernsprechnachrichtendienstes einem wirklichen Bedürfnis nachgekommen ist, erhellt daraus, daß weite Kreise der Fernsprechteilnehmer die Aufnahme eines solchen Dienstes gefordert haben."

Unter der ab 1963 bundesweit einheitlichen Rufnummer 1165 erhielten die Anrufer für fünf Pfennig pro Telefonat werktäglich fünf Mal und sonntags vier Mal aktualisierte Nachrichten. Für die *dpa* war es ein wirtschaftlicher Coup: „Dieser neue redaktionelle Zweig unserer Agentur wird ohne Einstellung zusätzlicher Mitarbeiter bewältigt und hat die redaktionelle Struktur des Unternehmens nicht verändert. Der Dienst hat sich sehr gut bewährt, namentlich in Zeiten politischer Spannungen."[3] Letzteres bestätigte sich immer wieder, so etwa während der „an besonderen politischen Ereignissen reichen" Jahre 1961 und 1962, als die Nutzung des Fernsprechnachrichtendienstes mit rund fünf Millionen Anrufen einen ersten Höhepunkt erreichte.[4]

Die Kooperation der *dpa* mit der Deutschen Bundespost macht das Geschick der Agenturverantwortlichen deutlich, mit ihrem Produkt, den Nachrichten, auf einem Markt zusätzliche Einnahmen zu erzielen. So bescherte allein der Fernsprechnachrichtendienst der *dpa* um 1960 herum monatlich zwischen 20.000 und 25.000 DM – ein lukratives Geschäft.

Die Bundespost kümmerte sich um die Sprachaufnahmen der Nachrichten für den Telefondienst. Sie mietete die Studios und engagierte in den ausgewählten Städten die Sprecherinnen und Sprecher. Die Nachrichten verantwortete ausschließlich die *dpa*. Darauf verwandte sie besondere Aufmerksamkeit, wie Heinz H. Köster, Chef des Basis-Dienstes, seinen Redakteurinnen und Redakteuren im Januar 1967 erklärte. Denn in diesem Fall liefere man nicht – wie sonst im Agenturgeschäft üblich – Nachrichten zum Lesen, sondern man wähle Nachrichten zum Hören aus: „Der Hörvorgang setzt einen anderen Nachrichtenstil als das Lesen voraus. Das Wichtigste darf nicht am Anfang, sondern erst in der Mitte des Satzes stehen"; „jede Meldung soll phonetisch klar und eindeutig sein"; es gelte, „möglichst farbige, plastisch ‚handgreifliche' Sätze" zu bilden.[5]

Ein zweiter Aspekt machte den FND zu etwas Besonderem. Mit diesem speziellen dpa-Dienst erreichte die Agentur die Nachrichtennutzenden unmittelbar und nicht wie sonst üblich über ihre Kunden, die Verlage. Entsprechende Sorgfalt verlangte Heinz H. Köster: „Die FND-Nachricht muß den Kernvorgang einer Meldung enthalten. Der FND darf nicht mit komplizierten Darstellungen und Erläuterungen belastet werden, sondern muß sich auf die härtesten facts, das Was, beschränken."

Anmerkungen

1 dpa-Geschäftsbericht 1956, 13.
2 Presse-Mitteilungen des Bundesministeriums für das Post- und Fernmeldewesen, Nr. 2, 1956, Blatt 9. – Ein besonderer Dank an Hannah Fiedler, Wenke Wilhelm und Michelle Krüger vom Museum für Kommunikation Berlin für die Unterstützung der Recherchen und vielfältige Hinweise.
3 dpa-Geschäftsbericht 1956, 5.
4 dpa-Geschäftsbericht 1961, 16; dpa-Brief-Inland vom 22.2.1963. dpa-Unternehmensarchiv.
5 dpa, Chef der Abteilung Basis-Dienst: An alle Mitglieder der Redaktion des Basis-Dienstes, 27.1.1967. dpa-Unternehmensarchiv.

Geschäftsmodelle

Die breite Palette von „Diensten", die die *dpa* ihren Kunden anbot, sollte die Kosten der Nachrichtenagentur gegenfinanzieren. Als Agentur, die von 183 Gesellschaftern getragen wurde (Stand 31.12.1959), musste sie zwar nicht zwangsläufig hohe Gewinne erwirtschaften, sie sollte aber auch keine Einrichtung sein, die den Gesellschaftern ein über die Anteilsscheine hinaus größeres finanzielles Engagement abverlangt. Zwei Geschäftsmodelle waren leitend.

Mit dem Geschäftsmodell Nummer 1 bewiesen Geschäftsführung und Chefredaktion ihr Geschick, Unterstützung für Sonderleistungen zu erhalten und die Dienstleistungen auf dem Nachrichtenmarkt wirtschaftlich erfolgreich anzubieten. Das finanzielle Engagement der öffentlichen Hand blieb nicht auf die bereits geschilderten Dienste beschränkt. Vor allem sportliche Großereignisse wie die Olympischen Spiele waren dem Bundespresseamt weitere „Sonderleistungen" wert. In Zusatzverträgen unterstützte das Amt die technischen Kosten der Berichterstattung beispielsweise von den Sommerspielen 1956 in Melbourne, 1960 in Rom, 1964 in Tokio und 1968 in Mexiko-Stadt. Das Interesse der bundesrepublikanischen Politik „an einer möglichst schnellen und sicheren Übermittlung aller politisch wichtigen Sportnachrichten" und somit an den „Olympia-Sonderdiensten" der *dpa* stand nicht zuletzt in direktem Zusammenhang mit dem Kalten Krieg. „Es besteht der begründete Verdacht, daß die Sowjetunion die Olympischen Spiele mehr denn je für ihre Absichten ausschlachtet", schrieb der Abteilungsleiter Nachrichten im Bundespresseamt, Ministerialrat Hansfrider Rost, an dpa-Geschäftsführer Wolfgang Weynen. Er schilderte kurz Aktivitäten der sowjetischen Agentur *TASS* und der DDR-Nachrichtenagentur, um seinen Brief mit der Aufforderung zu schließen: „Sie werden gebeten, dem Bundespresseamt mitzuteilen, welche Möglichkeiten Sie zu einer schnellen Unterrichtung sehen und welche Kosten dabei entstehen."[8]

Die Bundesregierung bewertete es als „Politikum", dass „über die Mannschaft der Bundesrepublik Deutschland ausreichend berichtet wird".[9] Doch ihre Förderung bezog sich auf die Sportereignisse im Ausland. Als Geschäftsführer Weynen sich im Vorfeld der Olympischen Spiele, die 1972 in München stattfinden sollten, an das Presse- und Informationsamt der Bundesregierung wandte, erhielt er von Staatssekretär Conrad Ahlers eine schroffe Absage: „Lieber Herr Weynen, [...]. Ich muß gestehen: Ich bin einigermaßen sprachlos [...]. Was mich besonders verblüfft ist die Tatsache, daß Sie von den von Ihnen geschätzten Kosten für die Auslandsdienste in Höhe von rd. 225.000 DM einen Anteil des Staates erwarten. Ich kann mir nicht vorstellen, daß die deutschen Verleger, die in der Deutschen Presse-Agentur zusammengeschlossen sind, nicht in der Lage sein sollten, diesen im Vergleich zu ihren Gewinnen in den vergangenen Jahren kaum messbaren Betrag selber aufzubringen [...]."[10]

Das Geschäftsmodell Nummer 2 setzte auf den Vertrieb. Die Mitarbeitenden im Vertrieb unterbreiteten ihren Kunden immer wieder besondere Angebote. Fünf solcher „Dienste" werden beispielhaft herausgegriffen.

In sogenannten „Briefdiensten" wurden ausgewählte Themen der einzelnen Ressorts vertieft. Der Briefdienst musste eigens abonniert werden, war also nicht im Basisdienst enthalten, den viele Redaktionen bezogen. Als ein Verleger im Aufsichtsrat 1957 den Antrag stellte, die Briefdienste in den Basisdienst zu integrieren, wurde ihm vorgerechnet, dass dies „vom kaufmännischen Gesichtspunkt" aus einem Verzicht auf 150.000 DM jährlich gleichkomme. Man wolle, so hielt das Protokoll fest, mit dieser „angebotenen Ware ein Geschäft" machen.[11]

Der „elite"-Dienst der *dpa* brachte Beiträge mehr oder weniger prominenter Männer und Frauen, stand dabei aber immer auch im Ruf, den entsprechenden Interessenvertretern aus Politik, Wissenschaft und Kunst ein Forum für ihre Sicht der Dinge zu geben. Er war nicht besonders erfolgreich und wurde 1979 eingestellt. Lukrativer war der „dpa-Hintergrund". Er bot „Materialzusammenstellungen zu aktuellen Themen für die Archive von Redaktionen und Dienststellen".[12]

In einem Ordner, in dem sich Korrespondenz des Vertriebs aus den 1950er Jahren mit dem in Nürnberg ansässigen Sebaldus-Verlag erhalten hat, finden sich unter anderem zwei weitere Angebote, die im Detail aufschlussreich sind für die Geschäftsbeziehungen der *dpa*. So bot die *dpa* den Beziehern des dpa-Bilderdienstes zum Januar 1955 einen „Aushang-Bilderdienst" an: „Wie Sie wissen, gibt es bereits einen grösseren Aushang-Dienst in Deutschland, der insbesondere Sport- und Foto-Geschäfte, aber auch Toto-Annahmestellen u.ä. mit Aushang-Bildern beliefert. Von diesem Dienst wird sich der neue dpa-Aushang-Bilderdienst wesentlich unterscheiden." Die dpa-Verlagsabteilung versprach, wöchentlich zehn aktuelle Bilder aus Politik, Sport, Kultur und Wirtschaft, gedruckt auf Kunstdruckkarton und mit einem Cellophan-Chrom-Rahmen im Format 18 x 24 zu versehen: „Aktuelle Bilder", die exklusiv geliefert werden, also so nicht „in benachbarten Tabak-, Foto- oder Sportgeschäften" aushängen und daher „besonders für Ihre Anzeigen-Annahmestellen und Agenturen geeignet" sind.[13]

> Sonderdienste für eine immer breiter werdende Kundschaft.

Ähnlich gezielt bewarb sie ein Jahr später ihre „dpa-Jahres-Chronik". Diese erhielten alle Abonnenten des dpa-Briefdienstes, weshalb diejenigen Chefredaktionen angeschrieben wurden, die diesen Dienst noch nicht bezogen. „Sie beziehen diesen Dienst nicht", formulierte man im November 1955 gegenüber den Zeitungsredaktionen, die gerade in der Vorbereitung der Ausgaben zu Weihnachten und zum Jahreswechsel waren. Mit der beiliegenden Bestellkarte konnten auch sie die „Chronik" bis Anfang Dezember zu einem, wie man versprach, besonders niedrigen Preis ordern. Der Vorteil wurde klar benannt: „In dieser Chronik finden Sie kalendarisch geordnet alle Ereignisse des Jahres […], die das öffentliche Leben in irgendeiner Form berührten. Um Ihrer Redaktion die Arbeit mit der dpa-JAHRES-

CHRONIK zu erleichtern, haben wir sie unterteilt in die Ressorts Aussenpolitik, Innenpolitik, Kultur und Sport."[14]

Während die zuletzt genannten Dienste „dpa-Jahres-Chronik" und „Aushang-Bilder" kleinere Angebote bildeten, die nicht zentral für die finanzielle Bilanz des Medienunternehmens waren, gelang der *dpa* mit der Lieferung von Nachrichten zum Fernsprechnachrichtendienst der Deutschen Bundespost ein wahrer Coup. Seit Januar 1956 regelte ein Vertrag die Dienstleistung und sicherte beiden Seiten – der Nachrichtenagentur und der staatlichen Post – über mehrere Jahrzehnte hinweg hohe Einnahmen. (→Visitenkarte der Agentur: Der Fernsprechnachrichtendienst)

Information nach Maß

1979, im dreißigsten Jahr des Unternehmens, erarbeiteten 764 fest angestellte Beschäftigte einen Umsatz von inzwischen 70,9 Millionen DM. Davon erwirtschaftete der Bereich „Wort" 58,8 Millionen DM, die Betriebserträge aus „Bild" beliefen sich auf 10,7 Millionen DM. Im Kerngeschäft – mit dem dpa-Nachrichtendienst und dem dpa-Bilderdienst – blieb die *dpa* recht konstant erfolgreich. Der Kundenstamm im Bereich der Druck- und Funkmedien wurde gehalten, nicht zuletzt, weil man gegenüber Konkurrenzagenturen technische Vorteile und bewährte Qualität anbieten konnte. Zuwächse verzeichnete man bei dpa-Beziehern außerhalb von Presse und Rundfunk, also bei „politischen Parteien, Organisationen, Behörden, Verbänden und ähnlichen Vereinigungen". Eine Grafik zeigt den Anstieg von 694 „sonstigen dpa-Beziehern" im Jahr 1970 auf 1.276 Bezieher im Jahr 1979.[15]

Für diese breiter werdende Kundschaft waren vor allem die zahlreichen Sonderdienste von Interesse, die die Nachrichtenagentur anbot. Die *dpa* stellte sie unter das Versprechen „Information nach Maß". Ein Verkaufsprospekt der „dpa Verkauf Sonderdienste" warb im März 1978: „dpa gibt zusätzlich Sonderdienste heraus, thematisch zugeschnitten, nach Fachgebieten: Informationen nach Maß / dpa-Sonderdienste helfen Ihnen, die Informationsflut zu bewältigen. Auf die richtige Auswahl kommt es an. dpa trifft sie. Kompetent und sachlich. / dpa berichtet fundiert auch über Ihr Fachgebiet mit dpa-Sonderdiensten – nach Maß."[16] Das Portfolio umfasste dreizehn „Dienste":
dpa-Informationen
- dpa-Dienst für Kulturpolitik
- dpa-Sozialpolitische Nachrichten
- dpa-Wissenschaftsdienst
- dpa-Umweltfragen
- dpa-Monatschronik (als Basismaterial für die „dpa-Jahreschronik" und die „dpa-Bebilderte Jahreschronik")
- dpa-Terminvorschau
- dpa-Hintergrund

- dpa-Gedenktagekalender
- dpa-Brief
- dpa-„elite"
- dpa-Selektion
- dpa-Dokumentation.

Information nach Maß, das bedeutete, dass man den Kunden versprach, „nur Nachrichtenmaterial" zu liefern, „das den Empfänger interessiert". In einem Werbeblatt von „dpa-Selektion", das den dpa-Basisdienst „maßgeschneidert" nach den von den Kunden „vorgegebenen Sachgebieten" auswertete, zitierte man Testimonials wie diese: „Firma Merck, Darmstadt: Wir beziehen Selektion, damit wir schnell und problemlos über die Situation in den einzelnen Wirtschaftszweigen unterrichtet werden"; „Deutsche Bundesbahn: Wir beziehen Selektion, um so aktuell über Geschehnisse aus dem Verkehrsbereich informiert zu sein"; „Deutsche Handwerks Zeitung: Wir beziehen Selektion, weil wir so gezielt und schnell die für uns wichti-

Vorderseite des Prospekts „Verkauf Sonderdienste": ein knapp formulierter Überblick über das breit gefächerte dpa-Nachrichtenangebot.

gen Nachrichten aus der Fülle der Informationsflut bekommen".[17] Zum Sammeln, Aggregieren und Verkaufen von Nachrichten – den traditionellen Aufgaben einer Nachrichtenagentur – gesellte sich mehr und mehr die Aufgabe der Selektion durch die Nachrichtenmacherinnen und -macher bei der *dpa*. Die Nachfrage nach einer Auswahl von Nachrichten aus der „Informationsflut" und der Wunsch nach den für den jeweiligen Kunden relevanten Informationen sind also bereits vor der Digitalisierung zu beobachten, und die *dpa* reagierte mit entsprechenden Dienstleistungen.

Themen-Sonderdienste und fremdsprachige Dienste

In der Liste der Sonderdienste stellen die Dienste zur Sozialpolitik (seit 1965), zur Kulturpolitik (seit 1967), zu Umweltfragen (seit 1974) sowie zu Wissenschaft (seit 1975) eine Besonderheit dar. Mit ihnen reagierte die *dpa* gezielt auf Themen, die in der Politik und der Gesellschaft der 1960er und 1970er Jahren mehr und mehr an Bedeutung gewannen und in den Medien aufgegriffen werden sollten. Mit dem jüngsten Dienst, dem am 15. Januar 1975 gestarteten Wissenschaftsdienst *fwt – Forschung, Wissenschaft und Technik* gelang der *dpa* eine Vorreiterrolle. Mit einer zweijährigen Anschubfinanzierung durch das Bundesministerium für Forschung und Technologie konnte die Agentur das erste Wissenschafts-Ressort aufbauen, bevor Rundfunkanstalten und große Zeitungen diesem Beispiel folgten.[18]

Der Überblick über die dpa-Dienste wäre unvollständig ohne die Erwähnung der fremdsprachigen Nachrichtendiens-

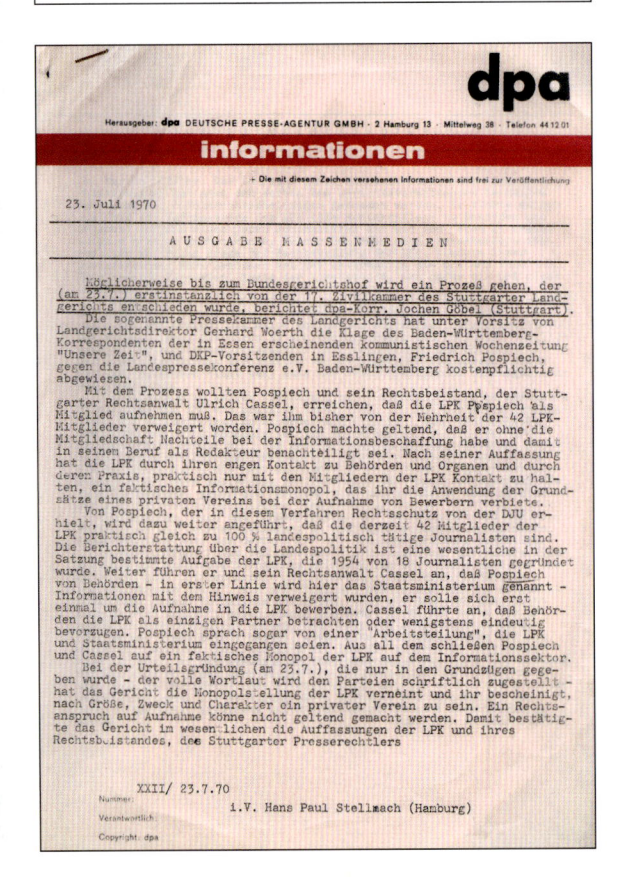

Beispiele für Wort-Dienste: der dpa-Brief zu Kulturnachrichten und Massenmedien-Informationen.

„dpa-Sonderdienste helfen Ihnen, die Informationsflut zu bewältigen. Auf die richtige Auswahl kommt es an. dpa trifft sie. Kompetent und sachlich. dpa berichtet fundiert auch über Ihr Fachgebiet – nach Maß.
dpa

te. Der Start des englischsprachigen „Übersee-Dienstes" in der zweiten Hälfte der 1950er Jahre bildete das Rückgrat der international tätigen *dpa*. (→ 5 | Weltnachrichten) Dieser Dienst wurde in den 1960er Jahren ergänzt von einem spanisch-, einem französisch- und einem arabischsprachigen Dienst der *dpa*. Dass sich die Hamburger Agentur damit gegen die internationale Konkurrenz behaupten konnte, hatte mehrere Gründe. Zum einen wurde das Angebot einer deutschen Agentur insofern geschätzt, als dieser Dienst nicht aus dem Einflussbereich einer ehemaligen Kolonialmacht kam, was vor allem für Kunden in afrikanischen und asiatischen Staaten eine Rolle spielte. Im Systemstreit zwischen dem Westen und dem Ostblock wussten die Abnehmer zudem, dass sich die *dpa* den westlichen demokratischen Werten verpflichtet hatte. Die Qualität, die den Leistungen der dpa-Mitarbeitenden immer wieder bescheinigt wurde, tat schließlich ein Übriges.

Die fremdsprachigen Dienste der *dpa* trugen maßgeblich zum hohen Ansehen der Nachrichtenagentur bei und leisteten in Ländern, in denen die Medien weitgehend verstaatlicht waren und der freie Informationsfluss kontrolliert wurde, einen Beitrag zur Meinungsbildung. Dass ein solcher kostenintensiver Bereich nicht gefeit war vor finanziellem Kalkül, verdeutlichte das Ende des französischsprachigen Dienstes der *dpa*. Das Angebot für Kunden in Nord- und Westafrika war Anfang der 1960er Jahre mithilfe von Zuwendungen des Bundespresseamts an den Start gegangen, zu einem Zeitpunkt also, als afrikanische Gebiete aus der kolonialen Kontrolle entlassen wurden und souveräne Staaten gründen konnten. Als ein Jahrzehnt später das außenpolitische Interesse an Afrika erlahmte und überdies Anfang der 1970er Jahre innenpolitisch Sparmaßnahmen erfolgen mussten, war die Bundesregierung nicht länger bereit, die gestiegenen Kosten mitzutragen. Die *dpa* stellte daraufhin ihren französischsprachigen Dienst zum 31. März 1975 ein. In der Presse wurde das „Aus für den Afrika-Dienst" kritisiert und darauf verwiesen, dass die DDR-Nachrichtenagentur *ADN* ihren Afrika-Dienst weiterhin aufrechterhalte.[19]

Vollsortimenter

„Verkauf und Verbreitung der dpa-Dienste" wurde rasch zu einer festen und zentralen Rubrik in den jährlichen Geschäftsberichten der *dpa*. Die Geschäftsführung berichtete darin ausführlich über die Entwicklung der Produkte der Agentur und machte so deutlich, wie die Zahlen der Gesamtbilanz zustande kamen. Dabei sind einleitende Sätze wie die aus dem Geschäftsbericht 1979 charakteristisch: „In der Vielfalt der Wort- und Bilderdienste, die dpa im Jahr 1979 ihren Kunden anbot, gab es gegenüber dem Vorjahr Änderungen, um den Wünschen der Kunden noch besser zu entsprechen. Auch ergaben sich dadurch günstigere Möglichkeiten, den Abnehmerkreis einzelner Dienste breiter anzulegen."[20]

Seit den 1950er Jahren bereitete die Agentur das von ihr gesammelte und journalistisch bearbeitete Material in immer neuer Weise auf. Ihr publizistisches Angebot blieben zwar im Kernsortiment die Nachrichten, die in Bezug auf alle wichtigen gesellschaftlichen Bereiche – von Politik bis Sport, von Wirtschaft bis Kultur – „ein wahrhaftes Bild der Ereignisse und Entwicklungen" geben sollten. Doch über diesen Kern hinaus schuf das Medienunternehmen *dpa* mit Zusatz- und Spezialprodukten zahlreiche neue Angebote für bestimmte Zielgruppen. Das Prinzip der ständigen Angebotserweiterung basierte auf der Mehrfachnutzung von vorhandenem Material, sei es textlicher oder bildlicher Art. Der Mehrwert für die Kunden, der mit dem Service „Information nach Maß" einherging, verband sich mit einem Mehrwert für das Unternehmen: Die publizistische Wertschöpfungskette ermöglichte steigende Erlöse. Auf diese Weise entwickelte sich die *dpa* bereits in den ersten drei Jahrzehnten zu einem journalistischen Vollsortimenter.

Anmerkungen

1 Jahresbericht 1959 der Redaktion der Deutschen Presse-Agentur. In: dpa-Geschäftsbericht 1959, 26–36; Zitate, 26.
2 Ebd.; Zitat, 28.
3 Zum Vergleich die Zahlen des „Materialfluss[es] im Tagesdurchschnitt, zusammengerechnet für alle Redaktionen" für 1957: 480.000 Wörter Eingang und 97.100 Wörter Ausgang; für 1952: 280.000 Wörter Eingang und 82.700 Wörter Ausgang. In: dpa-Geschäftsbericht 1959, 28.
4 Jahresbericht 1959 der Redaktion der Deutschen Presse-Agentur. In: Ebd., 26–36; Zitate, 32.
5 dpa-Geschäftsbericht 1954, 12.
6 Ebd., 15.
7 dpa-Geschäftsbericht 1959, 33.
8 Brief vom Februar 1963. dpa. Unternehmensarchiv. Ordner: BPA.
9 Prokurist Karl-Erich Berg an Ministerialdirigent Hans Schirmer, Presse- und Informationsamt der Bundesregierung, 12.10.1967. dpa. Unternehmensarchiv. Ordner: BPA.
10 Brief vom 23.4.1971. Ebd.
11 dpa-Geschäftsbericht 1959, 34.
12 Protokoll der Sitzung des Aufsichtsrats am 25.10.1957. dpa. Unternehmensarchiv.
13 dpa an Balthasar Moeckel, Sebaldus-Verlag, Verlagsleitung, Nürnberg, 15.11.1954. dpa. Unternehmensarchiv.
14 dpa an Sebaldus-Verlag, Chefredaktion, Nürnberg, 19.11.1955. dpa. Unternehmensarchiv.
15 dpa-Geschäftsbericht 1979, 14.
16 dpa. Sonderdienste [22. März 1978]. dpa. Unternehmensarchiv.
17 dpa-Selektion – Information nach Maß [vierseitiges Werbeblatt, o.D.]. dpa. Unternehmensarchiv.
18 Den Aufbau von „Aktuelles aus Forschung, Wissenschaft und Technik (fwt)" schildern Detsch und Wilke 1993. Barbara Bachtler, von 1982 an Redakteurin des Wissenschaftsdienstes, wird in Kapitel 8 vorgestellt.
19 Vgl. dpa stellt ihren französischsprachigen Dienst ein. In: Die Welt, 15.2.1975; Die Deutsche Presse-Agentur kürzt ihren Afrika-Dienst. In: FAZ, 19.3.1975; Hansjoachim Höhne: Das Aus für den Afrika-Dienst. In: Der Journalist, Nr. 4, April 1975; Renner Enhöh: In Afrika sprachlos. Das Bundespresseamt schränkt Auslandsarbeit ein. In: Deutsche Zeitung/Christ und Welt, 25.4.1975.
20 dpa-Geschäftsbericht 1979, 11.

Bundestagswahl 3. Oktober 1976: Nach Schließung der Wahllokale beginnt die Arbeit der dpa-Basisredaktion.

Das Wortspiel mit der Nachricht als „Ware" und der „wahren" Nachricht wird gern bemüht, um die Arbeit von Nachrichtenagenturen zu beleuchten und den Alltag des Agenturjournalismus zu beschreiben. „Nachrichtenschreiben im Sekundentakt" heißt es über diese besondere Form des Journalismus, die unter der für Nachrichtenagenturen so wichtigen Prämisse steht: „Be first, but first be right". Redaktionelle Routinen und qualitätsjournalistische Ansprüche müssen immer neu zusammengehen, um Tag für Tag aktuelle und geprüfte Nachrichten auf den Markt zu bringen. Ein Streifzug durch Redaktionskonferenzen, Blitz-, Eil- und Falschmeldungen, Stilblüten und regelrechte Pannen sowie ein Blick auf Einflussnahmen und eherne Prinzipien.

Agenturjournalismus

Die Ware Nachricht und die wahre Nachricht

Die erste Blitzmeldung der *dpa*: Montanvertrag paraphiert

19. März 1951

13. Apr. 1964

Die *dpa* meldet fälschlicherweise den Tod des sowjetischen Regierungschefs Chruschtschow

Die 62. Eilmeldung der *dpa* lautet: „Britische Königin Elisabeth II ist tot."

8. Sept. 2022

2023

Die *dpa* versendet circa 1.100 Eilmeldungen

9.45 Uhr: Der Nachrichtentag wird geplant

Das Herzstück eines jeden Journalismusunternehmens ist die Redaktionskonferenz. Um ihre Routinen sowie über besondere Vorkommnisse ranken sich nicht selten autobiografisch beglaubigte Legenden. In ihnen spiegeln sich die Machtverhältnisse innerhalb von Redaktionen und die Ordnung zwischen den einzelnen Ressorts. Auf den Redaktionskonferenzen können insofern Nachrichten „gemacht" werden, als dort entschieden wird, welche Ereignisse, Vorgänge und Themen weiterverfolgt werden, wofür Recherchen unternommen und Berichte geschrieben werden. Lange Zeit gehörte viel Zigaretten- und Pfeifenrauch zu den Bedingungen, unter denen solche Entscheidungen der journalistischen „Schleusenwärter" getroffen und die weiteren Arbeitsabläufe besprochen wurden. Bei der *dpa* in der Hamburger Villa im Mittelweg 38 war es die „9.45-Uhr-Konferenz" inklusive Protokoll, die einen solch legendären Status besitzt.

„Um 9.45 Uhr hat die Sitzung begonnen. Später hat man sie dann vorgezogen, da sind auch die Dienstzeiten vorgezogen worden", erinnert sich Christian Volbracht, der 1968 als Volontär bei der *dpa* begann und seit Juli 1969 als Redakteur Inland arbeitete. „Auf der ersten Etage, da passten etwa 15 Leute an den Tisch, und in einer zweiten Reihe konnten weitere 15 Platz nehmen. Wenn es spannend und wichtig war, füllte sich der Raum. Man konnte einfach reingehen und zuhören. Im inneren Kreis saßen der Chefredakteur, der Chef von Dienst, die Dienstleiter und die Vertreter einzelner Ressorts. Später haben wir eingeführt, dass man zu dieser Konferenz die Büroleiter in Bonn und Berlin zugeschaltet hat."[1] Die wenigen Fotos, die von den täglichen Redaktionskonferenzen erhalten sind, zeigen die wandgroße Weltkarte im Konferenzraum, vor der die tägliche Agenturarbeit besprochen wurde. Den mit der Karte verbundenen Anspruch, weltweite Informationen zu erhalten und zu verarbeiten, unterstrichen zusätzlich kleine Glühbirnchen, die die dpa-Büros weltweit repräsentierten, sowie Fäden, die zwischen den Standorten gespannt waren, um die Fernschreibverbindungen und somit die Vernetzung zu markieren.

Für einen jungen Redakteur wie den 1985 gerade 24-jährigen Meinolf Ellers wurde das Ritual der 9.45-Uhr-Konferenzen ein prägendes Erlebnis: „Diese Runde hat damals nichts weniger als den Nachrichtentag für die deutsche Öffentlichkeit geplant. Wenn das Triumvirat der Chefredaktion Benirschke, Köster und Nölter da vorne gesessen hat, dann waren das für mich Sternstunden. Als junger Reporter von der Lokalzeitung einem Hans Benirschke zuzuhören, wie er vom Gespräch mit Staatssekretär Soundso erzählt und die internationale Lage einordnet, das war wirklich die große weite Welt des Journalismus, mit Leuten von ganz unglaublicher Professionalität. Von denen konntest du nur lernen."[2]

Auf der Redaktionskonferenz wurden aber nicht nur große Entscheidungen getroffen, hier wurde das Nachrichtengeschäft auch genau beobachtet und die eigene Arbeit kritisch reflektiert. Christian Volbracht hatte als Chef vom Dienst nach 1988 in das Protokoll der Sitzungen eingebracht, dass unter dem Tagesordnungspunkt

Die Welt im Rücken: Dietrich Bosing, Chef vom Dienst (1. von links), Harald Klinger, Basisdienst Inland (2. von links) und weitere Ressortleiter am 3. Oktober 1977 bei einer kleinen Redaktionskonferenz (ohne Chefredaktion).

„Festzuhalten" auch eine systematische „Rückschau" stattfindet. Diese konnte kritisch ausfallen, wenn festgehalten wurde, dass am Vortag eine andere Nachrichtenagentur eine Meldung schneller herausgebracht oder über mehr Information bei einem Thema verfügt hatte. Und so blieb es nicht nur beim kursorischen Sammeln solcher Vorkommnisse im Wettbewerb der Agenturen. Der Konkurrenzsituation, in der man sich jeden Tag befand, begegnete man seit Anfang der 1970er Jahre mit einer damals noch ohne technische Hilfsmittel durchgeführten systematischen Zeitungsauswertung. Dabei wurde erfasst, welche dpa-Texte in welchen Zeitungen erschienen und welche Geschichten der Konkurrenten wie häufig abgedruckt worden waren. Eine solche Bilanzierung sollte zu immer neuen Anstrengungen im Agenturalltag anregen.[3]

Blicke ins „Hauptquartier"

Dieser Alltag fand in der Zentralredaktion statt, wie der „Newsroom" im Zeitalter vor dem Internet genannt wurde. Die junge Journalistin Nina Grunenberg besuchte im März 1966 für eine Artikelserie „Bilder aus der deutschen Presse" auch die dpa-Villa im Mittelweg 38. Ihren eindrucksvollen Bericht in der Wochenzeitung „Die Zeit" über den Lärm, die Enge, die Betriebsamkeit und die eingespielten Abläufe startete sie mit Bemerkung: „Drinnen sieht sie [= die Villa] aus, als sei sie gerade vom Generalstab requiriert und als provisorisches Hauptquartier eingerichtet worden. Selbst die Marstall-Atmosphäre fehlt nicht: Hinter der Tür der Sport-Redaktion im Erdgeschoß wiehert ein Pferd, wenngleich auch nur im Fernsehen."[4]

Nachdem Nina Grunenberg am Bilderdienst vorbeigegangen ist und den Neubau neben der Villa betreten hatte, schildert sie den Leserinnen und Lesern die Anordnung der Schreibtische im Redaktionsraum. In der Mitte an einem „mit grünem Kunststoff überzogenen Redaktionstisch" der Chef vom Dienst, umgeben vom

Die dpa-Zentrale in Hamburg Ende der 1960er Jahre. Ein markanter Blickfang weist auf den Haupteingang hin.

Dienstleiter Ausland und vom Dienstleiter Inland, „beide mit einem Stab von Redakteuren, Assistenten und einer Schreibkraft"; hufeisenförmig darum gruppieren sich die Tische der Redakteure des „Basis-Dienstes" mit Telefonanschlüssen und Schreibmaschinen. Im Hintergrund zwei große Bahnhofsuhren und an den Wänden eine Reihe von Fernschreibern, die eingehende Korrespondentenberichte aufzeichnen oder in die vorbereitete Lochstreifen gelegt werden, um ihrerseits dpa-Meldungen zu verschicken.

Den sinnlichen Eindruck fasst sie zusammen als „Ort, an dem dreißig Leute konzentriert arbeiten, dreißig Fernschreiber rasseln, ständig einige der fünfzehn Telephone schrillen, Schreibmaschinen klappern, wo diktiert, gebrüllt, gelacht und geflucht wird, wo Radios laufen, große weiße Steingutkaffeekannen ohne Unterlaß die Runde machen und Zigarettenqualm in Schwaden zur Decke steigt."

Diese Arbeitsbedingungen änderten sich durch die jeweils neuen technischen Geräte, derer man sich im Newsroom bediente, immer wieder. So gehörte das Ticken als Geräusch der Fernschreiber der Vergangenheit an, nachdem die digitale Übertragung möglich geworden war. Das Wort „Ticker" freilich blieb. Es steht bis heute für den Agenturjournalismus und ist als „News-Ticker" in den Alltagswortschatz eingegangen.

Große Veränderungen brachten seit den 1970er Jahren die Einführung neuer elektronischer Organisationsmittel, die als aufeinanderfolgende Generationen mit ERNA 1, ERNA 2 und ERNA 3 bezeichnet wurden. Hinter dem Akronym ERNA verbirgt sich die „Elektronische Rechnergesteuerte Nachrichtenvermittlungs-Anlage". Im September 1973 startete die neue Technik, mit der man auf die ständig steigende Informationsmenge reagierte. Hier wurden alle eintreffenden Informationen zentral gesammelt, um an den einzelnen Redaktionstischen bearbeitet zu werden. Gleichzeitig erhöhte ERNA die Schnelligkeit der Übertragung, indem sie die Sendegeschwindigkeit fast verdoppelte auf 200 Baud – das sind 1.100 Zeichen pro Minute. Seit Anfang der 1980er Jahre wurde bei der *dpa* praktisch papierlos gearbeitet.

Fotos von der Arbeit im Newsroom zeigen, wie Schreibmaschinen verschwanden und von Tastaturen abgelöst wurden, die vor großen Bildschirmen liegen. In Gesprächen erinnern dpa-Mitarbeiter allerdings auch noch um das Jahr 2000 herum den „Wahnsinnslärm", der herrschte und durch die Geräusche der dann hinzu gekommenen Nadeldrucker und den typischen Einwahlgeräuschen von Modems noch verstärkt wurde: „Wenn mal Stille war, dann hatten wir entweder einen totalen Systemausfall – das hat manchmal bis zu zwölf Stunden gedauert, bis das System wieder lief – oder es war Mitternacht, denn wir haben ja auch Nachtdienste gemacht. Wenn du als einziger Mensch in diesem Raum sitzt, dann wird es auch mal still."[5]

Wenn alles reibungslos lief, war es der in der Mitte sitzende Dienstchef Basis, im Amerikanischen der „Slotter", der darüber entschied, wann welche Nachricht gesendet wurde. Aber nicht selten war es auch die Technik, die die Funktion des „Schleusenwärters" übernahm und darüber mitbestimmte, welche Nachricht wann auf Sendung ging. Denn erst nach und nach wurde die Sendegeschwindigkeit der Fernschreiber erhöht, sodass mehr Nachrichten schneller an die Kunden gelangen

Aufbau einer dpa-Meldung: jedes Kürzel eine Information. Grafik aus dem „Wegweiser durch die dpa-Dienste", 1999.

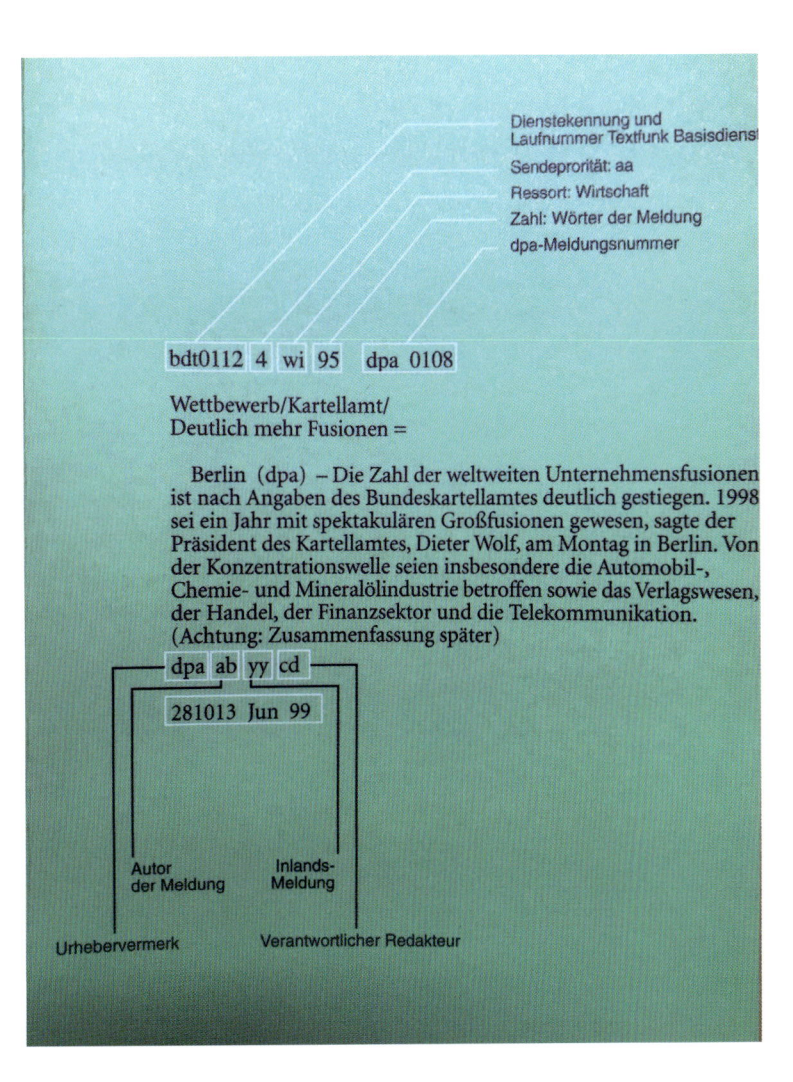

konnten. In den 1970er Jahren konnte es vorkommen, dass die Journalisten sich überboten und dem Dienstchef zu viele Meldungen vorlegten. Christian Volbracht erinnert sich, dass sein „Lieblingsdienstchef dieser Zeit", Joachim Sänger, manchmal angesichts des Stapels ausrief: „Der Sender ist für 2,5 Stunden voll! Macht, was ihr wollt, ich will nichts mehr haben." Die Redaktion verließ dann das Büro und gönnte sich einen Kaffee gegenüber, hielt aber über einen Kollegen Kontakt, „um zu wissen, ob irgendwas wirklich Wichtiges passiert", und kam dann zurück.[6]

Wegweiser durch die dpa-Meldung

Viele der in Kapitel 6 vorgestellten „Dienste" wurden unter diesen Bedingungen Tag für Tag erarbeitet. 1999 bemühte Chefredakteur Wilm Herlyn sogar das Bild einer „Schatzkammer", um den Kundinnen und Kunden der *dpa* die immer breiter werdende Produktpalette vorzustellen und zu erklären, „was, wo und wie sie bei dpa ihr Nachrichtenmaterial finden". Die knapp 100 Seiten starke Broschüre trug den bezeichnenden Titel „Wegweiser durch die dpa-Dienste". In dieser Publikation wird auch die dpa-Meldung, das Kernprodukt der Nachrichtenagentur, vorgestellt. Eine solche Meldung folgt einer fest vorgegebenen Struktur. Zu Beginn und am Ende der eigentlichen Textmeldung befindet sich eine ganze Reihe von Kürzeln, die den Insidern eine schnelle Kontextinformation erlaubt.

So stehen in der technischen Kopfzeile die Dienstekennung und Laufnummer, die Sendepriorität, das Ressort, die Zahl der Wörter und schließlich die dpa-Meldungsnummer. Angaben mit „bdt0112", „4", „wi", „95", „dpa 0108" können also gelesen werden als Meldung des „Basisdienst Textfunk" (bdt) mit der fortlaufenden Nummer „0112", als Meldung mit Priorität „dringend" (4) des Ressorts „Wirtschaft" (wi) im Umfang von 95 Wörtern und der Meldungsnummer 0108.

In der organisatorischen Schlusszeile stehen der Urhebervermerk, das Autorenkürzel, die redaktionelle Kennung, die Kennung des Produktmoduls, das Kürzel des verantwortlichen Redakteurs und schließlich das Sendedatum der Meldung. Angaben mit „dpa", „ab", „yy", „cd" und „281013 Jun 99" besagen, dass es sich um eine eigene Meldung der *dpa* handelt, verfasst von der Autorin oder dem Autor „ab", um eine Inlandsmeldung (yy), verantwortet von der Redakteurin oder dem Redakteur „cd", und schließlich, dass diese Meldung am 28. Juni 1999 um 10.13 Uhr gesendet worden ist.[7]

Auch wenn das Namenskürzel der Verfasserin oder des Verfassers in der Meldung vermerkt ist, sieht die Praxis vor, dass solche Texte dann als dpa-Meldungen in den Medien erscheinen und die Agenturjournalisten dahinter anonym bleiben. Für „journalistische ‚Stars'" und „Selbstdarstellung" sei in Agenturredaktionen also „kein Platz", betont der langjährige Geschäftsführer der österreichischen Agentur *APA*.[8]

Stilblüten

Zum journalistischen Alltag gehören immer wieder Tippfehler, sprachliche Ungenauigkeiten sowie die eine oder andere Metapher, die unfreiwillig ins Komische führt. 2009 listete die *dpa* selbst in einer kleinen Jubiläumsausgabe zum 60. Geburtstag eine Auswahl ihrer „besten" Fehler auf.[9] Amüsiert liest man von Schreibfehlern, die schlichtweg übersehen worden waren, etwa wenn eine Meldung über ein Urteil des Bundesgerichtshofes zur obstkundlichen Nachricht wird: „Katholische Kirsche hat kein Monopol auf das Wort ‚katholisch'" (22.2.2005); oder wenn bei einer Wein-Messe in Rheinland-Pfalz angeblich auch eine „Bärenauslese" prämiert wurde (18.2.2003). Peinlicher wird es bei einer Meldung über die UNESCO, die das Ausmaß des weltweiten Analphabetentums anprangerte. In ein und derselben dpa-Meldung tauchte das Wort „Analphabetentum" in gleich drei fehlerhaften Varianten auf (3.9.1990). Dass Redakteurinnen und Redakteure nicht in allen Wissensgebieten gleichermaßen beschlagen sein können, zeigt sich, wenn aus dem „Ännchen von Tharau" auch ein „Entchen von Tharau" werden konnte (7.7.1986). Umgekehrt wurde aus der Kenntnis des 2001 in den Kinos gestarteten Hollywood-Films „Hannibal" heraus die Meldung über einen Fall von Kannibalismus in Deutschland 2002 zu einem „Hannibalismus-Fall" (13.12.2002).

> Für journalistische Stars und Selbstdarstellung ist in Agenturredaktionen kein Platz.

In der *dpa* kursieren noch weitere Zusammenstellungen, in denen man Stilblüten festhält. Christian Volbracht, seit 1988 Chef vom Dienst, besitzt eine regelrechte „Flop 10"-Liste, die die verschiedenen Ressorts umfasst und die selbstironisch im Jubiläumsjahr 1999 über den Basisdienst gesendet wurde.[10] Für die Kunstwelt ist sicher ein Auktionsbericht bemerkenswert, der versprach: „Picassos Geliebte unter dem Hammer"; und in puncto Politik titelte man über die Begräbnisfeierlichkeiten des ermordeten ägyptischen Staatschefs Anwar as-Sadat: „Tausende winkten dem Leichnam ein letztes Lebewohl zu". Scharfsinnig erscheint die Aussage einer Meldung: „Zwar läßt sich kriminologisch einiges aus einer Stimme heraushören, doch dürfte dies zu wenig sein, um Tätern habhaft zu werden, die sich bislang in Schweigen gehüllt haben."

1981: MIT DPA BEIM DEUTSCHEN GALOPP-DERBY

40.000 Zuschauer sahen einen Sieg um Längen, den Jockey Peter Alafi auf Hengst Orofino beim Deutschen Galopp-Derby in Hamburg-Horn am Sonntag, dem 5. Juli 1981, feierte. Unter den Gästen viel Prominenz, viel Eleganz und modische Extravaganz. Bundeskanzler Helmut Schmidt setzte sich seit jeher für die traditionsreiche Galopp-Veranstaltung in der Hansestadt ein. Im Zusammenhang mit der Konkurrenzsituation der Städte für die Derby-Austragung wird ein Satz aus seiner Zeit als Verteidigungsminister kolportiert: „Ich lasse meine Panzer vor dem Rathaus auffahren, wenn einer Hamburg das Derby wegnehmen will." (Hamburger Abendblatt, 21.2.2002)

Der Schnappschuss der Hamburger dpa-Fotojournalistin Cornelia Bisagno-Gus zeigt den für eine neue Amtszeit wiedergewählten Bundeskanzler nicht martialisch, sondern gut gelaunt und ausgesprochen locker. Am Rande der Hautevolee-Veranstaltung spielt der legere Helmut Schmidt mit den anwesenden Pressevertretern. Im Spaß übernimmt Helmut Schmidt die Kamera des dpa-Fotografen Lothar Heidtmann (links) und wechselt damit die Perspektive: Jetzt sieht der Politiker durch die Kamera auf die ihn auf Schritt und Tritt begleitenden Journalisten.

Das Foto zeigt „Schmidts entspannten Umgang mit Journalistinnen und Journalisten, ganz im Gegensatz zu so vielen Politikerinnen und Politikern seiner Zeit", urteilt Professor Thomas Birkner, Journalismus-Forscher und Experte für „Politische Kommunikation in der Kanzlerdemokratie": „Schmidt wusste um die Bedeutung des Journalismus für die Demokratie, das hat einerseits Nähe geschaffen, zugleich aber auch kritische Distanz."

Bundeskanzler Helmut Schmidt scherzt mit einem dpa-Fotografen

Von Blitz- und Eilmeldungen

Eine entscheidende Kompetenz von Agenturjournalisten ist es, die Relevanz einer Nachricht sachgerecht zu beurteilen und die Berichterstattung entsprechend daraufhin auszurichten.[11] Ein wichtiges Hilfsmittel dabei ist die Dringlichkeit einer Nachricht, da sie in Zeiten einer niedrigen Übertragungsgeschwindigkeit im Fernschreibnetz darüber entschied, mit welcher Priorität diese gesendet wurde. Je nach Klassifikationsmodell werden mitunter bis zu sechs Stufen unterschieden. Demnach wären Blitz-, Eil- und Vorrang- oder Schnellmeldungen zu nennen, bevor sich „dringend", „normal" und „für später" anschließen. Von besonderem Interesse sind vor allem Informationen, die von den Nachrichtenmacherinnen und Nachrichtenmachern mit den beiden höchsten Prioritäten eingestuft werden. Blitz- und Eilmeldungen – mitunter ergänzt von Eileilmeldungen – signalisieren, dass die Öffentlichkeit ein besonderes, aktuelles Interesse an diesen Informationen habe und diese als für sie wichtig erachte.

Die *dpa* hat in ihrer langen Geschichte nur 62 Meldungen als „dpa-Blitzmeldungen" versandt. Die jüngste ging am 8. September 2022 um 19.31 Uhr über den Ticker; ihr Lead lautet: „Britische Königin Elisabeth II ist tot." Es ist dies formal betrachtet eine typische Blitzmeldung, insofern sie im Telegrammstil ein konkretes Ereignis benennt und einen Ereigniszeitpunkt nennt. Der Tod oder der Rücktritt einer herausragenden Persönlichkeit, ein epochaler Wahlsieg oder eine weitreichende Entscheidung eignen sich für diese Form der „Breaking News". Zu „Krisen oder komplexeren Ereignissen, die sich über längere Zeit hinziehen", gebe es keine Blitzmeldungen, erläutert dpa-Nachrichtenchef Froben Homburger und nennt als Beispiele die Terroranschläge auf die USA am 11. September 2001 und den Angriff Russlands auf die Ukraine 2022.[12] Der historische Rückblick auf die Liste der insgesamt 62 Blitzmeldungen offenbart darüber hinaus, dass man bei der *dpa* speziell in den frühen Jahren vergleichsweise großzügig mit der Blitz-Einstufung verfuhr und mitunter auch weniger bedeutsamen Ereignissen Aufmerksamkeit schenkte. Allein 22 Blitzmeldungen gingen bis Ende der 1950er Jahre über den Ticker, darunter die Verabschiedung des Betriebsverfassungsgesetzes (19.7.1952), die Wahlentscheidungen zum stellvertretenden DGB-Vorsitz (17.10.1952) oder die Tatsache, dass die Viermächtekonferenz in zwei Gebäuden stattfand (17.1.1954).[13]

Aufschlussreich ist es, die Entwicklung der jährlich gesendeten dpa-Eilmeldungen mit der Frage zu verbinden, was dies über die Informationsgesellschaft aussagt. Die Zahl der Eilmeldungen hatte sich in den 2000er Jahren nahezu verdoppelt und war auf stolze 2.000 angewachsen. Dieser Boom hatte mehrere Gründe. Einer davon war, dass man nicht nur die eine Ausgangsnachricht als „Eil" markierte, sondern auch etliche darauf folgende. Ein anderer war, dass man damals gern die Kategorie „Eileil" verwendete, sodass man einer solchen Nachricht ein paar Eilmeldungen folgen lassen musste. Froben Homburger machte allerdings bereits in einem Interview im Jahr 2015 deutlich, dass die Reduzierung von Eilmeldungen auch eine bewusste Reaktion auf die zunehmende Informationsüberflutung durch die sozialen Medien darstellte: „Verifiziertes von Gerüchten, Herausragendes von Wichtigem und Wichtiges von Unwichtigen sauber zu trennen, ist die beste Antwort, die Nachrichtenagenturen auf die Informationsflut via Internet geben können."[14]

Der Kampf gegen Falschmeldungen

„Be first, but first be right" lautet der wichtigste Grundsatz im Nachrichtengeschäft. Geprägt haben soll ihn Paul Julius Reuter, der Medienmogul und Gründer der Weltagentur *Reuters*, noch vor dem Jahrhundertwechsel 1900.[15] In der Devise werden zwei Ziele des News Business gekoppelt, die sich jedoch mitunter ausschließen: Schnelligkeit und Zuverlässigkeit. Wenn Letztere hintangestellt wird und sich der einmal gemeldete Sachverhalt im Nachhinein als unwahr erweist, ist eine Falschmeldung über den Nachrichtendienst gegangen. Die Geschichte aller Nachrichtenagenturen ist voll solcher Fehler, die sich im Rahmen der Arbeit immer wieder ereignen.[16] Entscheidend ist der Umgang damit und der Prozess der Aufarbeitung des Fehlers. Auch die *dpa* sah sich immer veranlasst, unzutreffende Meldungen möglichst schnell wieder zurückzuziehen beziehungsweise auf entsprechende Vorwürfe zu reagieren. Drei Beispiele aus der jüngeren Geschichte zeigen, wie mit tatsächlichen oder vermeintlichen Fehlern und mit Fehlverhalten umgegangen wird.

> „Hier tickt es… Nachrichten wurden lange Zeit durch Fernschreiber übermittelt. Das charakteristische Geräusch bei der Ausgabe führte zum lautmalerischen Namen – dem „Ticker".

Spaß mit Nachrichten

Ein TV-Quiz über „Zeitungsenten"

Wahre Nachrichten von „Zeitungsenten" zu unterscheiden, dieses Ziel verfolgte eine Quizsendung, die 1972/73 in der ARD zu sehen war. Ihr Erfinder war Erich Helmensdorfer (1920 – 2017), der nach dem Ende des Krieges als Redakteur bei der *DENA* und bei der *dpa* gearbeitet und für die Hamburger Nachrichtenagentur von 1956 bis 1960 als Korrespondent aus Kairo berichtet hatte. Aber Helmensdorfer arbeitete nicht nur als Journalist, sondern im darauffolgenden Jahrzehnt auch als Nachrichtenmann beim ZDF und als Quizmaster beim Bayerischen Rundfunk. In der Sendung „Ente gut – alles gut" sollten beide Berufsfelder zusammenkommen: Helmensdorfer wollte ein „politisches Quiz" in die deutschen Wohnzimmer bringen, das Zeitgeschehen mit unterhaltenden Elementen verbinden und dabei politische Vorgänge spielerisch vermitteln.

Von Januar 1972 bis Oktober 1973 traten im Hamburger Fernsehstudio einmal monatlich Rateteams an. Sie wurden jeweils von zwei Regionalzeitungen gebildet, wobei jedes Team aus einem Mitglied der Redaktion und zwei Lesern bzw. Leserinnen bestand. Im Zentrum der Quizsendungen stand die Frage, ob die von einem Nachrichtensprecher verlesenen Meldungen wahr oder unwahr, ob sie Fakt oder Nonsens seien – oder ein Gerücht, also eine Falschmeldung, eine sogenannte „Ente".[1]

Der Versuch, zur besten Sendezeit um 20.15 Uhr im Ersten Programm ein heiteres Spiel um Desinformation anzubieten, geriet schnell in die Kritik. Zum einen monierte man, die unterhaltenden Elemente seien zu stark, zum anderen warf man dem Quizmaster oberlehrerhafte Züge vor. Immer neue „ausgetüffelte[] Mixturen zwischen Spiel, Spaß und Belehrung" wurden ausprobiert; die Sendung wurde zum redaktionellen Streitfall zwischen der NDR-Unterhaltungsabteilung und der politischen Redaktion beim Sender. Dazwischen stand Helmensdorfer mit seiner Enttäuschung, den politischen Charakter nicht stärker profilieren zu dürfen, sondern in eine „Kammerspielform" gepresst zu werden, die lediglich „ritualisierte[] Frage- und Antwortabläufe" zulasse.[2]

Zum Showdown am 30. Oktober 1973 holte sich der Moderator deshalb tatkräftige Verstärkung von Kolleginnen und Kollegen aus den Nachrichtenagenturen. In der letzten Folge traten Teams der *dpa* und der *Associated Press (AP)* gegeneinander an. Die Sendung selbst ist als Aufzeichnung nicht überliefert. Doch ein Pressefoto zeigt neben dem Moderator in der Mitte stehend auf der rechten Seite die drei Kandidaten des Frankfurter Büros der amerikanischen Presseagentur:

In der letzten Folge der Fernsehquiz-Serie „Ente gut – alles gut" traten am 30. Oktober 1973 Rateteams der *dpa* und der *AP* gegeneinander an.

Ada Brandes, Peter Hillebrecht und Karl-Heinz Schneider; auf der linken Seite die Mitspielenden aus dem dpa-Basisdienst: Georg Hensel, Holger Quiring und Sybille Fauqueux.

Aus den Produktionsunterlagen des NDR³ lässt sich rekonstruieren, dass auch diese Folge geprägt war von den beiden Polen Unterhaltung und Politik. Für die Unterhaltung sorgte ein eigens produzierter Sketch mit dem Titel „Kaffeeklatsch" des Autors und Kabarettisten Klaus-Peter Schreiner; für die Politik standen 18 ausgewählte „Tagesschau"-Beiträge mit Titeln wie „Stoph-Sindermann", „Dalai Lama", „KsZE-Eröffnung", „Kriegsgefangene", „CDU/CSU Berlin", „Kissinger Party", „Brandt-Manöver", die als 20-sekündige Meldungen die Grundlage für die Frageraunden bildeten. Den spielerisch-unterhaltenden Wettkampf der beiden Nachrichtenagenturen konnte das Team der *dpa* für sich entscheiden. Es siegte mit einem knappen 20:18-Vorsprung.

Diese Form des Umgangs mit dem Thema Desinformation wurde nicht fortgeführt. Das „Enten-Ende" war beschlossen.

„Entenvater" Helmensdorfer zog sich grollend aus dem Fernsehgeschäft zurück. Er kehrte zum Journalismus zurück und arbeitete von Dezember 1973 an erneut als Korrespondent in Kairo, diesmal für die „Frankfurter Allgemeine Zeitung".⁴

Anmerkungen

1 Vgl. Gut geschmiert. ‚Ente gut – alles gut'. Ein politisches Quiz mit Erich Helmensdorfer, in: Der Spiegel, Nr. 4, 16.1.1972.
2 Pressedossier des NDR zum Ende der Quizserie. Die Zitate entstammen den Rezensionen: Valentin Polcuch: Hut ab vor der Narrenkappe. In: Die Welt, 1.11.1973; Werner Weissberg: Helmensdorfer nimmt samt Ente Abschied. In: Neue Hannoversche Presse, 30.10.1973.
3 Unternehmensarchiv des NDR. – Ein besonderer Dank gilt Andreas Schmidt vom Geschäftsbereich „Content, Output, Wissenschaft und Forschung, Archiv" für die Unterstützung der Recherchen.
4 Zur Biografie Erich Helmensdorfers vgl. Dieter Rebentisch: Erich Helmensdorfer. In: Frankfurter Personenlexikon (Onlineausgabe). Stand des Artikels: 7.1.2018. Online: https://frankfurter-personenlexikon.de/node/10002 (22.9.2023).

„dpa korrigiert Berichte zu Vorfällen in Schorndorf", titelte die „Stuttgarter Zeitung" am 20. Juli 2017. Hier waren aus 1.000 jungen Leuten auf einer Versammlung, auf der es zu Randalen kam, 1.000 randalierende Jugendliche und junge Erwachsene geworden.[17]

Im Juni 2023 wurde von einigen deutschen Medien die Behauptung verbreitet, die Vereinten Nationen würden sich auf die Seite der Klimaaktivisten stellen und das Vorgehen der deutschen Polizei kritisieren. Grundlage waren dpa-Meldungen vom 26. Mai 2023, in denen Stéphane Dujarric zitiert wurde, der als Sprecher von UN-Generalsekretär António Guterres die Bedeutung von Klimaaktivisten und deren Aktionen hervorhob. Besonders von der „Frankfurter Allgemeinen Zeitung" war explizit von einer „Falschmeldung" die Rede. Der Vorwurf lautete, der New Yorker dpa-Journalist habe durch selektives Zitieren eine ihm genehme politische Parteinahme konstruiert und die *dpa* betreibe somit „unprofessionellen Meinungsjournalismus". Diesen schweren Vorwürfen trat dpa-Chefredakteur Sven Gösmann entgegen. In einem Schreiben an den FAZ-Herausgeber sowie öffentlich machte er deutlich, dass die *dpa* „selbstverständlich keinen Druck auf Gesprächspartner" ausübe. Die interne Überprüfung und auch die Nachfrage beim UN-Sprecher selbst hätten ergeben, dass dieser richtig zitiert worden sei. Für Gösmann war es ein Vorfall von grundsätzlicher Bedeutung: „Artikel über von Medien fabrizierte Falschmeldungen höhlen in Deutschland das Vertrauen in seriösen Journalismus gefährlich aus. dpa steht natürlich auch für eine offene und transparente Fehlerkultur: Wenn wir etwas falsch machen, dann korrigieren wir das. Aber den mit großer Reichweite verbreiteten, pauschalen Vorwurf ‚Fake News' für unsere Arbeit können wir nicht akzeptieren."[18]

Ein dritter Fall ist etwas anders gelagert und behandelt den Fall eines Plagiats, den die *dpa* im November 2018 publik machte. Ein Beitrag einer Hospitantin im Johannesburger dpa-Büro berichtete über „Taxi Queens", wonach südafrikanische Mädchen sich für Freifahrten auf Sex mit den Fahrern von Taxis und Minibussen einlassen würden. Entsprechende Passagen waren jedoch aus einem älteren englischsprachigen Bericht kopiert worden. Die *dpa* legte damals offen, dass Plagiate „zu den Worst Cases eines jeden Mediums" zählen, weil sie die Glaubwürdigkeit beschädigen. Die Berichte von Hospitanten und freien Mitarbeitern dürfen seither „ohne intensive Gegenrecherche der Redaktion" nicht mehr freigegeben werden.[19]

Drei große dpa-Pannen

Falschmeldungen gelten als die „Betriebsunfälle" im Geschäft der Nachrichtenagenturen, da sie die Objektivität als Grundpfeiler des journalistischen Handelns infrage stellen.[20] Es geht um die Glaubwürdigkeit, das wichtigste Gut im Nachrichtengeschäft. Mit der Geschichte der *dpa* sind drei spektakuläre Fälle verbunden, in denen sie Falschmeldungen herausgab und diese sodann aufarbeiten musste. Diplomatische Verwicklungen löste die Meldung vom Tod des sowjetischen Parteichefs Nikita Sergejewitsch Chruschtschow im April 1964 aus, als dieser noch lebte. Ebenfalls politische Auswirkungen hatte die sogenannte „Ravensburger Depesche", die im Februar 1968 die deutsch-französische Freundschaft zu belasten drohte. Die „Bluewater"-Geschichte schließlich ist ein Fake, auf den 2009 peinlicherweise auch die *dpa* hereinfiel.

„Chruschtschow tot", 13. April 1964, 21.48 Uhr

Die „Katastrophe im deutschen Nachrichtenwesen" dauerte weniger als 60 Minuten, die Folgen beschäftigten die *dpa* monatelang.[21] Am 13. April 1964 sendete die *dpa* um 21.48 Uhr die Blitzmeldung „Chruschtschow tot"; um 22.45 Uhr räumte sie ein, die von ihr in die Welt gebrachte Nachricht sei falsch, ein Missverständnis habe stattgefunden, der sowjetische Politiker lebe. Der Schaden war immens. Diplomatische Verwicklungen zwischen Bonn und Moskau mussten auf politischer Ebene geklärt werden; das dpa-Büro in Moskau wurde von den sowjetischen Behörden geschlossen und der Korrespondent Heinz-Günther Wurzel aufgefordert, das Land innerhalb von 24 Stunden zu verlassen. Die Glaubwürdigkeit der *dpa*, ihr höchs-

Der Blitzmeldung von 21.48 Uhr folgte fünf Minuten später eine Eilmeldung.

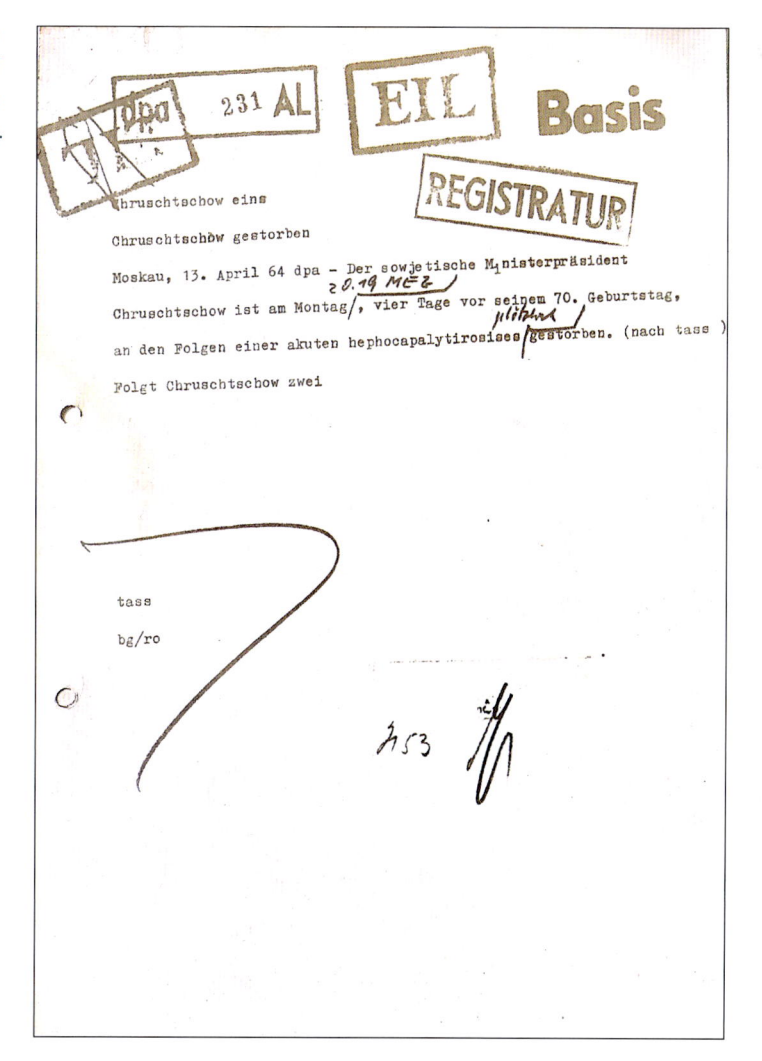

tes Gut, war schwer beschädigt. Gesellschafter und Kunden der Nachrichtenagentur verlangten Aufklärung.

Bereits vier Tage nach dem Vorfall wandten sich Geschäftsführer Wolfgang Weynen und Chefredakteur Erich Eggeling an „die Herren Verleger und Chefredakteure der Zeitungen und Rundfunkstationen, die den Basisdienst der dpa beziehen". Sie schilderten ihren Kunden, wie es zu dem Missverständnis kommen konnte und warben um Verständnis: „dpa hatte sich in langen Jahren den Ruf einer zuverlässigen Nachrichtenagentur erworben. Wir versichern, daß alle Redakteure unserer Agentur sich durch ihre Arbeit bemühen werden, diesen Ruf auch künftig zu rechtfertigen."[22]

Die Vorgänge waren verwickelt; menschliches Versagen und eine offensichtlich kriminelle Handlung spielten zusammen. Ausgangspunkt war eine angeblich von der japanischen Agentur *Asahi* stammende Meldung mit Bezug auf die sowjetische Nachrichtenagentur *TASS* über den Tod Chruschtschows, die dem Westdeutschen Rundfunk zugespielt wurde. Dieser fragte um 21.32 Uhr bei der *dpa* nach: „Können Sie uns diese Meldung bestätigen, ja?" Da es Gerüchte über den Gesundheitszustand des sowjetischen Politikers gab, war man in einer Alarmbereitschaft. Offensichtlich rissen „die Mitarbeiter in der Fernschreibstelle" das WDR-Schreiben zu früh ab, der Absendevermerk „Asahi – Bonn" fehlte, sodass der Eindruck entstehen konnte, es handle sich um eine TASS-Meldung. Die Bitte um Bestätigung erachtete die „Fernschreiberin" als Aufforderung für eine Empfangsbestätigung und „gab die Routine-Quittung nach Köln". Der diensttuende Koordinator der dpa-Zentralredaktion Stefan Zickler las das Fernschreiben nicht selbst, sondern verließ sich auf den Zuruf des Redakteurs am Fernschreiber: „Tass hat bestätigt". Um 21.48 Uhr ging die Blitzmeldung über den Sender, um 21.53 Uhr die Eilmeldung.

Immerhin setzte sich Zickler mit der britischen Agentur *Reuters* in Verbindung und meldete ein Gespräch mit dem dpa-Korrespondenten Wurzel im Moskauer Büro an. Bereits um 22.02 Uhr schickte die *dpa* ihrer Blitz- und Eilmeldung die Nachricht hinterher, dass die Angelegenheit derzeit noch geprüft werde und man die Meldungen nicht verwenden solle. *Reuters* und auch *Associated Press* antworteten inzwischen, dass ihnen nichts bekannt sei; Wurzel informierte gegen 22.30 Uhr seine Zentrale, dass Chruschtschow am Leben sei. Um 22.45 Uhr erfolgte das Dementi. Kurze Zeit später wurde bekannt, dass auch die „Tagesschau" ein nahezu gleichlautendes Schreiben wie der WDR erhalten habe, sodass Anzeige gegen den unbekannten Urheber dieser beiden gefälschten Schreiben erstattet wurde.

Die Aufarbeitung dieser bis dahin größten Panne im Nachrichtengeschäft der *dpa* geschah auf mehreren Ebenen. Zunächst einmal entschuldigte sich die dpa-Führung bei der sowjetischen Regierung, die ihre Sanktionen gegen die *dpa* jedoch längere Zeit aufrechterhielt. Dieses Vorgehen geschah in Absprache mit der Bundesregierung und dem Bundespresseamt. Diese zeigten sich erstaunlich wohlwollend. Der Leiter des Kanzlerbüros sprach Erich Eggeling gegenüber am 16. April 1964 von einer „bedauernswerte[n] Panne" und versicherte ihm „ausdrücklich",

„daß dieser Vorgang mein Vertrauen in die Arbeit der Deutschen Presse-Agentur in keiner Weise" berühre. Der geschäftsführende Vorsitzende der CDU, Josef Hermann Dufhues, schrieb einen Tag später: „Nach meiner Meinung sollte die Gesamtleistung der Deutschen Presse-Agentur seit 1949 nicht unter dieser Sache leiden. Wenn Sie meine Hilfe brauchen, stehe ich Ihnen zur Verfügung."

Voller Verständnis sind auch die Schreiben von mehreren Nachrichtenagenturen aus aller Welt. Als Antworten auf die dpa-Briefe, in denen Geschäftsführer Weynen die Vorgänge schilderte und um Vertrauen warb, drückten viele ihre kollegiale Verbundenheit mit der Nachrichtenagentur in der Bundesrepublik aus. Der Direktor der finnischen Agentur *Suomen Tietotoimisto* versicherte, „dass das Ansehen der DPA als eine zuverlässige Nachrichtenagentur hier in Finnland nicht wesentlich durch diesen Vorfall beeinträchtigt worden ist". Gerald Long von *Reuters Ltd.* schrieb Wolfgang Weynen: „No one is proof against human failure and we in our work are particulary open to its effects." Siegfried Frey, Direktor der *Schweizerischen Depeschenagentur*, sprach von einem „schwere[n] Betriebsunfall" und machte deutlich, dass „wir alle, die in der Information tätig sind, mitschuldig sind", indem „wir" nicht alles tun, „den Götzen ‚Raschheit über alles' von seinem Piedestal hinunterzustossen".

Der Redaktionsausschuss des dpa-Aufsichtsrats reagierte abschließend mit einer Entbindung, einem Verweis und einem Appell. Dass der Chef vom Dienst die Herausgabe der Meldung veranlasst hatte, ohne die Quelle sorgfältig zu prüfen, wurde als fahrlässiges Handeln gegen die Dienstanweisung gewertet. Er wurde von seiner Funktion entbunden. Gegenüber dem Redakteur beließ man es bei einem „scharfen Verweis". Der Appell an „alle Mitarbeiter der Agentur" lautete, „den bei dpa von jeher bewährten Grundsatz der Zuverlässigkeit über alles zu stellen".[23]

Die „Ravensburger Depesche", Februar 1968

Nur vier Jahre später ereignete sich die nächste „schwerwiegende Panne" – eine Falschmeldung, die die deutsch-französischen Beziehungen belastete und unter dem bereits damals geprägten Titel „Ravensburger Depesche" mittlerweile Eingang in Handbücher des Journalismus gefunden hat.[24] Karl-Otto Heuer, ein junger Redakteur im Stuttgarter dpa-Büro, berichtete am Samstag, dem 3. Februar 1968, vom Landesparteitag der SPD in Ravensburg. In seinem Text über die Rede des damaligen Außenministers und Vizekanzlers Willy Brandt schrieb er, dass dieser gesagt habe: „die tiefverwurzelte deutsch-franzoesische freundschaft vor allem im jungen volk wird am ende staerker sein als die starren, uneuropaeischen gedanken eines machtbesessenen regierungschefs". Doch diese Worte – sie wären ein Affront gegenüber dem französischen Staatsoberhaupt de Gaulle gewesen – waren so nicht gefallen. Die SPD dementierte am Sonntag, die *dpa* brachte dies als Meldung und berichtete, dass Brandt gesagt haben soll: „die deutsch-franzoesische freundschaft vor allem in der jugend, ist heute so stark verwurzelt, dass sie auch nicht von unfaehigen regierungen gestoert werden kann".

Das Problem war, dass Karl-Otto Heuer lange Zeit darauf beharrte, die Worte Willy Brandts so vernommen zu haben, und die *dpa* ihrem Redakteur vertraute. Erst als die Mitschnitte des öffentlich-rechtlichen Rundfunks ausgewertet werden konnten, gab der Mitarbeiter zu, dass er nach einem schweren Unfall am Vortag unaufmerksam gewesen sei und während eines Zwischenapplauses auf dem Parteitag zwar glaubte, die Worte Brandts so verstanden zu haben, aber doch abgelenkt gewesen sei.

Die Irritationen auf politischer und diplomatischer Ebene konnten relativ schnell geklärt werden. Bundeskanzler Kiesinger äußerte bereits am 7. Februar im Kabinett, dass die „unterstellten Äußerungen zum deutsch-französischen Verhältnis und insbesondere zur Person des französischen Staatspräsidenten so nicht stimmen konnten". Die „Ravensburger Depesche" bedeutete – im Gegensatz zu ihrem historischen Vorbild, der „Emser Depesche" von 1870 – keine Belastung der Beziehungen der beiden Nachbarstaaten.[25]

Die dpa-interne Prüfung fand am Freitag, 10. Februar, ihren Höhepunkt. In einer fünfstündigen Sitzung befasste sich der Aufsichtsrat mit dem „Vorkommnis" und kritisierte vor allem die Chefredaktion in Hamburg. Hans Benirschke und Heinz Köster hätten „die umstrittene Passage (im Grunde also nur wenige Worte der langen Meldung)" noch am Wochenende sperren müssen, so lange, bis die Tonbandprüfung erfolgt war. Sie hatten dies deshalb nicht unternommen, weil es in der jüngeren Vergangenheit wiederholt vorgekommen sei, dass die *dpa* von „Bundesministern und anderen hohen Repräsentanten Bonns" „geprellt" wurde, indem unliebsame Äußerungen im Nachhinein dementiert wurden, obwohl sie wahrheitsgemäß gefallen seien.[26]

Chefredakteur Benirschke unterstrich am 12. Februar in seinem Rundschreiben, dass man den Korrespondenten und Mitarbeitern weiterhin grundsätzlich vertraue, aber die Auslandsbüros und die Zentrale „mit kritischem Verstand und mit politischem Verständnis" prüfen müssten. Außerdem wurde darauf hingewiesen, dass man bei Meldungen, die angezweifelt werden, sofort entsprechend zu reagieren habe: „Berichtigungen und die Aufklärung umstrittener Vorgänge haben in jeder Hinsicht Vorrang. Wir schützen damit unsere Agentur und unsere Mitarbeiter vor einem Teil der Risiken, die in jeder nachrichtenjournalistischen Arbeit liegen. Außerdem haben wir eine Pflicht zur Fairneß gegenüber betroffenen Personen, Organisationen, usw."[27]

Sechs Lehren aus Bluewater

Ein für den Agenturjournalismus besonders blamables Beispiel ist der „Bluewater"-Fake, dem die *dpa* aufsaß. Um den deutschlandweiten Start ihrer deutschen Filmsatire „Short Cut to Hollywood" im September 2009 zu promoten, hatten sich die beiden Filmemacher Jan Henrik Stahlberg und Marcus Mittermeier eine perfide Werbeaktion ausgedacht. Sie täuschten ein Selbstmordattentat vor, das sich in einer amerikanischen Kleinstadt namens Bluewater ereignet habe. Ihre „Ente", also eine vorgetäuschte, nicht wahrheitsgemäße Meldung, inszenierten sie mit reichlich Aufwand: Sie bauten eine Webseite des angeblichen Ortes und die Homepage eines angeblich dort ansässigen Fernsehsenders vpk-tv, der bereits über das Attentat berichte. Sie erfanden Accounts auf sozialen Medien und ließen Schauspieler mit amerikanischem Akzent anrufen und als vermeintliche Augenzeugen aufgeregt berichten.

Mit all dem hatten die Filmemacher Erfolg. Am 10. September 2009 meldete *dpa* um 9.38 Uhr, dass es in der kalifornischen Kleinstadt Bluewater „nach einem Bericht des örtlichen Senders vpk-tv zu einem Selbstmordversuch gekommen" sein soll. Um 9.59 Uhr ergänzten sie die Angaben über zwei Explosionen mit Verweis auf einen „Sprecher der Feuerwehr" in Bluewater. Um 10.06 Uhr dementierte die *dpa* ihre Meldungen: „TV-Berichte über einen Anschlag in der kalifornischen Kleinstadt Bluewater scheinen falsch zu sein. Ein Polizeisprecher in Bluewater dementierte, dass es einen Anschlag gab. Vermutlich habe es sich um einen gefälschten Bericht gehandelt."[28]

Die Panne war perfekt. Die Nachrichtenagentur hatte sich an der Nase herumführen lassen, die Prüfungsmechanismen hatten versagt. Für den erst seit Juli im Amt tätigen Chefredakteur Wolfgang Büchner war es eine schwere Bewährungsprobe. Er handelte umgehend. Bereits am 11. September 2009 verkündete Büchner „sechs Lehren aus Bluewater". Darin hieß es: „Eine Story, die zu gut ist, um wahr zu sein, ist vermutlich genau dies: nicht wahr." Der oberste Grundsatz des Agenturjournalismus wurde bekräftigt: „Im Wettbewerb mit der Konkurrenz geht Richtigkeit immer vor Geschwindigkeit." Damit ein solch „schwerer Fehler" nicht mehr passieren konnte, wurden die Verifizierungsregeln verschärft. Zwei Mitarbeiter müssten vom Chef vom Dienst oder Ressortleiter freigestellt werden, um als Taskforce die Faktenlage zu prüfen, vor allem bei Internetquellen. Darüber hinaus werden die Bezieher des dpa-Dienstes „so früh wie möglich in einem Achtungshinweis informiert", der nach „folgendem Strickmuster formuliert" sein kann: „Es gibt berechtigte Hinweise, dass ... Bitte verwenden Sie die Meldung 0000 deshalb vorerst nicht. Die dpa prüft ... und wird Sie informieren, sobald es neue Erkenntnisse gibt."[29] Seither gibt es auch einen „dpa-Notizblock", in dem die Agentur ihre Recherchequellen offenlegt, sodass geografische Angaben überprüft und Ansprechpartner notiert werden können, die man kontaktiert hatte.

> Be first, but first be right.

Presserat und Pressekodex

Eine der wichtigsten Richtlinien für den Journalismus in Deutschland ist der Pressekodex. 1973 stellte der Deutsche Presserat zum ersten Mal Grundsätze für die publizistische Arbeit vor, an denen journalistische Leistungen gemessen werden können. Der Deutsche Presserat, ein Gremium der freiwilligen Selbstkontrolle der Medien, versteht sich als Instanz, die sich für die Pressefreiheit in Deutschland und den ungehinderten Zugang zu Nachrichten einsetzt, die aber auch über die Einhaltung der selbstgesetzten Standards wacht und bei berechtigten Beschwerden auf entsprechende Verstöße aufmerksam macht.

Die *dpa* bekennt sich wie viele Print- und Onlinemedien zum Pressekodex und hat diesen in ihr Ausbildungsprogramm integriert. Ihrer journalistischen und redaktionellen Arbeit wurde noch keine formale „Rüge" vom Deutschen Presserat erteilt, die schärfste Form der Sanktionierung. Chefredakteur Benirschke bekräftigte 1985 die grundsätzliche Haltung der *dpa* zu einer transparenten Fehlerkultur, die Agentur würde etwaige Verstöße auch ihrerseits offenlegen.[30] Freilich erreichten den Presserat immer wieder auch Beschwerden gegen die *dpa*, sodass diese von den Beschwerdeausschüssen geprüft werden mussten.

> Verleger, Herausgeber und Journalisten müssen sich bei ihrer Arbeit der Verantwortung gegenüber der Öffentlichkeit und ihrer Verpflichtung für das Ansehen der Presse bewusst sein.
>
> *Pressekodex*

Ein schwerwiegender Fall ereignete sich 1978. Zum ersten Mal in der Geschichte der *dpa*, wie der Geschäftsbericht ausdrücklich hervorhob, beschäftigte eine Beschwerde gegen die *dpa* den Deutschen Presserat. Was im Geschäftsbericht nur kurz Erwähnung findet, kann anhand der erhalten gebliebenen Unterlagen genauer nachvollzogen werden.[31] Die Dokumente erlauben einen Einblick in die Abläufe eines solchen Beschwerdeverfahrens und in die politischen Argumentationen, unter denen Agenturjournalismus damals stattfand.

Den Ausgangspunkt bildeten Presseberichte, wonach diplomatische Vertreter und Politiker, darunter der bayerische CSU-Politiker Franz Josef Strauß, gegen den in der Republik Zypern regierenden Staatspräsidenten Spyros Kyprianou und dessen Kabinett vorgehen und eine pro-türkische Politik für die geteilte Insel verfolgen würden. Am 8. August 1978 legte Gerold Tandler, Generalsekretär der CSU in Bayern, Beschwerde beim Deutschen Presserat ein und beantragte, „gegen die Verantwortlichen eine öffentliche Rüge oder Mißbilligung auszusprechen". Tandler bezog sich auf die dpa-Meldung „griechische und zyprische presse verdaechtigen franz josef strauss" vom 16. Juli 1978. Er bezeichnete die in der griechischen und zyprischen Presse wiedergegebenen Behauptungen, Strauß oder Funktionäre der CSU würden eine pro-türkische Lösung der Zypern-Frage vorbereiten, als „abwegig" und machte der *dpa* den Vorwurf, „sich damit zur Trägerin einer griechischen und zyprischen Kampagne" gemacht und dabei „fundamentalste Grundsätze der journalistischen Arbeit mißachtet" zu haben. Konkret habe die *dpa* gegen den publizistischen Grundsatz der Sorgfaltspflicht und Prüfung des Wahrheitsgehalts verstoßen, sie habe „unbestätigte Meldungen, Gerüchte und Vermutungen als solche" nicht erkennbar gemacht und eine Pressemeldung der CSU in dieser Sache erst zweieinhalb Stunden später bekannt gemacht.

Im nächsten Schritt ging der von der bayerischen Partei vorgebrachte Vorwurf gegen die *dpa* durch die Presse und wurde dort unterschiedlich bewertet. Die „Süddeutsche Zeitung" brachte einen Korrespondentenbericht, der sogar von einer „rechtsextremistischen Verschwörung" sprach (22./23.7.1978), die „Frankfurter Allgemeine Zeitung" berichtete lediglich den Sachverhalt (12.8.1978) und der „Bayernkurier" urteilte über die „obere[n] Chargen" der *dpa*, dass sie es „keineswegs bei der bloßen Nachrichtenübermittlung" beließen, sondern „politisch aktiv" würden: „Die Agentur setzte sich dem Verdacht aus, eine gezielte Kampagne gegen Franz Josef Strauß zu unterstützen. Sie ist der politischen Verantwortung nicht gerecht geworden, die einer Quasi-Monopol-Agentur wie dpa zukommt."[32]

Schließlich erhielt dpa-Chefredakteur Hans Benirschke vom Presserat die Gelegenheit, sich zu den Vorwürfen zu äußern. In seinem Schreiben vom 4. September 1978 legte er „Sachverhalt" und „Stellungnahme" aus seiner Sicht dar, wies Beschwerde und Antrag als unbegründet zurück und verwahrte sich gegen den „Vorwurf der politisch motivierten Manipulation". Benirschke stützte seine Position darauf, dass eine Nachrichtenagentur es „ihren Kunden und der Öffentlichkeit schuldig" sei, „einen öffentlichen Vorgang von dieser Tragweite zu registrieren". Die *dpa* habe gemäß Ziffer 2 der Publizistischen Grundsätze des Presserats deutlich gemacht, dass es sich um „Verdächtigungen [...] und nicht um konkrete Informationen" handle und dass die Nachrichtenagentur selbstverständlich Recherchen in Nikosia unternommen habe, um die Verdächtigungen einzuordnen. Im Zusammenhang mit der Frage nach dem Umgang mit Anschuldigungen, Unterstellungen, Verdächtigungen und Kampagnen warnte der Chefredakteur: „Eine allzu extensive Auslegung der Verpflichtung zur Überprüfung des Wahrheitsgehalts könnte einer Knebelung der Nachrichtenmedien und damit einer Verhinderung der Berichterstattung gleichkommen."

Am 30. November 1978 konnte die *dpa* melden, dass „der beschwerdeausschuss des deutschen presserats" die Beschwerde „als unbegruendet zurueckgewiesen" habe und „keinen verstoss gegen die journalistischen sorgfaltspflichten" erkannt habe. Doch damit nicht genug. Die Entscheidung des Presserats hatte noch ein Nachspiel, über das die *dpa* entsprechende Meldungen verschickte. Die CSU zeigte sich mit der Zurückweisung ihrer Beschwerde nicht einverstanden. Edmund Stoiber, inzwischen Generalsekretär der CSU, sprach noch am selben Tag von „einem freibrief fuer denunzierungen und beleidigungen". „dpa oder andere nachrichtenvermittler koennten von nun an unter hinweis auf den deutschen presserat denunzierungen aller art ueber personen des oeffentlichen lebens verbreiten, wenn sie sich auf irgendwelche auslaendische publikationen berufen koennten." Stoiber warnte vor „einer pervertierung der pressefreiheit in der bundesrepublik". Ein Sprecher der FDP wiederum bezeichnete die Kritik der CSU an der Entscheidung als „beschaemend" und äußerte, „dass die csu nach wie vor in ‚majestaetsbeleidigungskategorien statt in den masstaeben der informationspflicht' denke".

Der Fall zeigt anschaulich, unter welchen Bedingungen agenturjournalistisches Arbeiten zwischen Pressefreiheit und politischer Verantwortung steht und wie Sorgfaltspflichten für geprüfte Nachrichten und die Aufgabe, über Ereignisse zu berichten, einander gegenüberstehen.

Anfälligkeiten, Gefälligkeiten

Im Zusammenhang mit der täglichen Arbeit konnte es nicht ausbleiben, dass Journalistinnen und Journalisten, die für die *dpa* arbeiteten, sich dem Verdacht ausgesetzt sahen, die eine oder andere Handlung aus eigennützigen Interessen unternommen zu haben. Vom Vorwurf des Meinungsjournalismus war bereits die Rede, also von der Unterstellung, der eine oder andere Mitarbeitende habe seine politischen Präferenzen über das Postulat der Objektivität gestellt.

Um ein vermeintlich eigennütziges Verhalten in einem anderen Sinn kreist die in der Kunstszene oft wiederholte Geschichte, die sich um eine am 1. Oktober 1963 in Berlin eröffnete Ausstellung von Werken des jungen Künstlers Georg Baselitz rankt. Die Meldung, die zur Skandalisierung und damit zu medialer Aufmerksamkeit geführt haben soll, soll demnach aus dem Umkreis von Baselitz lanciert worden sein.[33] Der erste von drei Texten des Berliner dpa-Mitarbeiter „ku", so zeigt sich, sprach zwar bereits von „Obszönität": „tuschelnde grueppchen festlich gekleideter menschen druecken sich verwundert oder angewidert von soviel scheusslichkeien an den 52 obszoenen oelgemaelden, aquarellen und zeichnungen des 25 jahre alten baselitz vorbei." Doch von einem Skandal sprach erst der Aufmacher der „B.Z." am 3. Oktober 1963, der das Eingreifen der Sittenpolizei ankündigte. Zwei folgende dpa-Meldungen vom 4. und vom 9. Oktober berichteten sachlich über das Vorgehen der Staatsanwaltschaft und über den starken Publikumsandrang.[34] Der Vorwurf, der Berliner dpa-Mitarbeiter habe sich an einem Freundschaftsdienst für Baselitz und seine Galeristen beteiligt, lässt sich nicht belegen.

Der gravierende Vorwurf, sich nicht immer in den Dienst der objektiven Nachricht gestellt zu haben, sondern auch geheimdienstlich tätig gewesen zu sein, taucht immer wieder auf. Die Namen einiger dpa-Mitarbeiter, darunter der von Chefredakteur Hans Benirschke, fallen im Zusammenhang mit den sogenannten „Presse-Sonderverbindungen" des Bundesnachrichtendienstes (BND). Diese Behörde, die in der Ära Adenauer die politische Inlandsspionage ausbaute, knüpfte bis Ende der 1960er Jahre ein dichtes Netz mit Journalistinnen und Journalisten, Redakteurinnen und Redakteuren. Die Geheimdienstzentrale im bayerischen Pullach versuchte über sie, zum einen die Berichterstattung zu beeinflussen, zum anderen wollte sie aber auch an Informationen gelangen, zu denen Journalisten Zugang haben.

Die Tatsache, dass es Listen gab, auf denen viele bekannte Namen des deutschen Journalismus der 1950er und 1960er Jahre auftauchen, wurde am Ende der Großen Koalition bekannt, als Horst Ehmke im Oktober 1969 der erste sozialdemokratische Chef des Kanzleramts wurde und damit auch Dienstherr des BND. Ehmke leitete eine Reform des Nachrichtendienstes ein und untersagte dem BND, solche „Presse-Sonderkontakte" zu unterhalten. Auf verschiedenen Listen, die in den Publikationen des Publizisten Erich Schmidt-Eenboom und später der unabhängigen Historikerkommission um Professor Klaus-Dietmar Henke Erwähnung finden, tauchen unter den über 200 „abwehrbereiten Journalisten" auch vier dpa-Mitarbeiter auf: Fritz Bucher und Richard Hofer aus dem Münchner dpa-Büro, Manfred Hellmann aus dem Bielefelder dpa-Büro und Hans Benirschke als ehemaliger London-Korrespondent und mittlerweile Chefredakteur der *dpa*.

Aus der Tatsache, dass ein Name auf einer der Listen erscheint, lässt sich – das bekräftigen sowohl die „Unabhängige Historikerkommission ‚Geschichte des Bundesnachrichtendienstes 1945 – 1968'" als auch Schmidt-Eenboom – noch keine aktive Mitarbeit ableiten. Ein Name konnte als Formalkontakt auftauchen beziehungsweise als Person, zu der man lediglich plane, Kontakt aufzunehmen. Erst der Nachweis, dass Geldzahlungen erfolgt seien, lasse den Hinweis zu, dass Leistungen als Informant an einen BND-Führungsoffizier erbracht worden seien. Das ist für die genannten dpa-Mitarbeiter jedoch nicht nachweisbar. Henke, der viele spektakuläre Fälle der Medienbranche in seinem umfangreichen Kapitel zu den „Presse-Sonderbindungen" vorstellt, erwähnt keinen dpa-Mitarbeiter als „Pullachs PR-Agenten".[35]

Anmerkungen

1. Christian Volbracht im Interview mit Hans-Ulrich Wagner, 13.4.2023.
2. Meinolf Ellers im Interview mit Hans-Ulrich Wagner, 15.12.2023.
3. Im dpa-Unternehmensarchiv haben sich keine Protokolle der Redaktionskonferenzen und keine Abdruckstatistiken erhalten. Im Privatarchiv von Christian Volbracht findet sich eine dpa-Hausmitteilung vom 27.6.1971, in der er Heinz Köster als stellvertretendem Chefredakteur und Chef Inland einen „Vergleich der Berichterstattung von dpa und upi an einem zufällig herausgegriffenen Tag mit vollem Nachrichtenangebot" übergab. Diese Auswertung entstand mit Sicherheit im Zusammenhang mit dem bevorstehenden Aus des deutschsprachigen Dienstes von upi, vgl. auch Kapitel 9.

4   Nina Grunenberg: „eil, eil". Im Tempo liegt Prestige. „Kärrner-Arbeit" rund um die Uhr. In: Die Zeit, Nr. 14, 1.4.1966.
5   Meinolf Ellers (Anm. 2).
6   Christian Volbracht im Interview mit Meinolf Ellers, 2019. dpa-Unternehmensarchiv.
7   Vgl. Schneider/Raue 2012, 122; und Zschunke 1994, 162ff.
8   Vyslozil 2014b.
9   Die „besten" Fehler und Berichtigungen der dpa. In: dpa. agentour, Nr. 3, September 2009, 20–22.
10 Privatarchiv. Christian Volbracht.
11 Vgl. Zschunke 2001.
12 Froben Homburger in: Der Tod der Queen als dpa-Blitzmeldung. In: Magazin für Kommunikation (KOM), 13.9.2022. Online: https://www.kom.de/artikel/der-tod-der-queen-als-dpa-blitzmeldung/ (15.9.2023).
13 Froben Homburger: Blitzmeldungen der dpa. Zusammenstellung aus dem Jahr 2016. dpa. Unternehmenskommunikation.
14 Froben Homburger, zitiert in: Bülend Ürük: Nachrichtenagenturen: Warum dpa immer weniger Eilmeldungen verschickt. In: newsroom.de, 6.1.2015. Online: https://www.newsroom.de/news/aktuelle-meldungen/vermischtes-3/nachrichtenagenturen-warum-dpa-immer-weniger-eilmeldungen-verschickt-826231/ (3.8.2023).
15 Miriam Meckel: „Be first, but first be right" – Der Erfinder der Eilmeldung. Post auf LinkedIn, 29.11.2016. Online: https://de.linkedin.com/pulse/first-right-der-erfinder-eilmeldung-miriam-meckel (16.11.2023).
16 Kurt Koszyk und Karl H. Pruys erwähnen 1970 im Artikel „Falschmeldung", dass auf 100.000 Meldungen 20 Beanstandungen kamen; Koszyk/Pruys 1970, 98.
17 dpa korrigiert Berichte zu Vorfällen in Schorndorf. In: Stuttgarter Zeitung, 20.7.2017. Online: https://www.stuttgarter-zeitung.de/inhalt.schorndorfer-woche-dpa-korrigiert-berichte-zu-vorfaellen-in-schorndorf.53164b80-77d8-41ab-b223-2567204851c0.html (28.4.2023).
18 Vgl. dpa-Chefredakteur Sven Gösmann wehrt sich gegen Vorwürfe in der FAZ. In: kress, 2.6.2023. Online: https://kress.de/news/beitrag/145440-dpa-chefredakteur-goesmann-wehrt-sich-gegen-vorwuerfe-in-der-faz.html (2.6.2023); Joachim Krause: Von DPA-Meldung ausgelöst. Deutsche Medien verbreiten Fake News zu UN und letzter Generation. In: FAZ net, aktualisiert am 1.6.2023. Online: https://www.faz.net/aktuell/feuilleton/medien/dpa-verbreitet-falschnachricht-zu-un-und-letzter-generation-18932165.html (2.6.2023); Stefan Niggemeier: dpa-Meldung über UN. Verzerrte Debatte um verzerrte Darstellung. In: Übermedien, 6.6.2023. Online: https://uebermedien.de/84977/verzerrte-debatte-um-verzerrte-darstellung/ (7.6.2023).
19 Plagiatsfall: Warum dpa die „Taxi-Queens"-Berichte zurückgezogen hat. In: newsroom.de, 9.11.2018. Online: https://www.newsroom.de/news/aktuelle-meldungen/vermischtes-3/plagiatsfall-warum-dpa-die-taxi-queens-berichte-zurueckgezogen-hat-886343/ (28.4.2023).
20 Weischenberg 1995, 163.
21 Folgenschwere dpa-Falschmeldung „Chruschtschow ist tot". In: Zeitungs-Verlag und Zeitschriften-Verlag, Nr. 17, 1964, 616f.; vgl. auch Karl-Heinz Janßen: Das harte Geschäft mit Nachrichten. In: Die Zeit, 24.4.1964.
22 dpa. Unternehmensarchiv. Ordner Falschmeldung Chruschtschow. Alle Zitate sind den Dokumenten in diesem Ordner entnommen.
23 Niederschrift über die 41. Sitzung des Arbeitsausschusses der Redaktion des Aufsichtsrats der dpa am 12. Mai 1964 in Hamburg. dpa. Unternehmensarchiv.
24 Das Zitat stammt aus: Chefredakteur Hans Benirschke an alle Redakteure und Auslandskorrespondenten der dpa, 12.2.1968. dpa. Unternehmensarchiv. Von einer „Depesche aus Ravensburg" und „Ravensburger Depesche" sprachen die „Welt" am 7.2.1968 und die „Zeit" am 9.2.1968. Auf die „Ravensburger Depesche" geht Siegfried Weischenberg im Kapitel „Die Geschichte ‚objektiver Nachrichten'" ein (1995/2002, 162–165).
25 Die Protokollnotiz zur Kabinettssitzung am 7.2.1968 ist über das Bundesarchiv online zugänglich: https://kabinettsprotokolle.bundesarchiv.de/protokoll/b60e81e4-4e18-4180-ab14-9d70d862fc11#Kd8c-07b-416 (21.2.2024).
26 Fritz Brühl, Vertreter des WDR im Aufsichtsrat der dpa, fertigte einen vertraulichen Bericht über die „Ravensburger Affäre" an, den er am 14.2.1968 seinem Intendanten Klaus von Bismarck zur Information gab. WDR. HA. 13241.
27 Hans Benirschke an alle Redakteure und Auslandskorrespondenten der dpa, 12.2.1968. dpa. Unternehmensarchiv.
28 Vgl. die „Bildblog"-Artikel von Ronnie Grob am 10.9.2009 um 14.10 Uhr und von Stefan Niggemeier am selben Tag um 18.33 Uhr. Online: https://bildblog.de/11460/wie-in-bluewater-einmal-nichts-passierte/; https://bildblog.de/11514/wie-in-bluewater-einmal-nichts-passierte-2/ (20.2.2024).
29 Die „Lehren aus Bluewater" wurden am 15.9.2009 bei „Bildblog" veröffentlicht: https://bildblog.de/11656/lehren-aus-bluewater/ (20.2.2024).
30 dpa-Geschäftsbericht 1985, 39. Die Verfahren, die seit 1985 beim Deutschen Presserat durchgeführt wurden, sind auf dessen Homepage recherchierbar: https://recherche.presserat.info/, wobei das jeweils beschuldigte Medium anonymisiert wird. Auch die Rügen, die seit 1985 ausgesprochen wurden, sind einsehbar: https://www.presserat.de/ruegen-presse-uebersicht.html.
31 dpa. Unternehmensarchiv. Ordner: Rechtsfälle. Alle nachfolgenden Zitate entstammen den Dokumenten in diesem Ordner.
32 Olaf Ihlau: Ein levantinisches Komplott mit deutscher Starbesetzung. In: SZ, 11./23.7.1978; Beschwerde Tandlers beim Presserat. In: FAZ, 12.8.1978; Thomas Engel: Deutsche Presse-Agentur. Ein Schlußstrich, der keiner ist. In: Bayernkurier, 5.8.1978.
33 Vgl. Thomas Mau: Wegen Obszönität beschlagnahmt: Die Georg-Baselitz-Ausstellung. WDR. Zeitzeichen, Sendung vom 1.10.2023; Nathalie Stelmach: Skandal um jeden Preis? In: hypothesis.org, 13.1.2017. Online: https://kstreit.hypotheses.org/author/stelmach (1.10.2023).
34 galerie werner und katz eroeffnete obszoen. dpa-meldung, 2.10.1963; umstrittene bilderausstellung in berlin wird nicht geschlossen. dpa-Meldung, 4.10.1963; umstrittene ausstellungsbilder in berlin beschlagnahmt. dpa-Meldung, 9.10.1963. dpa. Unternehmenskommunikation.
35 Die genannten dpa-Mitarbeiter werden von Schmidt-Eenboom (1998 und 2004) erwähnt. Henke (2022) schildert im Kapitel „Presse-Sonderverbindungen" (449–543) die Tätigkeit mehrerer Journalisten, die Geldzahlungen des BND erhielten. Darunter sind keine dpa-Mitarbeiter. Vgl. auch Christian Staas: Pullachs PR-Agenten. In: Die Zeit, 18.4.2022.

Vom Palais Dollmann zum „dpa-Haus"

Hamburg, Mittelweg 38

Seit 1949 lautet die Anschrift der *dpa* in Hamburg: Mittelweg 38. Die Adresse führt nach Hamburg-Eimsbüttel, an die Grenze der Stadtteile Harvestehude und Rotherbaum, nur wenige Gehminuten von der Außenalster entfernt. Das Gebäudeensemble wird beherrscht von einer stuckverzierten Gründerzeitvilla, dem „Palais Dollmann". 1890/91 für einen wohlhabenden Hamburger Kaufmann umgebaut, weist die Villa eine wechselvolle Geschichte auf. Sie steht seit 2013 unter Denkmalschutz.

Carl Paul Dollmann (1852 – 1907) war als Mitinhaber von *Jantzen und Thormählen* ein sehr erfolgreicher Kaufmann. Das Handelshaus *Jantzen und Thormählen* betätigte sich seit 1874 im florierenden Kolonialhandel. Es besaß riesige Tabak-, Kakao-, Kaffee- und Kautschuk-Plantagen in Westafrika, vor allem in Kamerun.[1] Doch seine ohnehin gefestigte gesellschaftliche Stellung genügte Dollmann offenbar nicht, der Titel eines königlich-bayerischen Generalkonsuls in Hamburg sollte ihn zudem noch schmücken. 1886 bewarb Dollmann sich bei König Ludwig II. von Bayern auf die frei gewordene Position und setzte sich gegen einen Mitbewerber durch.[2] In dieser Zeit reiften auch die Pläne für ein repräsentatives Anwesen.

Die Fassaden wurden von den Architekten Manfred Semper (1838 – 1913) und Carl Philipp Krutisch (1851 – 1895) ganz dem Zeitgeschmack entsprechend mit barocken Formen realisiert.[3] Im Hamburger Adressbuch von 1892 findet sich der Hinweis, dass Dollmann mit seiner Frau am 1. Februar 1892 in die Villa eingezogen ist.[4] Olga Maria Krogmann, seine Ehefrau, Tochter einer hanseatischen Kaufmannsfamilie, hatte offensichtlich das Grundstück mit einem Vorgängerbau in die Ehe gebracht. Der Familie waren jedoch nur wenige gemeinsame Jahre in ihrem stattlichen Anwesen vergönnt: 1907 starb Carl Paul Dollmann, 55-jährig.[5] Die Witwe und die Kinder veräußerten nach dem Ende des Ersten Weltkriegs Haus und Grundstück an das Familienunternehmen *Franz Haniel & Cie. GmbH*.

Die Handelsgesellschaft *Haniel & Cie.*, bis 1963 Eigentümer des Anwesens, blieb von Einquartierungen während des „Dritten Reiches" nicht verschont. Spätestens seit 1943 residierte in der Villa die „Ergänzungsstelle des Heeres und der Waffen-SS" für den „Wehrkreis X – Nordsee". Nach dem Ende des Zweiten Weltkriegs nahm die britische Militärregierung im ehemaligen „Hamburger NS-Regierungsviertel"[6] in Harvestehude und Rotherbaum zahlreiche Einquartierungen vor – sicherlich auch am Mittelweg 38.

Ende des 19. Jahrhunderts erhielt die Villa ihre jetzige äußere Form. Im Hintergrund sind die hinzugekommenen Erweiterungsbauten zu sehen.

Zu Beginn des Jahres 1949 verlautbarte der *Deutsche Pressedienst*: „Der Deutsche Pressedienst, bisher Rothenbaumchaussee 169, hat am 6. Februar ein neues Gebäude bezogen. Die neue Anschrift der Zentralredaktion und des Hauptbüros Hamburg des *Deutschen Pressedienstes* ist jetzt: Hamburg 13, Mittelweg 38." Aus dem *dpd* wurde nur kurze Zeit später, im Herbst 1949, die *dpa*; sie war bis 1963 Mieter am Mittelweg 38.

„Überraschend", so heißt es 1962 in den Unterlagen der dpa-Gesellschafter, bot *Haniel & Cie.* das rund 4.800 Quadratmeter große Grundstück und die Villa zum Kauf an. Im Hintergrund in den 1950er Jahren hatte die *dpa* neben dem Palais einen Neubau mit einer Nutzungsfläche von circa 2.500 Quadratmetern auf eigene Kosten für die dpa-Zentrale, das Landesbüro Nord, das Bildbüro Nord und die Zweigstelle Hamburg des *VWD* errichten lassen.[7] Der geforderte Kaufpreis war mit gut 2 Millionen DM für damalige Verhältnisse stolz. Bei der *dpa* kalkulierte man, was ein Umzug von Hamburg in die damalige Bundeshauptstadt Bonn kosten würde. Die eingesetzte „Kommission zur Frage des Hauskaufs" unter dem Vorsitz des Verlegers Kurt Neven DuMont empfahl dem dpa-Aufsichtsrat schließlich den Ankauf. Im März 1963 erwarb man das Anwesen für 1,8 Millionen DM. Dieser immer noch hohe Kaufpreis überstieg die finanziellen

Möglichkeiten der *Deutsche Presseagentur GmbH*. Er machte eine außerordentliche Gesellschafterversammlung notwendig, auf der am 23. Januar 1963 eine Verdoppelung des Stammkapitels von 1,2 auf 2,4 Millionen DM beschlossen werden musste.

Der größer werdende Raumbedarf und die Anpassung an technische Innovationen veranlassten seitdem eine Reihe von An- und Umbauten. Im Jahr 2010 zogen die Zentralredaktionen aus Hamburg und aus Frankfurt am Main in ein neues Gebäude in Berlin, doch am dpa-Standort in Hamburg verbleiben bis heute die Unternehmensleitung und Verwaltungsbereiche sowie das Landesbüro Nord, das sich um Nachrichten aus Hamburg, Schleswig-Holstein und Mecklenburg-Vorpommern kümmert. Rund 250 Angestellte arbeiten am Mittelweg 38 und in umliegenden Gebäuden.

Anmerkungen

1 Vgl. Hans-Dieter Loose: Wilhelm Jantzen. In: Neue Deutsche Biographie 10(1974), 349–350. Online: https://www.deutsche-biographie.de/pnd117084042.html#ndbcontent (9.4.2022) sowie Unterlagen des Archivs der Handelskammer und der Commerzbibliothek Hamburg zum Handelshaus Jantzen und Thormählen. – Ein besonderer Dank für die Unterstützung dieser Recherche an Dr. Kathrin Enzel, Stiftung Hanseatisches Wirtschaftsarchiv, Hamburg.
2 Zur Bewerbung auf die Stelle als königlich-bayerischer Generalkonsul vgl. Staatsarchiv Hamburg. Senat. Bayerisches Generalkonsulat 1817–1907. 111-1_5099.
3 Vgl. Zum Gedächtnis von Philipp Krutisch. In: Deutsche Bauzeitung 30(1896), Nr. 16, 22.2.1896, 100–101; Unterlagen des Architekturarchivs Hamburg. – Ein besonderer Dank für die Unterstützung dieser Recherche an Karl Heinz Hoffmann, Architekturarchiv Hamburg.
4 Ausgewertet wurden die in der Staats- und Universitätsbibliothek Hamburg digitalisierten Hamburger Adressbücher seit 1877.
5 Nachrufe auf Dollmann erschienen in: Neue Hamburger Zeitung, 15.11.1907; Hamburger Fremdenblatt, 19.11.1907; Hamburger Correspondent, 18.11.1907; Hamburger Nachrichten, 18.11.1907.
6 Herbert Diercks: Rund um die Alster. Hamburger Geschichte im Nationalsozialismus. Texte, Fotos und Dokumente. Hrsg. von der KZ-Gedenkstätte Neuengamme. Hamburg 2018, 58. – Aus einem Rundschreiben der „Ergänzungsstelle des Heeres und der Waffen-SS Nordsee X" vom 20.2.1945 geht hervor, dass diese Einrichtung unter Leitung von SS-Hauptsturmführer Wolfgang Hoffmann (1914–1989) im Mittelweg 36 ihren Sitz hatte (Antiquariat Friederichsen, Hamburg. Online: https://www.zvab.com/Rundschreiben-Erg%C3%A4nzungsstelle-Heeres-Wafffen-SS-Nordsee-Hamburg/31182017320/bd, 3.8.2022).
7 Protokolle der Gesellschafterversammlung; Eintragungen im Grundbuch. dpa. Unternehmensarchiv.

8

Warschau 1984: Renate Marsch-Potocka bei einer Pressekonferenz im Pressezentrum der polnischen Agentur *Interpress*.

Von Anfang an waren Frauen in vielfältigen Positionen innerhalb der *dpa* vertreten. Nur wenige von ihnen erlangten jedoch in den ersten Jahrzehnten den Status als Redakteurinnen oder übernahmen Aufgaben mit weiterreichenden Entscheidungskompetenzen, viele waren in technischen Bereichen tätig oder unterstützten im redaktionellen Ablauf. Dennoch gab es während der gesamten Agenturgeschichte Mitarbeiterinnen, die als Erste bedeutende Positionen erreichten, indem sie sich in den Redaktionsstrukturen, die von den Männern dominiert wurden, behaupteten. Ihr Weg war nicht frei von Herausforderungen und nicht jeder Mann akzeptierte die Kolleginnen bedingungslos, doch sie ebneten den nachfolgenden Generationen von Kolleginnen den Weg.

Wundertiere, Schlachtschiffe und Alibi-Besetzungen

Frauen bei der *dpa*

von Yulia Yurtaeva-Martens*

| 1947 | 1965 | 1984 | 1995 | Okt. 2023 |

- **1947** — Brigitte Krüger leitet das Londoner Agenturbüro
- **1965** — Erste Auslandskorrespondentin in Osteuropa: Renate Marsch, Warschau
- **1984** — Barbara Bachtler wird die erste Wissenschaftskorrespondentin
- **1995** — Erste Landesbüroleiterin bei *dpa*: Christina Freitag
- **Okt. 2023** — Die Arbeitsgruppe Diversität bei *dpa* organisiert die Veranstaltungsreihe „Elevate her"

Frauen in Führungspositionen

„ElevateHer ↑ – Frauen vernetzen, Chancen steigern!" hieß im Oktober 2023 eine von der Arbeitsgruppe Diversität bei *dpa* initiierte interne Veranstaltungsreihe. Ihr Fokus liegt auf dem Thema Vielfalt und dem Ziel, den Frauenanteil in Führungspositionen zu erhöhen. Die stellvertretende Chefredakteurin Jutta Steinhoff plädierte bei der Auftaktveranstaltung für mehr Diversität in Teams.[1] Auch Kirsten Heinrichs, die Personalchefin, betonte die zahlreichen Initiativen der Arbeitsgruppe und freute sich auf mehr zukünftige Unterstützerinnen und Unterstützer.

Im Jahr 2022 erreichte die *dpa* erstmals eine höhere Quote an Frauen. Von 697 fest angestellten Mitarbeitenden der *dpa GmbH* waren 355 Frauen und 342 Männer.[2] Die Verschiebung des Geschlechterverhältnisses unter den Beschäftigten von 49 Prozent im Jahr 2019 auf 51 Prozent im Jahr 2022 zugunsten der Frauen[3] sendet also ein durchweg positives Signal. Der Aufstieg von Journalistinnen in höhere Positionen erfolgt dennoch langsam. Wenn man die Verteilung der Geschlechter nach Hierarchieebenen betrachtet, stellt man eine Quote von 44,4 Prozent fest. Zur Führungsriege der *dpa* gehören 2023 neben Chefredakteur Sven Gösmann die stellvertretenden Chefredakteurinnen Silke Brüggemeier (Chefin Audiovisuelles), Jutta Steinhoff (Chefin Netz) und Antje Homburger (Chefin Aktuelles) sowie Susanne Goldstein als Leiterin Changemanagement und Organisationsentwicklung. Seit 1. Oktober 2023 wird die Leitungsebene durch Astrid Maier verstärkt, die als stellvertretende Chefredakteurin und Chefin Strategie aus dem Xing-Newsroom nach Berlin zur *dpa* wechselte, sowie durch Sophia Weimer, die im März 2024 neue Nachrichtenchefin wurde. Die Geschäftsführung der *dpa* liegt dagegen nach wie vor komplett in männlicher Hand.

Die ersten dpa-Mitarbeiterinnen

Dabei waren die Frauen in der Agentur von Anfang an mit an Bord. Die Geschäftsberichte erweisen sich für die Anfangszeit allerdings als wenig ergiebige Quelle, um nach den ersten Mitarbeiterinnen zu suchen. Bis Mitte der 1980er Jahre machte die *dpa* darin keinerlei Angaben zur Geschlechterverteilung unter den Mitarbeitenden. Erst von 1986 an wurden geschlechtsspezifische Angaben zu den dpa-Beschäftigten gemacht.[4]

Aufschlussreicher, zumindest für die ersten dpa-Jahre, sind hingegen die Ausgaben einer kleinen Druckschrift. Der „Betriebs-Rundblick", die Hauszeitschrift des dpa-Betriebsrats, die als „Mitteilungsblatt der Geschäftsführung und des Betriebsrates der Deutschen Presse-Agentur" von 1950 bis 1962 erschien, zeigt Mitarbeiterinnen bei unterschiedlichen Tätigkeiten. Als Sekretärinnen, Schreibkräfte, Fernschreiberinnen, Laborantinnen im Bildlabor, Stenotypistinnen, Telefonistinnen, Botinnen, Aushilfskräfte, „Büroanfängerinnen", Volontärinnen, Redaktionsassis-

Als es noch keine Computer gab, fanden elektronische Rechenmaschinen Einsatz im Büroalltag.

tentinnen, freie Mitarbeiterinnen begegnen sie auf den Seiten der Zeitschrift, einige wenige auch als Korrespondentinnen und Redakteurinnen. Entsprechend dieser Vielfalt an Positionen sind die Frauen an verschiedenen Einsatzorten innerhalb des Unternehmens abgebildet. Sie bedienen Fernschreiber und Schreib- und Buchungsmaschinen, sie sitzen am Telefon oder mit einem Schreibblock in der Hand, sie arbeiten im Bildlabor, sehen Bilder und Negative durch und nutzen den Bildsender.

Anhand der Fotos lässt sich eine hohe Präsenz der Frauen in technischen Bereichen erkennen. Dies kann teilweise im Kontext der unmittelbaren Kriegs- und Nachkriegszeit betrachtet werden, in der Frauen vermehrt technische Berufe ergriffen haben. Zum anderen handelt es sich um einen Ausdruck unterstützender, dennoch im Hintergrund verorteter Arbeitspraktiken. Insgesamt wird schnell deutlich, dass diese Tätigkeiten größtenteils in weisungsgebundenen Einsatzfeldern liegen.

Ilse Matthießen: „Ich bin doch Journalistin"

Eine Ausnahme bildete Ilse Matthießen, eine der wenigen Mitarbeiterinnen in leitender Position, die längere Berichte für den „Betriebs-Rundblick" verfasste. Ihre Beiträge schildern Eindrücke von einer Journalistenreise nach London im Jahr 1952, die vom Foreign Office organisiert wurde, oder sie berichtet von einer Tagung in Homburg im Januar 1953, als 150 Journalistinnen aus Deutschland und dem europäischen Ausland zusammenkamen, um die Stellung der Frauen in den Medien zu

„Ma" verabschiedete sich

Ende August trat „Ma" ihren letzten dpa-Urlaub an und verabschiedete sich bei einem zwanglosen „drink" in der Chefredaktion von den Kolleginnen und Kollegen.

Die Kollegen in den Landesbüros haben in den zurückliegenden Jahren so manche Dienstmeldung mit dem Diktatzeichen „Ma" bekommen und vielleicht oft gestöhnt: „Da sitzt einer in der Hamburger Inlandsredaktion, der es ganz genau wissen will!" Einmal schrieb einer, der „Ma" persönlich noch nicht kannte, zurück, der „Herr Matthießen" möchte doch etwas mehr Geduld mit den Schwergeplagten da draußen haben. Er ahnte nicht, daß dieser vermeintliche Kollege eine Frau war.

Auf diese Tatsache wies Chefredakteur Sänger in einem kurzen Abschiedswort hin. Er sprach ihr den Dank der Redaktion aus. Da sie mit der dpa durch „Familienbeziehungen" verbunden bleibe, sei dies eigentlich kein Abschied im üblichen Sinne. Für das von der Chefredaktion gestiftete Abschiedsgeschenk revanchierte sich „Ma" in einer humorvollen Erwiderung durch eine Gegengabe: Sie überreichte Herrn Sänger — ihren dpa-Ausweis. Namens der Inlandskollegen überreichte der dienstälteste Schichtleiter, Kollege Sehmisch, eine Erinnerungsgabe. „Wenn es nicht gerade der Inlandschef gewesen wäre, der sie uns weggeheiratet hat, müßten wir ihrem Mann eigentlich böse sein", sagte er unter allgemeiner Heiterkeit.

„... ich bin und bleibe Journalistin."

Die Kollegin Ilse Matthießen, heute Frau Eggeling, gehörte zu dem ganz alten Stamm der dpd-, später dpa-Zentralredaktion. Sie hatte, trotz ihrer jungen Jahre, vorher schon Hamburger Zeitungsluft geatmet, wurde dann bei dem noch unter britischer Regie stehenden Deutschen Pressedienst erst Redakteurin, dann Schichtleiterin und stand bis zu ihrer Verheiratung im Vorjahre „ihren Mann" in allen Situationen so gut oder besser als ihre männlichen Kollegen. Dann redigierte sie bis zu ihrem Ausscheiden den Briefdienst Inland.

Neues vom Hamburger Anbau

Diesmal kein Bild-, sondern nur ein Wortbericht: der Hamburger Anbau hat bereits seine ersten Bewohner. Vor einigen Wochen zog die Fernschreibstelle vorübergehend in den Anbau, da die Fernschreibräume im Hauptgebäude dringend überholt werden mußten. Kaum waren die Fernschreiber wieder in ihre alten Räume zurückgezogen, räumte die Zentralredaktion ihr Domizil und zog in den Keller des Anbaues. Sie leistet also während der nächsten drei Wochen gewissermaßen eine „Untergrundarbeit", aber völlig legal!

Wir wollen dies nicht registrieren, ohne die Organisation der Technik lobend zu erwähnen. Was in diesen Wochen hier geleistet wird, verdient alle Anerkennung. Wie viele Leitungen sind zu verlegen, neu zu schalten, provisorische Überbrückungen und Aushilfen einzurichten. Und es klappt alles ausgezeichnet. So merkte beim Umzug der Zentralredaktion und der Kulturredaktion in der Nacht zum 13. September, als noch die schleswig-holsteinischen Wahlmeldungen hinausgingen, kein Kunde etwas von den doch immerhin recht turbulenten Geschehnissen in der Zentrale. Um drei Uhr gingen, noch aus dem alten Raum, die letzten Meldungen heraus; um sechs Uhr wurde die Redaktionsarbeit bereits im neuen Raum voll aufgenommen, während noch die Techniker dabeiwaren, die Telephone zu montieren.

In den nächsten zwei Monaten wird noch die eine oder die andere Abteilung in den Neubau und eventuell wieder zurückwandern, bis alles nach dem Plan in seine Ordnung eingerückt ist. Das bedeutet viel zusätzliche Arbeit; aber sie wird gern geleistet, weil unser Hamburger „Volk ohne Raum" weiß, daß sich die Mühe lohnt.

Links: Chefredakteur Sänger, Geschäftsführer v. Besserer und Frau Eggeling. Rechts: „Ich habe auch ein Angebinde für Sie: meinen dpa-Ausweis!"

Große Runde für Ilse Matthießen: Chefredakteur und Geschäftsführer lassen es sich nicht nehmen, „Ma" zu verabschieden.

---

diskutieren. Dass Ilse Matthießen besonderen Wert auf einen ergebnisorientierten Austausch und weniger auf endlose Diskussionen legte, merkt man am Schlusswort ihres Berichts: „Die Tagung soll nächstes Jahr wiederholt werden. Darüber wurde eine Entschließung angenommen. Meine Stimme dagegen drang nicht durch. Wir, die da meinten, daß man sich ja nicht jedes Jahr neu kennenlernen könne und schon ein Thema, ein wirkliches Thema brauche, und einen kleineren begrenzten Kreis, um echt zu diskutieren, blieben in der Minderheit. Na, mal sehen, wie's nächstes Jahr wird. Natürlich möchte ich wieder hin. Ich bin doch Journalistin!" [5]

Eine gewisse Strenge und Akribie muss auch ihrer Arbeitsweise zugrunde gelegen haben, und die dpa-Belegschaft bekam sie zu spüren. „Die Kollegen in den Landesbüros haben in den zurückliegenden Jahren so manche Dienstmeldung mit dem Diktatzeichen ‚Ma' bekommen und vielleicht oft gestöhnt: ‚Da sitzt einer in der Hamburger Zentrale, der es genau wissen will!' Einmal schrieb einer, der ‚Ma' persönlich noch nicht kannte, zurück, der ‚Herr Matthießen' möchte doch etwas mehr Geduld mit den Schwergeplagten da draußen haben. Er ahnte nicht, daß dieser vermeintliche Kollege eine Frau war."[6]

Ilse Matthießens Karriere hatte bei einer Zeitung in Hamburg begonnen und war beim *dpd* als Redakteurin fortgesetzt worden. In der dpa-Redaktion redigierte sie bis 1954 den Briefdienst Inland. 1953 heiratete „Ma" den dpa-Inlandschef Erich Eggeling und trat im folgenden Jahr von ihrer Position zurück. Dennoch blieb sie als Autorin bis in die 1980er Jahre für die *dpa* tätig. „So gut oder besser als ihre männlichen Kollegen", charakterisiert sie eine Notiz im „Betriebs-Rundblick" anlässlich ihres Ausscheidens.

Ilse Matthießen war eine der ersten Frauen in der *dpa*, die sich erfolgreich in der männlich dominierten Entscheidungswelt der Agentur behaupten konnte. Sie war jedoch nicht die einzige. Stellvertretend für alle dpa-Kolleginnen und deren Leistung werden im Folgenden vier Frauen vorgestellt, die jeweils die ersten Journalistinnen in den von ihnen vertretenen Positionen innerhalb der *dpa* waren und die den Weg für andere Frauen geebnet haben.

„Ein unbeschriebenes Blatt"

Brigitte Krüger: erste deutsche Auslandskorrespondentin (1947 – 1951)

Wer ist diese Frau? Und vor allem, warum sie? – raunte es 1947 durch die dpd-Reihen in Hamburg, als bekannt wurde, dass die 34-jährige Inlandskorrespondentin Brigitte Krüger die erste dpd-Vertretung im Ausland übernehmen sollte. Der Unmut über diese Besetzung des Londoner Büros soll so weit gegangen sein, dass einige Beschwerden die Zentrale erreicht haben sollen, sie sei „in weitesten Kreisen unbekannt und für dieselben ein unbeschriebenes Blatt".[7] Diese wichtige Entscheidung sei nur von einer vorübergehenden Gültigkeit, lautete es bald darauf aus dem dpd-Vorstand.[8]

Politisch betrachtet traf Sänger eine kluge Entscheidung, als er die erste Auslandskorrespondentenstelle zwei Jahre nach Kriegsende mit einer Frau besetzte, und zwar mit einer unbelasteten Frau. „Es gibt sicher viele deutsche Journalisten, die erfahrener sind als ich, aber sie machten alle den Fehler, in Hitlers Partei einzutreten."[9] Diesen „Fehler" hatte Krüger nicht begangen, auch alle Fragen nach einer Verbindung zu nationalsozialistischen Organisationen konnte sie verneinen – mit einer Ausnahme: Krüger war Mitglied im Berufsverband „Reichsfachschaft für Dolmetscherwesen" gewesen, jedoch ohne dort ein Amt innezuhaben.[10]

Brigitte Krüger, Jahrgang 1913, besuchte die Höhere Handelsschule in Frankfurt/Oder,[11] parallel half sie im Betrieb ihres Vaters, einer Zuckerwarenfabrik, aus. Nach einem zweijährigen Aufenthalt in Oxford als Kindermädchen eines Rechtsprofessors studierte sie von 1936 bis 1937 am Dolmetscher-Institut der Universität Heidelberg Englisch und Französisch. 1939 ging Krüger nach Berlin, um als Sekretärin und Übersetzerin bei der Wirtschaftspolitischen Gesellschaft e.V. sowie in der Deutschen Informationsstelle tätig zu werden. Während des Krieges war Krüger beim Auswärtigen Amt beschäftigt, unter anderem als wissenschaftliche Hilfsarbeiterin in der „handelspolitischen Abteilung/Reichsstelle für den Außenhandel (wirtschaftlicher Nachrichtendienst und Auskunftsdienst)".

Als die Rote Armee 1945 Berlin einnahm, floh Brigitte Krüger zu ihrer jüngeren Schwester Sabine nach Göttingen und arbeitete im Dolmetscherbüro der Stadt. Am 1. März 1946 begann sie als Redakteurin beim *German News Service*. Noch im gleichen Jahr ging sie als Inlandskorrespondentin des *Deutschen Presse-Dienstes* nach Düsseldorf. Als Leiterin des späteren Landesbüros baute Krüger die dortige Redaktion auf. Die „journalistische, verwaltungsmäßige und organisatorische Führung"[12] lag in Düsseldorf komplett in den Händen von Brigitte Krüger. Das „Fräulein Krüger" war also zum Zeitpunkt ihres Einsatzes als erste deutsche Auslandskorrespondentin durchaus eine erfahrene Frau, zudem in einer Leitungsposition. Gleichwohl zweifelte Sänger nur ein halbes Jahr später an der Richtigkeit seiner Entscheidung: „Ich bin dafür: Möglichst bald mehr Geld herauszuschlagen und dann Frl. Krüger durch einen guten und erfahrenen Mann zu ersetzen."[13] Aber das tat er nicht lange – zurückbeordert wurde Brigitte Krüger aus London jedenfalls nicht. Doch was genau brachte Sänger dazu, Krügers Besetzung infrage zu stellen?

Ihre neue Tätigkeit in London empfand Brigitte Krüger als einen politischen Auftrag, der nicht nur dabei helfen sollte, „eine erste journalistische Brücke zwischen Deutschland und Großbritannien zu bauen", sondern auch „normale zwischenstaatliche Beziehungen zu Deutschland in Gang zu bringen".[14] Der Anfang gestaltete sich allerdings ziemlich holprig. Man empfand die Korrespondentin weniger als eine Journalistin mit einem Auftrag, sondern mehr als „ein unbegreifliches Wundertier" aus Deutschland, das von der Londoner Presse zunächst nur bedingt ernst genommen wurde: „Mir war, als ob der Gesprächspartner keine Antenne hatte, um das, was ich ihm sagte, aufnehmen zu können. So blieb es zunächst bei einigen hilflosen Darstellungen meiner so unsensationellen Person, die sich meist auf Äußerlichkeiten beschränkten." Als Deutsche spürte sie zudem Einschränkungen unmittelbar bei der Arbeit, wie bei einem ihrer ersten wichtigen Aufträge, der Berichterstattung über die Viermächteaußenministerkonferenz: „Wir saßen immer am gleichen schmalen Eckplatz in dem überfüllten Raum und hießen ‚das deutsche Eck'. Eine in London erscheinende Zeitschrift scheute sich nicht, einen deutschfeindlichen Artikel zu bringen und meinte, daß es eine Zumutung sei, daß die anderen Journalisten mit den Deutschen zusammen sitzen müßten."[15]

1947 wurde Brigitte Krüger die erste deutsche Auslandskorrespondentin in London.

Eine direkte Feindseligkeit erfuhr sie nicht, vielmehr fühlte sie sich in ihrer Anfangszeit in London durch Herablassung und Isolation beeinträchtigt. Ferner zögerte sich ihre Aufnahme in den Verband der Auslandspresse hinaus. Diese Umstände konnten Hamburg nicht entgehen: „Sie erscheint in London mehr als Almosenempfänger und als geduldet. Das ist nicht die Art, die ich schätze." – schrieb Fritz Sänger im Januar 1948 in einem Brief an Emil Groß.[16] Sängers Zweifel resultierten womöglich weniger aus der konkreten Situation seiner Kollegin vor Ort, sondern gründeten in seiner Fehleinschätzung über die Wahrnehmung der Deutschen im europäischen Ausland so kurz nach dem Kriegsende. Zu erwarten, dass eine deutsche Pressevertreterin in Europa gänzlich losgelöst von ihrem Deutschsein und allem, was man nach 1945 damit verband, unvoreingenommen empfangen würde, wäre politisch naiv gewesen. Da Sänger dies vermutlich einsah, blieb Brigitte Krüger weitere drei Jahre in London, auch nach der dpa-Gründung.

Ihre Londoner Zeit teilte Krüger in zwei Abschnitte, die Zeit vor der Währungsreform im Sommer 1948 und die Jahre danach. Mühsam erarbeitete sie sich ihre Verbindungen und auch das Vertrauen in den Kreisen, in denen sie sich bewegen musste. Einige Zeit später konnte sich Krüger darüber freuen, dass die Kontakte „zu den wichtigsten Ministerien, zu den an Deutschland interessierten Unterhausabgeordneten, zu den großen Parteien, zu den Wirtschafts- und Gewerkschaftsorganisationen und zu den britischen und ausländischen Kollegen"[17] standen. Je mehr Deutschland wieder an politischem Gewicht zu gewinnen begann, desto umfassender wurde das Aufgabenfeld seiner einzigen Auslandskorrespondentin. Die Arbeitstage von Krüger dauerten über zwölf Stunden, Hilfe hatte sie keine – weder eine Stenotypistin noch eine andere Hilfskraft standen ihr zur Verfügung.

In jeder Situation blieb Krüger ihrem Auftrag, ja ihrer Mission, treu. Sie wusste, was ihr Beruf einforderte: „[...] eine Zurückstellung alles Persönlichen, eine leidenschaftliche Hingabe an die Sache, unendlich viel Geduld, ein ständiges Sprungbereitsein, viel Kombinationsgabe und physische Kraft [...].“[18] Das alles hat sie in ihren vier Jahren als Auslandskorrespondentin geleistet. Brigitte Krüger war zweifelsohne diejenige, die den Weg für eine freie journalistische Tätigkeit der deutschen Presse in der Nachkriegszeit in England bereitet hat.

1951 verließ Brigitte Krüger die *Deutsche Presse-Agentur*. Sie entschied sich für die Familie und für die Rückkehr nach Deutschland. Brigitte Krüger starb im Alter von 61 Jahren am 7. Oktober 1974 in Bonn.

„Die erste Geige hinter dem Eisernen Vorhang"

Renate Marsch-Potocka: erste dpa-Auslandskorrespondentin in Osteuropa

Renate Marsch liebte Frankreich.[19] Angetan vom französischen Existenzialismus verschlang sie die Werke von Sartre, Camus und de Beauvoir. Dass ihr Herz privat und beruflich einmal für ein ganz anderes Land schlagen würde, konnte sie sich damals noch nicht vorstellen. Doch genau in Paris nimmt die Geschichte einer der später bekanntesten dpa-Journalistinnen ihren Lauf.

Geboren 1935 im brandenburgischen Beeskow, wohnte Renate Marsch von 1949 bis 1951 in Potsdam und besuchte dort ein mathematisches Gymnasium. Die Gründung der DDR bekam Renate Marsch in ihrer Potsdamer Zeit hautnah mit. Ihrer Familie, besonders ihrem Onkel, war die neue politische Ordnung jedoch mehr als suspekt – er bestand darauf, dass seine Nichte eine Schule im Westen besuchte.

Mit einem Abschluss in Rechtswissenschaften an der Freien Universität Berlin reiste Renate Marsch 1958 zum ersten Mal nach Frankreich. Als sie sich bei den in Paris ansässigen deutschen Firmen nach einer Stelle umsah, wurde sie bei der *dpa* fündig – man suchte eine Aushilfssekretärin mit entsprechenden Fertigkeiten in Schreibmaschinennutzung. Marsch bewarb sich, bekam die Stelle und flog bald auf – denn Maschineschreiben konnte sie gar nicht. Die aufgeweckte und freundliche junge Frau war den neuen Kolleginnen und Kollegen aber sympathisch, und bald bot man ihr ein Volontariat in der Kulturabteilung an.

1961 wechselte Renate Marsch von Paris in die Hamburger dpa-Zentrale, wo sie in der Auslandsabteilung tätig war. Nur kurze Zeit später wurde sie Dienststellenleiterin in der Auslandsredaktion, 1963 kam die Beförderung zur Redakteurin. Ihr journalistisches Naturtalent schien sich zwar auszuzahlen, einige Einschränkungen aufgrund ihres Geschlechts musste sie trotzdem hinnehmen. Als sie mal wieder über die Lage in Algerien berichtete, verlas der Deutschlandfunk ihre Nachrichten unter dem Namen *René* Marsch, da die politische Berichterstattung zu dieser Zeit üblicherweise den männlichen Korrespondenten vorbehalten war. Später entschuldigte sich der zuständige Redakteur des Deutschlandfunks hierfür per Brief bei ihr.

Bald jedoch war Marsch wieder von Fernweh geplagt. Egal wohin, sie wollte raus in die Welt. Im Mai 1965 ging Renate Marsch nach Warschau – als erste weibliche Auslandskorrespondentin der *dpa* in Osteuropa. Zu diesem Zeitpunkt hatte die *dpa* bereits zwei Büros in sozialistischen Ländern – in der Sowjetunion und in Polen. (→ 5 | Weltnachrichten)

Die Stelle in Warschau war nicht sonderlich attraktiv. Wie auch in Moskau arbeitete man in Warschau unter der besonderen Aufsicht der örtlichen Behörden. Die Berichte unterlagen der Zensur, Polen hatte noch keine diplomatischen Beziehungen mit Deutschland. Mehrmals beklagte die *dpa* in den 1950er Jahren einen erschwerten Zugang zu Informationen aus den sozialistischen Ländern als einem „journalistisch nur begrenzt zugängliche[n] Gebiet".[20] Mitte der 1960er Jahre schien sich die Situation etwas zu bessern, wenn auch noch immer einige Abstriche nötig waren: „Die Berichterstattung aus Moskau, aus Warschau und Prag, aus Belgrad und Budapest, Bukarest und Sofia ist praktisch frei und unbeschränkt. Sie unterliegt aber eigenen Spielregeln, die mit politischem Fingerspitzengefühl gehandhabt werden müssen."[21]

In diesen ersten Jahren in Warschau schloss Renate Marsch sowohl das wirtschaftlich gebeutelte und innerlich zwischen dem neuen politischen Regime und seinem katholischen Glauben

> „Als Korrespondentin im sozialistischen Ausland war politisches Fingerspitzengefühl notwendig.

zerrissene Land als auch die Polen selbst in ihr Herz. Für ihre neuen Freunde kaufte sie gegen Devisen Lebensmittel ein und verteilte sie. Auch ihren späteren Ehemann lernte sie in Warschau kennen. 1970 kehrte Renate Marsch in die Hamburger dpa-Zentrale zurück. Die nächsten drei Jahre arbeitete sie wieder als Dienststellenleiterin für die Auslandsredaktion. 1971 heiratete sie Władysław Potocki. Obwohl es in der *dpa* nicht üblich war, einen Außenposten zweimal mit der gleichen Person zu besetzen, ging Renate Marsch-Potocka mit ihrem Mann und den beiden Kindern 1973 dennoch nach Polen zurück.

Während dieses zweiten Aufenthalts wurde der Beruf für Marsch-Potocka endgültig zu einer Berufung. Bereits früher oft mit den Gedanken an eine Wiedergutmachung der Deutschen beschäftigt, sah sie sich jetzt umso mehr in der Pflicht, die westliche Welt umfassend über die Zustände in Polen zu informieren. Schnell baute sie sich ein großes Netzwerk an Kontakten und Verbindungen auf, das für den Informationszugang aus verschiedenen Bereichen für sie als Journalistin unentbehrlich war. Ein Mitarbeiter der Deutschen Botschaft, Rüdiger von Fritsch, erinnerte sich später: „Wenn wir unser Bild der aktuellen Entwicklung in Polen abrunden und sicherstellen wollten, dass wir ungefähr richtig lagen, sprachen wir auf jeden Fall auch mit Renate. Sie wusste alles über Polen, über die Menschen, über die Lage. Sie hat uns sehr geholfen; sie wusste, die Menschen zu sortieren, wer war wichtig, welche Ansichten hatte wer, wie war wer mit wem vernetzt."[22]

Renate Marsch-Potocka arbeitete viel und anfangs ohne eine Hilfskraft. In den turbulenten Zeiten setzte sie um die zwanzig Meldungen pro Tag nach Hamburg ab. Als sich Ende der 1970er Jahre die politische Lage in Polen zuspitzte, kam für sie die Hochzeit ihrer Tätigkeit, sie scheute keine Kundgebung und keine Demonstration. Für die Gewerkschaftsbewegung Solidarność war die deutsche Journalistin eine der relevantesten Verbindungen zu der westlichen Öffentlichkeit, und sie tat wiederum alles, damit diese bestens über die Geschehnisse in Polen informiert war.

Die Ausrufung des Kriegsrechts 1981 erreichte Renate Marsch-Potocka in Deutschland auf Verwandtschaftsbesuch: „Den ganzen Tag über lief das Fernsehen – vor allem das polnische – und ich übersetzte meinem Kollegen Peter Bender von der ARD, was Jaruzelski gesagt hatte. Es ging zu wie in einem Agenturbüro. Ich meldete mich natürlich auch bei der dpa und entschloss mich, sofort nach Polen zurückzukehren. Muck brachte mich zum Bahnhof Zoo. Da tönte es aus dem Lautsprecher: ‚Achtung Reisende – in Polen ist Kriegsrecht. Wir bitten alle, auf Reisen zu verzichten.' Ich aber dachte an meine Kinder und daran, dass ich mein Büro nicht so lange allein lassen kann. Ich hatte ohnehin keinen Vertreter."[23]

Renate Marsch-Potocka kümmerte sich viel um die Familien der inhaftierten Oppositionellen, von denen sie die meisten persönlich gut kannte. Eine Verhaftung von ihr selbst war aber eher unwahrscheinlich – dafür war sie zu bekannt. Im polnischen Fernsehen sah man die dpa-Vertreterin bei den wöchentlichen Pressekonferenzen des Regierungssprechers Jerzy Urban, die zeitversetzt ausgestrahlt wurden. Inzwischen konnte sie fließend polnisch und bearbeitete Urban, im Gegensatz

Renate Marsch-Potocka berichtete von 1973 bis 1996 als Auslandskorrespondentin aus Warschau.

zu ihren westlichen Kolleginnen und Kollegen, mit kritischen Fragen auf Polnisch. Durch die Fernsehausstrahlung der Pressekonferenzen erkannte auch die einfache Bevölkerung Marsch-Potocka auf der Straße, ging auf sie zu und umarmte sie für alles, was sie für Polen tat.

Die dpa-Leitung war mit der Arbeit ihrer Auslandskorrespondentin mehr als zufrieden und bezeichnete sie als „Schlachtschiff der dpa"[24]. So ließ sie es auch zu, dass Marsch-Potocka ihren Einsatzort nicht mehr wechselte. Sie blieb von 1973 bis 1996 als Auslandskorrespondentin in Polen für die *dpa* tätig. Damit war Marsch-Potocka diejenige, die sowohl über das Verhängen des Kriegsrechts 1981 als auch über den Sieg der Solidarność bei den Wahlen 1989 für die *dpa* berichtete. Später einmal nach dem Gebot der journalistischen Neutralität gefragt, antwortete sie: „Ich war nicht neutral, das ist eine Tatsache. Ich hielt den Kommunismus für falsch und die Solidarność für richtig. Sie konnten nicht einmal Windeln produzieren. Die Polen wollten nicht im Kommunismus leben. Ich musste sie unterstützen."[25]

1996 ging Renate Marsch-Potocka in den Ruhestand. Sie blieb in Polen und zog in ihre Lieblingsgegend in Masuren. Für ihren langjährigen journalistischen Einsatz sowie ihre bedeutende Rolle in der deutsch-polnischen Beziehung wurde Marsch-Potocka vielfach ausgezeichnet. Zu ihren Ehrungen zählen der renommierte Theodor-Wolff-Preis sowie das Bundesverdienstkreuz, das ihr 1994 verliehen wurde. Im Mai 2014 folgte die Auszeichnung mit der „Feder der Freiheit" der polnischen Presseagentur *PAP*. Auch heute noch ist man sich in Polen der Bedeutung der Tätigkeit von Renate Marsch-Potocka bewusst: „Westliche Journalisten waren ein wichtiger Verbündeter von Solidarność. Ihnen ist es zu verdanken, dass die unzensierte Wahrheit über die Situation in Polen die Weltöffentlichkeit erreichte. Renate Marsch von der DPA spielte in dieser Gruppe die erste Geige."[26] Renate Marsch-Potocka lebt in Gałkowo im südöstlichen Masuren.

„Wenn Sie so schreiben, wie Sie aussehen – dann chapeau!"

Barbara Bachtler: erste Wissenschaftskorrespondentin der *dpa*

Mit Elementarteilchenphysik kannte sie sich tatsächlich nicht gut aus. Aber die Meldung musste raus und sie musste sie schreiben, schnell, kurz und präzise. Barbara Bachtler, Jahrgang 1950, war zu diesem Zeitpunkt – 1982 – bereits seit drei Jahren bei der *dpa*.[27]

Wie auch Brigitte Krüger ihrerzeit, wurde Bachtler am Heidelberger Dolmetscher-Institut ausgebildet. Den Berufswunsch, Journalistin zu werden, entwickelte sie bereits während des Studiums. Nach Abschluss folgten mehrere mehrwöchige Hospitanzen bei verschiedenen Zeitungsredaktionen, zuletzt im Stuttgarter Landesbüro der *dpa*. „Als ich den zugequalmten Großraum sah, dachte ich, Gott bewahre, hier zu arbeiten. In zwei Wochen wusste ich, dass ich nirgendwo anders arbeiten möchte und hoffte inständig, dass es mit einem Volontariat klappt."[28] Es klappte. Nach einem Jahr als Volontärin stieg Bachtler im Stuttgarter Landesbüro als Redakteurin und Chefin vom Dienst bei der *dpa* ein.

1982 wechselte Barbara Bachtler in die dpa-Zentrale nach Hamburg in die Redaktion des dpa-Wissenschaftsdienstes. Zu dieser Zeit war es in der Zentrale üblich, dass der einzige Wissenschaftskorrespondent der *dpa*, Klaus Dallibor, in seiner Abwesenheit durch die Kolleginnen und Kollegen aus der Kulturredaktion vertreten wurde. Es war die Eigeninitiative von Bachtler, als sie nach Hamburg wechselte, dass sie jetzt die Vertretung des Wissenschaftskorrespondenten übernahm. Ihre erste Meldung in Abwesenheit des eigentlich zuständigen Redakteurs – die zur Elementarteilchenphysik – meisterte sie mit Bravour. Sie rief dafür direkt bei Professor Dr. Pedro Walloschek, dem Leiter der Presse- und Öffentlichkeitsarbeit des Deutschen Elektronen-Synchrotron DESY, an und bat ihn um einen Crashkurs in Elementarteilchenphysik.

Ihre Einarbeitung in das thematisch überwiegend naturwissenschaftlich geprägte Feld des Wissenschaftsdienstes gestaltete sich ruhig, was zweifelsohne dem Umstand geschuldet war, dass sie nicht an die tägliche Ablieferungspflicht gebunden war. Der Wissenschaftsdienst (fwt) war zu diesem Zeitpunkt ein relativ neuer Sonderdienst der *dpa*, welcher 1975 für aktuelle Nachrichten aus Forschung, Wissenschaft und Technologie gegründet worden war. Die erste Ausgabe des dpa-Wissenschaftsdienstes erschien am 15. Januar 1975. In kurzer Zeit erlangte er den Ruf einer verlässlichen Quelle und konnte mit dem bereits seit 1954 bestehenden Deutschen Forschungsdienst (df) mithalten.[29] Dabei war die *dpa* die einzige Nachrichtenagentur auf dem deutschen Markt, die ein Wissenschaftsressort hatte.[30]

Im Unterschied zum Basisdienst, der täglich rund um die Uhr über Funk ausgestrahlt wurde, erschienen die Sonderdienste als gedruckte Briefdienste. Der Wissenschaftsdienst mit einem Umfang von 15 bis 20 Seiten, einseitig bedruckt und im A4-Format, ging an circa 200 Abonnenten, darunter deutsche diplomatische

1988 legte Barbara Bachtler (li. vorne sitzend, Fotoausschnitt) ein Forschungsjahr am MIT ein.

Vertretungen im Ausland, das Bundespresseamt, Publikationen aus dem medizinischen Bereich oder Forschungseinrichtungen.

Mit einer Portion Skepsis ihrer fachlichen Expertise gegenüber war Bachtler in mancher Situation außerhalb der *dpa* konfrontiert. So fragte sie der Nobelpreisträger für Physik Carlo Rubbia, während sie ihn interviewte, ob Bachtler ihn überhaupt inhaltlich verstehe. Als eine gut aussehende junge Frau wurde sie trotz des beruflichen Kontextes ihres Einsatzes durchaus als solche wahrgenommen. Eine (aus heutiger Sicht) „wohlgemeinte" Grenzüberschreitung seitens männlicher Kollegen und Interviewpartner kam in Begrüßungen wie „Wenn Sie so schreiben, wie Sie aussehen – dann chapeau!" zum Ausdruck.

Zwei Jahre leitete Bachtler den Wissenschaftsdienst der *dpa*. Ihre Aufgaben in dieser Zeit bezeichnet sie heute als „typisch journalistisch" mit viel Recherche, Prüfung der Originalquellen, Telefonaten und Außeneinsätzen wie die Fahrten zu Tagungen, Kongressen und Pressekonferenzen, aber auch dem Lesen und Auswerten der Fachzeitschriften unterschiedlicher Couleur. Zeitweise gehörte die Mitbetreuung der Stipendiatinnen und Stipendiaten der Robert-Bosch-Stiftung zu ihrem Aufgabenfeld. 1984 folgte sie Klaus Dallibor nach und übernahm die Stelle der Wissenschaftskorrespondentin. Barbara Bachtler wurde zur ersten Frau in dieser Position in der *dpa*.

Um ihr berufliches Profil zu schärfen, ging Bachtler 1988 für ein Jahr in die USA – als Fellow des „Knight Science Journalism Fellowship" am Massachusetts Institute of Technology (MIT) in Cambridge, Massachusetts.

Obwohl sie selbst ihre Tätigkeit als Wissenschaftskorrespondentin nicht als Super-Gatekeeper auf einer Metaebene reflektierte oder dies heute rückblickend tut, war sie sich der großen Verantwortung für die Auswahl der Nachrichten bewusst. Immer im Einzelkämpferinnenmodus wünschte sich Bachtler mehr Netzwerk und fachlichen Austausch innerhalb der *dpa*; eine Aufstockung des Wissenschaftsressorts stand jedoch nicht zur Diskussion. Gleichwohl prägte sie mit ihrer Arbeit die Wissenschaftsberichterstattung in den deutschen Massenmedien.

1990 verließ sie nach insgesamt elf Jahren die *dpa*. Auf ihre Berufsjahre blickt sie zufrieden zurück: „Ich würde mich nicht als Karrierefrau bezeichnen. Ich hatte bloß das Glück, das zu machen, was mir Freude gemacht hat", bilanzierte sie im Interview im Jahr 2022. Barbara Bachtler lebt heute in Berlin.

„Ganz klar, ich war die Alibi-Frau der dpa"

Christina Freitag: erste Landesbüroleiterin (1995 – 2016)

Über den Kriminalfall Ingrid van Bergen berichteten 1977 viele Medien. Die bekannte Schauspielerin hatte im Alkoholrausch ihren jüngeren Geliebten in einer Villa am Starnberger See erschossen – ein Geschenk für die Boulevardpresse und nicht nur für diese. Mit der Berichterstattung seitens der *dpa* wurde Christina Freitag, eine junge Redakteurin aus dem Münchener Büro, beauftragt. Über Gerichtsprozesse zu berichten, entwickelte sich im Laufe der Jahre zu ihrer bevorzugten Aufgabe: „Im Gericht bekommt man abgeschlossene Lebensromane präsentiert und erfährt vieles über Menschen und alle Facetten des Lebens", erinnerte sie sich rückblickend in einer Gesprächsrunde.[31] In die Geschichte der *Deutschen Presse-Agentur* ging Christina Freitag als erste Frau an der Spitze eines Landesdienstes ein.

Schon früh hegte die 1950 geborene Christina Freitag den Wunsch, Journalistin zu werden.[32] Obwohl ihr klar war, dass die Branche „völlig überlaufen" war, suchte sie nach ihrem Studium einen Zugang. Für ihre Abschlussarbeit über die Verwendung von Pressediensten in den Medien interviewte sie den Münchner dpa-Landesbüroleiter Gerhard Bradel. Mit dem Angebot eines einjährigen Volontariats im Landesbüro München in der Tasche verließ sie den Termin. Reagierte ihre Kollegin Barbara Bachtler erschrocken auf das verrauchte Redaktionsbüro, so fühlte sich die Kettenraucherin Christina Freitag im blauen Dunst ihres neuen Arbeitsplatzes wie ein Fisch im Wasser. In der Münchner dpa-Redaktion verbrachte sie die nächsten zwölf Jahre. Als „ein richtiges Agentur-Ziehkind" beschrieb sie sich später selbst.[33]

Das dpa-Landesbüro München gehörte zu den sieben „Landesbüros für Wortdienste", die von Beginn an Teil der dpa-Organisationsstruktur waren. Als einen „bunten Haufen" beschreibt Christina Freitag das Team von damals. Die Gepflogenheiten waren eher – bei nur zwei Redakteurinnen – auf die männlichen Kollegen ausgelegt. So gehörten Bierautomaten im Landesbüro ganz selbstverständlich zum Arbeitsalltag, und bei den Pressekonferenzen wurde gern ein Hefeweizen ausgeschenkt.

Als Christina Freitag Ende der 1970er Jahre bei der *dpa* anfing, war sie erst die zweite Frau auf diesem Posten in der Münchner Redaktion. Kurze Zeit später kam eine weitere Kollegin dazu – Florentine Friedmann, zuerst als Volontärin und dann als Redakteurin. Dabei blieb es auch bis zu Freitags Wechsel nach Hamburg im Jahr 1989.

Ein sehr gutes Verhältnis pflegte Freitag zu ihrem Münchner Büroleiter, Gerhard Bradel, der sie immer unterstützte und sich von der geschätzten Kollegin nicht trennen wollte. Auch Christina Freitag legte einen großen Wert auf das gute kollegiale Miteinander und engagierte sich lange im Münchner Betriebsrat der *dpa* und übernahm dessen Vorsitz. In dieser Funktion nahm sie regelmäßig an den Sitzungen des Gesamtpersonalrats der *dpa* teil und konnte dabei die Präsenz der Frauen viel stärker beobachten als in anderen Bereichen des Unternehmens.

Als die Möglichkeit bestand, sich von Hamburg aus für den Posten der Landesbüroleitung Niedersachsen/Bremen zu bewerben, entschied sich Christina Freitag dafür und bekam 1995, im 46. Jahr des Bestehens der Agentur, als erste Frau diesen Job: „Ganz klar, ich war die Alibi-Frau der dpa, aber damit konnte ich leben."[34] Als Paradiesvogel in den nur mit männlichen Kollegen besetzten Sitzungen wahrgenommen zu werden sowie die Ignoranz bei der Gesprächsführung zu spüren, gehörte fortan zu ihrem Berufsalltag. Ihr abgehärteter Charakter half dabei – Freitag biss sich durch. Das Schreiben vermisste sie hin und wieder, arrangierte sich aber gut mit ihrer neuen Rolle.

Von 2003 bis 2011 kam noch das Landesbüro Hamburg/Schleswig-Holstein in die Verantwortung von Freitag, und von 2011 bis zu ihrem Ausscheiden im Mai 2016 war sie für das Landesbüro Mecklenburg-Vorpommern zuständig. Als Führungskraft betrachtete sie das Thema der Vereinbarkeit von Familie und Beruf als herausfordernd. In Interviews thematisierte sie kritisch die „permanente Zerrissenheit", der Frauen aufgrund des Spagats zwischen Beruf und Familie oft ausgesetzt sind.[35]

„Christina Freitag hat in ihren mehr als 39 Jahren bei dpa auf unterschiedlichsten Posten, so als Landesbüroleiterin in Hannover und zuletzt in Hamburg, entscheidend am Erfolg der Agentur mitgewirkt. [...] Mit ihr geht eine fähige, engagierte, warmherzige, in bestem Qualitätssinne traditionsbewusste Kollegin in den

Fast 40 Jahre bei der *dpa*: Christina Freitag, die erste Landesbüroleiterin.

Ruhestand, deren Wissen wir vermissen werden." – sagte dpa-Chefredakteur Sven Gösmann beim Ausscheiden von Christina Freitag aus den Diensten der *dpa* im April 2016.[36] Christina Freitag lebt heute in Hamburg, unweit der dpa-Zentrale.

Frauen im Agenturjournalismus

„Die Nachkriegszeit war die ‚Stunde der Frauen'. […] Es ist ein Mythos, Frauen hätten im Journalismus der Nachkriegszeit keine oder lediglich eine marginale Rolle gespielt." – resümiert Rainer Hank in seiner Ende 2023 erschienenen Würdigung von dreizehn (west-)deutschen Journalistinnen, den „Pionierinnen".[37] Lässt sich diese Einschätzung auf den Agenturjournalismus übertragen? Die hier vorgestellten Geschichten sprechen nicht gerade dafür. Dabei ist es wichtig, zwischen dem individuellen Wunsch einer Frau, im Hintergrund zu agieren, und den personalpolitischen Entscheidungen in einer Agentur zu differenzieren.

Der Ruf, eine Männerdomäne zu sein, haftet dem Journalismus heutzutage zwar generell weniger an als in den vergangenen Jahrzehnten, doch ist hinsichtlich des Frauenanteils immer noch deutlich Luft nach oben, zumindest in Deutschland. Obwohl die Frauen ihr berufliches Leben als Journalistinnen bereits seit drei Jahrhunderten bestreiten, steht es in Deutschland immer noch 40:60 bei der Geschlechterverteilung in dieser Berufsgruppe.[38] Im internationalen Vergleich beträgt der Frauenanteil 43,4 Prozent und der Männeranteil 56,6 Prozent.[39] Weitere Studien zeigen, dass Deutschland im EU-Vergleich ähnlich abschneidet wie die Nachbarländer Österreich (40,8 %) und die Schweiz (38,5 %), dass es jedoch hinter Frankreich (45,4 %) und Großbritannien (45,2 %) liegt.[40] Die Präsenz im Berufsfeld Medien sowie die Anzahl der Journalistinnen, welche heute die ‚ernsten' Themenfelder wie Politik, Wirtschaft, Nachrichten und auch Sport bedienen, stieg kontinuierlich seit den 1970er Jahren an.[41] Heutzutage trägt dazu auch die Tatsache bei, dass die klassische Ressortzugehörigkeit durch eine zunehmende Zentralisierung von Nachrichtenredaktionen nicht mehr so wie in der Vergangenheit gegeben ist. Dennoch befinden sich die Frauen in diesen Ressorts immer noch in Unterzahl.[42]

Im Vergleich zu anderen Medienbranchen ist im Agenturjournalismus die individuelle Präsenz von Journalistinnen und Journalisten selten gegeben. Nur bedingt besteht eine Möglichkeit, mit eigenem beruflichem Profil in den Vordergrund zu treten. Daher ist auch die Sichtbarkeit der Journalistinnen hier noch schwieriger zu erreichen als in anderen Medienbereichen. Hinzu kommt, dass die Nachrichtenagenturen und Mediendienste in der Medienbranche eindeutig ein Schlusslicht bilden, wenn es um den Anteil der Frauen geht. Im Vergleich zu den anderen journalistischen Branchen wie Fernsehen, Hörfunk, Zeitschriften und Zeitungen werden bei den deutschen Nachrichtenagenturen insgesamt immer noch deutlich weniger Journalistinnen als Journalisten beschäftigt.

Besonders trifft dies auf die Leitungsebene zu. Betrachtet man den Frauenführungsanteil einzelner Nachrichtenagenturen in Deutschland, liegen die meisten immer noch unter 45 Prozent (Stand 2022).[43] Die wichtigen Nachrichtenagenturen neben der *dpa* wie der *Evangelische Pressedienst (epd)*, die *Katholische Nachrichten-Agentur (KNA)* mitsamt der deutschen Dienste der französischen *Agence France Presse (AFP)* und der britischen *Reuters* werden ausschließlich von Männern als Chefredakteuren geführt. Dagegen sind ausländische Agenturgrößen wie *Reuters* mit Alessandra Galloni (seit 2021) und *Associated Press (AP)* mit Julie Pace (ebenfalls seit 2021) als Chefredakteurinnen dem deutschen Agenturmarkt einen guten Schritt voraus. In der Geschichte der *dpa* fehlt eine Chefredakteurin bislang.

Anmerkungen

* Yulia Yurtaeva-Martens ist promovierte Medienwissenschaftlerin an der Filmuniversität Babelsberg in Potsdam. Von Mai 2022 bis April 2023 war sie wissenschaftliche Mitarbeiterin im Forschungsprojekt „Die Geschichte der Deutschen Presse-Agentur". In diesem Zeitraum betreute sie den Forschungsschwerpunkt „Die Arbeit der Frauen bei der *dpa*".

1. Beitrag der dpa im Oktober 2023 auf LinkedIn: https://www.linkedin.com/posts/deutsche-presse-agentur_diversity-chancengleicheit-diversit%C3%A4t-activity-7120796162634182657-pwoe (5.12.2023).
2. dpa-Geschäftsbericht 2022, 5.
3. Pro Quote Medien 2022, 44.
4. dpa-Geschäftsbericht 1986, 30.
5. Ilse Matthiessen: Unter 150 Journalistinnen. In: Betriebs-Rundblick, Nr. 31, 1953.
6. „Ma" verabschiedete sich. In: Betriebs-Rundblick, Nr. 45, 1954.
7. Gerhard Matthäus: dpd-Geschichte. 4. Teil. In London sieht man die Welt anders. Hamburg o. J., 55. dpa. Unternehmensarchiv.
8. Protokoll der dpd-Vorstandssitzung am 8.11.1947; zitiert nach Eumann 2011, 151.
9. So Brigitte Krüger in dem Beitrag „Krüger-Depesche" in: Der Spiegel, Nr. 43, 24.10.1947.
10. Franz Lebsanft 2022 im Interview mit Yulia Yurtaeva-Martens am 30. Dezember 2022. Das Interview mit Professor Dr. Franz Lebsanft, dem Sohn von Brigitte Krüger, erfolgte in schriftlicher Form.
11. Die biografischen Angaben für den Zeitraum von 1932 bis 1944 erfolgen auf der Grundlage des Eintrags zu Brigitte Krüger im „Biographischen Handbuch des deutschen Auswärtigen Dienstes 1871–1945", Band 2, 667.
12. Zeugnis von Fritz Sänger für Brigitte Lebsanft-Krüger vom 23.12.1953; zitiert nach Eumann 2011, 151.
13. Sänger, zit. n. Eumann 2011, 151.
14. Krüger 1949, 12.
15. Ebd., 13. Mit „wir" meint Krüger an dieser Stelle einige deutsche Gastjournalisten, die für die Berichterstattung angereist waren.
16. Sänger, zit. n. Eumann 2011, 151.
17. Krüger 1949, 14.
18. Krüger 1950, 10.
19. Die Ausführungen zur Biografie sowie der beruflichen Tätigkeit von Renate Marsch-Potocka folgen, wenn nicht anders angegeben, den Angaben in der unveröffentlichten Biografie, verfasst von ihrem Neffen Wolfgang Crasemann: Renate Marsch-Potocka. Ein Leben für die deutsch-polnische Verständigung. Berlin 2020. Die Übernahmen erfolgen mit freundlicher Genehmigung des Autors.
20. dpa-Geschäftsbericht 1960, 28.
21. dpa-Geschäftsbericht 1965, 31.
22. Rüdiger von Fritsch, zitiert nach Crasemann 2020, 51.
23. Marsch-Potocka, zitiert nach Crasemann 2020, 59.
24. Crasemann 2020, 76.
25. Marsch-Potocka, zitiert nach Lepiarz 2020.
26. Lepiarz 2020.
27. Die Ausführungen zu Biografie sowie der beruflichen Tätigkeit von Barbara Bachtler folgen, wenn nicht anders angegeben, den Aussagen von Barbara Bachtler im Interview mit der Verfasserin am 16.12.2022.
28. Bachtler, 16.12.2022.
29. Thorbrietz 1981, zitiert nach Detsch/Wilke 1993, 163.
30. Bachtler 1986, 63.
31. Freitag 2005.
32. Die Ausführungen zu Biografie sowie der beruflichen Tätigkeit von Christina Freitag folgen, wenn nicht anders angegeben, den Aussagen von Christina Freitag im Interview mit der Verfasserin am 16. Mai 2022 und am 16. September 2023. Die Interviews fanden telefonisch statt.
33. Freitag 2005.
34. C. Freitag im Interview mit Y. Yurtaeva-Martens.
35. Freitag 2005.
36. Zitiert nach kress.de. https://kress.de/news/beitrag/129192-andreas-albrecht-wird-landesbueroleiter-nord-der-dpa.html (17.12.2023).
37. Hank 2023, 321.
38. Steindl u.a. 2017, 413.
39. Hanitzsch et al. 2019: Worlds of Journalism, 73.
40. Worlds of Journalism Study 2016. Darin: Sociodemographic Backgrounds. https://worldsofjournalism.org/wojwordpress/wp-content/uploads/2019/07/WJS_Sociodemographic_backgrounds_-_aggregated.pdf (15.12.2023); zusammenfassend siehe Keil/Dorer (2019), 271–286; speziell 273–275.
41. Weischenberg u.a. 2006, 350.
42. Vgl. Steindl u.a. 2017, 418f.; Keil/Dorer 2019, 7.
43. Pro Quote Medien 2022, 44–49.

Papierstapel, Schreibmaschinen, Ablagekästen und erste elektronische Organisationsmittel: Blick in die dpa-Zentrale, 1973.

9

Umbrüche

Die *dpa* und die langen 68er Jahre

Studentenunruhen, Anti-Springer-Kampagne, Außerparlamentarische Opposition, Ende der Großen Koalition, Willy Brandts Regierungsantritt, Ölkrise und Deutscher Herbst 1977 – von Ende der 1960er Jahre an wurden in der Bundesrepublik zahlreiche politische, gesellschaftliche und wirtschaftliche Fragen neu gestellt. Auch der seit jeher hart umkämpfte Nachrichtenmarkt der Bundesrepublik kam in Bewegung. Die *dpa* sah sich innerhalb weniger Jahre in einer neuen Wettbewerbssituation. Die Karten wurden neu gemischt in einer Zeit, in der auch intern bei der Hamburger Nachrichtenagentur ein Generationswechsel anstand. Die langen 68er Jahre führten zum Terror der Roten Armee Fraktion (RAF), in der auch die *dpa* zur Zielscheibe wurde.

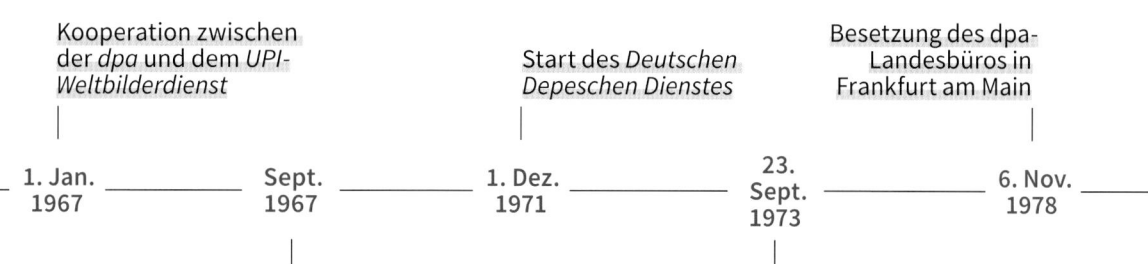

Kooperation zwischen der *dpa* und dem *UPI-Weltbilderdienst*		Start des *Deutschen Depeschen Dienstes*		Besetzung des dpa-Landesbüros in Frankfurt am Main
1. Jan. 1967	Sept. 1967	1. Dez. 1971	23. Sept. 1973	6. Nov. 1978
	Die „Michel-Kommission" legt ihren Abschlussbericht vor		ERNA, die Elektronische Rechnergesteuerte Nachrichtenvermittlungs-Anlage, geht an den Start	

Veränderungen auf dem Medien- und Pressemarkt

Für die Pressegeschichte setzen Heinz Pürer und Johannes Raabe von 1954 bis 1976 eine lange „Phase der Pressekonzentration" an.[1] Auf der Strecke blieben in diesem Zeitraum vor allem kleinere lokale Zeitungen. Zeitungskonzerne wie der Axel-Springer-Verlag, die Gruppe Stuttgarter Zeitungsverleger, die WAZ-Gruppe, der Verlag DuMont-Schauberg und die Gruppe Süddeutscher Verlag setzten sich hingegen durch.[2] Diskussionen über die Konsequenzen dieser Veränderungen auf dem Medien- und Pressemarkt, über Vielfalt und Pressefreiheit wurden vor allem in den 1960er Jahren erbittert geführt. Viele Zeitungsverleger, allen voran Axel Springer, pochten auf Wettbewerbsgleichheit, sahen sie sich doch benachteiligt gegenüber dem öffentlich-rechtlichen Fernsehen, das einen rasanten Siegeszug gestartet hatte. Knapp vier Jahre lang arbeitete eine Enquete-Kommission des Deutschen Bundestags „zur Untersuchung von Wettbewerbsgleichheit von Presse, Funk/Fernsehen und Film", die nach ihrem Vorsitzenden Elmar Michel genannte „Michel-Kommission". In ihrem Abschlussbericht im September 1967 erteilte sie der Idee eines Verlegerfernsehens eine Absage und wies den Vorwurf einer Verzerrung des Wettbewerbs zwischen öffentlich-rechtlichem Rundfunksystem und privatwirtschaftlich organisierter Presse zurück. Noch parallel dazu nahm im Mai 1967 eine zweite Enquete-Kommission ihre Arbeit auf. Unter dem Vorsitz von Eberhard Günther, dem Präsidenten des Bundeskartellamts, untersuchte die „Günther-Kommission" die Konzentrationsprozesse auf dem Pressemarkt, vorangetrieben vor allem durch den Axel-Springer-Verlagskonzern, und nahm die „Gefährdung der wirtschaftlichen Existenz von Presseunternehmen" und die möglichen Konsequenzen für die Informationsvielfalt in den Blick.

Es waren medienpolitisch aufgeregte Zeiten. Demonstrationen für die Freilassung von Rudolf Augstein, der sich in der „Spiegel-Affäre" dem Zugriff der Politik erwehren musste, zeigten bereits Ende 1962, dass Teile der bundesrepublikanischen Öffentlichkeit Pressefreiheit zu schätzen wussten und viele dafür sensibel geworden waren, welche Bedeutung freie Medien für eine Demokratie haben. Nach dem Attentat auf den Studentenführer Rudi Dutschke kam es im April 1968 zu Demonstrationen vor dem Berliner Verlagshaus Axel Springers, vor den Redaktionen der „Bild"-Zeitung in mehreren deutschen Städten und vor den Toren der Druckereien, die Springer-Titel auslieferten. Die Studentenbewegung wandte sich gegen vermeintliche Meinungsmacht und Pressekonzentration und protestierte lautstark. Der Anschlag der Rote Armee Fraktion auf das Springer-Hochhaus in Hamburg im Mai 1972 schließlich zeigte, dass auch Medienunternehmen Ziel von militanten Aktionen werden konnten.

Im Anschluss an die beiden Enquete-Kommissionen entschloss sich die Bundesregierung, von nun an regelmäßig Berichte „über die Lage der Presse und des Rundfunks in der Bundesrepublik Deutschland" zu erstellen – das Bewusstsein für die Schlüsselrolle der Medien in der Gesellschaft und für die Öffentlichkeit war gewachsen. Im April 1970 erschien der erste „Zwischenbericht", der die Konzentrations- und Kooperationstendenzen sich zwar abschwächen sah, gleichwohl aber eine Fusionskontrolle ankündigte.³

Zwei Zahlen aus der jährlich von Walter J. Schütz vorgelegten Pressestatistik verdeutlichen diese Entwicklung: Die „publizistischen Einheiten" – also die Vollredaktionen – gingen seit 1954 kontinuierlich zurück, von 225 (1954) auf 183 (1964) und schließlich auf 121 (1976) – ein Rückgang um über 40 Prozent, und auf diesem niedrigen Niveau blieben sie bis 1989/90. Die verkaufte Auflage hingegen stieg seit 1954 kontinuierlich von 13,4 Millionen (1954) auf 17,3 (1964) und schließlich auf 19,5 Millionen (1976) an – eine Zunahme um gut 40 Prozent, auf ein Niveau, das ebenfalls bis 1989/90 anhielt.⁴

Das betraf auch das Geschäftsmodell der *dpa*. Stolz vermerkte sie zwar, dass nahezu ausnahmslos alle Vollredaktionen in der Bundesrepublik die Dienste der *dpa* bezogen. Von 153 selbständigen deutschen Tageszeitungen belieferte sie 150; lediglich drei bezogen nur die Dienste der Konkurrenten *AP* bzw. *UPI*.⁵ Gleichwohl nahm die dpa-Geschäftsführung in allen Geschäftsberichten der späten 1960er und frühen 1970er Jahren dezidiert darauf Bezug, dass die für den Pressemarkt so wichtige Kennzahl der „publizistischen Einheiten" sank.

Mit einer gezielten Maßnahme reagierten Gesellschafter und Aufsichtsrat der *dpa* schon frühzeitig darauf. So gelang es auf der Gesellschafterversammlung am 29. Juni 1967, einen Be-

„Der hart umkämpfte Nachrichtenmarkt der Bundesrepublik kommt in Bewegung.

schluss zu erzielen, den Bezugspreis vom 1. Januar 1968 an schrittweise an die verkaufte Auflage zu knüpfen. „In zahlreichen persönlichen Gesprächen wurden die Verlage mit den intensiven Vorarbeiten des Arbeitsausschusses für Bezugspreisangelegenheiten, des Aufsichtsrats und der Geschäftsführung vertraut gemacht, einen einheitlichen Stückpreis einzuführen, um zu einer den Strukturveränderungen in der deutschen Presse gerecht werdenden Preisgestaltung zu kommen und dpa von den finanziellen Auswirkungen dieser Veränderungen unabhängig zu machen. Die Verlage zeigten für diese Überlegungen volles Verständnis", hieß es 1967.[6] Doch dies reichte nicht aus. Veränderungen standen noch in mancherlei Hinsicht an.

Die Karten werden neu gemischt

Zu Beginn der 1970er Jahre bestimmten Schlagzeilen wie die vom „Geschäft mit der Nachricht" die Presse.[7] Der seit jeher hart umkämpfte Nachrichtenmarkt der Bundesrepublik kam in Bewegung. Die *dpa,* die in den 1960er Jahren einen Austauschvertrag mit *Reuters* hatte und mit den deutschen Diensten der Vollagenturen *AP, AFP* und *UPI* konkurrierte, sah sich innerhalb weniger Jahre in einer neuen Wettbewerbssituation. *Reuters* war nicht mehr länger Partner, sondern trat mit einem eigenen deutschen Dienst auf. Der deutsche Dienst von *UPI* war eingestellt und die privatwirtschaftliche US-amerikanische Weltagentur *UPI* wurde der neue Partner der *dpa.* Mit dem *Deutschen Depeschendienst* entstand zudem ein neuer Akteur auf dem Markt. Die Karten wurden Anfang der 1970er Jahre „komplett neu gemischt".[8]

Das Dreiecksverhältnis *Reuters-VWD-dpa*

Den Stein ins Rollen brachte nicht zuletzt die *dpa* selbst durch ihren Bruch mit *Reuters.* Noch im Gründungsjahr 1949 hatte die kleine Hamburger Nachrichtenagentur einen Vertrag mit der britischen Weltagentur schließen können, der seither in größeren Abständen immer wieder verlängert worden war. *Reuters Limited* verzichtete darin auf den Verkauf seiner Dienste an deutsche Kunden und überließ somit den deutschen Markt der *dpa.* Im Abkommen wurden entsprechende Zahlungen festgehalten, sodass *Reuters* seinen Weltdienst über sein Hauptbüro in Frankfurt an die *dpa* lieferte und von dieser im Gegenzug deutsche Nachrichten für seinen Weltdienst erhielt.[9]

Anfang der 1970er Jahre scheiterten die Verhandlungen über eine erneute Vertragsverlängerung, der Reuters-dpa-Vertrag lief zum 30. November 1971 aus. Offensichtlich hatte *Reuters* höhere Zahlungen verlangt und auf den Abschluss von Verträgen mit einer Laufzeit von nur einem Jahr gedrängt. Auf der anderen Seite war aus der kleinen Nachkriegsagentur in der Bundesrepublik ein international erfolgreich auftretender Anbieter geworden, dessen Selbstbewusstsein gewachsen war. Hinzu kam, dass *Reuters* sich noch stärker auf das Gebiet der Wirtschaftsnachrichten konzentrierte. 1970 hatte sich der internationale Großkonkurrent *Associated Press (AP)* mit dem renommierten Wirtschafts-Informationsdienst *Dow Jones* und der New Yorker Börsenzeitung „Wall Street Journal" zusammengetan und einen eigenen Wirtschaftsdienst aufgebaut. *Reuters* fokussierte sich bereits auf die *Vereinigten Wirtschaftsdienste (VWD)*, an denen man ein Drittel des Stammkapitals hielt. Die beiden verbleibenden Drittel gehörten der *dpa* und einer Beteiligungsgesellschaft der deutschen Wirtschaft. (→ 4 | Bewährungsjahre)

Entsprechend überrascht war man in der Hamburger Zentrale, als bereits Mitte 1971 klar wurde, dass *Reuters* einen eigenen deutschen Dienst auf die Beine stellen werde. Die dpa-Meldung vom 29. Juli 1971 informierte über die Ankündigung von Adam Kellett-Long, dem Bonner Büroleiter von *Reuters,* dass die britische Nachrichtenagentur vom 1. Dezember 1971 an „einen speziell auf deutschland zugeschnittenen nachrichtendienst anbieten" und dazu ihre Redaktion von derzeit elf auf „etwa 25 bis 30 redakteure" ausbauen werde.[10]

Die neue Allianz mit *UPI*

Ein neuer Partner war schnell gefunden: die US-amerikanische Weltagentur *United Press International*. *UPI* war im Mai 1958 aus der Fusion der *United Press (UP)* mit dem *International News Service (INS)* hervorgegangen. Die neue große Nachrichtenagentur war eine nicht offene Aktiengesellschaft im Besitz der beiden US-Zeitungskonzerne Scripps-Howard und Hearst, mit einer Sperrminorität für die Belegschaft. Der US-Konzern bot auf dem westdeutschen Nachrichtenmarkt einen eigenen deutschen Dienst an und führte damit fort, was bereits 1946 von *United Press* mit seinem deutschen Dienst begonnen worden war. Doch der deutsche Dienst von *UPI* geriet Ende der 1960er Jahre in wirtschaftliche Schwierigkeiten.

Ein Grund war die Aufkündigung des UPI-Abonnements durch die Springer-Verlagsgruppe im Jahr 1968. Dies traf die privatwirtschaftlich, kommerziell operierende Agentur empfindlich. In der Presse konnte man damals lesen, dass Springer unzufrieden war mit der UPI-Berichterstattung über die Studentenbewegung und die Vorgänge um 1968 herum.[11] Auch seitens der Bundesregierung beargwöhnte man die forsche amerikanische Art zunehmend und versuchte, der Arbeit der ausländischen Agentur in Deutschland Hindernisse in den Weg zu legen. Ein zweiter Grund kam hinzu. Die Deutsche Bundespost musste, um ihre hohen Betriebsausgaben zu decken, eine drastische Erhöhung der Gebühren für die Fernmeldeleitungen erwirken. Diese wurde ab 1971 durch eine Verordnung wirksam und traf *UPI* in besonderer Weise.

Die US-Konzernspitze von *UPI* reagierte. UPI-Deutschland-Chef Jack L. Hees investierte in Umstrukturierung, verlegte den Sitz von UPI-Deutschland von Frankfurt nach Bonn und sparte an den Gehältern. Im Februar 1971 kam es zu einem

Streik der UPI-Journalisten für ihre Gehaltsforderungen; viele dpa-Mitarbeitende erklärten sich mit den Kolleginnen und Kollegen solidarisch.[12] Aber das Aus für den deutschen Dienst zum Dezember 1971 war beschlossene Sache. Im Juli 1971 wurde das „Todesurteil der Manager" öffentlich, das „amerikanische[ ] Management" ließ „Mitarbeiter ziehen".[13]

Es ging um mehr als dreißig journalistische Arbeitsplätze und etwa vierzig Jobs im technischen Bereich. Der Betriebsrat der Hamburger dpa-Zentrale und die Betriebsgruppen von Deutscher Journalisten-Union und Deutscher Journalistenverband traten für die Kolleginnen und Kollegen ein. Geschäftsführung und Chefredaktion erklärten, sie „haetten bereits alle dpa-gesellschafter gebeten, bei der unterbringung der upi-redakteure zu helfen". Damit nicht genug, nahmen die Betriebsgruppen die dpa-Chefs selbst in die Pflicht und sprachen die Erwartung aus, „dass kein upi-redakteur [...] arbeitslos" werde.[14]

Betriebsrat und Betriebsgruppen bezogen sich mit ihrer Forderung auf „die vereinbarte engere zusammenarbeit von upi und dpa". Denn die beiden Agenturen waren bereits seit 1967 geschäftlich verbunden und bauten aktuell diese Zusammenarbeit aus.

Am 1. Januar 1967 war es im Bild-Bereich zu einer „Sensation" gekommen. Für den bis dahin immer wieder angeschlagenen *dpa-Bilderdienst* wurde mit *UPI-Weltbild* ein starker internationaler Partner gewonnen. Durch das Abkommen konnte man jetzt den dpa-Kunden werbewirksam verkünden: „Mit dem Anschluß an das Weltnetz der United Press International liefert Ihnen dpa den weltumspannenden, schnelleren Bilderdienst." In den Geschäftsberichten von 1967 an wurde der Berichtsabschnitt über die Zusammenarbeit der *dpa* mit dem *UPI-Weltbilderdienst* eine Rubrik mit Erfolgsmeldungen im Konkurrenzkampf auf dem Markt: Erstmals „seit Bestehen ihres Bilderdienstes" konnte *dpa* „den Tageszeitungen, Illustrierten und dem Fernsehen einen rund um die Welt aktuellen Bilderdienst, kombiniert mit einem verbesserten Bilderdienst aus Deutschland, liefern". Ein Jahr später vermeldete man: „Ende 1968 war die beachtliche Zahl von 100 Teilnehmern am dpa-Bildfunk erreicht. Der Dienst hat damit nach zweijähriger Entwicklung eine gefestigte Position gegenüber der Konkurrenz auf dem deutschen Markt." 1972 schließlich resümierte die *dpa*: „Die mit aktuellen Bildern der dpa belieferte Auflage der Tageszeitungen stieg gegenüber dem Vorjahr um 1,4 Prozent auf 17,28 Millionen, das sind 97,3 Prozent der Gesamtauflage aller publizistischen Einheiten."[15]

Auf diese seit 1967 bestehende Kooperation baute die *dpa* auf, als sie in den turbulenten Monaten im Frühjahr und Sommer 1971 parallel zu den Verhandlungen mit *Reuters* auch Gespräche mit den UPI-Managern in den USA führte. Diese waren von Erfolg gekrönt, denn mit dem Auslaufen des Reuters-Vertrags trat *UPI* als neuer Partner in puncto englischsprachiger Weltnachrichten auf. Bei der *dpa* zeigte man sich sehr zufrieden. Chefredakteur Benirschke legte dem Aufsichtsrat der *dpa* im Februar 1972 einen Bericht über die „Entwicklung der Agenturdienste und der Konkurrenzlage" vor, in dem er über die bisherige „Zusammenarbeit zwischen dpa und UPI" urteil-

DEUTSCHE PRESSE AGENTUR dpa

Die Sensation für Ihren Bilderdienst:

ab 1.1.1967 gemeinsam dpa/UPI-Weltbild

Die Kooperation mit der US-Agentur UPI verhalf dem dpa-Bilderdienst zu neuer Stärke.

te: „Diese Zusammenarbeit hat sich gut entwickelt. [...] Der UPI-Anteil an den Auslandsnachrichten im dpa-Basisdienst entspricht dem des früheren Reuters-Anteils." Bei einigen Schwächen „war UPI bereitwillig bemüht, die Mängel zu beseitigen", bei „Rückfragen und Sonderwünschen ist UPI kooperativer als Reuters es war". Als klare Vorteile für die Qualität der dpa-Dienste stellte Benirschke heraus: „erweiterte Berichterstattung aus der westlichen Hemisphäre, mehr Featurematerial, ein besseres Sportangebot vor allem aus den USA, aus Italien und Frankreich".[16]

Der neue Konkurrent: *Deutscher Depeschendienst*

Doch damit nicht genug. Zum 1. Dezember 1971 trat ein weiterer Akteur auf dem Nachrichtenmarkt der Bundesrepublik auf – die *Deutsche Depeschen Dienst GmbH*.[17] Schon kurz nachdem der amerikanische Mutterkonzern das Aus für den deutschsprachigen Dienst von *UPI* angekündigt hatte, machten sich acht seiner Mitarbeiter daran, eine eigene Agentur ins Leben zu rufen. Ende Juli 1971 gelang ihnen die Gründung der *Deutschen Depeschen Dienst GmbH* in Frankfurt am Main. In der Präambel zum Gesellschaftervertrag betonten sie dieselben Prinzipien wie die *dpa*, nämlich die der Unabhängigkeit und Überparteilichkeit. Als neuer Konkurrent firmierte die Agentur zunächst unter der Chiffre *ddd,* erst später setzte sich *ddp* durch.

Die Zentralredaktion wurde in Bonn angesiedelt, das Stammteam bildeten siebzehn Redakteure, hinzu kamen mehrere Korrespondenten. Von Vorteil war, dass der *ddp* für seinen Basisdienst das Funk-Fernschreibnetz des *Sport-Informations-Dienstes (sid)* nutzen konnte. Der *Deutsche Depeschendienst* lieferte mit seinem Basisdienst und vier Regionaldiensten Nord, West, Südwest und Süd zu insgesamt 65 Prozent Inlandsnachrichten. Der starke Akteur bei Auslandsnachrichten war der deutsche Dienst von *Reuters*.

Der *Deutsche Depeschendienst* war und blieb ein kleiner Player. Sein Stammkapital betrug 250.000 DM – im Vergleich zu den 5 Millionen DM Stammkapital der *dpa*. Das ddp-Geld war zur Hälfte in der Hand von acht ehemaligen UPI-Redakteuren; die andere Hälfte hielten der Interims-Geschäftsführer Manfred Jakubowski, bisher Chefredakteur des deutschen Dienstes von *UPI,* und der Mit-Geschäftsführer Lothar Peter Hees treuhänderisch. Dem Branchendienst „Kress" zufolge engagierte sich finanziell zudem Ernst Naumann, der damalige Vorstandsvorsitzende der Gruner + Jahr AG & Co., allerdings als Privatmann.[18]

In der *dpa* beobachtete man sehr genau, was der neue Konkurrent unternahm. Die erste Bilanz, die Chefredakteur Benirschke im Februar 1972 in einem Bericht an den dpa-Aufsichtsrat zog, klang beruhigend: „der ddp-Dienst hat zwei klare Schwerpunkte: die Bonner Berichterstattung und das von AFP übernommene Auslandsmaterial [...]. In der Inlandsberichterstattung bietet ddp kein ‚Kontrastprogramm' zu dpa, d.h. eine ins Gewicht fallende Steigerung des Inlands-Informationsangebotes an die deutschen Medien ist ausgeblieben [...]. Informative Hintergrunddarstellungen und Korrespondentenberichte fehlen bei ddp fast überhaupt, das Thema Kulturpolitik wird selten behandelt [...]. Bei dem Wettrennen um Minuten bei den ganz heissen Nachrichten aus Bonn und aus dem Ausland liegen ddp und dpa etwa gleich auf. Handelt es sich um Inlandsthemen ausserhalb Bonns, ist dpa fast durchweg sehr viel schneller."[19]

Doch *ddp* konnte in den kommenden Jahren gewisse Erfolge verzeichnen. So belieferte die Agentur im Dezember 1975 immerhin 38 Tageszeitungen (zum Vergleich: die *dpa* belieferte zu diesem Zeitpunkt 120 Tageszeitungen) sowie 3 Zeitschriften, alle 14 Rundfunkanstalten und 5 sonstige Kunden. Damit hatte sie einen Marktanteil von 31,4 Prozent bei den publizistischen Einheiten.[20] Doch das reichte nicht aus. Es folgte eine äußerst wechselvolle Geschichte mit einem ständigen Wechsel der Investoren. Eine erste Insolvenz konnte 1983 noch einmal überwunden werden. 1992 übernahm der *ddp* dann die ehemalige DDR-Nachrichtenagentur *ADN* und firmierte als *ddp/ADN* und später wieder als *ddp*. (→10 | Markteroberung) Diese fusionierte Agentur musste 2004 erneut Insolvenz anmelden. 2009 schließlich übernahm *ddp* den deutschen Dienst von *AP*. Das Schlusskapitel erfolgte mit der Insolvenz 2013.

Zwei Generationen – die *dpa* und die „68er"

„1973 war ein Jahr der tiefgreifenden internen Veränderungen bei dpa, der Konsolidierung und Rationalisierung des Apparats und der stetigen Arbeit an der Qualität des journalistischen Produkts." Mit diesem Satz schloss Chefredakteur Hans Benirschke den Jahresbericht der Redaktion im Jahr 1973.[21] Doch was wie der Abschluss einer bewegten kurzen Übergangsphase klingt, sollte sich bei der *dpa* als Auftakt erweisen für weitreichende Veränderungen.

„1973 war ein Jahr der tiefgreifenden internen Veränderungen bei dpa, der Konsolidierung und Rationalisierung des Apparats und der stetigen Arbeit an der Qualität des journalistischen Produkts.

Hans Benirschke

1968: MIT DPA BEI DEN 68ER-DEMONSTRATIONEN

1968 – das „schillernde Jahr stand nicht nur für Aufbruch, Umwälzung und Emanzipation, sondern [...] markiert zugleich die Geburtsstunde einer Apologie der Gewalt, des RAF-Terrorismus", schreibt der Politikwissenschaftler Wolfgang Kraushaar in seinem Buch „1968, Mythos, Chiffre, Zäsur". Das Attentat auf Rudi Dutschke am 11. April 1968 löste die gewaltsamen Osterunruhen aus, deren Zielscheibe vor allem die Springer-Presse wurde. In Berlin zogen Protestierende vor das Springer-Verlagshaus in der Kochstraße, in der Kreisstadt Esslingen am Neckar blockierten Demonstranten mit den Parolen „Bild schoß mit" und „Springer, Mörder" die Auslieferung der südwestdeutschen Ausgabe der „Bild"-Zeitung. In München endeten die Osterunruhen des Jahres 1968 tragisch. Die Räumung der Blockade des Buchgewerbehauses in der Münchner Innenstadt am Ostermontag forderte zwei Todesopfer. Ein Student starb aus ungeklärten Umständen. Der für die *Associated Press* arbeitende Fotograf Klaus Frings (1936 – 1968) wurde von einem Stein am Kopf getroffen und verstarb im Krankenhaus.

Die Polizei rüstete in den 1968er-Jahren auf. In Baden-Württemberg wurde im Januar 1968 ein neues Polizeigesetz erlassen; die im Innenministerium für die Landespolizeibehörden zuständige Abteilung erhielt die Bezeichnung „Öffentliche Sicherheit". Am 30. Oktober 1968 stellte der baden-württembergische Innenminister Walter Krause (SPD) die neuen Schutzhelme für die Polizisten vor. Doch nicht nur die uniformierten Beamten sollten geschützt werden. In der dpa-Meldung aus dem Landesbüro Stuttgart hieß es weiter: „auch pressefotografen haben sich zum schutz gegen kopfverletzungen bei demonstrationen mit weissen schutzhelmen ausgerüstet." Ein solcher „behelmter" dpa-Bildjournalist erklärte auf dem zur Meldung gehörenden Pressefoto einem ebenfalls „behelmten" Polizisten seine Kamera.

Auch Journalisten werden mit Schutzhelmen ausgerüstet

Verleger zwischen Macht und Verantwortung

Otto Wolfgang Bechtle (1918 – 2012)

1974 rückte ein Mann an die Spitze des dpa-Aufsichtsrats, der Beruf und Berufung des Verlegers in ganz besonderer Weise miteinander verband und der stolz auf die verlegerische Leistung seines Hauses war: Otto Wolfgang Bechtle. Sein Großvater hatte den Grundstein für den Bechtle Verlag gelegt, als 1868 in Esslingen die erste Probenummer der „Esslinger Zeitung" erschien. Sein Vater musste das Familienunternehmen auf den Druckereibetrieb reduzieren, nachdem er gezwungen war, 51 Prozent des Gesellschaftskapitals an die Nationalsozialisten zu übereignen. Als junger Flugzeugführer und Offizier aus dem Weltkrieg zurück, absolvierte Otto Wolfgang Bechtle eine Ausbildung zum Verlagsbuchhändler, mit der es ihm gelang, das Verlagshaus neu und erfolgreich aufzustellen.[1] Dabei war Bechtle beseelt von der Idee, „nach den Störungen und Zerstörungen eines dunklen Dezenniums" einen „Pressegeist" zu fördern „in der Verpflichtung, der Humanität zu dienen, Kultur und Wirtschaft zu fördern, die Menschen aufzuklären, zur unabhängigen Urteilskraft anzuregen […]."[2]

Mit zahlreichen Ämtern setzte sich Bechtle für den Aufbau des Pressewesens ein. So war er 1953 Mitbegründer des Verbands Südwestdeutscher Zeitungsverleger und leitete diesen als Vorsitzender von 1970 bis 1987. Er engagierte sich im Bundesverband Deutscher Zeitungsverleger, dessen Vizepräsident er von 1963 bis 1970 war, und gehörte von 1973 bis 1980 dem Deutschen Presserat an. Auch der *dpa* galt sein Engagement. Er saß seit 1958 im Aufsichtsrat der Hamburger Nachrichtenagentur, wurde 1974 zu dessen Vorsitzendem gewählt und 1991, bei seinem Ausscheiden, zum Ehrenvorsitzenden ernannt. In der Festschrift zum 70. Geburtstag Bechtles stellte 1988 dpa-Chefredakteur Hans Benirschke in seinem Beitrag den großen „Enthusiasmus" in den Vordergrund und schilderte Bechtles Eintreten für die „europäische Zusammenarbeit". dpa-Geschäftsführer Walter Richtberg zeigte sich beeindruckt von der kämpferischen Natur des Jubilars: „Fazit: Otto Wolfgang Bechtle läßt sich so schnell nicht unterkriegen."[3]

Während sich in der Bundesrepublik die Außerparlamentarische Opposition (APO) formierte und die Proteste der Studierenden in den Universitätsstädten laut wurden, positionierte sich Bechtle

Wegweiser zum Protest: Das Flugblatt von 1968 markiert den Sitz der Druckerei Bechtle.

mit einer kämpferischen Auffassung des Verlegerberufs. Die „verlegerische Verantwortlichkeit", das hohe „Maß von Verantwortlichkeit der Gesellschaft gegenüber", stand auf der ideellen Seite. Ihr gegenüber standen das Bekenntnis zum freien Unternehmertum und das Recht auf Privateigentum. In einem Beitrag für die Festschrift des Freiburger Verlegers Heinrich Rombach formulierte Bechtle 1967 die Überzeugung: „All den Versuchen, das Spannungsfeld zwischen Macht und Verantwortung des Verlegers durch dessen Zurückdrängung aufzuheben, müssen wir entgegenhalten: Je mehr in der Massengesellschaft Individualität verloren geht, muß im geistigen Raum, dem die Bildungsimpulse entwachsen, als letzter Zitadelle der Freiheit wenigstens die Individualität gesichert bleiben."4 Eine solche vom Philosophen Karl Jaspers geprägte Weltsicht traf in den 68er-Jahren auf eine tendenziell marxistisch geprägte Gesellschaftskritik.

„Bechtle, Bechtle, Springerknechtle"

Zentrale Zielscheibe der 68er-Bewegung waren Axel Springer, die Springer-Presse sowie die mit dem größer werdenden Konzern anwachsende Meinungsmacht. In einem anonymen Brief, der bei der dpa-Zentrale 1971 einging, schilderte der Schreiber, ein Mitglied der Hamburger „Anti-Springer-Aktion", wie er beim Flugblatt-Austeilen angegriffen wurde. Er erklärte, dass die „Bild"-Zeitung eine „Autoritätsfunktion" erfülle: „‚BILD' braucht den unmündigen, den infantilen Leser, um ihn in die Herrn Springer genehme Richtung zu lenken, ohne freilich den Leser merken zu lassen, daß er gelenkt wird."5

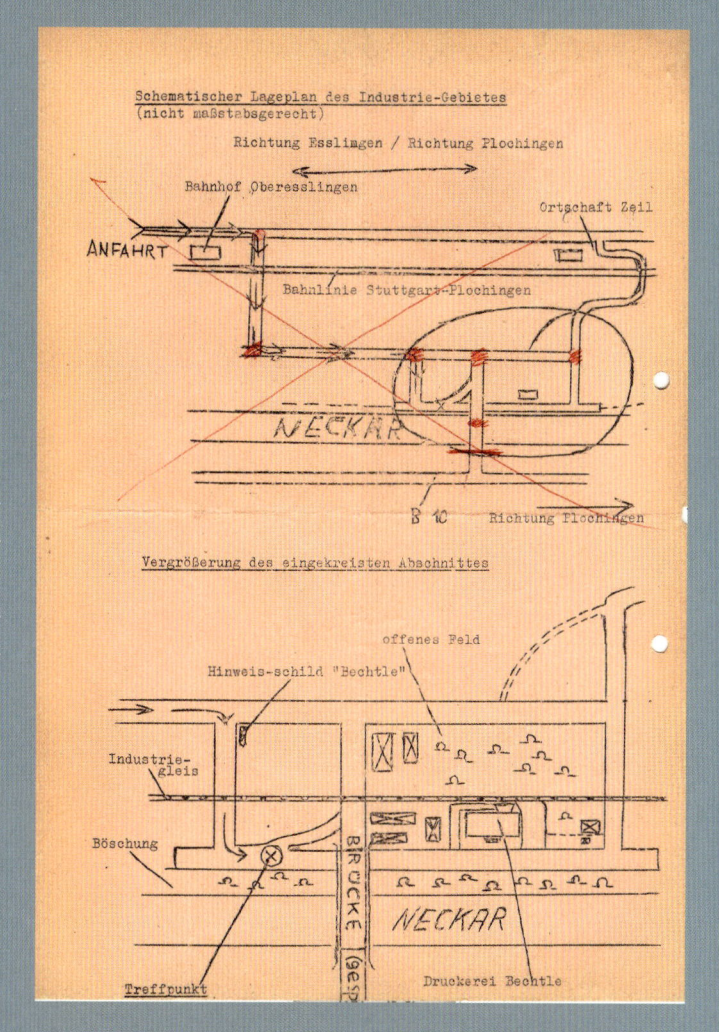

Von der APO wurde der Springer-Presse nicht nur Erziehung zur Unmündigkeit vorgeworfen. Viele Vertreter kritisierten das Meinungsmonopol des Konzerns, der mit seiner Berichterstattung zur Konfrontation beitrage. Konkret wurde der Springer-Presse eine Mitschuld gegeben, als es im April 1968 zu einem Attentat auf den Studentenführer Rudi Dutschke kam. Dieser Übergriff führte zu zahlreichen Protestaktionen im Land. Eine spektakuläre Demonstration traf den Verleger Otto Wolfgang Bechtle.

Im eher beschaulichen Esslingen, unweit von Stuttgart, hatte Bechtle den Sitz seines traditionsreichen Verlags. Auch der Springer-Verlag gehörte zu seinen Kunden: Seit 1963 wurde in seiner Druckerei die südwestdeutsche Ausgabe der „Bild"-Zeitung und seit 1964 die entsprechende „Bild am Sonntag"-Ausgabe gedruckt. Einen Tag nach den Schüssen auf Rudi Dutschke, am Karfreitag, dem 12. April 1968, versammelten sich zahlreiche Demonstranten vor den Toren der Druckerei und versuchten, die Auslieferung der Zeitung zu verhindern. Immer wieder skandierten sie „Bechtle, Bechtle, Springerknechtle". Massiver Polizeieinsatz löste die Demonstration nach mehreren Stunden auf.[5] Mit Flugblättern inklusive Lageskizzen, auf denen Verlag und Druckerei markiert waren, mobilisierte der Landesverband Baden-Württemberg des Sozialistischen Deutschen Studentenbundes (SDS) eine weitere Protestaktion „im Anschluss an den Ostermarsch" am Ostermontag: „Der Mordanschlag auf ihn [= Rudi Dutschke] ist das erste Resultat des einzigen Ziels der Springer-Presse: Vernichtung der demokratischen und sozialen Oppositionsbewegung".[7]

Die Ereignisse der Ostertage 1968 waren für den Verleger Bechtle prägend. Sie waren es umso mehr, als sie in die Vorbereitungen auf das 100-jährige Jubiläum der „Esslinger Zeitung" fielen, das am 27. April anstand. Der Berliner Verlegerkollege und -freund Axel Springer hatte sein Kommen zugesagt, eine Zusage, die er auch einlöste. Für die An- und Abreise über den Stuttgarter Flughafen benötigte der Berliner Verleger in diesen Tagen freilich besonderen Polizeischutz. „Er, in dessen Denken und Tun die Freiheit den ersten Rang einnahm, hatte für sich Schutz in Anspruch zu nehmen. Welch dämonische Fügung", bilanzierte Bechtle in seinem Beitrag für die Festschrift „Axel Springer. Die Freunde dem Freund". Bechtle selbst sah sich im „Bann" von Springer, von dessen „Weitblick und ungewöhnlichem Spürsinn, von Mut und entscheidendem Urteilsvermögen". Er bewunderte dessen „Verwurzelung zu tradierten Werten der Ethik und Moral". Entsprechend fiel die Absage an eine „zusehends opponierende Jugend" aus, die aus seiner Sicht „in den Sog militanter, linksextremistischer Gruppen geraten" war.[8] In den „Enteignet Springer"-Parolen der 68er sah Otto Wolfgang Bechtle eine „unverrückbare[ ] marxistisch-sozialistische[ ] Grundposition mit ihrer Forderung nach Vergesellschaftung privaten Eigentums".[9]

Anmerkungen

1. Vgl. Bechtle 2004 sowie die Chronik des Verlags auf dessen Webseite: https://www.bechtle-online.de/chronik.php (8.1.2024). Das Stadtarchiv Esslingen am Neckar verwahrt den Nachlass Otto Wolfgang Bechtle als Depositum. Frau Lena Kirchner stellte dankenswerterweise dem Verfasser die Findbücher von 2019 – 2022 zur Auswertung zur Verfügung (8.11.2022 und 23.11.2022).
2. Bechtle 1951, 90.
3. Otto Wolfgang Bechtle zum Siebzigsten 1988; Zitate, 15 und 82.
4. Bechtle 1967. Zitate, 163, 165 und 169f.
5. dpa. Unternehmensarchiv.
6. Zu den Ereignissen am 12.4.1968 vgl. Josef-Otto Freudenreich: Springerknechtle Bechtle. In: Kontext: Wochenzeitung, Ausgabe 367, 11.4.2018 (367). Online: https://www.kontextwochenzeitung.de/zeitgeschehen/367/springerknechtle-bechtle-5019.html (6.1.2024); Thomas Krazeisen: Vor 50 Jahren: Aufstand vor EZ-Gebäude. In: Esslinger Zeitung, 3.4.2018. Online: https://www.esslinger-zeitung.de/inhalt.wasserwerfer-gegen-demonstranten-vor-50-jahren-aufstand-vor-ez-gebaeude.c0a4aede-b6a0-4a42-ae6c-06963996d5ca.html (6.1.2024).
7. Die Volltextdatenbank zu „Materialien zur Analyse von Opposition", das „MAO-Projekt", hat Flugblatt und Lageskizzen vom April 1968 ediert: https://www.mao-projekt.de/BRD/BW/S/Esslingen_1968_Osterunruhen.shtml (6.1.2024).
8. Bechtle 1986, 61.
9. Bechtle 1988, 3.

Hans Benirschke stand von 1968 bis 1990 als Chefredakteur an der Spitze der *dpa*.

In der Hamburger Nachrichtenagentur waren nach dem Ende der „Ära Fritz Sänger" im Verlauf der 1960er Jahre vor allem Vertreter der sogenannten „jungen Generation" in Führungspositionen aufgestiegen. Diese „junge Generation" war noch geprägt von der Kriegszeit, die sie als Wehrmachtssoldaten oder Flakhelfer erlebt hatten. Sie arbeitete mit der Prämisse des Neuanfangs nach dem Ende des „Dritten Reiches" und einem entfesselten Ehrgeiz in den Jahren des Wiederaufbaus und der Modernisierung in der Bundesrepublik.[22]

Fünf der sechs Journalisten, die 1973 die Chefredaktion bildeten, waren zwischen 1920 und 1925 geboren – so etwa Wolfgang Nölter und Heinz Köster. Nölter war 1945 als ehemaliger Soldat auf der Suche nach einem Volontariat bei der „Welt" zum *German News Service* gekommen. In den 1960er Jahren hatte er Erfahrungen als Auslandskorrespondent in Washington gesammelt und avancierte zum „Nachrichtenjäger". Im September 1972 übernahm er „Sonderaufgaben" in der dpa-Chefredaktion.[23] Köster, Jahrgang 1923, war bei Kriegsende Leutnant der Reserve. Aus der Kriegsgefangenschaft entlassen, startete er als junger Reporter beim *Deutschen Pressedienst*. Britische Controller bezeichneten ihn als „an honest hard working man and that it is felt that he should be afforded an opportunity of ‚working his passage back' [...]".[24] Diese Chance nutzte Köster. Er stieg 1959 zum Leiter des Basisdienstes und 1968 zum Chef Inland und stellvertretenden Chefredakteur auf.

Die Biografie des langjährigen dpa-Chefredakteurs Hans Benirschke spiegelt diese Aufstiegsgeneration ganz besonders anschaulich wider. 1925 als Sohn eines nordmährischen Bauern geboren, wurde Benirschke im Zweiten Weltkrieg Fallschirmjäger und geriet bei Kriegsende in amerikanische Gefangenschaft. Er konnte in Würzburg studieren, arbeitete für die dort erscheinende „Main-Post" und für die amerikanische Dienststelle der Information Control Division. Bereits 1951 promovierte er mit einer Arbeit über den britischen Geschichtsphilosophen Arnold J. Toynbee und startete mit seinen hervorragenden Englischkenntnissen ab 1952 eine

Karriere bei der *dpa* zunächst in der Auslandsredaktion in Hamburg, dann als Leiter des Londoner Büros.

Auf diese Führungsriege der *dpa* trafen die ersten Vertreter der 68er-Generation, die nach ihrem Studium Ende der 1960er/Anfang der 1970er Jahre bei der *dpa* anfingen. Zu diesen gehörte Christian Volbracht. „Ich war ein Anti-Autoritärer, ein bisschen zu jung, um richtig aktiv in der Studentenrevolte dabei zu sein", berichtet Christian Volbracht, Jahrgang 1945, der im Februar 1968 mit einem Volontariat bei der Nachrichtenagentur startete.[25] Nach dem Studium der Publizistik in Berlin bewarb sich der 23-Jährige in Hamburg. „Ich bin sofort genommen worden; ich wurde nur gefragt, ob ich gut in Deutsch war, ob ich weiß, wann Goethe geboren ist und wie viel die VW-Aktie wert ist. Die Aufnahmebereitschaft war damals sehr groß. Die dpa hatte seit jeher ein breites Volontärsprogramm. Ich habe im Februar 68 als Volontär angefangen und bin schon anderthalb Jahre später als Redakteur in die Inlandsredaktion übernommen worden."

Christian Volbracht wurde schnell Dienstleiter Inland, ging für ein Jahrzehnt als Büroleiter nach Paris, um zurück in Hamburg zum Chef vom Dienst (CvD) zu avancieren. Volbracht, der damals aufgrund seiner langen Haare und seines aufmüpfigen Wesens den Spitznamen „Dutschke" hatte, und eine Reihe von jungen Redakteuren fingen an, Texte ihrer älteren Kollegen kritisch zu lesen, wenn diese die Regierungen in Spanien oder in Südamerika nicht als das vorstellten, was sie waren: Militärregime. Sie griffen auch selbst diese Themen auf und brachten neue Fragestellungen auf. Ein Beitrag, den Volbracht zusammen mit dem jungen Kollegen Felix Perelsztein am 17. Juni 1970 über die Stadtguerilla in Rio de Janeiro und eine Entführungsaktion verfasste, wurde damals so redigiert, dass die Guerillas nicht mehr „siegten", sondern lediglich „ihr Ziel erreichten". Den beiden Redakteuren

Bildredakteur und Fotograf auf der Suche nach der besten Aufnahme. dpa-Bildzentrale 1965.

wurde vorgeworfen: „Die Dinge liegen differenzierter, als es sich Volbracht/Perlstein [sic] träumen lassen." In einer Sammlung solchermaßen redigierter Texte findet sich auch der Nachweis einer klaren Absage durch Heinz Köster. „Kö: nein" steht auf einem im Februar 1972 eingereichten Artikel von Gerd-Eckard Zehm, der Amnesty International vorstellte; er wurde also nicht für den dpa-Dienst angenommen.[26]

Die „Tränen-Presse-Agentur" (tpa)

Dass die Redaktion der *dpa* im Hamburger Mittelweg nicht zu den Keimzellen eines kritischen Journalismus gehörte und ihre Arbeit als Nachrichtenagentur nur bedingt dazu beitrug, eine „kritische Medienöffentlichkeit" herauszubilden, blieb auch anderen Medien nicht verborgen. Vor allem das Hamburger Magazin „Der Spiegel" schoss sich damals mit seinem politisch engagierten Kolumnisten Otto Köhler (*1935) regelrecht auf die Nachrichtenagentur ein. Zwischen 1966 und 1971 erschienen knapp zwanzig Artikel, in denen Köhler der *dpa* vorwarf, politisch konservativ, überaus USA-freundlich und regelrecht regierungshörig zu berichten.[27]

Ein paar ausgewählte Beispiele verdeutlichen das. Im Artikel „Francos Tränen" brandmarkte Köhler im August 1969 die „gemütsbewegende" Hofberichterstattung über die „Tränen des spanischen Alleinherrschers Franco" und dessen Nachfolger Prinz Juan Carlos, ein „eleganter", „gutaussehender, hochgewachsener Bourbonenprinz". Der

> „Die Elektronische Rechnergesteuerte Nachrichtenvermittlungs-Anlage (ERNA) startet im September 1973. Mit ihr können Nachrichten online empfangen, am Schirm selektiert und redigiert und sofort an die Kunden ausgesendet werden.
>
> *Klaus Sprick*

Dienst der *dpa* komme dem einer „tpa", einer „Tränen-Presse-Agentur" gleich. Im Beitrag „Kompetente Männer" arbeitete er im Oktober 1971 heraus, wie pro-amerikanisch der in Peking akkreditierte dpa-Korrespondent Hans-Joachim Bargmann über den Krieg in Vietnam und Laos berichten und wie genau und unkritisch er den Sprachregelungen der Nixon-Regierung und des US-Militärs folgen würde.

Wiederholt argumentierte der „Spiegel"-Kolumnist ausgesprochen sprachkritisch. In seiner Analyse eines dpa-Berichts über „autofahren immer teurer" im August 1970 sezierte er, wie die einzelnen Formulierungen eher „Tränen des Mitleids für die bedauernswerten Ölgesellschaften" nahelegen, statt deren Preispolitik zu kritisieren. Der „höfliche dpa-Redakteur" sei eben kein „rüder Journalist" und keine „giftige Journalisten-Natur", wenn er die Preiserhöhungen beim Neuwagenkauf „maßvoll" und die Lohnerhöhungen „drastisch" nennt. Weit davon entfernt, „klassenkämpferisch" zu argumentieren, liefere die Agentur „solche netten dpa-Wirtschaftsberichte".

Köhler verfügte im „Spiegel" nicht nur über die dpa-Dienste, sondern hatte auch Zugang zu den UPI-Meldungen. Mehrfach stellte er die Leistungen der beiden bis 1971 konkurrierenden Nachrichtenagenturen nebeneinander. Vor allem im Beitrag „DPA im Einsatz" bescheinigte Köhler im Oktober 1968 dem deutschsprachigen Dienst des US-Konzerns *UPI* eine Berichterstattung, die auch kritische Nachfragen zulasse. Im Vergleich dazu würde die *dpa* „diplomatische Zurückhaltung" zeigen, „mit viel Takt und dem nötigen Respekt vor den staatlichen Institutionen" operieren und ihre Aufgabe „vaterländischer" als die Konkurrenz erfüllen. Die Nachricht im Juli 1971, dass der deutsche UPI-Dienst eingestellt werde, quittierte Köhler mit beißendem Spott unter der Überschrift „Es darf gejubelt werden". Für ihn hatte die US-Agentur kapituliert, die „leichter einmal unangenehme Dinge meldete als die behördenfromme dpa".

Zwischen Informationspflicht und Propagandaplattform

Auch wenn die *dpa* aus Sicht der 68er-Vertreter allzu höflich und politisch konservativ auftrat, wurde sie als eine wichtige Institution im Zusammenspiel der Medien gesehen. Protestierende schickten Erklärungen an die Adresse im Mittelweg 38, radikalisierte und zu Terroraktionen bereite Gruppen leiteten ihre Bekennerschreiben an die Agentur, um auf diese Weise mit ihren Botschaften Eingang in die Berichterstattung zu finden. Als das Axel-Springer-Hochhaus in der Hamburger Innenstadt am 19. Mai 1972 Zielscheibe eines Bombenanschlags der „Rote Armee Fraktion" (RAF) wurde, wurde beim Norddeutschen Rundfunk am 20. Mai ein erstes Bekennerschreiben abgegeben; am 22. Mai erhielt die *dpa* ein zweites, ausführlicheres Schreiben, das Springer beschuldigte, trotz Warnung das Bürogebäude nicht geräumt zu haben, und bedauerte, dass Angestellte betroffen waren. Das Schreiben endete mit politischen Forderungen an den Konzern sowie der Aufforderung: „Wir verlangen, daß die Springerpresse diese Erklärung abdruckt. – Wir

> Die 11 dpa-Besetzer seit 7.11. im Hungerstreik! Sofortige Freilassung unserer Genossen!★

Sympathisanten sprühten immer wieder Unterstützer-Parolen an Hauswände.

verlangen nichts Unmögliches. Wir werden unsere Aktionen gegen die Feinde des Volkes erst einstellen, wenn unsere Forderungen erfüllt sind. Enteignet Springer!"[28]

Die Nachrichtenagentur als Vermittler von Botschaften und Erklärungen zu nutzen, lag auf der Hand. In der Chefredaktion legte man den Umgang mit solchen „Terroristenbriefen" in den 1970er Jahren klar fest. Es galt, die Polizei einzuschalten, um die Arbeit der Ermittlungsbehörden zu befördern, und man musste dem Verlangen einen Riegel vorschieben, allzu rasch mit einer Meldung auf Sendung zu gehen. In einem undatierten Schreiben teilte Hans Hofmann als Chef vom Dienst allen Büroleitern das Vier-Punkte-Vorgehen mit.[29] Ein solches abgestimmtes Vorgehen erlebte seinen Höhepunkt im sogenannten „Deutschen Herbst" 1977, als die *dpa* „Informationspflicht" und „Rücksicht auf Menschenleben" gegeneinander abwägte beziehungsweise zwischen „Unterrichtung der Öffentlichkeit über die Aktivitäten von Terroristen" und der Gefahr, diesen „die gewünschte publizistische Plattform für jede Propaganda und Polemik zu bieten", zu unterscheiden versuchte.[30]

Zum Alltag der Nachrichtenagentur gehörte angesichts der Radikalisierung der RAF die Sorge vor Attentaten sowohl in der Zentrale in Hamburg als auch vor allem im Stuttgarter Landesbüro, als führende RAF-Mitglieder im Stadtbezirk Stuttgart-Stammheim im dortigen Gefängnis einsaßen.[31] Speziell das Kontaktsperregesetz, das der Deutsche Bundestag nach den Terrorereignissen im Herbst 1977 beschlossen hatte und das den Informationsfluss der RAF-Mitglieder einschränken sollte, hatte Auswirkungen auf die Arbeit der Journalisten. Denn radikalisierte Anhänger versuchten nun, die Nachrichtenagentur dazu zu bewegen, die in ihren Augen unterdrückten Botschaften öffentlich zu machen. Es blieb – mit einer Ausnahme – bei Anrufen und Schreiben, bei Aufforderungen und Drohungen, die in diesen angespannten Zeiten bei der Nachrichtenagentur eingingen.

1981: MIT DEM MARXISTISCHEN STUDENTENBUND BEI DPA

Am 2. April 1981 besetzten rund 50 Mitglieder des Marxistischen Studentenbundes (MSB) Spartakus das Büro der *Deutschen Presse-Agentur* in Bonn. Die Aktion richtete sich gegen die Rüstungspolitik der NATO-Staaten, wie die Besetzer auf den mitgebrachten Transparenten erklärten, und sie prangerte die „Propagandamaschinerie" von Bundeskanzler Helmut Schmidt an. Diese laufe auf vollen Touren und habe allein das Ziel, den NATO-Beschluss zu rechtfertigen: „Schmidt lügt, um uns einzulullen", hieß es in der Titelgeschichte der „roten blätter" von April 1981.

Der Doppelbeschluss der NATO vom 12. Dezember 1979 hatte bei vielen Bürgerinnen und Bürgern in der Bundesrepublik Ängste vor einem nuklear geführten Krieg ausgelöst. Nachdem eine Mehrheit der Abgeordneten des Deutschen Bundestags der Stationierung von Atomraketen in der Bundesrepublik zugestimmt hatte, entstand eine rasch anwachsende Friedensbewegung. Zahlreiche Demonstrationen fanden statt; das erste Großereignis mobilisierte am 10. Oktober 1981 mehr als 300.000 Menschen, die im Bonner Hofgarten zusammenkamen. In der westdeutschen Friedensbewegung engagierten sich Bürgerinnen und Bürger mit ganz unterschiedlichen politischen Einstellungen. Unter den Gruppierungen war auch der Marxistische Studentenbund Spartakus. In Bonn hatte er bereits im Frühjahr 1981 mit gezielten Aktionen auf sich aufmerksam gemacht, unter anderem mit der ersten Hausbesetzung in der Bundeshauptstadt.

Die Besetzung des Bonner dpa-Büros im April verlief friedlich. Der Redakteur Klaus Bering – in der Bildmitte sitzend mit Schal – ließ sich auf eine Diskussion ein. Gegenstand waren die Vorwürfe, die die „roten blätter" – die Zeitschrift des MSB – im April 1981 erhob. Die Ausgabe liegt auf dem Schreibtisch des Redakteurs neben der Schreibmaschine. Der MSB Spartakus warf darin „Fernsehen, Rundfunk und Zeitungen" vor, „Sieben Aussagen von Helmut Schmidt, Sieben Lügen" zu verbreiten: „Lügen, die die Bundesrepublik zum Spielball von US-Strategen machen. Lügen, die uns gleich mehrere Schritte näher an den atomaren Abgrund bringen."

Aufgebrachte Studenten besetzen das Bonner Büro der *dpa*

```
k
fkx028 181057   181057 xcv004
aa dm ibs bon fbi chi hid hal
cvd 000

bitte den buerochefs vorlegen. danke hofmann

181050 (terroristenbriefe) = liebe kollegen, bitte beachten sie das
heutige protokoll, in dem klargestellt wird, wie in zukunft bei
terroristenbriefen, die bei der zentrale oder den bueros eingehen,
verfahren wird.

1. die polizei wird ueber die briefe informiert.
2. bevor die briefe an die polizei uebergeben werden, muessen sie
fotokopiert und das original von dpa-bild fotografiert werden (bilder
von fotokopien werden schlechter.).
3. dpa-bild darf das bild nicht senden, bevor nicht von der
chefredaktion entschieden worden ist, ob wir mit bild und text
einsteigen wollen.
4. eine enge absprache von wort und bild ist grundsaetzlich
notwendig, besonders jedoch in diesem fall.
gruss hofmann

nnnn
```

CvD-Rundschreiben: Umgang mit Terroristenbriefen.

Diese Ausnahme ereignete sich am 6. November 1978, als das dpa-Landesbüro in Frankfurt am Main überfallen wurde. Am Abend drangen mehrere bewaffnete Personen in die Redaktion im zweiten Stock eines Bürogebäudes in der Baseler Straße, unweit des Bahnhofs gelegen, ein. Sie gaben sich als „Kommando Willy Peter Stoll und Michael Knoll" zu erkennen und verlangten von den dpa-Mitarbeitenden, per Fernschreiber eine Erklärung abzusetzen, in der die Aufhebung der Kontaktsperre des verurteilten RAF-Mitglieds Karl-Heinz Dellwo gefordert wurde. Gleich zu Beginn des Überfalls war es den dpa-Angestellten noch gelungen, einen Notruf abzusetzen. Ein Überfallkommando der Frankfurter Polizei konnte die Situation noch am selben Abend klären.[32]

Damit war die Aktion jedoch noch nicht zu Ende. In der Folge wurde in verschiedenen Städten die Parole „Freiheit für die DPA-Besetzer" an Häuserwände gesprüht und für die „dpa-Besetzer" die „Sofortige Freilassung unserer Genossen!" gefordert. Die elf in Frankfurt nach dem Überfall inhaftierten „Besetzer" waren in einen Hungerstreik getreten und lösten in antifaschistischen Gruppierungen Solidaritätsbekundungen aus. So machte die „Schwarze Hilfe Hamburg" in einem Flugblatt deutlich: „Die Besetzung des dpa-Büros sollte das Schweigen von Radio, Fernsehen und Presse durchbrechen." Im Titel hieß es: „Tatsachen, die nicht bekannt werden, sind keine Tatsachen", gefolgt von der Androhung „Wir lassen uns den Mund nicht verbieten!!". Die „antifaschistische gruppe hamburg" gab in einer Flugschrift vom Mai 1979 den inhaftierten „Genossen" Gelegenheit, ihre Absicht darzustellen, nämlich „die diskretion zu zerreissen, unter der seit dem herbst '77 immer mehr genoss(in)en aus der legalen linken szene interniert werden". Das Gedicht „Feuer Frei!" ist den „11 DPA-Besetzern" gewidmet.[33]

Anmerkungen

1. Pürer/Raabe 2007, 119 – 140.
2. Vgl. u.a. Diederichs 1976 und 1977.
3. Zwischenbericht der Bundesregierung über die Lage von Presse und Rundfunk in der Bundesrepublik Deutschland. Drucksache V/3856 vom 27.4.1970. Online: https://dserver.bundestag.de/btd/06/006/0600692.pdf (2.1.2024).
4. Statistische Angaben in: Statistik (2013), 554.
5. dpa-Meldung vom 11.11.1968. dpa. Unternehmensarchiv.
6. dpa-Geschäftsbericht 1967, 12.
7. Horst-Wolfgang Bremke: Das Geschäft mit der Nachricht. In: Die Zeit, Nr. 13, 26.3.1971; Hansjoachim Höhne: Das Geschäft mit der Nachricht. In: Die Zeit, Nr. 47, 19.11.1971.
8. Segbers 2007, 41.
9. Bericht über die Prüfung des Jahresabschlusses für das Geschäftsjahr 1954. dpa. Unternehmensarchiv. Bestand Aufsichtsrat.
10. dpa-Meldung vom 29.7.1971. dpa. Unternehmensarchiv.
11. Vgl. Horst-Wolfgang Bremke: Das Geschäft mit der Nachricht. In: Die Zeit, Nr. 13, 26.3.1971.
12. Die Tarifverhandlungen drohten zu scheitern, wie der Branchendienst „ZV+ZV" mit Bezug auf die Deutsche Journalistenunion (DJU) und den Deutschen Journalistenverband (DJV) meldete – Harte Tarifverhandlungen bei UPI. In: ZV+ZV. Das Organ für Presse und Werbung, H. 6, 1971, 201.
13. Rolf Fischer: UPI – Korpsgeist bis aufs Todesurteil der Manager. In: Frankfurter Rundschau, 6.7.1971; Ernst Schachtner: Amerikanisches Management läßt Mitarbeiter ziehen. In: Die Welt, 14.7.1971; upi stellt den deutschsprachigen Dienst ein. In: ZV+ZV. Das Organ für Presse und Werbung, H. 28, 1971, 1287. Vgl. auch Schumacher 1998, 152f.
14. dpa-betriebsgruppen treten fuer upi-personal ein. dpa-Meldung vom 6.7.1971.
15. Zitate aus Geschäftsbericht 1967, 12; Geschäftsbericht 1968, 15; Geschäftsbericht 1972, 19.
16. dpa-Aufsichtsratssitzung am 22.2.1972. dpa. Unternehmensarchiv.
17. Zwei neue Agenturen auf dem deutschen Markt. In: ZV+ZV. Das Organ für Presse und Werbung 68(1971), H. 32, 1414.
18. Nach wie vor als Hängepartie … In: Kress, 14.4.1983. Online: https://kress.de/news/beitrag/75384-nach-wie-vor-als-h-ngepartie-muss-die-existenzsituation-der-bonner-nachrichtenagentur-ddp-deutscher-depeschendienst-bei-redaktionsschluss-dieses-kress-bezeichnet-werden-die-agentur-hatte-trotz-konkursantrag-vom-31-m-rz-am-vergangenen-freitag-um-16-oo-uhr-ihren1-sendebetrieb-wieder-aufgenommen-in-der-hoffnung-auf-neue-geldgeber-und-h-here-honorare-aus-der-kasse-des-presse-und-informationsamtes-der-bundesregierung-f-r-die-deutsch-und-fremdsprachigen-dienste.html (29.12.2023).
19. dpa-Aufsichtsratssitzung am 22.2.1972. dpa. Unternehmensarchiv.
20. Höhne 1976, 57 und 60.
21. In: dpa-Geschäftsbericht 1973, 37 – 45; Zitat, 45.
22. Vgl. Hans-Ulrich Wagner: Die junge Journalisten-Generation beim NWDR. In: Journalistikon. Das Wörterbuch der Journalistik, 10.9.2020. Online: http://journalistikon.de/die-junge-journalisten-generation-beim-nwdr/ (6.1.2024).
23. Volker Bormann und Gebhard Krewitt: Der Nachrichtenjäger. In: SZ-Magazin, Nr. 28, 10.7.1992, 20 – 23.
24. Beurteilung vom 19.2.1947. Zit. n. Eumann 2011, 105.
25. Christian Volbracht im Interview mit Hans-Ulrich Wagner, 13.4.2023. Nachfolgende Zitate aus diesem Interview.
26. Die genannten Beispiele finden sich im Privatbesitz von Christian Volbracht.
27. Vgl. u.a. Otto Köhler: Francos Tränen. In: Der Spiegel, Nr. 32, 3.8.1969; Kompetente Männer. In: Der Spiegel, Nr. 9, 21.10.1971; Kann nicht zaubern. In: Der Spiegel, Nr. 33, 9.8.1970; DPA im Einsatz. In: Der Spiegel, Nr. 41, 6.10.1968; Es darf gejubelt werden. In: Der Spiegel, Nr. 29, 11.7.1971.
28. Das Schreiben ist abgedruckt bei Kraushaar 2006, 1077.
29. dpa. Unternehmensarchiv. Ordner Rechtsfälle.
30. Hans Benirschke: Jahresbericht 1977 der Redaktion dpa. dpa-Geschäftsbericht 1977, 31 – 37; Zitat, 37.
31. Dies berichtete Hans-Hermann Mädler (1942 – 2023), der 1971 im dpa-Landesbüro ein Volontariat begann, bevor er 1978 als Sportjournalist bei der dpa in Hamburg reüssierte und lange Zeit als stellvertretender Ressortleiter Sport arbeitete (Auskunft von Familie Mädler an den Verfasser, 15.10.2023). Vgl. Günter Deisters Nachruf: Er pflegte das hohe Gut der Nachricht. In: Verband Deutscher Sportjournalisten e.V., 28.6.2023 https://www.sportjournalist.de/news/meldungen-und-medien/er-pflegte-das-hohe-gut-der-nachricht-fb-3040/?news%5Bnr%5D=3040 (10.10.2023).
32. Claudia Dillmann: 11 Maskierte von Polizei überrascht. In: Frankfurter Rundschau, 9.11.1978.
33. Die Flugblätter und Flugschriften sind im „MAO-Projekt" als „Materialien zur Analyse von Opposition" ediert. Die Zitate entstammen dem Flugblatt bzw. der Flugschrift https://www.mao-projekt.de/BRD/NOR/HBG/Hamburg_Schwarze_Hilfe.shtml und https://www.mao-projekt.de/BRD/NOR/HBG/REP/Hamburg_REP_1979_Antifa-Gruppe_Dokumentation.shtml (6.1.2024).

1985: MIT DPA BEIM TENNISTURNIER IN WIMBLEDON

„Als ich am Mittwoch, 19. Juni 1985, die Anlage in Wimbledon betrat, schlug sich der rothaarige 17-jährige Boris Becker auf einem Nebenplatz ein. Ich stellte mich seinem Trainer und seinem Manager vor, am Ende des Trainings auch dem jungen Spieler. ‚Ich darf nur so lange bleiben, wie Sie im Turnier stehen, und ich habe noch nie ein Finale in Wimbledon fotografiert', sagte ich ihm. ‚Ich versuche mein Bestes!', antwortete Boris Becker. Wir gaben uns darauf die Hand. Am 7. Juli 1985 begann um 15 Uhr das Finale – Boris Becker war dabei. Ich auch." So beginnt die Schilderung von Rüdiger Schrader, wie es zum legendären Sportfoto des Jahres 1985 kam, zum „Boris-Becker-Hecht".

Der versierte Sportfotograf Rüdiger Schrader (*1957) war von 1985 bis 1988 Cheffotograf bei der *dpa*. Chefredakteur Hans Benirschke und Chef des Bilderdienstes Dietrich Matthes hatten ihn nach London geschickt, denn der dpa-Bilderdienst war gerade Mitglied in der *European Pressphoto Agency (epa)* geworden und baute seine internationale Bildberichterstattung aus. Im Geschäftsbericht 1985 bilanzierte man: „Immer deutlicher wurden zwei Trends in den Kundenerwartungen: Einmal die aktuelle und gesicherte Bebilderung der Spitzenthemen des Tages und zum zweiten vielfach der Verzicht auf bloße Routinefotos und dafür die Suche nach dem aussagekräftigen ‚besonderen' Foto, das auf den Zeitungsseiten als Blickfang dienen kann."

Ein solches „besonderes" Foto gelang Rüdiger Schrader beim Herrenfinale des Tennisturniers in Wimbledon. Auf seiner Homepage „www.ccs-schrader.de" erinnert sich Schrader: „Das Finale begann und ich wusste: ich brauche ein paar schnelle Aktionen für die Zeitungen. Und dann wartest Du im Prinzip das Geschehen ab. Reaktionen und spektakuläre Aktionen, Jubel und Trauer am Ende. Pokalzeremonie. Im dritten Satz sagte ich mir: ‚Wenn Du ein anderes Bild von Boris haben willst, als immer nur Aufschlag, Vorhand, Rückhand, dann musst Du jetzt etwas anderes tun.' Und so griff ich nach einem Ballwechsel nach meiner Kamera mit der 180 mm Optik. [...] ein bewegtes Objekt kann sich auch in die Schärfe hinein bewegen. Diesen Moment gilt es zu antizipieren. Boris schlug auf, sprintete zum Netz [...] und hechtete nach dem Ball. Als er in meine Richtung sprang, war er unscharf. Und ich löste aus [...]. Als es wieder hell wurde im Sucher, war er wieder unscharf. Und ich wusste instinktiv: ich hatte den Moment erwischt. Und das Bild musste aller Erfahrung nach auch scharf sein. Mit einem anderen Objektiv hätte ich diesen Moment nicht fotografieren können."

Ein legendäres Sportfoto: der Boris-Becker-Hecht

Die DDR-Nachrichtenagentur *Allgemeiner Deutscher Nachrichtendienst (ADN)* in Berlin, Mai 1992.

10

Die Ereignisse der Wendejahre 1989/90 betrafen auch das bisherige Gegen- und Miteinander von *dpa* und *ADN*, der beiden so unterschiedlichen Nachrichtenagenturen in der Bundesrepublik und in der DDR. Die Demonstrationen von Oppositionsgruppen in vielen DDR-Städten im Verlauf des Jahres 1989 sowie die Öffnung der Berliner Mauer im November 1989 leiteten einen Transformationsprozess des politischen Systems der DDR und der DDR-Medienlandschaft ein. Weitreichende medienpolitische Veränderungen fanden dort bereits in einer ersten Phase der „Wende" bis zur Volkskammerwahl im März 1990 statt, sodann während der Arbeit der Treuhandanstalt ab Juli 1990 und schließlich vor und nach dem Einigungsvertrag im Oktober 1990. Im Kontext der Rundfunk- und speziell der Pressetransformation positionierte sich die *dpa*.

Markteroberung

Die *dpa* und die deutsche Wiedervereinigung

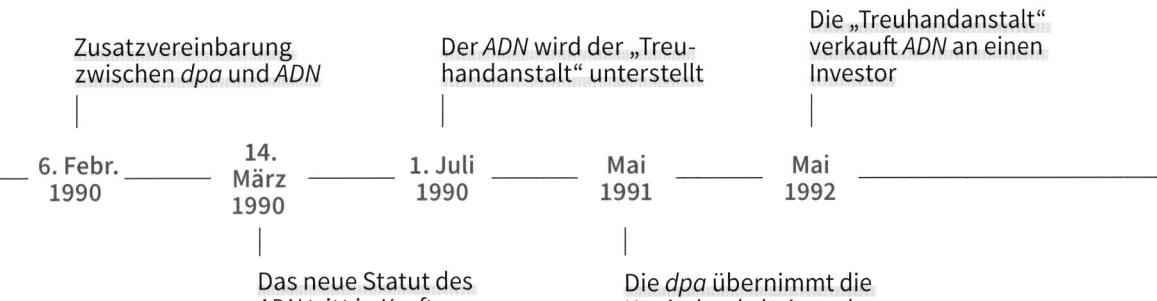

	Zusatzvereinbarung zwischen *dpa* und *ADN*		Der *ADN* wird der „Treuhandanstalt" unterstellt		Die „Treuhandanstalt" verkauft *ADN* an einen Investor
6. Febr. 1990		14. März 1990	1. Juli 1990	Mai 1991	Mai 1992
		Das neue Statut des *ADN* tritt in Kraft		Die *dpa* übernimmt die Kapitalmehrheit an der Fotoagentur *Zentralbild GmbH*	

Zwei Staaten, zwei Agenturen

Die *Deutsche Presse-Agentur* und der *Allgemeine Deutsche Nachrichtendienst*, die westdeutsche und die ostdeutsche Nachrichtenagentur, verband in all den Jahren des Kalten Krieges ein wechselvolles Verhältnis. (→ 4 | Bewährungsjahre) In der miteinander verflochtenen Geschichte der beiden deutschen Staaten verstand man sich politisch als Klassenfeind und Gegner; wirtschaftlich suchte man den bestmöglichen Nutzen.[1] Entsprechend regelten die beiden so unterschiedlichen Partneragenturen am 22. November 1974 in einem Vertrag den Austausch verschiedener Dienste. Die *dpa* lieferte ihren Basisdienst an den *ADN*, der umgekehrt seinen Basis- und seinen Europadienst in den Westen gab. Entsprechend verfuhr man bei den beiden Bilderdiensten „dpa-Bildfunk" und „ADN-Zentralbild".[2] Für beide Parteien brachte ein solcher Austauschvertrag Vorteile. Doch darüber hinaus beäugte man sich argwöhnisch. (→ 5 | Weltnachrichten)

Diese deutsch-deutsche Gegenüberstellung veränderte sich ab Herbst 1989 im Verlauf von nur wenigen Monaten. Der rasante politische Veränderungsprozess, der zum Einigungsvertrag und zur Wiedervereinigung führte, transformierte auch die DDR-Medien grundlegend.[3]

Als sich der Aufsichtsrat der *dpa* im Mai 1990 das erste Mal mit den Themen „*dpa* in der DDR", „Zusammenarbeit mit dem *ADN*" und „Zukunft von *dpa* und *ADN*" befasste, hatte die Geschäftsführung mit ihrem Vorsitzenden Walter Richtberg und mit dem Leiter des Zentralbereichs Marketing Matthias Hardt bereits erste Pflöcke eingeschlagen. Ebenso wie viele bundesrepublikanische Verlage zögerte auch die von ihnen genossenschaftlich mitgetragene *dpa* nicht, sich auf den seit Februar 1990 offenen DDR-Pressemarkt zu begeben.

Die dpa-Führungsspitze handelte umgehend. Bereits Ende November 1989 fanden erste Sitzungen statt. In einem fünfstündigen Gespräch mit Vertretern des *ADN* am 1. Dezember in Berlin sondierte Hardt die Ausgangslage der Staatsagentur. „Die Gesprächspartner liessen erkennen, daß beim ADN intensive Überlegungen über dessen künftige Rolle in der DDR-Medien-Landschaft und natürlich über deren Finanzierung angestellt werden", hielt er in einer Aktennotiz fest und erläuterte: „Bisher werden die Kosten des ADN wie die der Zeitungen und Rundfunkstationen ausschließlich aus dem Staatssäckel bezahlt. Man sieht sich sehr in der Kritik der neuen politischen Kräfte in der DDR." Entsprechend groß sei das Interesse des *ADN* „an intensivierten Kontakten gerade zu dpa".[4]

Die westliche Agentur nutzte die sich ihr bietende Chance. Sie intensivierte die Gespräche sowohl auf der Führungsebene als auch auf der Ebene der Landesbüros. Bereits am 6. Februar 1990 unterzeichneten Walter Richtberg als Vorsitzender der dpa-Geschäftsführung und Günter Pötschke als Generaldirektor des *ADN* auf der Basis des 1974 geschlossenen Vertrags eine Zusatzvereinbarung. War es vor fünfzehn Jahren um einen Austausch der Dienste gegangen, so wurde jetzt die Ver-

1971 bezog der *ADN* einen Hochhausneubau mit angrenzendem Bürotrakt.

marktung des ADN-Weltnachrichtendienstes in der Bundesrepublik und die des dpa-Nachrichtendienstes in der DDR geregelt.[5]

Mit dieser nur drei Monate nach der Maueröffnung getroffenen Regelung der exklusiven Vermarktungsrechte sicherte sich die DDR-Agentur wichtige Deviseneinnahmen. Für die westdeutsche Agentur bedeutete es, in der DDR Fuß zu fassen. Denn die Vereinbarung regelte, dass die *dpa* die technische Infrastruktur der *ADN* nutzen konnte, um die in der DDR erscheinende Presse mit ihren Diensten zu erreichen. Der Berliner „Morgen" und die in Erfurt erscheinende „Thüringer Allgemeine" waren am 20. Februar 1990 die ersten DDR-Zeitungen, die den dpa-Nachrichtendienst bezogen. Wenig später belieferte die *dpa* über 50 Prozent der Zeitungen in der DDR, zunächst auf der Basis einer zweimonatigen Probezeit, dann mit einer Preispolitik, die die Gebühren nach und nach erhöhen sollte. Walter Richtberg, der seine Verhandlungspolitik dem Aufsichtsrat im Mai 1990 vorstellte, formulierte wenig zurückhaltend: „Wichtig sei zunächst einmal die ‚Eroberung' des DDR-Marktes gewesen." Das über kurz oder lang zu erreichende Ziel stand fest: „Man wolle mittel- oder langfristig eine große Nachrichtenagentur, die nach den Prinzipien und nach dem Modell von dpa arbeite. Eine Parallel-Organisation, wenn auch kleiner strukturiert, könne auf Dauer nicht akzeptiert werden."[6]

Das war auch die einhellige Meinung der Vertreter im Aufsichtsrat. Entsprechend äußerten sich die Verleger Otto Wolfgang Bechtle, Florian Lensing-Wolff, Karl-Heinz Esser und Hermann Elstermann. Günther Grotkamp, Geschäftsführer der WAZ-Mediengruppe, brachte es auf den Punkt: „Ein duales System komme für ein vereintes Deutschland nicht in Frage."[7] Lediglich der Weg zu diesem Ziel stand zur Diskussion. Man folgte Richtbergs Vorschlag einer „mittlere[n] Linie", die flexibel sein sollte und verschiedene Optionen ermögliche.[8]

Dieser „mittlere" Weg sah zwei Dinge vor. Zum einen sollte die bestehende Kooperation mit dem *ADN* fortgesetzt werden, wobei man darauf achten wollte, dass die Marke „dpa" dadurch nicht beschädigt werde. Zum anderen unternahm die *dpa* große Anstrengungen, ihre Berichterstattung in eigener Regie aufzubauen. Mit einem Finanzvolumen von mehr als zwei Millionen DM wurden 1990 die bestehende Berliner Redaktion verstärkt, ein neues „DDR-Desk" aufgebaut, das das Nachrichtenmaterial aus der DDR verarbeiten sollte, und vier Landesbüros in Dresden, Erfurt, Magdeburg und Schwerin eröffnet. Zusätzliche Stellen für Techniker, Journalistinnen und einen Verkaufsstrategen wurden geschaffen. Diese Investitionen machten es möglich, dass zum 1. Januar 1991 fünf neue dpa-Landesdienste an den Start gehen konnten.

Die Aufgabe eines solchen „Aufbau Ost" wurde im Frühjahr 1990 Harold Bojunga (*1941) übertragen. Die Chefredaktion mit Hans Benirschke und Dieter Ebeling holte sich den studierten Volkswirtschaftler, der die Wirtschaftsredaktion der *dpa* erfolgreich aufgebaut und vor kurzem erst nach London als Korrespondent gewechselt war. „Innerhalb von wenigen Tagen musste ich mich im Landesbüro Berlin etablieren", erinnerte sich Bojunga 2019.[9] Viele dpa-Mitarbeiterinnen und -Mitarbeiter aus dem Westen zogen freiwillig – „und zwar ohne Busch-Zulage", wie er scherzhaft hinzufügte – aus journalistischem „Abenteuersinn" in die DDR. Dort klopften freilich auch Ostdeutsche an und bewarben sich. Bojunga schätzte deren handwerkliches Können auf dem Gebiet des Nachrichtenjournalismus und sah sich nur in seltenen Fällen bei seinen Anstellungsentscheidungen enttäuscht.

Reformen und Abbau beim *ADN*

Mit dem Volkskammerbeschluss am 5. Februar 1990, der die Meinungs-, Informations- und Medienfreiheit garantierte, war allen *ADN*-Verantwortlichen klar: Ihr Informationsmonopol in dem von der SED gelenkten Machtsystem war zerbrochen, als Staatsagentur besaß der *ADN* keine Zukunft. Reformen wurden eingeleitet, um nicht länger ein zentralistisches Parteiinstrument zu sein, sondern eine Agentur mit einem gesellschaftlichen Auftrag zu werden. Die aus verschiedenen gesellschaftlichen Organisationen delegierten Mitglieder des am 13. Februar 1990 gebildeten Medienkontrollrats drängten alle DDR-Medien darauf, Statuten auszuarbeiten.

Am 14. März 1990 trat das neue Statut des *ADN* in Kraft.[10] Hatte das alte, seit Juli 1966 geltende Statut verbindliche ideologische Arbeitsrichtlinien für die Redakteure festgeschrieben und die *ADN* zu einem „Weiterleiter der Informationsgebung" der SED-Führung gemacht,[11] so wurde die rechtliche Stellung nun die einer „unabhängige[n], öffentlich kontrollierte[n] Einrichtung" (§ 1), die ihre Aufgaben „unparteiisch und unabhängig von Einwirkungen und Einflüssen von Parteien, gesellschaftlichen Organisationen, Weltanschauungsgemeinschaften, Wirtschaftsunternehmen und Regierungen" zu erfüllen habe (§ 3). Die Wortwahl verrät, wie sehr sich die Verfasser an den Formulierungen im dpa-Statut orientierten. Das zeigt sich auch bei der Festlegung der Aufgabe des *ADN*, wonach es jetzt galt, „eine wahrhafte, vielfältige und objektive Nachrichtengebung in Wort und Bild aus dem In- und Ausland zu sichern" (§ 2). Des Weiteren setzte das Statut die bisherige Alleinherrschaft des Generaldirektors außer Kraft, indem es ihm ein „Kollegium" von leitenden Mitarbeitern an die Seite stellte (§ 5). Schließlich wurde ein „Beirat beim ADN" ins Leben gerufen, der – vergleichbar mit den Rundfunkräten bei den öffentlich-rechtlichen Sendeanstalten in der Bundesrepublik – als „unabhängiges Organ" (§ 8) die Arbeit der Nachrichtenagentur einer öffentlichen Kontrolle unterwarf.

Günter Pötschke (1929 – 2006), seit 1977 Generaldirektor des *ADN* und seit 1986 Mitglied im Zentralkomitee der SED, blieb noch für eine kurze Zeit im Amt.[12] Erst am 1. April 1990 wurde er von Günter Hundro (*1942) abgelöst. Der neue Generaldirektor Hundro hatte seit 1966 beim *ADN* als Dolmetscher und Auslandskorrespondent im Nahen Osten und in Moskau gearbeitet und war zuletzt als Chefredakteur der Auslandsredaktion tätig gewesen.

> Die Aufgabe bestand darin, ein Zukunftsmodell für den ehemaligen Staatsapparat *ADN* zu entwickeln.

Der Umgestaltungsprozess ging weiter. Zu den mehr als 8.000 Betrieben, die ab 1. Juli 1990 der „Anstalt zur treuhänderischen Verwaltung des Volkseigentums", kurz: Treuhand, unterstellt wurden, gehörte auch der *ADN*.[13] Wie alle Betriebe wurde auch die ehemals staatliche Nachrichtenagentur in eine GmbH überführt. Alleiniger Gesellschafter war die Treuhandanstalt. Günter Hundro wurde zum Geschäftsführer der *ADN GmbH* ernannt. Zu diesem Zeitpunkt war schon absehbar, dass die Finanzierung der Einrichtung aus dem Haushalt in den kommenden Monaten wegfallen beziehungsweise die staatlichen Subventionen auslaufen würden. Hundros Aufgabe musste also darin bestehen, ein Zukunftsmodell für den ehemaligen Staatsapparat *ADN* zu entwickeln, und er musste drastische Rationalisierungs- und Sparmaßnahmen durchführen, damit die auflaufenden Defizite zumindest nicht weiter ansteigen würden. Etliche ADN-Dienste wurden auf den Prüfstand gestellt, die Anzahl der Auslandsredaktionen reduziert. Ende der 1980er Jahre waren circa 1.400 Mitarbeiter beim *ADN* beschäftigt. Allein zwischen Mitte Juli und Anfang August 1990 sank die Zahl von 1.120 auf 1.000, und weitere Entlassungen folgten.

Konkurrenten

Lange Zeit hegten sowohl die Führungsspitze als auch die noch verbliebenen Beschäftigten des *ADN* die Hoffnung, eine Fusion mit der *dpa* sei möglich und Arbeitsplätze könnten so gesichert werden. Diese Hoffnung sollte sich nicht erfüllen. Walter Richtberg äußerte 2019 in einem Interview, dass die Übernahme von ADN-Mitarbeitenden eine zentrale Forderung der ADN-Verhandlungsführer gewesen sei: „Wir hatten damals Gespräche über eine Fusion. Die sind dann gescheitert, weil der *ADN* meinte, wir müssten 400 Leute übernehmen. Da habe ich gesagt: Das geht nicht; 200: Okay, dann können wir darüber reden. Aber das andere ist zu viel [...].“[14] Schon Günter Pötschke habe solche Fusionspläne verfolgt und davon „geträumt“, „ob wir die dpa zusammen mit dem ADN nicht wieder zu einer der großen Weltagenturen wie vor dem Krieg machen könnten“, erinnerte sich Richtberg.

Pötschkes Nachfolger Günter Hundro verfolgte ebenfalls die Idee eines Zusammengehens, musste aber sehr bald feststellen, dass dies aussichtslos war: „Die Umwandlung in eine GmbH erfolgte [...] mit Blick auf ein künftiges Zusammenwachsen zweier Agentur-GmbH", führte er in einem Interview im Sommer 1990 aus und fuhr verbittert fort: „Aber offenbar ist dpa an unserem Angebot über eine vertiefte Zusammenarbeit mit dem Ziel einer Fusion nicht interessiert. Nachdem ADN den dpa-Dienst allen Medien, die dies wünschen, zugänglich gemacht hat, wird bei dpa nun die Ansicht vertreten, daß eine Zusammenarbeit oder gar die angebotene Fusion mit ADN nicht in Frage komme, da diese Agentur durch ihre Altlasten diskreditiert sei.“[15]

Beide Seiten – *ADN* und *dpa* – hatten bis August 1990 verhandelt. Ein Angebot der *dpa* sah vor, „die personelle Infrastruktur in Ostdeutschland nach bestimmten Kriterien überwiegend von ADN zu rekrutieren", jedoch nicht „Kollektivabteilungen oder ganze Organisationsteile" des *ADN* zu übernehmen. Aber nicht nur diese Personalfrage war ein strittiger Punkt in den Verhandlungen. Ausschlaggebend wurde die Frage nach der „publizistischen Kontrolle", die die *dpa* trotz aller Reformen beim *ADN* für sich reklamierte.[16] Am 9. August 1990 lehnte die ADN-Spitze ab. Die Verhandlungen waren gescheitert. Von nun an betrachteten beide Parteien einander als Konkurrenten.

Die wirtschaftliche Situation spielte der westdeutschen Nachrichtenagentur in die Hände. *ADN* setzte zwar vieles daran, seine Ost-Kompetenzen zu nutzen und zumindest in Ostdeutschland die „zweite Geige" zu spielen. Die Mitteilung der ADN-Geschäftsführung vom 10. August 1990 an die Chefredaktionen und Verlagsleiter gab sich noch kämpferisch: „Eine profilierte Wirtschafts- und Sozialberichterstattung wird angesichts der mit der Vereinigung Deutschlands einhergehenden Probleme und angesichts der absehbaren Veränderungen in Osteuropa einen wichtigen Platz in unserem Dienst einnehmen."[17] Doch der im selben Schreiben skizzierte Plan, hierfür bis Ende 1990 „Verlage und elektronische Medien" als Teilhaber einer Kapitalgesellschaft zu finden, war auch für eine bis dahin auf 300 Mitarbeiter reduzierte Nachrichtenagentur nicht besonders aussichtsreich. Im Westen beobachtete man genau, ob größere Verlage oder eine der internationalen Agenturen mit ihren deutschsprachigen Diensten einsteigen würden. Aber weder die großen Verlage noch *Reuters*, *AP* und *AFP* engagierten sich in eine solche Richtung.

Die dpa-Spitze handelte ihrerseits. In einer außerordentlichen Aufsichtsratssitzung stellte Walter Richtberg am 10. September 1990 den anwesenden Vertretern seine Einschätzung der Lage vor, warb für einen Investitionsplan 1990/1991 für Ostdeutschland sowie für die Gründung einer neuen Tochtergesellschaft, der *dpa-Agenturdienste GmbH*.

Parallel zum allgemeinen Vordringen der deutschen Verlage auf dem ostdeutschen Pressemarkt stimmte der dpa-Aufsichtsrat dem „Alternativ-Konzept" von Richtberg zu. Dieses sah – „nach der Ablehnung des Kooperationsmodells durch ADN" – vor, „in der DDR schnellstmöglich dieselbe Infrastruktur aufzubauen, dasselbe Dienstleistungsangebot anzubieten wie in der Bundesrepublik, um damit auch dort Primär-Agentur zu werden."[18] Einer Kalkulation von Zusatzkosten in Höhe von 1,5 Millionen DM für 1990 und von zehn Millionen DM für 1991 wurde zugestimmt.

Nur in einer Sache zögerte der Aufsichtsrat. Den Plan, den Medien in der DDR anzubieten, sich an dem Tochterunternehmen *dpa-Agenturdienste GmbH* zu beteiligen, legte man vorerst auf Eis. Die betriebswirtschaftlichen und tarifpolitischen Vorteile der in Ber-

> „Eine Parallelorganisation kann auf Dauer nicht akzeptiert werden.
> *Walter Richtberg*

lin sitzenden dpa-Tochter ermöglichen es jedoch, bis Jahresende 1990 „etwa 50 Mitarbeiter/innen" anzustellen.[19] Harold Bojungas bereits gestartete „Aufbau Ost"-Arbeit in Berlin erhielt von Herbst 1990 an noch einmal Auftrieb.

Zentralbild

Ein spezielles Kapitel in der Unternehmungsgeschichte dieser Wendejahre stellt *Zentralbild* dar. Diese seit 1956 der staatlichen Nachrichtenagentur *ADN* angeschlossene Bildagentur hatte ein ganz besonderes Gewicht. Sie verfügte über einen Gesamtbestand von etwa sieben Millionen Aufnahmen. Viele von ihnen dokumentierten das Zeitgeschehen seit Ende des Zweiten Weltkriegs in Ostdeutschland; circa 1,2 Millionen Aufnahmen reichten sogar zurück in die Zeit davor und gehörten zum sogenannten Scherl-Bildarchiv, also dem historischen Bestand des 1893 in Berlin gegründeten Scherl-Verlags. Allein 256 Mitarbeiterinnen und Mitarbeiter arbeiteten 1989 für *ADN-Zentralbild*, im riesigen Archiv, im Labor und als Fotojournalisten, erinnert sich Peer Grimm, der damals selbst dort als Bildreporter tätig war.[20] Im Gegensatz zum Geschäft mit Text-Nachrichten des *ADN* zeichnete sich schon früh ab, dass die *dpa* Interesse am Bildbereich haben könnte: zum einen wegen der technischen Infrastruktur für die analoge Bildübertragung in der DDR, zum anderen wegen des Bedarfs ostdeutscher Medienhäuser an Fotos aus Ostdeutschland. „Denen war das dpa-Bildangebot aus Ostdeutschland zu wenig. Nehmen wir mal Thüringen – die hatten immer noch ein großes Interesse, Bildnachrichten von der Ostsee zu bekommen, weil sie fünfzig Jahre lang jedes Jahr dorthin in Urlaub gefahren sind", schildert Grimm die Situation. Im Zuge der Überlegungen, *ADN* in eine auf Wirtschaftsberichterstattung spezialisierte Agentur umzuwandeln, sollte die Fotoabteilung *Zentralbild* als eigenständige *Fotoagentur Zentralbild GmbH* ausgegliedert werden. Fünf Fotoredakteure der DDR-Nachrichtenagentur fungierten als Gesellschafter. Sie loteten die Zusammenarbeit mit der *dpa* aus und erreichten eine informelle Vereinbarung, wonach die westdeutsche Nachrichtenagentur zunächst 75 Prozent, später sogar 100 Prozent der Anteile übernehmen sollte. Walter Richtberg rechnete den Aufsichtsräten im März 1991 vor, dass der mit der Treuhandanstalt noch zu verhandelnde Kaufpreis niedriger liegen werde als die bisherigen Zahlungen für die Bildlieferungen in einem Kalenderjahr. Der Aufsichtsrat stimmte dem Vorhaben zu.[21]

Über zwei Jahrzehnte lang arbeitete die *Zentralbild GmbH* als Tochterunternehmen der *dpa* und versorgte die Agentur mit Bildmaterial aus den ostdeutschen Bundesländern und Berlin. Erst am 1. April 2022 wurde die „Verschmelzung vollzogen"[22]: Die Marke „Zentralbild" blieb zwar weiterhin erhalten, doch von nun an gehörten die Dienste zum Portfolio der *dpa GmbH*, und die „ZB-ler" – die Mitarbeiterinnen und Mitarbeiter von *Zentralbild* – erhielten dpa-Verträge.

Die umfangreichen Bildbestände von *Zentralbild* wanderten damals nicht zur *dpa*. Aufgrund ihrer historischen Bedeutung wurden sie gemäß dem „Gesetz zum Schutz deutschen Kulturgutes gegen Abwanderung" Ende 1991 vor einem möglichen Verkauf ins Ausland geschützt. Mit einem Vermögenszuordnungsbescheid der Treuhandanstalt gingen sie am 30. Juli 1992 in den Besitz der Bundesrepublik Deutschland über und wurden dem Bundesarchiv zugewiesen.[23] Mithilfe einiger ehemaliger Zentralbild-Mitarbeiterinnen und Mitarbeiter wurden sie dort erschlossen. Die Fotos sind heute im Bestand „Bild 183 Allgemeiner Deutscher Nachrichtendienst – Zentralbild" recherchierbar.[24]

Bilanz

Die Ausdehnung der geschäftlichen Aktivitäten der *dpa* nach Ostdeutschland war 1992/93 abgeschlossen. „Im Jahr 1992 konnte auch die letzte Tageszeitung in Ostdeutschland, die noch auf den dpa-Nachrichtendienst verzichtete – allerdings bereits seit 1990 den dpa-Bildfunk nutzte – für den dpa-Nachrichtendienst gewonnen werden. Damit kann sich dpa nunmehr im Tageszeitungsbereich wie im öffentlich-rechtlichen Rundfunk in ganz Deutschland einer vollständigen Marktabdeckung erfreuen."[25] Der Stolz über das in der Aufbauphase der fünf neuen Bundesländer Erreichte ist den Formulierungen im Geschäftsbericht 1992 anzumerken. Aus der Medientransformation seit 1989/90 ging die *dpa* als Marktführer im Agenturjournalismus hervor, sie hatte sich mit der Wiedervereinigung im Oktober 1990 „in Ostdeutschland als Primäragentur etabliert", wie man selbstbewusst hervorhob.[26]

Walter Richtberg als Vorsitzender der Geschäftsführung und Hans Benirschke als Chefredakteur unterstrichen ihren Erfolg im Aufsichtsrat und bei der Gesellschafterversammlung. Die Investitionen, die zwischen 1990 und 1992 erfolgten, amortisierten sich. Die „Altkunden" mussten ab 1993 nicht mehr länger für die „Neukunden" bezahlen. Die Jahresbilanzzahlen fielen insgesamt sehr positiv aus.[27]

> *dpa* produziert keinen Dienst für „Wessis" und einen anderen für „Ossis".

In seinem Bericht für die dpa-Gesellschafterversammlung am 20. Juni 1991 in Dresden hatte der zum Jahreswechsel 1990/91 ausgeschiedene Chefredakteur aber auch auf den journalistischen Mehrwert abgehoben. Benirschke hatte den Gesellschaftern zugerufen: „dpa produziert keinen Dienst für ‚Wessis' und einen anderen für ‚Ossis'. Umfassende Information für alle Medien wird dadurch zu einer verbindenden, publizistischen Klammer und kann dadurch zum langfristigen Zusammenwachsen der beiden Teile des geeinten Deutschlands beitragen."[28] Solch optimistische Bekundungen stellen sicherlich auch über drei Jahrzehnte später noch eine

Herausforderung dar, beachtet man Studien, die kritisch darauf aufmerksam machen, wie Bilder der Ostdeutschen in den Medien konstruiert werden, und die vor einer größer werdenden „medialen Spaltung" warnen.[29]

Nachspiel

Im Mai 1992 veräußerte die Treuhandanstalt, was vom *ADN* übrig war. Dabei musste sie prüfen, welche Investoren vor allem an der wertvollen Immobilie des großen Bürokomplexes in der Berliner Innenstadt interessiert waren. Nach längerem Tauziehen erhielt der in der damaligen „Bürgerpartei" engagierte Düsseldorfer Kaufmann Bolko Hoffmann (1937 – 2007) den Zuschlag. Die Kaufsumme betrug – den Angaben Hoffmanns zufolge – eine Million DM; für 70 der insgesamt 200 Beschäftigten gab der Käufer – Presseberichten zufolge – eine Einstellungsgarantie ab.[30] Hoffmann war nicht nur Gründer eines Verlags, der sich auf Kapitalanlagen spezialisiert hatte, und Herausgeber des „Effecten-Spiegel", eines Anleger-Magazins, das „unabhängigen Börsenjournalismus" versprach. Hoffmann war seit 1983 auch Mehrheitsaktionär des *Deutschen Depeschendienstes (ddp)*. Mit dem Erwerb von *ADN* wollte er die seit 1971 auf dem deutschen Markt tätige Nachrichtenagentur ausbauen. (→ 9 | Umbrüche) Unter dem neuen Namen *ddp/ADN* sollte sie den Konkurrenzkampf verschärfen.

Der Erfolg blieb aus. Die „Zeit" mutmaßte damals, dass Hoffmann vor allem auf Aufträge für das Bundespresseamt spekuliert habe. „Zeit"-Autor Ralf Neubauer attestierte dem *ddp/ADN* zwar eine sehr gute „Ostkompetenz", doch fehle es an einem grundlegenden Konzept für das Nachrichtengeschäft. Hoffmanns selbstbewusst vorgetragenes Ziel: „Wir werden die große Zweitagentur für ganz Deutschland", wurde nicht erreicht.[31] Anfang 1994 bot Hoffmann zunächst an, die Nachrichtenagentur an seine Mitarbeiter zum symbolischen Preis von 1 DM zu verkaufen. Doch auch das Modell einer Mitarbeitergesellschaft scheiterte. Am 1. Dezember 1994 schließlich trennte sich der Spekulant Bolko Hoffmann von seinen Anteilen an *ddp/ADN*.

Neuer Käufer war Wolf E. Schneider. Dieser brachte Branchenkenntnisse mit, die er als stellvertretender Geschäftsführer von *Reuters Deutschland* erworben hatte. Seit 1993 Mitglied der Geschäftsleitung von *ddp/ADN*, wurde Schneider nun für einige Jahre geschäftsführender Gesellschafter. Ende 1998 investierte die Münchner „ProSieben"-Gruppe eine – wie es hieß – hohe zweistellige Millionen-Summe in die Agentur. Lutz Schumacher, der von ProSieben als neuer Chef zum *ddp* wechselte, versprach eine „frischere[ ] Sprache" sowie Auflockerung und mehr „Raum" für das „normale[ ]Leben". Er zeigte sich überzeugt, dass „für eine junge, moderne und seriöse Agentur Platz" sei.[32] Aber auch diese Kampfansage verpuffte. 2004 musste der *ddp* Insolvenz anmelden.

Anmerkungen

1 Zur Geschichte des ADN bis 1989 vgl. Minholz/Stirnberg 1995, 257ff.; zur Arbeit des ADN bis Mitte der 1970er Jahre vgl. Höhne 1977, 104ff.
2 dpa. Unternehmensarchiv. [Ordner] ADN. Marketing. Kooperation.
3 Zum Transformationsprozess der DDR-Medien gibt es eine große Zahl an Forschungsliteratur. Diese konzentriert sich vorrangig auf den Bereich der Presse. So beleuchten beispielsweise Mandy Tröger (2021; 2019), Ariane Mohl (2011) und Gunter Holzweißig (2002) die Entwicklungen kritisch: die zunächst zahlreichen Zeitungs(neu)gründungen, das Vorgehen der großen bundesrepublikanischen Verlagshäuser und die Aufteilung der DDR in vier Vertriebsgebiete, übernommen von Bauer, Gruner + Jahr, Burda und Springer, sowie schließlich die später wieder einsetzende Medienkonzentration. Die Neustrukturierung des DDR-Rundfunks analysiert Sylvia Dietl (2022). Die Endphase der Nachrichtenagentur ADN behandeln Michael Minholz und Uwe Stirnberg (1995). Eine zeitgenössische wissenschaftlich fundierte Chronik der Entwicklungen im Medienbereich von November 1989 bis Frühjahr 1990 liefert Arnulf Kutsch (1990).
4 Matthias Hardt: Aktennotiz, 4.12.1989. [Ordner] ADN. Marketing. Kooperation. dpa Unternehmensarchiv.
5 Abgedruckt bei Minholz/Stirnberg 1995, 397.
6 Walter Richtberg: Überlegungen zur Zukunft des Unternehmens dpa. Tagesordnungspunkt. Protokoll der Sitzung des Aufsichtsrats der Deutschen Presse-Agentur GmbH, 8.5.1990. dpa. Unternehmensarchiv.
7 Günther Grotkamp in der Aussprache. Protokoll der Sitzung des Aufsichtsrats der Deutschen Presse-Agentur GmbH, 8.5.1990. dpa. Unternehmensarchiv.
8 Vgl. Anm. 6.
9 Harold Bojunga im Interview mit Meinolf Ellers und Jens Petersen, 2019. dpa. Unternehmensarchiv.
10 Abgedruckt bei Kutsch, 1990, 318–323.
11 Holzweißig, 2002, 33.
12 Vgl. Wer war wer in der DDR? Günter Pötschke. kommunismusgeschichte.de. Online: https://www.kommunismusgeschichte.de/biolex/article/detail/poetschke-guenter (7.11.2023); Bettina Seipp: Günter Pötschke. In: Monika Zimmermann (Hrsg.): Was macht eigentlich …? 100 DDR-Prominente heute. Berlin: Ch. Links 1994, 220–222.
13 Die Treuhand als emotional und symbolisch hochaufgeladenen Streitfall in der Medienbebatte analysiert Marcus Böick: Die Treuhand. Idee – Praxis – Erfahrung. 1990–1994. Göttingen: Wallstein 2018.
14 Walter Richtberg im Interview mit Meinolf Ellers und Jens Petersen, 2019. In einem Bericht der Katholischen Nachrichtenagentur (KNA) hieß es, dass die dpa vorgeschlagen habe, „etwa 250 Mitarbeiter zu übernehmen". ADN: Überlebensprogramm. KNA, ID Nr. 34, 23.8.1990, 7. [Ordner] ADN. Marketing. Kooperation. dpa Unternehmensarchiv.
15 Günter Hundro im Interview, abgedruckt in: Hansjoachim Höhne: ADN will die zweite Geige spielen. Fusionspläne der Nachrichtenagentur der DDR mit dpa sind gescheitert. In: Die Zeitung. Nachrichten und Meinungen zur Medienpolitik, Nr. 6/7, August/September 1990, 4f.
16 Walter Richtberg: Bericht über die Verhandlungen mit ADN und den aktuellen Stand der Entwicklung. Tagesordnungspunkt. Protokoll der außerordentlichen Sitzung des Aufsichtsrats der Deutschen Presse-Agentur GmbH, 10.9.1990. dpa. Unternehmensarchiv.
17 dpa. Unternehmensarchiv. [Ordner] ADN. Marketing. Kooperation.
18 Vgl. Anm. 14.
19 Walter Richtberg: Über die Entwicklung in den neuen Bundesländern. Tagesordnungspunkt. Protokoll der ordentlichen Sitzung des Aufsichtsrats der Deutschen Presse-Agentur GmbH, 29.11.1990. dpa. Unternehmensarchiv.
20 Peer Grimm im Interview mit Hans-Ulrich Wagner, 8.11.2023.
21 Protokoll der außerordentlichen Sitzung des Aufsichtsrats der dpa, 20.3.1991. dpa. Unternehmensarchiv.
22 Zentralbild verschmilzt mit der dpa. dpa – Company News, 4.5.2021. dpa. Intranet.
23 Rainer Hofmann: Das Bildarchiv der früheren DDR-Nachrichtenagentur ADN. In: Mitteilungen des Bundesarchivs, Heft 1, 1993, 23–25.
24 Der Bestand ist im Bundesarchiv recherchierbar unter: https://www.bild.bundesarchiv.de/dba/de/bestaende/ (1.11.2023).
25 dpa-Geschäftsbericht 1992, 5.
26 dpa-Geschäftsbericht 1991, 6.
27 dpa-Geschäftsbericht 1993.
28 Hans Benirschke: Bericht für die dpa-Gesellschafterversammlung. Dresden, 20. Juni 1991. dpa. Unternehmensarchiv. [Ordner] Reden der Geschäftsführung zur Gesellschafterversammlung. 1977–2002.
29 Vgl. speziell die Arbeiten des Sozialwissenschaftlers Thomas Ahbe, zum Beispiel: Thomas Ahbe u.a. (Hrsg.): Die Ostdeutschen in den Medien. Das Bild von den Anderen nach 1990. Leipzig: Leipziger Universitätsverlag 2009; oder des Medienwissenschaftlers Lutz Mükke: 30 Jahre staatliche Einheit – 30 Jahre mediale Spaltung. Schreiben Medien die Teilung Deutschlands fest? Frankfurt am Main 2021 (= Arbeitspapier der Otto-Brenner-Stiftung; 45).
30 Vgl. Andreas Oldag: Der Warenwert von Nachrichten. Berlin: Was wird aus ADN. In: Süddeutsche Zeitung, 7.4.1992; ADN an ddp verkauft. In: Frankfurter Allgemeine Zeitung, 9.5.1992; Ulrich Deupmann: Wie in einem schlechten Krimi. Die Übernahme der früheren DDR-Agentur ADN durch ddp. In: Süddeutsche Zeitung, 11.5.1992.
31 Zitiert nach: Ralf Neubauer: (K)eine gute Nachricht. Presseagenturen: Die Mitarbeiter von „ddp/ADN" bekommen ihre Firma geschenkt. In: Die Zeit, Nr. 7, 11.2.1994.
32 „Wohl einmalig am deutschen Markt". Lutz Schumacher, Chef der Nachrichtenagentur ddp, über sein Konzept. In: Die Welt, 31.8.2000.

1990: MIT DPA AN DER EHEMALIGEN MAUER IN BERLIN

Ein lautes Geräusch prägte Berlins Mitte im Sommer 1990. „Es war ein ständiges Geklopfe", erinnert sich der 1963 in Ost-Berlin geborene Peer Grimm, Fotojournalist bei der soeben erst gegründeten Agentur *Zentralbild GmbH*. „Tausende Berliner und Touristen aus der ganzen Welt, die nach Berlin kamen, sie alle versuchten, ein Stück von der Mauer herauszuhacken." Rasch erfand der Volksmund für sie den Begriff der „Mauerspechte".

Als Grimm ein solches „Event" mit jungen Mauerspechten am 7. Juni 1990 am Checkpoint Charlie im Foto festhielt, existierte der Grenzübergang vom amerikanischen in den sowjetischen Sektor der Vier-Mächte-Stadt Berlin sogar noch. Die berühmte alliierte Kontrollstelle wurde erst zwei Wochen später in einer großen feierlichen Zeremonie geschlossen. Aber schon jetzt gingen weder die Westberliner Polizei noch die DDR-Sicherheitsorgane ernsthaft gegen den „wilden Abriss" der symbolträchtigen Mauer vor. Souvenirjäger und clevere Händler nutzten die Chance, ein Stück Weltgeschichte zu erwerben und „mit Hammer und Meißel jeden Kalibers" ein Stück der Ost-West-Teilung für sich herauszubrechen. Der Akt der Zerstörung der Mauer war auch ein eminent symbolischer, urteilt Peer Grimm: „Jeder konnte mithacken und die Mauern im Land zerstören."

„Mauerspechte" auf der Jagd nach einem symbolträchtigen Stück Geschichte

Blick in die Zentralredaktion der *dpa* in Hamburg, Aufnahme Sommer 2008.

11

Agentur 2000

Die *dpa* und das „globale Web"

Zwischen Mitte der 1990er und Mitte der 2000er Jahre entwickelten sich die „neuen Medien" in einem rasanten Tempo. Sie waren digital und multimedial; mithilfe von Personal Computer (PC) und Internet wurden neue Formen der Online-Kommunikation möglich. Die *dpa* antwortete auf diesen Medienumbruch mit viel Pioniergeist und einer klaren unternehmerischen Strategie. In der Folge wurden eine ganze Reihe von weitreichenden Entscheidungen getroffen: Man etablierte *dpa-Online*, die Tochterfirmen *MECOM*, *dpa-infocom* und *news aktuell* wurden gegründet, *Picture Alliance* ging an den Start. Die *dpa* übernahm eine Vorreiterrolle bei der Neubestimmung des Verhältnisses von Print- und digitalen Medien.

Umstellung auf Satellitentechnik		Strategiedebatte „Agentur 2000" startet		Start von *Picture Alliance* in Frankfurt am Main
1. April 1992 — Jan. 1994		Sommer 1994 — 1. Jan. 1997		2002
	Die *dpa* übernimmt die Firma *news aktuell GmbH*		Start von *dpa-Online*	

„Die Zukunft der Nachricht – Ein Ausblick"

Im Rückblick ist das letzte Kapitel der dpa-Festschrift zum 50. Unternehmensjubiläum im Jahr 1999 ein bemerkenswerter historischer Text. Unter dem Titel „Die Zukunft der Nachricht – Ein Ausblick" reflektierte die Chefredaktion damals über „das globale Internet", über das „Web', den gigantischen, weltweiten Verbund von Rechnern" und fragte: „Gefahr oder Chance für Nachrichtenagenturen?"[1] Selbstverständlich wolle die *dpa* die moderne Informationstechnik zum Nutzen der Kunden und Gesellschafter einsetzen, aber man sah auch problematische Folgen voraus: „die Verbreitung von Public-Relations-Angeboten", „unüberprüfbare Gerüchte", „Parolen extremistischer Gruppen", „Pornografie und Fälschungen". Für die Nachrichtenagentur war klar, dass die Mediennutzer „im Ozean der Informationen, der Desinformation und Propaganda nicht hilflos ungeprüften und unübersichtlichen Angeboten ausgeliefert" sein dürfen.

Auf der Basis dieser aus heutiger Sicht ausgesprochen weitsichtigen Analyse folgerte man, sich auf die „Hauptprodukte der dpa im Inland" zu besinnen – auf Basisdienst, Landesdienst und Bildfunk – und beruhigte die besorgten journalistischen Mitarbeiter mit dem Versprechen, dass sie niemals „bloße ‚Transportarbeiter' für Internetangebote" werden würden. Mit einer solchen Positionierung, in der Festschrift an der Jahrtausendwende vorgenommen, korrespondierten große hausinterne Anstrengungen im technischen, redaktionellen und organisatorischen Bereich, diesen medialen Wandel zu nutzen und zu gestalten.

Man muss sich die Phase der späten 1990er und frühen 2000er Jahre vergegenwärtigen, als das World Wide Web, der Internet Explorer, das Versenden und Empfangen von E-Mails und erste Suchmaschinen die technischen Pionierbereiche verließen und als allgemein zugängliche Produkte auf den Markt kamen. Am Jahresende 1993 wurden in Deutschland 15 Webserver gezählt; 1997 waren 6,5 Prozent der Bundesdeutschen online, 1998 wurde die erste Million „.de"-Domaines registriert. 1994/95 hatte Microsoft-Gründer Bill Gates in Keynotes in Las Vegas und Hannover die schnell und einfach verfügbaren „information at your fingertips" heraufbeschworen und in seinem Buch „The Road Ahead" den „information highway" als Zukunft der Informationsgesellschaft aufgezeigt. „Windows95", das Betriebssystem für Personal Computer (PC), ging im August 1995 an den Start. Die neuen technischen Möglichkeiten eroberten den Medienmarkt.[2]

Agentur 2000

Von Sommer 1994 an griff die *dpa* die sich abzeichnenden Veränderungen im Zusammenhang mit der Digitalisierung und der Online-Kommunikation auf. Im Haus wurde eine „Strategiedebatte" angestoßen. Treibende Kraft der „Agentur 2000"-Gruppe wurde vor allem Meinolf Ellers, der im Sommer 1996 als Ressortleiter

Kultur und Wissenschaft vorübergehend in eine Taskforce wechselte. Teamkollegen waren der junge Redakteur Justus Demmer, der gerade sein Volontariat beendet hatte; Christian Volbracht, ein erfahrener Journalist, der als Chef vom Dienst tätig war, und Christoph Dernbach, der von 1988 bis 1990 bei der *dpa* volontiert hatte und seither für die Agentur arbeitete, sowie auf technischer Seite Klaus Herwig und Wolfram Eiben.[3]

Ellers' im August 1994 vorgelegten „Zehn Anmerkungen für eine Strategiediskussion" forderten nicht weniger als eine mittelfristige „Unternehmensvision", die die technischen Entwicklungen aus redaktioneller Sicht aufgreifen und diese nicht nur der Technik, dem Verkauf und der Personalführung überlassen solle. Die ersten Sätze machten deutlich: „dpa ist ein Dienstleistungsunternehmen in einem dynamischen und sich rasch verändernden Markt" und: „Monopole auch im Medienmarkt [sind] nicht auf ewig garantiert". Bereits zehn Tage später gab es eine Klausurtagung, auf der sich Arbeitsgruppen konstituierten: Markt – Kunden – Konkurrenz; Qualitätssicherung und -kontrolle; Neue Produkte – Neue Dienste; Bild und grafische Angebote. Deren Arbeit mündete in eine zehnseitige Informationsschrift mit dem Titel „dpa und die Multimedia-Zukunft. Technologie-Projekte der Agentur" aus der Feder von Klaus Sprick und Christian Volbracht.

Sprick schrieb im Dezember 1994 alle Ressorts, Abteilungen und Büros mit der Einleitung an: „Medienmärkte sind ständig in Bewegung, unter anderem auch ausgelöst durch die Verfügbarkeit neuer Technologien. Bei dpa sind wichtige Projekte für die Entwicklung eigener Ansätze in solchen Technologien angelaufen, deren Ausgang auch den künftigen Geschäftserfolg der Agentur und damit direkt und indirekt die Zukunft der Arbeitsplätze bei dpa beeinflußt."[4] Das mitgeschickte Papier erklärte in Kürze die laufenden Projekte und beschwor die „Multimediafähigkeit"

Willkommen bei der *Deutschen Presse-Agentur GmbH*: der erste Web-Auftritt 1998.

der Nachrichtenagentur. Darunter verstand die *dpa* das „logische Verknüpfen von Informationen", zum einen in den verschiedenen Formen Text, Bild, Grafik, Audio, zum anderen innerhalb der eigenständig arbeitenden Redaktionen. Das Verknüpfen – konkret im Alltagsgeschäft das „Clipping" – sollte den Kunden neue Produkte, Publikationsformen und Datenbank-Angebote bieten und eine „effizientere Produktion" dieser Angebote ermöglichen. An die Kolleginnen und Kollegen in einer Zeit des Wandels und des Übergangs gewandt, formulierten Sprick und Volbracht unmissverständlich: „Man muß kein Computerfachmann sein, um zu begreifen, daß diese neuen Entwicklungen für uns alle wichtig sind [...]. Auch die Computer-Muffel und die Anhänger der alten Schule, die von Medienexperten als Mitglieder der ‚Gutenberg-Fraktion' bezeichnet werden, müssen wissen, daß sich unsere Arbeitswelt verändert. Je aktiver wir daran mitarbeiten, desto geringer ist die Gefahr unschöner Überraschungen und desto effizienter und leichter benutzbar werden unsere neuen Arbeitsinstrumente."

CLIP-ING/Multimedia

In dieser Aufbruchsphase gab es mehrere Teams, die bestimmte Aspekte aufgriffen und weiterentwickelten. Ein wichtiges anwendungsorientiertes Technologieprojekt, von Mitte 1994 bis Ende 1996, war „CLIP-ING/Multimedia". Es schuf die Grundlagen für multimediale Arbeitsstationen, indem es – vereinfacht gesagt – die Verbindung von Text, Bild, Grafik und Ton ermöglichte. CLIP-ING war ein Konsortium, das Klaus Sprick als technischer Leiter der *dpa* mit seinen Ingenieuren und mit Partnern aus Technik, Forschung und Wirtschaft an den Start brachte. Zu den jungen Ingenieuren gehörte Klaus Herwig, der nach seinem Abschluss als Diplom-Ingenieur gerade ein weiteres Diplom als Physiker von der Universität Hamburg erworben hatte; zu den Koryphäen zählte Joachim Schmidt, Professor mit Schwerpunkt Softwaresysteme an der Technischen Hochschule Hamburg-Harburg. Als Auftraggeber trat die „De.Te.Berkom" auf, die neu gegründete kapitalstarke „Gesellschaft für Forschung und Entwicklung von Anwendungen in der Telekommunikation mbH, Berlin"; wichtiger Partner war das „International Press Telecommunications Council", das als Normgeber fungierte und mit „Personal Editor News (PEN)" und „Multimedia Personal Editing Terminal – PET" internationale Standards etabliert hatte.

Nicht nur CLIP-ING und Agentur 2000 vernetzten sich als Teams bei der *dpa* untereinander.[5] Der Oberbegriff, um den sich damals alles drehte, war „Multimedia" – bei der *dpa*, aber nicht nur bei ihr, sondern in vielen Arbeitsbereichen der Bundesrepublik. 1995 kürte die Gesellschaft für deutsche Sprache „Multimedia" zum „Wort des Jahres". Dass vieles in Bewegung geriet und ein ernst zu nehmender Medienwandel stattfand, verriet auch die Sprache der Geschäftsberichte, die in diesen Jahren leitmotivisch von „überdurchschnittlicher Dynamik", „dynamischer Entwicklung insbesondere der elektronischen Medien" und von einer „Dynamik des Gesamtmarktes" durch das „‚neue Medium' Online" berichtete.[6] Der mit der Transformation verbundenen Unsicherheit begegnete die Führungsetage mit aktiv gestalteter Innovation. Als Zeitzeuge benennt Meinolf Ellers im Rückblick vor allem das Vertrauen, das ihm und den jungen Teams immer wieder geschenkt wurde, und er erinnert sich an die Devise des Vorsitzenden der Geschäftsführung Walter Richtberg: „Denkt unternehmerisch!"[7]

dpa-Online

Dabei verlief die Entwicklung keineswegs reibungslos. Auch im Haus selbst galt es Widerstände zu überwinden. Speziell gegen den Ausbau von *dpa-Online* wurden Bedenken vorgebracht, vor allem von Vertriebsseite. Sie argumentierte, dass zu viel Inhalt im Netz dem Verkauf schade und somit das Geschäftsmodell infrage stelle. Matthias Hardt, Chef Vertrieb und Marketing, und sein damaliger Stellvertreter Michael Segbers setzten sich zunächst dafür ein, das bereits bestehende Produkt „dpa Select", einen gefilterten Nachrichtendienst für Unternehmen und Organisationen, zu einem „dpa-Online-Light" auszubauen. Es sollte ein Ticker, ein klar begrenztes Angebot werden mit einer Selektion aus dem Basisdienst und maximal zwanzig Fotos.

Doch das dpa-Online-Team warb kräftig für die neuen technischen Möglichkeiten. Auf Fachmessen, beispielsweise auf der IFRA, einer weltweiten

> „Text, Bild, Grafik und Ton – und ihre Transformation im Online-Geschäft."

Vereinigung der „news publishing industry", stellte es im Herbst 1996 einen Prototypen vor. Er zeigte den Verlegern und Branchenvertretern, wie schnell aktuelle Inhalte sichtbar und lesbar gemacht werden konnten. „Das war wirklich ein sensationeller Erfolg", sagt Meinolf Ellers: „Wir hatten sofort die ersten Vorverträge mit Verlagen, die uns gesagt haben, sobald das lieferbar ist, wollen wir es haben." Der Vorschlag einer „Online-Light"-Version war damit überholt. Den Spirit, den das dpa-Online-Team dabei entwickelte, hielt ein Kinoplakat für den amerikanischen Western „Tombstone" fest. Ellers collagierte in die Gesichter der Filmhelden die der dpa-Online-Streiter Justus Demmer, Meinolf Ellers, Christian Volbracht und Christoph Dernbach.

In den letzten Monaten des Jahres 1996 lief bereits alles auf den Start der Online-Redaktion *dpa-Online* zum 1. Januar 1997 hinaus. Deren Leitung übernahm Christoph Dernbach. „Auch im Multimedia-Zeitalter", so stellte sich die Redaktion in einer Werbeunterlage vor, „setzt die Deutsche Presse-Agentur auf die bewährte Arbeitsaufteilung im Medienmarkt." *dpa-Online* trat nämlich nicht als Nachrichtenanbieter auf dem digitalen Markt auf, sondern weiterhin als Dienstleister für seine Kunden, der „maßgeschneiderte Informationspakete mit Text, Bild und Grafik" für deren eigenständige Online-Dienste anbietet.[8] Die Inhalte konnten die solchermaßen angesprochenen Kunden in zwei Varianten erwerben, als dpa-Online HTML und als dpa-Online SGML. Die HTML-Variante war „der ‚fertige' Online-Dienst, der mit den eigenen Inhalten der Kunden kombiniert werden kann", ein Modul, das es dem jeweiligen Kunden erlaubt, „das Layout und Erscheinungsbild selbst zu bestimmen". Die SGML-Variante erweiterte den Spielraum der Kunden. Hier wurde ein ständig aktualisierter dpa-Dienst angeboten, den die jeweiligen Online-Redaktionen vor Ort dann journalistisch weiterverarbeiten und etwa mit regionalen und lokalen Inhalten anreichern konnten. Technisch wurde die Übertragung vom dpa-News-Server zur jeweiligen dpa-Newsbox beim Kunden per Satellit oder per ISDN übertragen.

Ein virtuelles Haus im Internet

Zeitgleich bastelte man am Erscheinungsbild eines eigenen Webauftritts. Die deutsche Adresse „dpa.de" war schnell gesichert. Die internationale Wunschdomäne „dpa.com" musste man erst noch erwerben, denn die hatte sich bereits das US-Unternehmen „Diamond Process Application" reserviert. Zusammen mit Grafikexperten von „kreAktiv", einer Hamburger Internetfirma, tüftelte man bei der *dpa* an der Gestaltung des ersten Webauftritts. 1997 war es so weit: Die „dpa-Homepage" ging an den Start. Christoph Dernbach stellte in der Hauszeitung „blick punkt dpa" seinen Kolleginnen und Kollegen erst einmal vor, was eine „Homepage" ist: „Die spannendste Baustelle der dpa findet man jedoch im weltumspannenden Computernetzwerk Internet. Die Agentur baut eine ‚Homepage', ein virtuelles Haus im In-

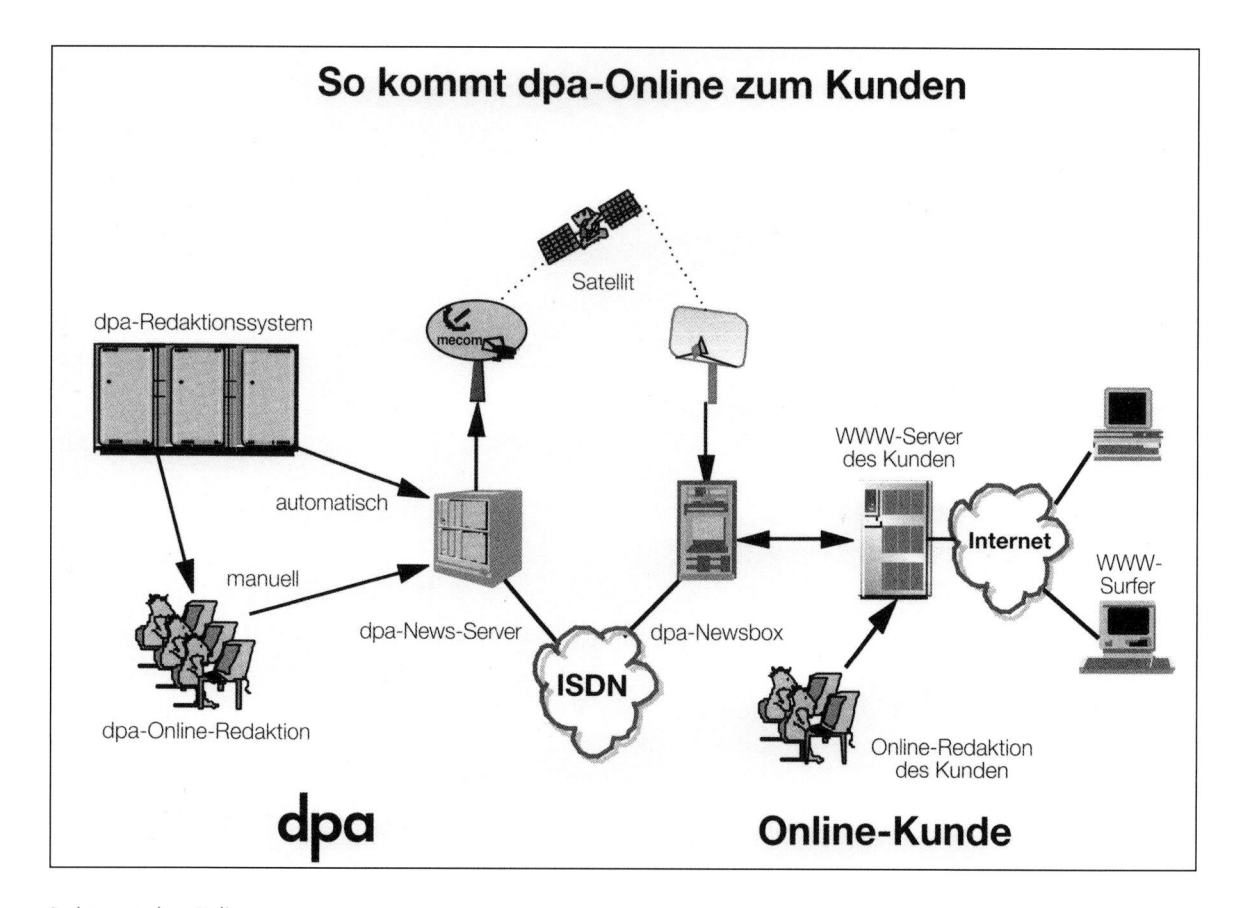

So kommt *dpa-Online* zum Kunden. dpa-Werbegrafik, Oktober 1997.

ternet und will das Netz als Verkaufsinstrument nutzen […]. Die Site richtet sich vor allem an Nicht-Medienkunden sowie an kleinere Medienunternehmen, um sie als dpa-Kunden zu gewinnen. Es werden aber auch die Netz-‚Surfer' bei der Suche nach dpa-News auf die Angebote der dpa-Online-Kunden weitergeleitet."[9]

Die multimedialen Online-Dienste entwickelten sich gut. Sie bestanden ihre Bewährungsproben auf dem neuen digitalen Markt, nicht zuletzt auch durch viele neue Zusatzangebote, die nach und nach von den dpa-Mitarbeitern entwickelt wurden. Mitte 2000 entschied sich die Führungsspitze, mit der *dpa-infocom GmbH* ein weiteres Tochterunternehmen ins Leben zu rufen, in dem die Produktion aller multimedialen Online-Dienste konzentriert wurde.[10] Auch hier entwickelte sich in den kommenden Jahren eine breite Servicepalette um das Hauptprodukt „dpa-InfoLine" herum. Die *dpa-infocom GmbH* bietet aktuell „dpa-WebLines", Nachrichten und Fotos für Webseiten und Apps; „dpa-Themenwelten", Evergreen-Content zur Steigerung von Media Time und Loyalität; „dpa-NewsScreen", bebilderte Kurznachrichten für Infoscreens und Laufbänder; „dpa-Live", Live- und News-Blogs zu Events und Katastrophen; „dpaElectionsLive", ständig aktualisierte Informationen zu Wahlen und deren Ergebnissen sowie „dpa-SportsLive" entsprechend zu Sportereignissen.[11]

Marktplatz für Bilder

In diese von der technischen Innovation getriebene Boomphase fiel auch die Gründung eines weiteren dpa-Tochterunternehmens: die *Picture Alliance GmbH*. Reiner Merkel (1952 – 2007), seit 1998 Leiter des Bildbereichs der *dpa*, entwickelte angesichts von vernetzten Rechnern die Idee eines „secondary sales". Walter Richtberg war von der Idee angetan, in einem Unternehmen über die eigenen Bildinhalte hinaus auch qualitativ hochwertige Bilder anderer Anbieter zu vermarkten, also einen „Sekundärverkauf" zu ermöglichen. Die Kunden sollten die Chance des One-Stop-Shopping erhalten, wie es im Marketing genannt wird, also eines Einkaufs bei vielen Anbietern an einem einzigen Ort.

2002 startete die *Picture Alliance* am traditionellen Standort des dpa-Bildfunks in Frankfurt am Main. Das neue Internetportal präsentierte Merkel zusammen mit seinen Kollegen deshalb auch erstmals auf der Frankfurter Buchmesse der Öffentlichkeit. Bereits ein Jahr später, 2003, sprach die *dpa* in ihrem Geschäftsbericht davon, eine der größten Bilddatenbanken der Welt zu betreiben.[12] Die von ihr damals genannte Zahl von über 2,5 Millionen Bildern mutet aus heutiger Sicht lächerlich gering an. Auf der Webseite der *Picture Alliance* wirbt das Unternehmen aktuell damit, „mehr als 150 Mio. Bilder, Videos, Grafiken und Illustrationen" zu vermarkten.[13] Das Konzept, einen digitalen Marktplatz zu betreiben, auf dem sowohl das Bildarchiv der *dpa* als auch die Bestände von Content-Partnern angeboten werden, war also schnell erfolgreich. Dazu trug auch bei, dass immer neue Geschäftsmodelle angeboten und strategische Partnerschaften mit Ausrichtern von Großereignissen eingegangen werden, etwa als offizieller Fotodienstleister der deutschen Olympiamannschaft.[14]

Das so über die Zeit gewachsene dpa-Bildarchiv umfasst gut 14 Millionen Aufnahmen, darunter Negative, Dias und Prints. Es wird mittlerweile nicht nur kommerziell für die Bebilderung von Ereignissen und Personen aus der Vergangenheit genutzt, sondern auch von der historischen Bildforschung geschätzt.[15] Bei ihrer Suche nach passenden Bildern im Alltagsgeschäft bietet *Picture Alliance* den Medienmachern die Bestände von inzwischen mehr als 300 Agenturen weltweit an.

Umstieg auf Satellitentechnik

Das Internet war nicht die einzige große technische Veränderung, die sich in den 1990er Jahren bei der *dpa* vollzog. Eine zweite grundlegende medientechnische Entwicklung betraf die Sendetechnik. Die über Jahrzehnte hinweg genutzte Fernschreibtechnik wurde nun von der Satellitenübertragung abgelöst. Möglich wurde dieser Wandel durch die schrittweise Liberalisierung der Telekommunikation in den 1980er Jahren, speziell durch das im Juni 1989 verabschiedete „Gesetz zur Neustrukturierung des Post- und Fernmeldewesens und der Deutschen Bundespost".[16]

Dieses sogenannte „Poststrukturgesetz" trat zum 1. Juli 1989 in Kraft und erlaubte es privaten Unternehmen von diesem Zeitpunkt an, Satellitenfunkanlagen zu betreiben und für die Datenübertragung zu nutzen.

Klaus Sprick, technischer Leiter und Mitglied der dpa-Geschäftsführung, verfolgte die Marktentwicklung bereits seit Juni 1987 systematisch und berichtete dem Aufsichtsrat in regelmäßigen Abständen. Noch vor Inkrafttreten des Poststrukturgesetzes wurde 1989 die *MECOM*, die *Medien-Communikations-Gesellschaft mbH & Co. KG* gegründet, ein Unternehmen, das die Verteilung von Agenturdiensten für die Medien über Satellit organisieren sollte. Die *dpa* war Mehrheitsgesellschafterin der *MECOM*, sie hielt 55 Prozent des Kapitals. Mitgesellschafter waren weitere Nachrichtenagenturen wie *Agence France Press*, das *Gemeinschaftswerk der Evangelischen Publizistik* und die *Katholische Nachrichtenagentur*.

Vor allem aber war die *DENA* mit an Bord, jene genossenschaftlich organisierte Nachrichtenagentur aus der amerikanischen Besatzungszeit, die dann ab 1950 als *DENA AG* technischer Dienstleister für die *dpa* und andere Medien wurde. Sie betrieb in der Nähe von Frankfurt große Sendeanlagen, darunter die für die Fernschreibtechnik so wichtigen Langwellensender. Das Verhältnis zwischen *dpa* und *DENA* war in den zurückliegenden Jahrzehnten nicht immer ungetrübt. Idealerweise sah die Arbeitsteilung vor, dass „die DENA das Nachrichtenbetriebsunternehmen und die dpa die Presse-Nachrichtenagentur ist und Ueberschneidungen der Unternehmenszwecke zwischen den Vertragspartnern ausgeschlossen sind". Die *DENA* sollte also keine „eigene presseagenturmässige Tätigkeit ausüben", die *dpa* verpflichtete sich im Gegenzug, „Nachrichten-Beförderung auf dem Funkweg nicht mit eigenen Anlagen für Nachrichtengebung und -empfang durchzuführen [...]."[17]

Doch die *dpa* musste immer wieder auf technische Neuerungen drängen und die DENA-Verantwortlichen zum Schritthalten auffordern.[18] Mit dem Wechsel zur Satellitentechnik und der Einrichtung der *MECOM* geriet die *DENA AG* mit ihren Sendeanlagen endgültig ins technische Abseits. Sie versäumte es, sich auf die neue Technologie einzulassen und ein Konzept für den von der Telekom beherrschten Markt zu entwickeln. Nach und nach verlor die *DENA* ihre Geschäftsgrundlage. 1998 wurde die Gesellschaft liquidiert.

Die *MECOM* indes überwand ihre Startschwierigkeiten. Es dauerte vor allem einige Zeit, bis die Bezieher der dpa-Dienste ihre Empfangsanlagen installiert hatten und der Betrieb entsprechend aufgenommen werden konnte. Doch zum 1. April 1992 wurden der dpa-Nachrichtendienst und der dpa-Bildfunk auf Satellitentechnik umgestellt. „Mit der Abschaltung und anschließenden Demontage der Langwellensender bei der DENA GmbH ist auch eine technische Ära bei dpa zu Ende gegangen", verkündete der dpa-Geschäftsbericht 1992. Mit Rücksicht auf den langjährigen Partner *DENA* hieß es weiter: „Über 40 Jahre lang war der Langwellenfunk auf der Frequenz 139,0 KHz Hauptträger der Verbreitung des dpa-Bildfunks und auf der Frequenz 110,55 KHz erst alleiniger Träger, später Ergänzung und Absicherung des Leistungsnetzes für den dpa-Basisdienst. Das weltweit einzigartige Langwel-

Installation der neuen MECOM-Satellitenantennen auf dem Gebäude im Mittelweg 143.

len-Funkverfahren wurde seit seiner Einführung Ende der vierziger Jahre mehrfach technisch verbessert."[19]

Die *dpa* investierte ihrerseits noch einmal in weitere Absicherungsmaßnahmen für die Satellitenverteilung. Eine zweite Leitzentrale wurde beschlossen, falls die erste „durch Einwirkungen von außen (Terrorismus) oder durch Feuer, Wasser oder Naturkatastrophen" ausfalle. Für den Fall eines Verlusts des MECOM-Satelliten sollte eine gesonderte Sendeantenne gewährleisten, auf eine Frequenz eines vertraglich zugesicherten Telekom-Satelliten umschalten zu können.[20]

Die *MECOM* ist bis heute ein Unternehmen der *dpa-Gruppe*. Im Mittelweg 143 in Hamburg, genau gegenüber der dpa-Villa, betreibt sie eine technische Infrastruktur, die – wie sie betont – besonders ausfall- und manipulationssicher arbeitet.[21]

„PR statt Nachricht"

Wie rasant sich in dieser Zeit die technischen und ökonomischen Bedingungen veränderten, unterstreichen schließlich zwei Antworten, mit denen die *dpa* darauf reagierte: Im Januar 1994 übernahm sie die Firma „news akuell GmbH"; ein Jahr später brachte sie über die eigene Tochterfirma *Global Media Services (gms)* den „Themendienst" auf den Markt und liefert seither auch Ratgeber- und Verbrauchernachrichten. Mit beiden Ergänzungen erweiterte die Nachrichtenagentur ihr Portfolio entscheidend. Die *dpa* wurde ein Inhalteproduzent und -anbieter in ganzer Breite. Zum Kernbereich des Geschäfts mit Nachrichten gehört seit Mitte der 1990er Jahre ein weitgefächertes Angebot von alltagsbezogenen Themen sowie die Vermarktung von Pressemitteilungen.

Die Entwicklung des „Themendienstes" erwies sich schnell als finanziell lohnender Schritt. Die kurze Erwähnung im „Lagebericht" des Jahres 1995 verrät noch nicht das Potenzial dieser Geschäftsidee, die vom Aufsichtsratsvorsitzenden Florian Lensing-Wolff lanciert und von Geschäftsführer Walter Richtberg und von Chefredakteur Wilm Herlyn mitgetragen wurde. Bei dem neuen Dienst, so heißt es, handle es sich „um den gms-Themendienst, einen Ratgeber-Dienst, der Themen insbesondere aus den Bereichen Tourismus, Auto, Verkehr, Umwelt, Gesundheit, Computer oder Bauen und Wohnen aufgreift".[22] Doch bereits wenige Jahre später ist von einer großen Marktakzeptanz die Rede und von der erfolgreichen Rolle, die dieser Bereich des dpa-Vertriebs übernimmt, um die Bilanz im Kerngeschäft zu ergänzen. Heute verspricht der dpa-Themendienst auf seiner Webseite „nützliche Ratgeber-Inhalte – aktuell und usernah": „In Berichten, Meldungen, Features, Fotos und Grafiken informiert der dpa-Themendienst über Verbraucherthemen. [...] Unsere Redakteurinnen und Redakteure bereiten die oft sehr komplexen Themen verbrauchernah und ratgeberorientiert auf. Hier finden Leserinnen

> Einmal mehr: neue Geschäftsfelder durch technische Innovationen und gutes Marketing.

Politische „Dreinrede"

Günter Grass und die dpa

Er war gerade von Vortragsreisen aus Korea und dem Jemen zurückgekehrt und hatte zahlreiche Gespräche mit Freunden über die Weltlage geführt, da notierte der Literaturnobelpreisträger Günter Grass in seinem „Werkstattbericht": „Mittels dpa übte ich mich im Januar 2003 wiederum in der Dreinrede."[1] Den Anlass für eine neue politische Stellungnahme, für ein aktuelles Widerwort lieferte die besorgniserregende Aufrüstung, die nur zwei Monate später zum dritten Golfkrieg führen sollte, zur Eroberung Bagdads durch US-amerikanische und britische Truppen und zum Sturz des irakischen Machthabers Saddam Hussein. „Das vergebliche Warnen vor drohender Kriegsgefahr gerinnt mittlerweile zur Routine; und dennoch gilt weiterhin zählebig, was Matthias Claudius zu seiner Zeit reimte: ‚'s ist Krieg! 's ist Krieg! O Gottes Engel wehre, / Und rede Du darein! / 's ist leider Krieg – und ich begehre / Nicht schuld daran zu sein!"

Von den bekannten Anti-Kriegs-Zeilen des Wandsbeker Dichters Claudius ausgehend, widerspricht Grass, dass zwangsläufig eine militärische Auseinandersetzung geführt werden müsse: „Dieser drohende Krieg ist gewollt. In planenden Köpfen, auf den Börsen aller Kontinente, in wie vordatierten Fernsehprogrammen findet er bereits statt […]. Ich hoffe, daß die Bürger und die Regierung meines Landes unter Beweis stellen werden, daß wir Deutschen aus selbstverschuldeten Kriegen gelernt haben und deshalb Nein sagen zu dem fortwirkenden Wahnsinn, Krieg genannt."[2]

Hilke Ohsoling, damals persönliche Assistentin von Günter Grass, erinnert sich, wie Grass ihr seinen handschriftlichen Textentwurf diktierte und er die PC-Version gegenlas und schließlich freigab. Wie kaum ein anderer deutscher Schriftsteller der Nachkriegszeit nutzte der politisch aktive Grass die Medien, um gezielt Öffentlichkeit für seine Anliegen herzustellen. „Der Inhalt war ihm wichtig. Er hoffte auf eine große Verbreitung. Er schätzte die Fairness der Agentur und zudem die Tatsache, daß durch sie eine hohe Verbreitung möglich ist. So viele regionale Zeitungen wie mit Hilfe der dpa hätte Herr Grass auf anderem Wege kaum erreichen können."[3]

Am 16. Januar 2003 um 10.15 Uhr sendete die dpa den „Exklusiv-Beitrag" von Günter Grass. „Hamburg (dpa) – Der Literaturnobelpreisträger Günter Grass wirft in einem Exklusiv-Beitrag für die Deutsche Presse-Agentur (dpa) den USA und ihren Verbündeten im Irakkonflikt Heuchelei vor. ‚Dieser drohende Krieg ist gewollt', schreibt Grass in dem am Donnerstag übermittelten Text. ‚Es geht wiederum ums Öl.' Seine Erfahrung sage ihm, ‚daß diesem gewollten Krieg weitere Kriege aus gleichem Antrieb folgen werden'. dpa dokumentiert den Text ‚Zwischen den Kriegen' von Günter Grass im Wortlaut."[4]

Ansprechpartner von Grass bei der Nachrichtenagentur war Matthias Hoenig. Der Kulturredakteur schrieb vielfach über die Neuerscheinungen des Schriftstellers und porträtierte den streitbaren Autor. Grass gab ihm und der *dpa* sehr gern größere Interviews, weil er auf diese Weise den allzu häufig gestellten Presseanfragen ausweichen konnte, aber trotzdem eine hohe Präsenz in den Medien erreichte.

„Wenn ich mich richtig erinnere, rief mich Grass' langjährige Sekretariatschefin, Hilke Ohsoling, an und fragte, ob Günter Grass über dpa exklusiv einen Text gegen den sich abzeichnenden dritten Irakkrieg verbreiten könne – angelehnt an das 1778 entstandene Antikriegsgedicht ‚Kriegslied' von Matthias Claudius", schreibt Matthias Hoenig und fährt fort: „Die bedrohliche historische Situation, dass absehbar die USA mit Verbündeten den Irak angreifen und Diktator Saddam Hussein stürzen wollten, gaben dem Grass-Text eine hochpolitische Bedeutung. Zudem weckte die Grass-Initiative Erinnerungen an den aus Lübeck stammenden Literaturnobelpreisträger Thomas Mann, der im Zweiten Weltkrieg sich aus dem Exil in den USA mit Rundfunkansprachen an die Deutschen gewandt hatte. Jetzt also Grass, der aus Lübeck die Kriegspläne der USA kritisierte und die Deutschen aufforderte, sich nicht an einem Irak-Krieg zu beteiligen."[5] Entsprechend plädierte Hoenig bei den damaligen Nachrichtenchefs in der dpa-Zentrale für eine Veröffentlichung.

Mit dem Format „Dokumentation" hatte die *dpa* bereits gelegentlich wichtige Äußerungen oder Texte Dritter im Wortlaut publiziert. Als eine solche „Dokumentation" sendete die *dpa* schließlich die Einlassung von Grass und ließ sie auch über den englischsprachigen dpa-Dienst verbreiten. Zahlreiche Zeitungen brachten die dpa-„Dreinrede" des renommierten Autors; einige, wie etwa die „Süddeutsche Zeitung", kritisierten sie heftig.[6] Anchorman Ulrich Wickert lud Günter Grass wenige Tage später in die „Tagesthemen" ein und zitierte zum Auftakt des Gesprächs die erste Strophe von Claudius' „Kriegslied".[7] Nicht zum ersten und nicht zum letzten Mal sorgten „Widerworte" von Günter Grass für Diskussionen.

Anmerkungen

1 Günter Grass: Fünf Jahrzehnte. Ein Werkstattbericht. Hrsg. von G. Fritze Margull. Göttingen: Steidl 2004.
2 Ebd.
3 Hilke Ohsoling im Interview mit Hans-Ulrich Wagner, 6.12.2023.
4 dpa, 16.1.2003.
5 Matthias Hoenig per E-Mail an Hans-Ulrich Wagner, 8.12.2023.
6 tost: Günter Grass agitiert gegen die amerikanische Heuchelei. In: SZ, 17.1.2003.
7 Günter Grass Stiftung Bremen. Grass Medienarchiv. Recherche vom 1.12.2023.

und Leser Tipps und alles Wissenswerte rund um Garten, Gesundheit, Ernährung, Reise, Digitales und Technik, Finanzen, Tiere, Familie und Partnerschaft."[23]

Der zweite Coup in der Mitte der 1990er Jahre war die Übernahme von *news aktuell*. Carl-Eduard Meyer hatte dieses Unternehmen fünf Jahr zuvor gegründet und schnell zu einem Marktführer entwickelt. Es übernahm Aufträge von Herstellern, Verlagen, Rundfunksendern und zivilgesellschaftlichen Organisationen, indem es deren Pressemitteilungen und Public Relations-Material an Medien vermittelte. Meyer, 1948 geboren, verband zwei Leidenschaften für sein Business-Modell: Er war an technischen Innovationen interessiert und an Marketing.[24] In den ersten Jahren konnte sein Start-up gelegentlich freie Leitungen der Agentur *Sport-Informationsdienst (sid)* nutzen, aber vor allem kamen Faxgeräte zum Einsatz, mit denen das Team die ihm überlassenen PR-Dokumente an die Medien verschickte.

Kurze Zeit später stand der technologische Wandel hin zur Datenverarbeitung mit PC-Technik an. Es kam zu Kontakten zur *dpa*, speziell zu Matthias Hardt als Chef Vertrieb und Marketing. Denn auch das *dpa*-Management erachtete diese Sparte der Dienstleistung als interessant und durch die neuen technischen Möglichkeiten für besonders ausbaufähig. Als erste Übernahmepläne bekannt wurden, titelte das Magazin „Der Spiegel" kritisch: „PR statt Nachricht" und führte aus: „Die Deutsche Presse-Agentur (dpa) will sich neue Geldquellen erschließen und gefährdet dabei ihren guten Ruf."[25] Aber der Aufsichtsrat der *dpa* entschied nach mehreren Sitzungen, auch diese Form der Kommunikationsleistungen innerhalb der Unternehmensgruppe anzubieten. Seit 1994 ist die „news aktuell GmbH" eine hundertprozentige Tochter der *dpa*.

Meyer war lange Zeit Geschäftsführer dieser Gesellschaft. Zwar war er für viele journalistische dpa-Mitarbeitende zunächst ein skeptisch beäugter Fremdkörper. Doch seine weiterhin gelebte Start-up-Agilität, sein genaues Erfassen von Kundenbedarfen und seine professionelle Arbeitsweise bescherten „Edu", wie er bald genannt wurde, Respekt. *news aktuell* wurde für viele jüngere Mitarbeitende zum Start von erfolgreichen dpa-Karrieren. Heute beschäftigt die für die Bilanz der dpa-Unternehmensgruppe so wichtige dpa-Tochter „news aktuell GmbH" 135 Mitarbeitende und wirbt damit, „Ihre Pressemitteilungen zuverlässig an Ihre individuellen Zielgruppen" zu bringen: „Mit unseren smarten Produkten haben wir immer die richtige Lösung für Ihre Kommunikationsbedürfnisse und unterstützen im gesamten Kommunikationskreislauf!"[26]

Anmerkungen

1 dpa meldet ... 50 Jahre Deutsche Presse-Agentur GmbH 1999, 117–119.
2 Vgl. Torsten Braun: Geschichte und Entwicklung des Internets. In: Informatik Spektrum 33(2010), H. 2, 201–207; Hans Dieter Hellige: Die Geschichte des Internet als Lernprozess. Universität Bremen, artec – Forschungszentrum Nachhaltigkeit. November 2006 (= Artec-paper, 138); Birgit van Eimeren u.a.: Entwicklung der Onlinenutzung in Deutschland. ARD-Online-Studie 2002. In: Media-Perspektiven, H. 8, 2002, 346–362.
3 dpa. Unternehmensarchiv. Bestand infocom, 1994 ff. – Alle Zitate aus Dokumenten, wenn nicht anders nachgewiesen, aus diesem Bestand.
4 Ebd.
5 Vgl. hierzu die dpa-Geschäftsberichte 1994, 31; 1995, 31; 1996, 11 und 31; sowie Meinolf Ellers im Interview mit Hans-Ulrich Wagner, 15.12.2023.
6 Vgl. die dpa-Geschäftsberichte 1994, 1995 und 1996.
7 Meinolf Ellers im Gespräch mit Hans-Ulrich Wagner, 15.12.2023 (Anm. 5).
8 dpa-Online. Oktober 1997 [Doppelseite/Prospekt]. dpa. Unternehmensarchiv.
9 Christoph Dernbach: dpa-Homepage. In: blick punkt dpa, Nr. 18. April 1998, 1.
10 dpa-Geschäftsbericht 2001, 15.
11 Vgl. die Angaben auf https://service.dpa-infocom.de/de/support/solutions (28.2.2024).
12 dpa-Geschäftsbericht 2003, 33.
13 Picture Alliance. Online: https://www.picture-alliance.com/cms/9 (27.2.2024).
14 Vgl. Partner für die bewegten Momente. Bei den Winterspielen in Turin tritt die Picture-Alliance erstmals als neuer Co-Partner des Nationalen Olympischen Komitees auf. Pressemeldung vom 12.1.2006. dpa. Unternehmenskommunikation.
15 Zur Nutzung für zeitgeschichtliche Themen vgl.: Mit picture alliance Geschichte erleben im neuen Archiv-Portal. Pressemeldung vom 8.11.2021. Online: https://www.presseportal.de/print/5066801-print.html (27.2.2024); zur Wertschätzung in der Visual History vgl. Lambrecht/Gottschalk 2022.
16 Vgl. Metzler 2012.
17 Memorandum. Nutzen der DENA AG für die Presse in Gegenwart und Zukunft, 29.9.1976. Anlage 2 zu Punkt 1 der Tagesordnung der Sitzung des Technischen Ausschusses am 26. Oktober 1976 in Hamburg. dpa. Unternehmensarchiv.
18 Vgl. Klaus Sprick im Interview mit Meinolf Ellers und Jens Petersen, 2019. dpa. Unternehmensarchiv.
19 dpa-Geschäftsbericht 1992, 11.
20 Protokoll der ordentlichen Sitzung des Aufsichtsrats der dpa am 22.6.1992. dpa. Unternehmensarchiv.
21 Vgl. auf der Webseite https://www.mecom-hamburg.de/ueber-uns/ (24.2.2024).
22 dpa-Geschäftsbericht 1995, 11.
23 Online: https://www.dpa.com/de/verbrauchernachrichten (1.3.2024).
24 Carl-Eduard Meyer im Interview mit Meinolf Ellers und Jens Petersen, 2019. dpa. Unternehmensarchiv.
25 In: Der Spiegel, Nr. 25, 20.6.1993.
26 Online: https://www.newsaktuell.de/ueberuns/ (29.2.2024).

2009: MIT DPA BEIM NATO-GIPFEL

Es war am letzten Tag des NATO-Gipfels 2009 in Straßburg. Zahlreiche Demonstranten wollten das 60. Zusammentreffen der Vertreter der NATO-Staaten stören. Doch es blieb nicht bei Protesten. Circa 1.000 gewaltbereite NATO-Gegner randalierten und steckten sogar ein Hotel in Brand. Vor Ort: dpa-Bildjournalist Boris Roessler und sein Team. „Ich war damals einer Truppe der Gendarmerie gefolgt, die mit gezogenen Waffen in Richtung des Hotels gerannt waren und fotografierte nachrückende Polizeieinheiten, als mein Kollege um die Ecke kam und das Bild von mir machte", erinnert er sich. Sein Kollege Uwe Anspach hatte gerade das dpa-Fotovolontariat beendet, als er Boris Roessler begleitete. „Im Laufe dieses Tages gab es immer heftigere Auseinandersetzungen mit der französischen Polizei. Trauriger Höhepunkt: das brennende Hotel. Dort habe ich dann, als sich die Lage etwas beruhigt hatte, Boris bei der Arbeit fotografiert. Ein klassischer Schnappschuss. Im Hintergrund das brennende Hotel", erinnert sich Uwe Anspach, freiberuflicher Fotograf im Raum Heidelberg.

Boris Roessler absolvierte nach einem Soziologiestudium ein dpa-Fotovolontariat und ist seit 2000 fest angestellter Fotograf bei der *dpa*. Über die Prinzipien seiner Arbeit schreibt er: „Der Faktor Schnelligkeit ist einer der zentralen Aspekte in der Agenturfotografie. Es geht darum, auch komplexe Szenarien innerhalb kürzester Zeit mit der Kamera einzufangen, in visuelle Nachrichten zu transformieren und so das Geschehen vor Ort möglichst jedem Betrachter der Bilder zugänglich zu machen. Die Herausforderung liegt gerade bei Ad-hoc-Ereignissen darin, aus einer Vielzahl von Fotos die nachrichtlich relevantesten Motive auszuwählen. Fünf gute Fotos zählen hier mehr als 20 wahllos zusammengestellte Motive. [...] Niemals darf dabei der Bildinhalt durch Retusche oder andere Manipulationen verändert werden. Journalistische Bilder müssen von der Auslösung bis zum Abdruck authentisch sein."

Fotojournalismus inmitten gewalttätiger Proteste

Sommer 2010, Eröffnung der neuen Zentralredaktion in Berlin. dpa-Chefredakteur Wolfgang Büchner zeigt Bundespräsident Christian Wulff den Newsdesk mit den Arbeitsplätzen der Redakteurin für Hintergrund und Fakten, Helen Hoffmann, und des Auslandskoordinators Klaus Blume (2. v. li.).

12

Umzüge

Die *dpa* in unruhigen Zeiten

Es waren schwere und extrem unruhige Zeiten für die Medienmacher von Ende der 1990er Jahre bis etwa 2010. In Deutschland, auf dem schon immer hart umkämpften Nachrichtenmarkt, verschärfte sich der Wettbewerb mit kommerziellen Anbietern noch einmal. Die dpa musste ihre Stellung als unabhängige Nachrichtenagentur verteidigen und sie musste darum kämpfen, hierzulande Marktführer zu bleiben. Zu den großen Herausforderungen, die die Globalisierung und die Digitalisierung mit sich brachten, kam die Ökonomisierung der Medienlandschaft in einem bislang nicht bekannten Ausmaß hinzu.

Gründung der *dpa news international Ltd.* in Cork		Eröffnung des Newsrooms in der Berliner Markgrafenstraße	
1. Juli 2002	Mai 2009	15. Sept. 2010	Sept. 2010
	Entscheidung, die Zentralredaktion nach Berlin zu verlegen		Start des *Deutschen Depeschen-Dienstes (ddp)*

„Am Monopol kratzen"

„Gibt es ein Leben ohne dpa?", fragte die „Financial Times Deutschland" am 10. April 2001 ihre Leser. Lutz Meier, Medienredakteur des Blattes, mokierte sich in seinem Beitrag „Nachrichtenagentur dpa büßt Geltung ein" über die *dpa* als „Inkarnation der Wahrheit" sowie über den „dpa-Ticker" als Grundausstattung jeder Redaktion und dessen „Nimbus der Unverzichtbarkeit".[1] Er berichtete, dass immer mehr Privatsender und regionale Tageszeitungen auf die dpa-Dienste verzichten würden und der Zeitungsvorstand des Springer-Verlags die Agenturverträge von „Bild" und „Bild am Sonntag" überprüfen lassen wolle. Bei der *dpa* reagierte man gereizt. Der Artikel enthalte, wie Walter Richtberg und Klaus Sprick seitens der dpa-Geschäftsführung konstatierten, mehrere „unwahre Tatsachenbehauptungen". Mit Anwaltsschreiben beantragten sie eine Gegendarstellung, die am 23. April 2001 von der „FTD" akzeptiert wurde. In ihr hieß es:

1. „‚Immer mehr Medien verzichten auf den Informationslieferanten.' Dies ist falsch: dpa beliefert mehr Medien mit mehr Diensten als je zuvor.
2. ‚Ein durchschnittliches Regionalblatt zahlt zwischen einer und drei Millionen Mark jährlich an dpa.' Dies ist falsch: Ein durchschnittliches Regionalblatt zahlt weniger als eine Million Mark jährlich an dpa.
3. ‚Auch bei dpa lag sie (die Rendite) 1999 bei traurigen 0,7 Prozent. Und der Druck nimmt noch zu.' Dies ist falsch. Die Rendite (Umsatzrentabilität) lag zwar 1999 bei 0,7 Prozent, stieg aber in 2000 auf 3,2 Prozent.
4. ‚Inzwischen gibt es sogar dicke Rabatte für Abtrünnige.' Dies ist falsch: Die Rabattsysteme der dpa behandeln alle Kunden gleich."[2]

Es blieb nicht nur bei der juristisch durchgesetzten Gegendarstellung. Der publizistische Schlagabtausch war eröffnet. Walter Richtberg, Vorsitzender der Geschäftsführung der *dpa*, versuchte, in der „Wirtschaftswoche" die Situation zu beschwichtigen. Man müsse als Marktführer damit leben, „ab und zu angeschossen zu werden", dpa-Basisdienste würden nicht in nennenswertem Ausmaß abbestellt werden, kurzum: Es gebe keine „Bewegung weg von dpa". Für Medien sei es kostengünstiger, das Routinegeschäft von der Agentur abdecken zu lassen. Sein Zuruf an die Branche lautete: „Die dpa ist [...] ein großes Rationalisierungsinstrument."[3] Ein größerer Beitrag unter der Überschrift „Am Monopol kratzen" zeigte einen Tag später auf, dass die „Hamburger News-Lieferanten" es mit Konkurrenten wie dem *ddp* als einem Teil des Münchner Konzerns von Leo Kirch zu tun haben (→ 10 | Markteroberung) und dass alle Gerüchte über mögliche Kündigungen der dpa-Dienste dazu dienten, die Preise neu zu verhandeln.[4]

Das Schlaglicht macht deutlich, was bereits damals als „Ökonomisierung der Medienlandschaft" begriffen wurde.[5] Denn die mit der Globalisierung und technischen Modernisierung verbundene Wachstumssteigerung basierte auf ökonomischen Rationalisierungsprozessen. Viele historisch gewachsene Praktiken wurden nun auf den Prüfstand gestellt. Die Medienbranche musste sich auf einen schneller werdenden, global vernetzten Nachrichtenmarkt einstellen und mit einer Flexibilisierung der Arbeitswelten reagieren. Management und Chefredaktion von Medienorganisationen hatten mitunter harte Einschnitte vorzunehmen und unliebsame Entscheidungen zu treffen. Der Konkurrenzkampf und der Druck, Kosten zu verringern, führte in den kommenden Jahren immer wieder zu Drohungen, dpa-Dienste zu kündigen, beziehungsweise zu „Experimenten", in der redaktionellen Arbeit auch einmal „sechs Wochen ohne dpa" auszukommen.[6] Die Hamburger Nachrichtenagentur als Verleger-Genossenschaft bemerkte Prozesse der Entsolidarisierung. Auch ihr selbst standen Veränderungen und Umzüge bevor, nicht zuletzt ein „Umzug in den Köpfen", wie Chefredakteur Wolfgang Büchner es am Ende dieses Transformationsprozesses im Jahr 2010 formulierte.[7]

Reformmodelle

Zu Beginn der 2000er Jahre fragten sich viele besorgt, ob ein unabhängiger Journalismus noch finanziert werden könne oder ob mit dem 20. Jahrhundert auch das „Jahrhundert des Journalismus" zu Ende gehe. Angesichts der zunehmenden Bewertung von Nachrichten als publizistischer Dienstleistung, die eine absatz- und marktgerechte Produktgestaltung im Wettbewerb erfordere, stellte sich die Frage, wie Nachrichten demokratietheoretisch als Leistung für die Gesellschaft, als ein „public value" ermöglicht und vor allem finanziert werden können.

> Gibt es ein Leben ohne dpa?

Die Medienpolitik fühlte sich in besonderer Weise auf den Plan gerufen. Sie sorgte sich um die Leistungsfähigkeit des deutschen Mediensystems und bekräftigte, dass dieses möglichst vielfältig sein müsse, um der Demokratie zu dienen, und es nicht nur von den Bedingungen des Marktes abhängig sein dürfe. Die Vorstellung von Medien als einem Wirtschafts- und einem Kulturgut, von Journalismus als einem „öffentlichen Dienst", einem „public service", erlebte eine Konjunktur.

Eine entsprechende Stellungnahme stammte im Herbst 2009 von Frank-Walter Steinmeier, zu diesem Zeitpunkt SPD-Oppositionsführer und Vorsitzender der SPD-Bundestagsfraktion. Sein „Standpunkt für eine zeitgemäße Medienpolitik" formulierte acht „Instrumente und Möglichkeiten". Interessanterweise widmete sich einer der acht Punkte ausdrücklich der *dpa* und ihrer Stellung als unabhängige deutsche Nachrichtenagentur. „Für den Fall, dass sich das Geschäftsmodell von dpa trotz notwendiger innerer Reformen auf Dauer nicht trägt und sich weitere Gesellschafter abwenden", schlug Steinmeier vor, über eine Stiftung als „Reformmodell" nachzudenken.[8] Zum Kern der sozialdemokratischen Medienpolitik gehörte der

Grundsatz „So viel Selbstregulierung wie möglich und so wenig Regulierung wie nötig", bekräftigte Marc Jan Eumann, damals Vorsitzender der SPD-Medienkommission. Es ging um eine Regulierung, die übergeordnete gesellschaftliche Ziele schützt und die Entwicklung nicht komplett dem Markt überlässt.[9] Eumann selbst brachte den Gedanken einer „öffentlich-rechtlich organisierte[n] und finanzierte[n] Nachrichtenagentur" immer wieder in die medienpolitische Diskussion ein.[10]

Unternehmerischer werden

Die *dpa* hatte in diesen Zeiten eine Geschäftsführung, der die alles andere als einfache Aufgabe zufiel, das krisengebeutelte Unternehmen durch die turbulenten Ereignisse zu steuern. An ihrer Spitze stand Michael Segbers, ab Dezember 2010 zunächst kommissarisch, von Dezember 2011 an als neu gewählter Vorsitzender der Geschäftsführung. Der Aufsichtsrat zeigte sich überzeugt, dass er zusammen mit dessen beiden Stellvertretern Matthias Mahn und Andreas Schmidt „an der Spitze des Unternehmens die Herausforderungen des Marktes bestens meistern wird".[11]

Segbers, 1952 geboren, war kein Manager, der von außen gerufen wurde, sondern der in der *dpa* Karriere machte. Er hatte 1975 bei der Agentur volontiert, hatte zunächst als Journalist gearbeitet, um dann ins Kaufmännische zu wechseln. Hier war er vom Prokuristen und Leiter Verkauf und Marketing Inland im Januar 2005 zum Geschäftsführer in der Nachfolge von Klaus Sprick aufgestiegen. Nachdem Malte von Trotha seinen Vertrag nicht verlängerte, übernahm er kommissarisch die Geschäftsführung.

Der Zeitpunkt war herausfordernd, denn 2009 und 2010 hatte die *dpa* Verluste in Höhe von 3,8 Millionen und 5,2 Millionen Euro ausweisen müssen. Die roten Zahlen, die die *dpa* schrieb, waren zum einen dem Auflagenschwund im Tageszeitungsgeschäft geschuldet. Die Zeitungsbranche befand sich in einer Krise. Zum anderen rührten die Fehlbeträge von der harten Konkurrenz mit dem neuen *dapd* her, der der traditionsreichen Agentur schwer zu schaffen machte. Immer wieder kündigten Medienkunden ihr Abonnement und wechselten zur Konkurrenz. Als das Auswärtige Amt seinen lukrativen Nachrichtenauftrag an den *dapd* vergab, war dies ein weiterer Schlag für die *dpa*. Mit dem Konkurrenten lieferte sich Segbers auch öffentlich ausgetragene Auseinandersetzungen.[12]

Schließlich hörte man in dieser Zeit den Vorwurf, die *dpa* sei zu starr, sie sei zu wenig innovativ und ihre Mitarbeitenden seien zu sehr einer „Beamtenmentalität" verhaftet.[13] Diesen Vorwurf des „alten dpa-Denkens" ließ Segbers nicht gelten: „Es war schon immer falsch, unsere Redakteure als Beamte zu verunglimpfen, aber da wurde es noch falscher", äußerte er rückblickend in einem Interview im Januar 2017 und fuhr fort: „Wer sich die Mühe macht, die Innovations-Geschichte der dpa anzusehen, der wird feststellen, dass wir sehr oft das waren, was heute ‚First Mover' genannt wird."[14] Gleichwohl machte die Geschäftsführung das Haus „unternehmerischer", wie Segbers es nannte.¹⁵ Das Image, „innovativ" zu sein, wurde forciert, nicht zufällig stand der gesamte Geschäftsbericht des Jahres 2015 unter dem Leitwort „Innovation". Ein „Zeitstrahl durch sieben Jahrzehnte der Veränderung" unterstrich den Claim, „unabhängig, zuverlässig – und innovativ" zu sein.¹⁶

Da das Kerngeschäft durch einen Umbruch auf dem Medienmarkt ins Wanken geraten war, setzte die Geschäftsführung konsequent auf die Erschließung neuer Geschäftsfelder. Die Zusammenarbeit mit kleinen Start-up-Firmen und die Investition in deren kreative Ideen beflügelte den „Next Media Accelerator", ein Konsortium von Medienunternehmen, das 2013 unter Beteiligung der *dpa* im Silicon Valley aus der Taufe gehoben wurde. In Projekten, wie sie seit den „Agentur 2000"-Zeiten bei der *dpa* angelegt waren, wurde die Arbeit in der Redaktion weiterentwickelt. So stellte Chefredakteur Sven Gösmann 2015 beispielsweise die Ergebnisse des „dpa next lab" vor, das drei Monate lang zu redaktionellen Innovationsprozessen gearbeitet hatte. Nicht weniger als 15 „Prototypen" zum „inhaltlichen", „kulturellen" und „strukturellen Wandel" gingen aus dem Lab hervor.¹⁷

Als Michael Segbers sich im Januar 2017 in den Ruhestand verabschiedete, konnte er auf eine solide Geschäftsbilanz verweisen. 2011 kehrte die *dpa* unter seiner Ägide wieder in die Gewinnzone zurück, bis 2013 blieben die positiven Ergebnisse unterhalb der 1-Million-Grenze, von 2014 an betrugen sie zwischen 1,2 und 1,8 Millionen Euro. Der Branchendienst „kressreport" schmeichelte dem Interviewpartner 2017, als er ihn als „den wohl erfolgreichsten Manager der dpa" vorstellte.¹⁸ Die „Weggefährten" wertschätzten ihren CEO mit einer Festschrift.¹⁹

Umzug nach Cork

Heinz-Rudolf Othmerding, „Auslands"-Leiter in der Chefredaktion, blickte 2009 auf „60 Jahre dpa-Auslandsarbeit" zurück und feierte die *dpa* in einer kleinen Jubiläumsbroschüre als „globale Agentur".²⁰ Der Stolz auf das Erreichte war groß, auf die Arbeit von mehr als 300 Journalistinnen und Journalisten, die im Ausland für die *dpa* arbeiten, auf die Wertschätzung, die die dpa-Auslandsdienste als faktenbasiert, politisch neutral und staatsunabhängig gerade in Ländern des Nahen Ostens, Südamerikas und Südostasiens genießen. Othmerding verschwieg aber auch den immer schärfer werdenden Wettbewerb nicht: „Der Job für die dpa-Auslandsmitarbeiter wird immer schwieriger angesichts der übermächtigen Konkurrenz der großen angelsächsischen ‚news-networks' sowie der staatlich massiv subventionierten französischen Konkurrenz." Die berechtigte Frage „Warum sollte man im Ausland einen fremdsprachigen Dienst einer deutschen Nachrichtenagentur beziehen?" konnte nur damit beantwortet werden, dass die *dpa* im Ruf stand, ein zuverlässiger, unparteiischer, unabhängiger Dienstleister zu sein. Zum einen war sie keine staatliche Agentur wie viele Einrichtungen in Osteuropa und anderen Teilen der Welt; zum anderen gehörte Deutschland nicht zu den ehemaligen Kolonialmächten

Großbritannien, Frankreich, Spanien, Portugal und war gleichfalls nicht die Supermacht USA. Gleichwohl: Die wechselnde, sehr unterschiedliche Klientel im Ausland, die den englischsprachigen Dienst der *dpa* bezog, wurde immer kleiner.

Aber es war nicht nur die Konkurrenz auf dem weltweiten Nachrichtenmarkt, die Sorgen bereitete. Unruhe bescherte auch eine innenpolitische Entwicklung. Die seit 1957 alljährlich gewährte Unterstützung der dpa-Auslandsdienste durch das Bundespresseamt wurde seit den 1990er Jahren immer wieder auf den Prüfstand gestellt. So beanstandete der Bundesrechnungshof 1993 das „Vertragsverhältnis zwischen dem Presseamt und einer Presseagentur" und die Zahlung von mehr als zehn Millionen DM im Rahmen eines „sogenannten ‚Selbstkostenfestpreis-Anteils'".[21] Dabei waren sich Bundespresseamt und Bundesrechnungshof über das „Ziel der Politischen Öffentlichkeitsarbeit ‚Ausland'" einig. Die „möglichst weite Verbreitung von Nachrichten aus deutscher Sicht" war nicht strittig. Uneins war man sich über die Art der Zahlungen und welche Gegenleistungen vertraglich festgehalten werden können.

Der formalen Beanstandung des Vertrags des Presseamts mit der *dpa* musste der Deutsche Bundestag nachkommen. Im Haushaltsausschuss bekräftigte das Presse- und Informationsamt im Juni 1994 seine Praxis, mit „globalen Zuschüssen" die „Verbreitung von deutschen Nachrichten im Ausland" zu gewährleisten.[22] Es erklärte auch, dass es keine „vergleichbar andere Firma" gebe, die „servicefreundlicher und kostengünstiger" arbeite. Der Haushaltsausschuss verpflichtete das Amt daraufhin, „die Preisprüfungsbehörde und das Bundeskartellamt einzuschalten". Erst im Januar 1996 wurde der „Fall" im Haushaltsausschuss abgeschlossen.[23] Das Preisprüfungsverfahren hatte keinen Nachweis erhöhter Preise durch die *dpa* erbracht. Der Ausschuss urteilte, dass „die seit 1989 nicht mehr erhöhten Preise zumindest heute sachgerecht sind". Damit war der Vorwurf einer Wettbewerbsverzerrung durch „Steuermillionen für dpa", wie der „Spiegel" reißerisch schrieb, vom Tisch.[24] Die Auseinandersetzung machte aber deutlich, dass das Presse- und Informationsamt zukünftig härter verhandeln würde. Bei der *dpa* musste man die Kosten stärker im Blick haben.

„Die Globalisierungstendenzen in der Weltwirtschaft und die Wirkungen des Internets haben den Wettbewerb auch im internationalen Mediengeschäft verstärkt. dpa wird sich dabei nur behaupten können, wenn es gelingt, die Auslandsumsätze weiter zu steigern und die entsprechenden Produktionskosten zu senken", hieß es im Geschäftsbericht 2001.[25] Im Spätherbst 2001 wurden die circa zwanzig Mitarbeitenden des englischsprachigen Weltnachrichtendienstes der *dpa* von einer Entscheidung der Geschäftsführung überrascht. Auf einem einberufenen Redaktionstreffen eröffnete ihnen Thomas von Mouillard, Leiter Ausland in der Chefredaktion, dass die Zentralredaktion dieses Dienstes von Hamburg nach Cork in Irland verlegt werde. Die Mitarbeiter wurden vor die Wahl gestellt, in die Stadt im Südwesten Irlands zu ziehen oder sich nach einem anderen Arbeitsplatz umzusehen.

Die Gründe der Geschäftsführung für diese Entscheidung lagen auf der Hand. Um Einsparziele zu erreichen, gründete die *dpa* eine Firma in Irland, die *dpa news international Ltd.*, eine hundertprozentige Tochter des Unternehmens. Einige Redakteure akzeptierten die neuen Arbeitsverträge und zogen nach Irland, andere wechselten innerhalb des Unternehmens auf andere Positionen und blieben in Hamburg. Einer der Redakteure, John Purdy, klagte. Das Arbeitsgericht urteilte, dass die Gründung des Tochterunternehmens als eine Auslagerung beziehungsweise ein Betriebsübergang zu bewerten sei, sodass für den Arbeitnehmer dieselben Vertragsbedingungen weiterhin gelten.[26]

Am 1. Juli 2002 startete die *dpa news international Ltd.*, ohne dass davon viel Aufhebens gemacht wurde. Ein strukturelles Problem war, dass man die Bedarfe der weltweiten Kunden nicht richtig einschätzen konnte, wie Martin Bensley, ein langjähriger Mitarbeiter, ausführt.[27] Durch eine „außerordentliche Kraftanstrengung", von der der Geschäftsbericht des Jahres 2005 spricht, „konnte der Dienst seine Kundenbasis stabilisieren, die Kommunikation mit den Nutzern verbessern und mit dem Ausbau des ‚Reporting on Demand' auch redaktionell neue Zeichen setzen."[28] In den Bilanzen bewegten sich die Jahresüberschüsse des Tochterunternehmens zunächst noch um die 100.000 Euro, was zwar als zufriedenstellendes Ergebnis zu bewerten war, die grundlegenden Probleme allerdings nicht behob. Die Zahlen brachen schließlich ab 2008 vollständig ein; seit 2015 wird die Tochterfirma nur noch still, „ohne Geschäftstätigkeit", geführt.

hoşçakal, nicht merhaba

Wie sehr der Blick auf die Zahlen die 2000er Jahre dominierte, verdeutlicht ein kleines Intermezzo im Bereich der fremdsprachigen Dienste. Die Rede ist vom türkischen Dienst. Der bilinguale Dienst war nur neun Monate auf dem Nachrichtenmarkt, von April bis Dezember 2009. In diesem Fall waren weniger die Medien in der Türkei die Zielgruppe des Dienstes als vielmehr diejenigen Medienangebote in Deutschland, die das Informationsinteresse der hiesigen türkischstämmigen Bürger bedienen. Der ehemalige Türkei-Korrespondent der *dpa*, Ingo Bierschwale, leitete in Berlin ein Team von fünf Redakteuren, die „täglich sowohl auf Deutsch als auch auf Türkisch 50 Meldungen über das Geschehen in der hiesigen Politik, aber auch in der türkischen Szene in Deutschland in den Dienst" gaben.[29] Doch „Türkisch für Fortgeschrittene", wie der „Tagesspiegel" titelte, hatte keinen Erfolg. Das Geschäftsmodell, das ohne jegliche Förderung durch Dritte auskommen sollte und allein den Marktbedingungen unterworfen war, erwies sich als nicht tragfähig. „Türkisch für Aussteiger" spottete die „taz" Ende des Jahres 2009.[30] Nicht „merhaba", Guten Tag, sondern „hoşçakal", tschüs. Drei Zeitverträge liefen aus; zwei Redakteure kehrten in den regulären dpa-Dienst zurück.

News for the kids

Angebote für die Mediennutzenden von morgen

Zu Beginn des neuen Jahrtausends reagierte die *dpa* in vielfacher Weise auf die Umbrüche im Medienmarkt. Dazu gehörte auch, dass sie sich als etablierter Journalismus-Intermediär auf ein für sie bislang ungewohntes Terrain wagte. 2007 versprach sie, journalistische Inhalte nicht länger nur für Erwachsene anzubieten, sondern auch für Kinder verständlich und anschaulich aufzubereiten. Das neue Geschäftsfeld der „Kindernachrichten" für Sechs- bis Zwölfjährige wurde erschlossen.

Der Lesenachwuchs und die jungen Mediennutzer waren zu Beginn der 2000er Jahre ins Blickfeld vieler Akteure gerückt. Vertreter des Erziehungsbereichs und der Bildungspolitik sowie Anbieter von gedruckten und audiovisuellen Inhalten hatten diese Zielgruppe neu entdeckt. Man startete Projekte zu „Schule und Zeitung"; im Oktober 2006 kam es zu einer gemeinsamen Erklärung des Bundesverbandes Deutscher Zeitungsverleger und der Präsidentin der „Ständigen Konferenz der Kultusminister der Länder" über die Kooperation zwischen Zeitungsverlagen und Schulen. Fernsehsender strahlten Kinderprogramme und Kindermagazine aus. Die Verlagshäuser bemühten sich um ihren Lesenachwuchs. Das wirtschaftliche Potenzial, das die junge Klientel darstellte, wurde beschworen. Mit „GEOlino" hatte Gruner + Jahr bereits seit 1996/97 einzelne Ausgaben eines Kinder-Magazins auf den Markt gebracht. 2000 erschien „GEOlino" bereits alle zwei Monate und von 2001 an sogar monatlich. Mehrere große Tageszeitungen nahmen Kinderseiten auf, und die Pläne der Axel Springer AG, eine Tageszeitung für Kinder zu produzieren, sorgten 2005 für Aufsehen. Der Verband Deutscher Lokalzeitungen e.V. und der Bundesverband der Deutschen Zeitungs- und Zeitschriftenverleger (BDZV) starteten Initiativen. Speziell die BDZV-Fachtagung „Kinder und Zeitung" in Berlin im Jahr 2007 verlieh dem Thema weithin Sichtbarkeit.[1]

Marktanalyse

Bei der *dpa* beobachtete man dies alles sehr genau. Das Ressort „dpa-infocom/Globus" legte am 1. Januar 2006 ein internes Diskussionspapier vor: „Nachrichten für Kinder – Konzept für ein gemeinsames Projekt der dpa-Gruppe mit den deutschen Regionalzeitungen".[2] Der Entwurf stammte von Meinolf Ellers. Darin machte er deutlich: „Innerhalb der dpa-Gruppe sind verschiedene Einheiten einzubeziehen und zu koordinieren." Das umfasste drei Akteursgruppen: die „dpa-Redaktion", die „Kinder- und Jugend-gerechte Nachrichtenstoffe inklusive Sprache, Stil und Form" entwickeln sollte; das Ressort „dpa-infocom/Globus", das die „crossmediale/multimediale Ausrichtung des Projekts" in den Blick nehmen und „kindgerechte Erklärgrafiken (Stilgrafiken, interaktive Grafiken)", ein kindgerechtes Online-Portal und „mobile Komponenten" überlegen sollte; sowie schließlich den „dpa-Vertrieb", um Geschäftsmodelle und Vermarktungsstrategien anbieten zu können.

Die vorgelegten Pläne wurden weiterverfolgt. Man verständigte sich mit dem Verband Deutscher Lokalzeitungen und den Gesellschaftern der *dpa*. Geschäftsführung und Aufsichtsrat der *dpa* stimmten zu. Die „Generalprobe" erfolgte auf dem BDZV-Symposium „Kinder und Zeitung" vor rund 120 Verlegern, Redakteuren und Medienmanagern im März 2007.[3]

Am 1. April 2007 fiel der Startschuss. Vier berufserfahrene Redakteurinnen gingen an die Arbeit, darunter die Journalistinnen Petra Kaminsky und Susanne Goldstein. Kaminsky verantwortete die neue Redaktion von 2007 bis 2010, ihre Stellvertreterin Goldstein übernahm später die Leitung bis 2016.

Kindgerechte Nachrichten werden seither in drei journalistischen Formen angeboten. An erster Stelle stehen bis heute die tagesaktuellen Nachrichten, die auf die Zielgruppe hin ausgewählt und aufbereitet werden. „Wir tauschen uns stark mit den anderen Teams aus und saugen alles auf, was in der Welt passiert", erläutert David Kluthe, seit März 2018 Leiter der Kindernachrichten-Redaktion. „Wir decken im Prinzip alle Themen der Welt ab, suchen aber Sachen aus, die wichtig und spannend für unsere Zielgruppe sind." Über diese Berichterstattung hinaus geht das „unterhaltsame Wissen", das mit Reportageelementen Informationen zu Tieren, Umwelt, Technik, Musik und Geschichte, zu Schule und Familie sowie zu Filmen und Stars für die Bedürfnisse der Sechs- bis Zwölfjährigen liefert. Mit der dritten Form schließlich wird Hintergrundwissen zielgruppengenau aufgearbeitet und vor allem in Form von „Ach so"- und „Verstehst du, dass …"-Erklärstücken zur Verfügung gestellt. Als man am 1. April 2007 mit den Kindernachrichten startete, griff man weit in die Geschichte zurück und vermittelte in einem sogenannten „Ach so!"-Erklärstück Wissen über den Urvogel Archaeopteryx.

Die neuen „News for the kids" waren schnell erfolgreich. Bereits der Geschäftsbericht von 2007 bilanzierte, dass das „neue multimediale Angebot ‚Nachrichten für Kinder' (…) vom Markt mit viel Applaus aufgenommen" worden sei und innerhalb kurzer Zeit „für dieses Produkt ausgesprochen viele Neuverträge geschlossen worden" seien. Mit dem Angebot begegnete die *dpa* dem Wunsch vieler ihrer Kunden. Vor allem Zeitungen, die zwar eine Kinderseite haben oder in bestimmten Abständen ihren Ausgaben ein Heft für Kinder beilegen, aber dafür keine eigene Redaktion einrichten, übernahmen dpa-Kindernachrichten.

Es schlossen sich internationale Vermarktungen und Medienkompetenz-Projekte an. So gibt es Kindernachrichten der *dpa* auch auf Spanisch und auf Arabisch. Ein kurzes Projekt fand im südafrikanischen Johannesburg statt. Dort erstellte ein dpa-Team eine englischsprachige Kinderzeitung für Kinder im Grundschulalter. „Real News, Told Simply" lautete das Versprechen auf der Webseite „https://newsforkids.net/". Um die englischen Sprachkenntnisse speziell und die Bildungschancen allgemein zu erhöhen, arbeitete das Projekt dabei eng mit dem südafrikanischen Bildungsministerium, der Deutschen Gesellschaft für Internationale Zusammenarbeit (GIZ) GmbH und

Wolf

Israel

Mittelmeer

Deutsch...

ÄGYPTEN

50 km

Das wusstest du noch nicht über den Wolf:

Ohren — Wölfe haben ein super Gehör. Andere Wölfe können sie auf eine Entfernung von bis zu neun Kilometern hören.

Gemeinschaft — Die Jungtiere aus dem Vorjahr helfen bei der Aufzucht der neuen Wolfswelpen.

Futter — Wenn nötig, kann ein Wolf bis zu zwei Wochen lang hungern. Im Normalfall benötigt er aber täglich zwei bis drei Kilogramm Fleisch.

dpa-Kindergrafik 6160

dem Bundesministerium für wirtschaftliche Zusammenarbeit und Entwicklung (BMZ) zusammen.

Schließlich folgten auch Auszeichnungen für das Engagement auf diesem Gebiet. 2008 erhielten die dpa-Kindernachrichten einen „Award for Excellence". Diesen Preis der europäischen Agenturbranche verleiht die *European Alliance of News Agencies (EANA)* regelmäßig, um innovative und qualitätsvolle Angebote zu würdigen, die „auf kreative Weise die Versorgung mit unabhängigen und verlässlichen Nachrichten in einer Medienlandschaft" sicherstellen, „die sich rapide verändere und mehr denn je vertrauenswürdige Nachrichten benötige."

Was Kinder wissen wollen

Von Anfang an beschränkten sich die dpa-Kindernachrichten nicht allein auf Texte und dazu passende Bilder aus dem Bildfunk der *dpa*, sondern integrierte optische Elemente, interaktive Grafiken und ver-

dpa-Kindergrafik 006150

Technik auf Bauernhöfen verstehen können. Die „dpa JuniorLine" bietet den Bezug von einzelnen Elementen an, die der Kunde dann selbst in sein Print- oder Online-Produkt einbauen kann; aber auch fertige ready-to-publish-Produkte werden vom Dienstleister angeboten.

Doch was wollen Kinder wissen? „Kinder wollen informiert sein und ihre Welt verstehen", schreibt die Medienpädagogin Maya Götz im Whitepaper „Warum Krisenberichterstattung für Kinder so wichtig ist". Um dieses Informations- und Orientierungsbedürfnis zu bedienen, müssen die Medien ehrliche Antworten geben und dürfen schwierigen Themen wie Terror und Unfälle, Katastrophen und Krieg nicht aus dem Weg gehen. Für Kindernachrichten-Redakteurinnen und -Redakteure sind solche schrecklichen Ereignisse eine ganz besondere Herausforderung. „Wir wollen zum einen erklären und Fragen beantworten, aber auf gar keinen Fall mehr Ängste schaffen", so David Kluthe. Er beschreibt die besondere Sensibilität in diesen Fällen und deutet einen Ausweg aus dem journalistischen Dilemma an: „Wir versuchen da wenig Bilder im Kopf zu erzeugen, sondern das Ereignis so kurz wie möglich abzubilden, um uns dann davon weg zu bewegen und auf die Fragen der Kinder zu kommen." Diese zielen dann darauf, wie man Verschüttete nach einem Erdbeben schnell findet oder wie die Behörden mit Sicherheitsblöcken verhindern, dass Autos in eine Menschenmenge rasen können. In den Kindernachrichten nicht zu erklären sind die Beweggründe von Straftätern, denn alle einfachen Ursache-Wirkung-Zusammenhänge greifen zu kurz.

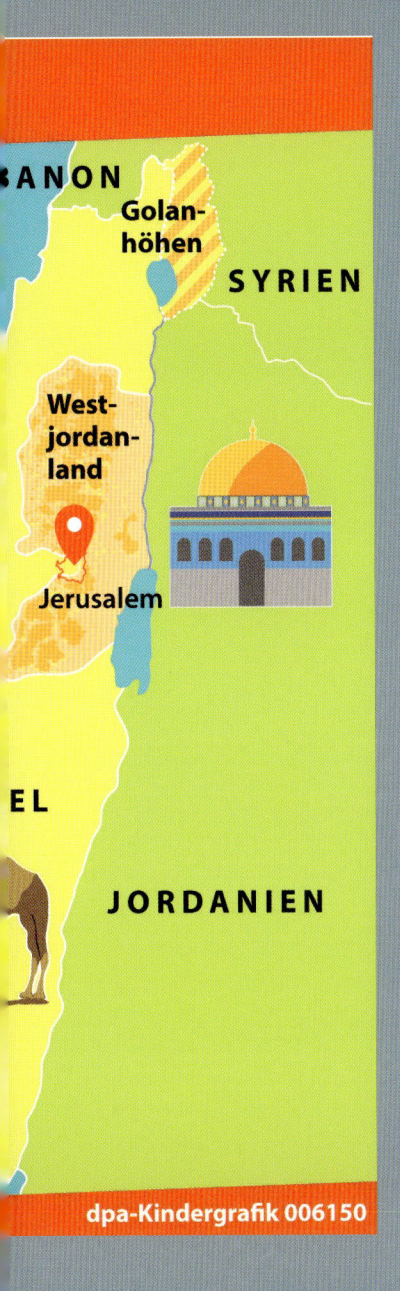

tonte Beiträge.[4] Seit 2009 wird das Angebot der Agentur konsequent crossmedial aufbereitet. Die Kunden erhalten die Inhalte – die „dpa JuniorLine" – als einen Nachrichtenfeed, der automatisch auf den Webseiten der Bezieher angezeigt wird.

Für die Kindernachrichten der *dpa* sind vor allem die Kindergrafiken und die interaktiven Grafiken charakteristisch. So zeigen diese beispielsweise, wie ein Atomkraftwerk funktioniert oder eine E-Mail von A nach B kommt. Bei den interaktiven Grafiken kommt ein spielerisches Moment hinzu, sodass Kinder Themen wie etwa

Ideen für die Zukunft
Wie Manganknollen vom Meeresboden geholt werden könnten

Auf dem Schiff werden die Manganknollen gesammelt und an andere Schiffe weitergegeben. 7

6 – **Im Rohr** wird Wasser heraufgepumpt und auch wieder heruntergepumpt.

Pumpen treiben das Wasser mit den Manganknollen im Rohr an. 5

4 – **Im Puffer** landen die Manganknollen zuerst. Dann werden sie in bestimmten Mengen weiter nach oben gepumpt.

3

2 – beweglicher **Schlauch**

Kollektoren sammeln die Manganknollen vom Meeresboden auf. 1

dpa-Kindergrafik 06162

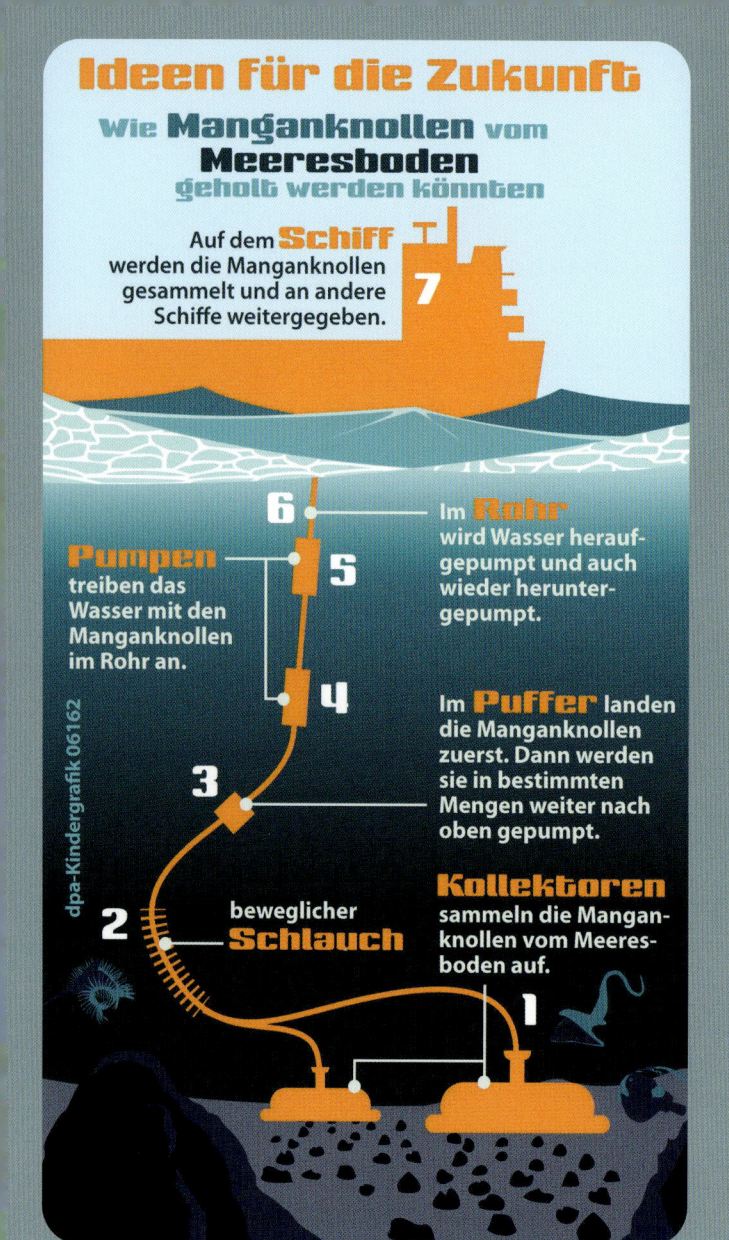

eine zentrale Rolle bei der Vermittlung von zielgruppenrelevanten Informationen. Zum anderen gilt es, die „gering Informationsorientierten" zu erreichen. In der Kommunikationswissenschaft wird mit diesem Begriff die Gruppe der Kinder und Jugendlichen bezeichnet, die ein geringes Nachrichteninteresse an den Tag legen und journalistische Quellen nicht oder so gut wie nicht nutzen. Diese anzusprechen, ist alles andere als einfach. „Man muss da sein, wo die Leute sind. Man muss in Jugendzentren präsent sein", prognostiziert David Kluthe. „Vielleicht können wir als Dienstleister perspektivisch zusammen mit den Kunden Konzepte entwickeln und diese vor Ort umsetzen." Vor solchen Herausforderungen steht aber nicht nur die Redaktion der Kindernachrichten.

Zwei Herausforderungen zeichnen sich auf dem Gebiet von Nachrichten für Kinder ab. Zum einen besteht die Notwendigkeit, mit den sich so schnell wandelnden medialen Anforderungen der jungen Zielgruppe Schritt zu halten. Die Ausspielkanäle der dpa-Kunden werden deshalb breiter werden, und der Dienstleister *dpa* muss hierfür die entsprechenden Produkte bereitstellen. Denn Informationen werden mehr und mehr ausschließlich auf mobilen Geräten gesucht, und immer neue Messenger-Dienste und Plattformen übernehmen

Anmerkungen

1 Pasquay 2007.
2 dpa. Archiv.
3 BDZV-Chronik 2006/2007: 25.
4 Kaminsky 2007.

Umzug nach Berlin

Im April 2005 wies Chefredakteur Wilm Herlyn jegliche Umzugsgerüchte noch weit von sich. Sie seien „Quatsch", äußerte er und prägte im Interview das Bonmot, dass die Standortfrage gar nicht so wichtig sei: „Wir könnten auch von der Zugspitze arbeiten."[31] Dieses schöne Bild sollte ihn noch einige Zeit verfolgen und mitunter in Erklärungsnöte bringen. Denn knapp vier Jahre später erklärte er: „Man müsse, um von der Zugspitze zu arbeiten, mehr Personal beschäftigen, besser technisch vernetzt sein und zudem die Bundesregierung bewegen, auf die Zugspitze zu kommen." Die „taz" brachte diese Aussage und titelte im Februar 2009: „Zugspitze ist out".[32]

Spätestens seit 2005 wurde die Standortfrage immer wieder neu aufgeworfen. Dass die Zentrale in der Freien und Hansestadt Hamburg angesiedelt war und in Berlin ein Landesbüro arbeitete, hatte historische Gründe. Auch die Tatsache, dass die dpa-Bildzentrale und das dpa-Bildarchiv ihren Standort in Frankfurt am Main hatten, war geschichtlich zu erklären. (→ 3 | Aufbaujahre) Doch nach der Wiedervereinigung, der Entscheidung des Deutschen Bundestags, nach Berlin umzuziehen, und der bis Ende der 1990er Jahre erfolgten Verlegung des Parlaments- und Regierungssitzes war klar: Das Zentrum der politischen Auseinandersetzung und der Entscheidungen befand sich in Berlin.

Medienpolitisch sprach also vieles für einen Umzug der *dpa* nach Berlin, gleichwohl vieles auch dagegen. Mehrere Medienunternehmen zogen in diesen Jahren nach Berlin, darunter auch die deutschsprachigen Dienste von *Agence France Press* und *Associated Press*. Andere Unternehmen der Branche verblieben indes an ihrem traditionellen Standort, darunter die Wochenzeitung „Die Zeit" und das Magazin „Der Spiegel". Überdies produzierte die ARD ihre Flaggschiffsendungen, die „Tagesschau" und die „Tagesthemen", weiterhin in Hamburg. Selbstverständlich zog das Argument, dass eine Nachrichtenagentur nahe am politischen Geschehen sein müsse, um aktuell zu berichten, um einordnen und Hintergründe erklären zu können. Aber mit diesem Argument hätte die *dpa* ihren Sitz bereits in den 1950er Jahren nach Bonn, in die sogenannte vorläufige Bundeshauptstadt, verlegen müssen. Das Gründungsstatut der *dpa* hatte im August 1949 in § 2 des Gesellschaftsvertrags formuliert: „Der Sitz der Gesellschaft ist der jeweilige Sitz der Bundesregierung."[33] Aber all die Jahre hatte es sich die *dpa* zugutegehalten, dass sie mit Hamburg als Stammsitz auch eine gewisse Distanz zur politischen Machtzentrale am Rhein halte. Die Berichte des Hauptstadtbüros in Bonn liefen wie die aller Büros über die Zentralredaktion in Hamburg. Ein weiteres Argument bot die finanzielle Situation. Die eher unsichere Lage der Nachrichtenagentur in den 2000er Jahren dürfte gegen einen Umzug gesprochen haben – die *dpa* litt unter den Auflagenverlusten und sinkenden Werbeeinnahmen ihrer Kunden, allen voran der Zeitungsverleger. Der Umzug eines Unternehmens ist teuer, er stellt rechtlich gesehen eine „Betriebsänderung" dar und ist folglich sozialplanpflichtig.

Teile der Hamburger Belegschaft demonstrieren gegen einen Umzug nach Berlin.

„dpa, dpa, bleibt immer da!"

Im Februar 2009 waren die Umzugspläne öffentlich geworden. Entsprechend groß war die Unsicherheit unter den betroffenen Mitarbeitern. Der Betriebsrat berief eine außerordentliche Betriebsversammlung ein und organisierte eine Demonstration, was es in der Geschichte des Hauses bis dahin noch nicht gegeben hatte. Am 31. März 2009 zogen circa 200 Mitarbeiter und Angehörige vom Stammsitz im Hamburger Mittelweg 38 zur nahe gelegenen Kirche St. Johannis, wo im Gemeindesaal die Betriebsversammlung stattfand. Auf dem kurzen Weg skandierten die Mitarbeiter Slogans wie „dpa, dpa, bleibt immer da!" oder „dpa pro HH". Ein Stelzengänger hielt ein Plakat hoch, auf dem für den hanseatischen Standort geworben wurde: „dpa – das journalistische Hoch im Norden". Sprachspiele verbanden sich mit dem Bären als Wappentier von Berlin, Rufe wurden laut „Wir lassen uns keinen Bären aufbinden", und mit Anspielung auf den scheidenden Chefredakteur Wilm Herlyn hieß es: „Berlyn – nein danke!" Ein Mitglied im Hamburger Betriebsrat hatte sich im Auftrag des Gremiums ein Bärenkostüm besorgt und wanderte im Demonstrationszug als „Problem-Bär" mit.[34]

Die grundsätzliche Entscheidung für einen Umzug nach Berlin war auf der Führungsebene zu diesem Zeitpunkt bereits gefallen. Daran änderte auch der Vorschlag von Hamburgs Bürgermeister Ole von Beust nichts, der einen Bedeutungsverlust für Hamburg als Medienstandort befürchtete. Er bot im April 2009 eine nahe gelegene größere Immobilie der Hansestadt als zusätzlichen dpa-Standort an und signalisierte noch einmal Gesprächsbereitschaft – ohne Ergebnis.[35]

Im Mai 2009 wurde bekannt gegeben, dass die Zentralredaktion nach Berlin umziehen werde. Diese Entscheidung des Aufsichtsrats setzte damit eine der drei Optionen um, die bis dahin diskutiert worden waren. Karlheinz Röthemeier, Vorsitzender des Aufsichtsrats und Promotor der Umzugspläne, äußerte sich rückblickend ein Jahrzehnt später im Interview über dieses „ganz heikle" Thema, „weil an vorderster Front die Frage stand: Welche Vorteile bringt die Präsenz der dpa in Berlin und warum kann sie nicht in Hamburg bleiben. Da gab es viele Für und Wider, aber im Laufe der Entwicklung wurde klar: dpa muss in der neuen Bundeshauptstadt Flagge zeigen und eine andere Präsenz haben als in der Vergangenheit [...]. Die erste logische Option war: Gesamt-dpa geht nach Berlin. Da gab es riesige Probleme mit dem Hamburger Senat und auch Widerstände im Betriebsrat und bei Mitarbeitern. Die zweite Option war, die Präsenz in der Hauptstadt-Redaktion einfach etwas aufzublasen. Die dritte Option war, die Zentralredaktion nach Berlin zu verlegen. [...] Erst als wir eine Lösung gefunden hatten, die eine Online-Anbindung der Zentralredaktion in Berlin mit dem Rechenzentrum in Hamburg sicherstellen konnte, haben wir gesagt: Jetzt ist die Zeit reif. Jetzt können wir den Weg gehen [...]. Und dann ging das alles auch sehr schnell."[36]

> Flagge zeigen in der Hauptstadt.

Das „Flagge-Zeigen" in Berlin war ein gewagtes und kostspieliges Unterfangen. Es belastete die Geschäftszahlen über mehrere Jahre hinweg. Dem dpa-Gesamtbetriebsrat war es in teils langwierigen Verhandlungen damals gelungen, einen Sozialplan auszuhandeln und mit der Gründung einer Transfergesellschaft die Belastungen für die betroffenen Mitarbeiterinnen und Mitarbeiter abzufedern.

Umzug in den Köpfen

Von der Ankündigung des Umzugs der Zentralredaktion im Mai 2009 bis zur Eröffnung des dpa-Newsrooms in Berlin im September 2010 dauerte es nur einhalb Jahre. Dieser schnelle Ortswechsel wurde auch deshalb möglich, weil man sehr rasch ein geeignetes Objekt in der Bundeshauptstadt fand. Die dpa-Zentralredaktion zog in die sogenannte „Axel-Springer-Passage", die von 2000 bis 2004 errichtet worden war, ein Neubau in Berlin-Kreuzberg unweit des ehemaligen Checkpoint Charlie. Der neue Standort war gut gewählt, um Präsenz zu signalisieren, sorgte jedoch sogleich auch für Verärgerung.

Der erste Newsroom in Berlin 2010.

Die gemieteten Räume lagen in einem geschichtsträchtigen Stadtteil Berlins. Seit dem letzten Drittel des 19. Jahrhunderts hatte sich in der südlichen Friedrichstadt das sogenannte Zeitungsviertel entwickelt.[37] Die *Annoncen-Expedition Rudolf Mosse* legte 1867 den Grundstein, es folgten die großen Berliner Tageszeitungen der Medienmogule Rudolf Mosse und August Scherl, der Ullstein Verlag, die Reichsdruckerei und viele grafische Unternehmen. Bis zu den Zerstörungen im Zweiten Weltkrieg war das südlich der Friedrichstraße gelegene Gebiet das historische Pressequartier, mit Zeitungsunternehmen, Nachrichtenagenturen und staatlichen Einrichtungen der Post und Telegraphie. Der Bau des Springer Hochhauses 1967, mitten im Kalten Krieg, im Westteil der Stadt in unmittelbarer Nähe zur Berliner Mauer reaktivierte das Zeitungsviertel, an seine ursprüngliche Bedeutung konnte es freilich erst nach der Wiedervereinigung anknüpfen. Die Grundsteinlegung im November 2000 und die Eröffnung im Januar 2004 eines großen, um acht Innenhöfe angelegten gläsernen Gebäudeensembles, der Axel-Springer-Passage, markierte dies schließlich augenfällig. In einem Teil dieses Bürokomplexes mietete die *dpa* 2.200 Quadratmeter für 200 Mitarbeiterinnen und Mitarbeiter, die den Newsroom bildeten.

Die Adresse in der Berliner Markgrafenstraße sorgte aber auch für Unmut. Vielen bei der *dpa* und außerhalb des Unternehmens ging die neue Nähe zum Axel-Springer-Konzern zu weit. Der dpa-Aufsichtsrat war bei seiner Wahl der Immobilie überzeugt, die „mit Abstand konsequenteste, modernste, wirtschaftlichste" Wahl zu treffen, und wusste um die Aufgabe, sich gegenüber Springer „sauber abzugrenzen".[38] Der „Tagesspiegel" in Berlin sah das anders und drohte mit der Kündigung seines dpa-Abonnements. Denn für die Chefredaktion und die Geschäftsführung des gerade erst im Juni 2009 zur Dieter von Holtzbrinck GmbH gewechselten Titels war klar, dass die Mieteinnahmen den unmittelbaren Konkurrenten auf dem Zeitungsmarkt stärken würden.[39]

Chefredakteur Wolfgang Büchner spricht im Newsroom mit Fotochef Bernd von Jutrczenka.

Die *dpa* feierte ihren Newsroom in Berlin am 15. September 2010 nicht nur mit reichlich Politikprominenz und einer Eröffnungsansprache des damaligen Bundespräsidenten Christian Wulff. Die Agentur präsentierte sich vor allem selbstbewusst und zeigte sich nach den unruhigen Zeiten gerüstet für das 21. Jahrhundert. In den Eröffnungsreden des Aufsichtsratsvorsitzenden Karlheinz Röthemeier, des Vorsitzenden der Geschäftsführung Malte von Trotha und des Chefredakteurs Wolfgang Büchner war viel von Veränderung die Rede und es wurde die neue Energie beschworen, mit den neuen redaktionellen Abläufen die multimedial gewordene Zukunft zu gestalten.[40] Malte von Trotha bemühte Georg Christoph Lichtenberg mit der Frage: „Was hilft aller Sonnenaufgang, wenn wir nicht aufstehen?", um zu verdeutlichen, wie man versuche, „unsere redaktionellen Strukturen grundlegend zu verändern und neu aufzustellen und den sich wandelnden Erfordernissen der Medienwelt anzugleichen, also multimedialer zu werden, Ressortgrenzen zu überwinden und für alle Auslieferungskanäle optimal zu arbeiten".

Röthemeier griff auf, was die Nachrichtenagentur mit ihrem Innovationsschub in den letzten Jahren bereits erreicht hatte: „Aktuell führen wir nach aufwendiger Entwicklung eine hocheffiziente und integrierte Softwarearchitektur für die Redaktionsarbeit ein. Die Fotoredaktion hat dieses System bereits im Einsatz. Für den Bereich Wort laufen in diesen Wochen die abschließenden Tests." Dass Multimedialität kein Schlagwort, sondern „gelebte Wirklichkeit in der Nachrichtenproduktion" sei, unterstrich Wolfgang Büchner. Er prägte in seiner Rede das Bild von der *dpa* als „einer Art Wasserwerk der Demokratie" (→ 1 | Der Wert der Nachricht) und machte gleichzeitig deutlich, dass dieser Umzug auch einer sei, der in den Köpfen stattfinde: „Wir haben von Anfang an gesagt: Wir ziehen nicht nur nach Berlin um, wir ziehen auch im Kopf um. [...] die ganze dpa [hat sich] auf den Weg gemacht [...] zu einem neuen Verständnis von Offenheit und Dienstleistungen."

War-Room

Auf diesem Weg zu einem modernisierten Informations-Dienstleistungsunternehmen, zur „neuen dpa", wie es damals hieß,[41] gab es allerdings noch eine Herausforderung zu meistern – die der Konkurrenz. Der *Deutsche Depeschen-Dienst (ddp)* war zwar im September 2004 in Konkurs gegangen. Aber ausgerechnet im September 2010, also zum selben Zeitpunkt, als man bei der *dpa* den Berliner Newsroom feierte, war mit der *dapd Nachrichtenagentur* ein neuer Gegner erwachsen. Mithilfe von ehemaligen ddp-Angestellten und Mitarbeitern aus dem deutschen Dienst der amerikanischen Weltagentur *Associated Press* bestückt, zimmerten Finanzinvestoren eine neue Agentur. Cord Dreyer, der im April 2010 von der dpa-Tochter *dpa-AFX* zur im Aufbau begriffenen Konkurrenz gewechselt war, um das neue Unternehmen als Geschäftsführer und Chefredakteur zu leiten, wusste um den verschärften Wettbewerb. „Für Scharmützel haben wir keine Zeit", beendete er sein Einstiegsinterview, das ihm der „Wirtschaftsjournalist", ein Magazin für Finanz- und Wirtschaftsfachleute, ermöglichte und in dem der Interviewer, der Chefredakteur, die Rede auf einen „War-Room" brachte.[42] Alle Beteiligten sahen voraus, dass man sich auf einen erbittert zu führenden Wettbewerb einließ. „Mit dem Insolvenzantrag der ddp im September 2004 wurde das Ausmaß des wirtschaftlichen Druckes deutlich, unter dem die Agenturen seit 2001 stehen", schrieb das Hans-Bredow-Institut 2008 in seinem Gutachten zum „Kommunikations- und Medienbericht der Bundesregierung" und glaubte zu diesem Zeitpunkt: „Inzwischen scheint sich die Lage zu stabilisieren."[43] Nun war klar, sie verschärfte sich wieder.

Einen Teilerfolg erzielte die *dapd Nachrichten GmbH*, als es ihr gelang, die Ausschreibung für die Nachrichtenversorgung des Auswärtigen Amts für sich zu entscheiden. Über sechzig Jahre lang hatte diesen Auftrag die *dpa* erhalten, nun musste auf Druck des Bundesrechnungshofs eine öffentliche Ausschreibung durchgeführt werden. Der FDP-Politiker Guido Westerwelle, damals Bundesaußenminister, entschied sich für das Angebot der *dapd*. Es gab Kritik an der Vergabe: Marc Jan Eumann von der SPD kritisierte sie öffentlich als „marktliberale Fehlentscheidung".[44] Die *dpa* stellte einen Nachprüfungsantrag beim Bundeskartellamt, jedoch ohne Erfolg, und klagte sogar gegen die Vergabepraxis vor dem Düsseldorfer Oberlandesgericht, wiederum ohne Erfolg. Der *dapd* versorgte vom 1. Juni 2012 an das Auswärtige Amt mit Nachrichten.

Doch der Versuch, eine zweite Vollagentur auf dem deutschen Nachrichtenmarkt aufzubauen, fand ein überraschend schnelles Ende. Die *dapd Nachrichten GmbH*, die den deutschen Agenturmarkt erobern wollte, verkalkulierte sich. Trotz des lukrativen Auftrags aus der Politik musste *dapd* bereits kurze Zeit später seinen Fremdsprachendienst einstellen und eine erste Insolvenz anmelden. Zunächst schien es, als gelänge es, neue Investoren zu finden. Doch zum 11. April 2013 ging die Agentur in die Insolvenz.[45]

Anmerkungen

1. Lutz Meier: Nachrichtenagentur dpa büßt Geltung ein? In: FTD, 10.4.2001.
2. dpa. Unternehmensarchiv. Bestand Sprick.
3. „Kosten werden im Inland gedeckt". Walter Richtberg, dpa-Chef, über die angebliche Krise seines Unternehmens. In: Wirtschaftswoche, 19.4.2001.
4. Hardy Prothmann: Am Monopol kratzen. In: Die Woche, 20.4.2001.
5. Vgl. das Themenheft der Zeitschrift „Medien und Kommunikationswissenschaft", das sich 2001 der „Ökonomisierung und Kommerzialisierung in den Medien" widmete; darin u.a. Siegert 2001; Meier/Jarren 2001. Darüber hinaus v.a. Altmeppen 2008.
6. Vgl. Das Experiment der HNA [= Hessische/Niedersächsische Allgemeine Zeitung]. Sechs Wochen ohne dpa. Titelgeschichte von „medium. Magazin für Journalisten", H. 6, 2009; WAZ-Kündigung mit Folgen. dpa schreibt erstmals Verluste. In: new business, 23.6.2010. Online: https://www.new-business.de/_rubric/detail.php?rubric=MEDIEN&nr=600140 (23.10.2023).
7. Wolfgang Büchner: 2010 – die neue dpa. In: dpa-Geschäftsbericht 2010, 14–18; Zitat, 14.
8. Steinmeier 2009, 168–171; Zitat, 171.
9. Eumann 2009.
10. Eumann/Vogt 2017, 91; vgl. auch Marc Jan Eumann: Journalismus am Abgrund? Wie wir in Zukunft Journalismus finanzieren. Berlin: vorwärts buch 2011; ders.: Finanzierung von Öffentlichkeit. Oder: Warum es sich lohnt, dafür Verantwortung zu übernehmen. In: Marc Jan Eumann u.a. (Hrsg.): Medien, Netz und Öffentlichkeit. Impulse für die digitale Gesellschaft. Essen: Klartext 2013, 330–338.
11. dpa-Geschäftsbericht 2011, 22.
12. Vgl. Birte Bühnen: Unterlassungserklärungen sind keine Versachlichung. In: kressreport, 6.1.2013. Online: https://kress.de/news/beitrag/110562-quot-unterlassungserklaerungen-sind-keine-versachlichung-quot.html (1.3.2024); Alexander Krei: dapd vs. dpa: „Unredlich, menschlich enttäuschend". In: DWDL, 26.1.2012. Online: https://www.dwdl.de/nachrichten/34570/dapd_vs_dpa_unredlich_menschlich_enttuschend/?utm_source=&utm_medium=&utm_campaign=&utm_term= (1.3.2024).
13. Peter-Paul Raue: Das Thema Fake-News müssen auch Nachrichtenprofis lösen. [Interview mit Michael Segbers]. In: kressreport, 17.1.2017. Online: https://kress.de/news/beitrag/131437-quot-das-thema-fake-news-muessen-auch-nachrichtenprofis-loesen-quot.html (1.3.2024).
14. Michael Segbers. In: Peter-Paul Raue (Anm. 13).
15. Michael Segbers: Grußwort der Geschäftsführung. In: dpa-Geschäftsbericht 2015, 10.
16. dpa-Geschäftsbericht 2015, 34–37.
17. Sven Gösmann: Bericht der Redaktion. In: dpa-Geschäftsbericht 2015, 24–27.
18. Redaktionelle Einleitung. In: Peter-Paul Raue (Anm. 13).
19. Michael Segbers – Weggefährten. Erinnerungen. Redaktion: Sven Gösmann, Frank Rumpf. O.O., o.J.
20. In: dpa. agentour, Nr. 3, September 2009, 13–15.
21. Deutscher Bundestag. 12. Wahlperiode. Unterrichtung durch den Bundesrechnungshof. Bemerkungen des Bundesrechnungshofs 1993 zur Haushalts- und Wirtschaftsführung. Drucksache 12/5650, 33–34.
22. Deutscher Bundestag. 12. Wahlperiode. Beschlußempfehlung und Berichte des Haushaltsausschusses (8. Ausschuß). Drucksache 12/7951, 16.6.1994, 13.
23. Deutscher Bundestag. 13. Wahlperiode. Beschlußempfehlung und Berichte des Haushaltsausschusses (8. Ausschuß). Drucksache 13/3167, 2.1.1996, 68.
24. Steuermillionen für dpa. In: Der Spiegel, Nr. 47, 21.11.1993.
25. dpa-Geschäftsbericht 2001, 16.
26. Jörn Breiholz: Urteil mit Signalwirkung. Niederlage für DPA – Auslagerung als Betriebsübergang definiert. In: Menschen Machen Medien, 5.10.2023. Online: https://mmm.verdi.de/recht/urteil-mit-signalwirkung-24755 (23.11.2023).
27. Martin Bensley im Interview mit Hans-Ulrich Wagner, 22.11.2023.
28. dpa-Geschäftsbericht 2005, 33.
29. dpa weiter unter Druck. In: mediummagazin, Nr. 4/5, 2009. Online: https://www.mediummagazin.de/archiv/2009-2/04_05/dpa-weiter-unter-druck/ (23.11.2023).
30. Vgl. Andrea Dernbach: Türkisch für Fortgeschrittene. In: Tagesspiegel, 22.4.2009. Online: https://www.tagesspiegel.de/gesellschaft/medien/turkisch-fur-fortgeschrittene-6499174.html (28.11.2023); Daniel Bouhs: Türkisch für Aussteiger. In: taz, 13.11.2009. Online: https://taz.de/!540317/ (28.11.2023).
31. So zitiert in: Christian Meier: dpa stellt Standorte in Frage. In: Die Welt, 10.4.2005.
32. Johann Tischewski: Zugspitze ist out. In: taz, 18.2.2009.
33. Anlage 1 zum Gesellschaftsvertrag vom 18.8.1949. dpa. Unternehmensarchiv.
34. Matthias Hoenig im Interview mit Hans-Ulrich Wagner, 23.10.2023.
35. kaf: Von Beust will Umzug der dpa nach Berlin verhindern. In: Hamburger Abendblatt, 25.4.2009.
36. Karlheinz Röthemeier im Interview mit Meinolf Ellers und Jens Petersen, 2019.
37. Zur Geschichte des Berliner Zeitungsviertels vgl. Peter de Mendelssohns 1959 erstmals erschienene Arbeit „Zeitungsstadt Berlin"; die erweiterte und aktualisierte Ausgabe: Mendelssohn 2017; sowie die Webseite der 2007 gestarteten Initiative Berliner Zeitungsviertel e.V.: https://berliner-zeitungsviertel.de.
38. Karlheinz Röthemeier (Anm. 27).
39. Vgl. Daniel Bouhs: Tagesspiegel kündigt der dpa. In: Tagesspiegel, 8.11.2009; Neue Heimat kostet dpa Kunden. In: Der Spiegel, 6.11.2009.
40. Die Reden sind dokumentiert bei „World Wide Wagner", dem Online-Archiv-Blog des freien Medienjournalisten Jörg Wagner: https://wwwagner.tv/?p=2242 (26.2.2024).
41. Vgl. beispielsweise das Interview mit Wolfgang Büchner unter dem Titel „Quo vadis dpa?" in: Medium. Magazin für Journalisten, Nr. 6, 2010, 20–23.
42. „Keine Zeit für Scharmützel". In: Wirtschaftsjournalist, H. 4, 2010, 11–14.
43. Hans-Bredow-Institut 2008, 197.
44. Kölner Stadt-Anzeiger: SPD-Medienpolitiker Eumann rügt Agentur-Entscheidung des Auswärtigen Amtes. Presseportal, 27.1.2012; vgl. auch Günter Herkel (Interview mit Marc Jan Eumann): Marktliberale Fehlentscheidung. In: Menschen Machen Medien, 21.3.2012.
45. Vgl. u.a. Nachrichtenmacher. Investoren für Agentur dapd gefunden. In: FAZ, 15.12.2012; dapd stellt erneut Insolvenzantrag. In: Der Spiegel, 1.3.2013. Online: https://www.spiegel.de/kultur/gesellschaft/angeschlagene-nachrichtenagentur-dapd-soll-erneut-insolvent-sein-a-886395.html (11.2.2022); Nachrichtenagentur dapd stellt nach zweieinhalb Jahren Betrieb ein. In: Die Welt, 11.4.2013. Online: https://www.welt.de/newsticker/news3/article115214632/Nachrichtenagentur-dapd-stellt-nach-zweieinhalb-Jahren-Betrieb-ein.html (11.2.2022).

2015: MIT DPA AN DER SEITE VON BUNDESKANZLERIN ANGELA MERKEL

Das Foto gehört zu den Bildikonen der jüngeren Geschichte: Shaker Kedida, ein aus dem Irak geflüchteter Jeside, schafft es, auf die Bundeskanzlerin Angela Merkel zuzugehen und ihr für seine Aufnahme in Deutschland zu danken. Der Ort: eine Flüchtlingsaufnahmeeinrichtung in Berlin-Spandau, überlaufen von zahlreichen Geflüchteten, die soeben über die Westbalkanroute nach Deutschland gekommen sind. Der Zeitpunkt: 10. September 2015, eine Woche, nachdem Angela Merkel und ihr österreichischer Amtskollege Werner Faymann sich darauf geeinigt hatten, die geflüchteten Menschen über Ungarn einreisen zu lassen. Am 31. August 2015 hatte Merkel auf der Bundespressekonferenz verkündet: „Wir schaffen das."

„Als Merkel in Richtung Auto ging, entstand da ein großes Gewühl und plötzlich war da dieser Mann mit dem Smartphone", erinnert sich Bernd von Jutrczenka, „so schnell konnte man gar nicht gucken, wie er dann, schwupp, das Handy rausgeholt und Frau Merkel an sich gezogen hat. Man sieht aber an der Hand der Kanzlerin, dass sie trotz der Nähe schon eine gewisse Distanz wahrt." In einem Gespräch beschrieb der dpa-Fotograf 2016 die Offenheit der Kanzlerin: „Sie hat auch keine Anzeichen gemacht, dass sie diese Fotos mit den Flüchtlingen nicht will [...]. Inszenierte Bilder sehen anders aus [...]. Die Situation mit den Selfies, das war schon echt und spontan. Ob Merkel damit ein Zeichen setzen wollte, wie es manchmal gesagt wird, das weiß ich nicht." (Ein Moment der Ruhe, 2016)

Bernd von Jutrczenkas Foto wurde weltweit verwendet, dpa-intern wählte man es zum Politikfoto des Jahres 2015. Die Aufnahme von 12.20 Uhr mittags, mit einer lächelnden und konzentrierten Kanzlerin, die Harmonie ausstrahlt und die das Gedränge einfängt, wurde zum Sinnbild der Willkommenskultur. Von Kritikern der Flüchtlingspolitik wurde dem Foto die Wirkmächtigkeit zugeschrieben, eine weitere Welle von Flüchtenden auszulösen. „Ich halte das aber für Unsinn", sagt von Jutrczenka, „die Menschen fliehen, weil sie existentielle Probleme haben [...]. Es flüchtet kein Mensch, weil es ein nettes Bild der Kanzlerin mit einem Flüchtling gibt."

Bernd von Jutrczenka arbeitete u. a. als Fotochef der Tageszeitung „Die Welt" und Chefredakteur der ddp-Nachrichtenagentur. Von 2003 bis 2013 war er Mitglied der Chefredaktion der dpa und verantwortlich für die dpa-Bilderdienste. Seither begleitet er als Chefkorrespondent Foto der *dpa* vor allem das bundespolitische Geschehen.

Das Politikfoto des Jahres 2015: ein Selfie mit der Kanzlerin

Cover des dpa-Geschäftsberichts 2021. Der Illustrator Thomas Kuhlenbeck entwarf insgesamt neun Illustrationen im „Realistic Style".

13

Eine diversifizierte *dpa-Unternehmensgruppe* mit ihren wirtschaftlich erfolgreichen Töchtern *news aktuell*, *infocom* und *picture alliance* begegnet im 75. Jahr ihres Bestehens einer Vielzahl von Herausforderungen. Die alles berührende Transformation ins Digitale erfasst auch das Agenturgeschäft und den Nachrichtenjournalismus. Es sind die intern als „Wissensarbeiterinnen und Wissensarbeiter" wertgeschätzten dpa-Angestellten, die diesen Wandel gestalten. Dabei geht es um ihre sprachsensible Arbeit, um den Faktencheck, das Produzieren von digitalen Audio- und Videostücken, die Entwicklung einer neuen Redaktionssoftware, den Einsatz von Künstlicher Intelligenz sowie um datenbasierte Versuche, personalisierte Angebote zu entwickeln. Mit „#UseTheNews" tritt eine Initiative auf den Plan, die das „Jahr der Nachricht" 2024 entscheidend prägen soll.

„Lageberichte"

Die *dpa* in sich wandelnden Medienumgebungen

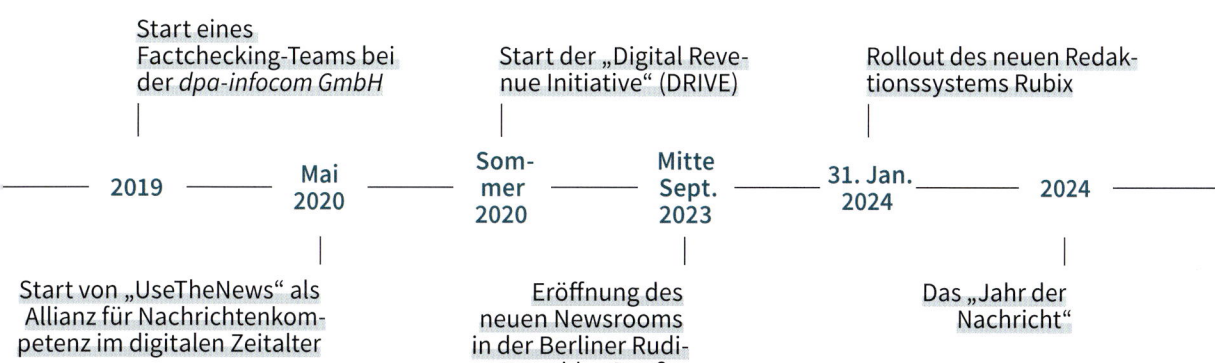

Start eines Factchecking-Teams bei der *dpa-infocom GmbH*		Start der „Digital Revenue Initiative" (DRIVE)		Rollout des neuen Redaktionssystems Rubix		
2019	Mai 2020	Sommer 2020	Mitte Sept. 2023	31. Jan. 2024	2024
Start von „UseTheNews" als Allianz für Nachrichtenkompetenz im digitalen Zeitalter		Eröffnung des neuen Newsrooms in der Berliner Rudi-Dutschke-Straße		Das „Jahr der Nachricht"	

Alte und neue Rahmenbedingungen

Seit den 1990er Jahren gehört der „Lagebericht" zum festen Bestandteil des öffentlich vorgelegten dpa-Geschäftsberichts. Unter dem etwas martialisch klingenden Titel geben Geschäftsführung und Chefredaktion jährlich Auskunft über ihr Handeln und beantworten die Frage, wie sie die *Deutsche Presse-Agentur GmbH* und die mit ihr verbundene *dpa-Unternehmensgruppe* in den sich so grundlegend wandelnden Medienumgebungen positionieren wollen. Dazu zeichnen sie ein Bild der gesamtwirtschaftlichen und branchenbezogenen Rahmenbedingungen und geben eine abschließende, auf das zukünftige Handeln gerichtete Prognose und eine Abwägung von Chancen und Risiken.

Allein die Lektüre der jüngsten Lageberichte aus den Jahren 2022, 2021 und 2020 offenbart viele Krisenherde im Nachrichtengeschäft. „Die Transformation der Medienbranche spiegelt sich in der Entwicklung der gedruckten Auflagen und der Nutzung digitaler Angebote wider", heißt es im Geschäftsbericht 2020. Die Printauflagen der Verlage sinken. ePapers und Paid-Content-Angebote finden zwar wachsenden Zuspruch, doch können sie die Verluste bei Print (noch) nicht ausgleichen. „Insgesamt weisen die Indikatoren klar in Richtung Digitalisierung", leitet der Geschäftsbericht 2021 einen Abschnitt ein, der die „digitale Informationsaufnahme" durch ePapers, durch Online-News-Portale und digitale On-Demand-Angebote im Audiobereich beleuchtet. Im Geschäftsbericht 2022 schließlich alarmiert der Passus: „Trotz aller positiven Signale bezüglich des Digitalmarktes blicken die deutschen Nachrichten- und Informationsanbieter mit Sorge auf aktuelle Umfragen. ‚Deutsche sind nachrichtenmüde', titelte das Hamburger Leibniz-Institut für Medienforschung, das für den deutschen Part des internationalen Reuters Institute Digital News Report 2022 verantwortlich zeichnet. Nur noch 57 % der erwachsenen Internetnutzerinnen und -nutzer interessieren sich für Informationen über das aktuelle Geschehen."[1]

> „Overnewsed" und „underinformed" – hier liegen die aktuellen Herausforderungen.

Die in Kapitel 1 skizzierten Pole von „overnewsed" und „underinformed", die Klage über „news fatigue" und „news avoidance", das wachsende Ausmaß von Desinformation und die damit geforderte Notwendigkeit von verlässlichen, also wahren Informationen bilden den Hintergrund für ausgewählte dpa-Antworten auf die aktuelle „Lage" im Jahr 2024. Hinzu kommt die grundsätzliche Frage der Finanzierbarkeit der Agenturarbeit, denn das Kerngeschäft der Nachrichten im engen Sinn reicht nicht aus, um wirtschaftlich stabil zu sein. Die *dpa-Unternehmensgruppe* baut – wie andere von Medienunternehmen getragene Nachrichtenagenturen – um ihren Kernbereich herum einen breiten Diversifikationsbereich auf. Speziell ihre Töchter *news aktuell*, *infocom* und *picture alliance* gehen auf die immer disperser werdenden Informationsbedarfe der Menschen ein und bieten den Kunden entsprechende Dienstleistungen an. Dieser profitable Bereich der modernen, breit diversifizierten Agenturen soll auch bei der *dpa* in Zukunft die Unabhängigkeit von externer Finanzhilfe sichern.

Diesen Herausforderungen stellt sich die *dpa* als Unternehmen, das aktuell über 1.300 Mitarbeitende beschäftigt. Matthias Mahn (Personal und Recht), Andreas Schmidt (Finanzen, Logistik und IT) und Peter Kropsch als Vorsitzender bilden gegenwärtig die Geschäftsführung; die Chefredaktion bilden im Jahr 2024 Sven Gösmann (Chefredakteur), Astrid Maier (Chefin Strategie), Silke Brüggemeier (Chefin Audiovisuelles), Jutta Steinhoff (Chefin Netz) und Susanne Goldstein (Chefin Changemanagement und Organisationsentwicklung), Antje Homburger scheidet im Sommer 2024 als stellvertretende Chefredakteurin aus.

Die folgenden Momentaufnahmen verdeutlichen Reaktionen auf die aktuellen Herausforderungen. Sie werden auf der Basis von Berichten von leitenden dpa-Mitarbeiterinnen und -Mitarbeitern, von Pressemeldungen und PR-Materialien skizziert. Die Antworten, die darin aufscheinen, sind insofern vorläufig, als sie in der Zukunft auf die immer neuen Veränderungen angepasst werden müssen.

„Was dpa schreibt – und was nicht": Der dpa-Kompass

Das Geschäft einer Nachrichtenagentur verlangt in einem hohen Maß Genauigkeit und Verlässlichkeit – auch im Bereich der Sprache, die verwendet wird. Seit jeher stellen Nachrichtenagenturen entsprechende Regeln für die Arbeit ihrer Redaktionen auf.[2] Die *dpa* bildet hierbei keine Ausnahme. Solche Regelwerke beschäftigen sich mit sehr unterschiedlichen Aufgaben. Sie dienen zunächst der Vereinheitlichung, vor allem der Schreibweise von Eigennamen. Wie schreibt man den Namen des Präsidenten der „United Nations Framework Convention on Climate Change", also des COP28-Präsidenten? „Wir schreiben [...] Sultan al-Dschaber (mit kleinem a). Sultan ist der Vorname", gibt Froben Homburger, Nachrichtenchef der *dpa*, am 29. November 2023 vor.[3] Oder wie wird der ukrainische Präsident „richtig" geschrieben? Im Gästebuch des Bundespräsidenten unterschrieb er selbst im Mai 2023 als Volodymyr Zelenskyy; gleichwohl hat sich in der Presse seit Frühjahr 2022 die Schreibweise „Selenskyi" durchgesetzt, bei der das kyrillische „Э" mit einem stimmhaften „S" wiedergegeben wird.[4]

Während diese Form von Regeln einfach zu handhaben ist, gestaltet sich die Verständigung darüber, welche Bedeutungsebene bei einer bestimmten Wortwahl womöglich akzentuiert wird beziehungsweise bei den Nutzenden mitschwingen könnte, schwieriger. Die Nachrichtenmacherinnen und -macher reflektieren auf solche Wertungen, die mit einer bestimmten Wortwahl verbunden sind, beispielsweise mit dem Begriff „Machthaber". Froben Homburger, der als Nachrichtenchef

der *dpa* agenturintern gern als „Sprachpapst der dpa" bezeichnet wird, rät der Redaktion, den Begriff „Machthaber" nur sehr zurückhaltend zu verwenden. „Bevor wir den Begriff für einen bestimmten Präsidenten, einen Staats- oder Regierungschef oder eine Regierung neu einführen, prüfen wir den jeweiligen Einzelfall. In der Regel können wir von einem ‚Machthaber' sprechen und schreiben, wenn mehrere der folgenden Kriterien zutreffen:
- Ein Machthaber ist auf keinen Fall demokratisch legitimiert.
- Ein Machthaber ist oft mithilfe des Militärs an die Macht gekommen oder hält sich mit dessen Hilfe an der Macht.
- In vielen Fällen drangsaliert ein Machthaber die Bevölkerung oder Teile der Bevölkerung.
- In vielen Fällen beschneidet ein Machthaber elementare demokratische Rechte. [...] In Zweifelsfällen entscheiden wir uns eher für die offizielle Bezeichnung."[5]

Viele Regeln müssen schnell getroffen werden, weil die aktuelle Nachrichtenlage dies verlangt. So finden seit November/Dezember 2023 in der *dpa* sehr detaillierte Überlegungen zum „Wording" rund um den „Gaza-Krieg" statt. Am 7. November 2023 heißt es etwa: „Die Hamas nennen wir generell ‚islamistisch' und können sie seit dem Massaker vom 7. Oktober 2023 auch als Terrororganisation bezeichnen [...]. Dies ist aber ausdrücklich als Option gedacht, nicht als verpflichtender Automatismus für alle Dienste und bei jeder Hamas-Nennung." Dabei wird auch das Begriffsfeld „Massaker" sondiert: „So schlimm die Gräueltaten auch sind, wir sprechen nicht von einem Pogrom, einem Gemetzel, einem Blutbad etc. Der Begriff Massaker ist angemessen, ebenso natürlich Terrorangriff."[6] Über den journalistisch professionellen Umgang mit „Hamas-Quellen" wird weiter festgehalten: „Bei Meldungen auf Basis von Hamas-Angaben schreiben wir in der Regel nicht nur neutral ‚nach Angaben von', sondern wählen distanziertere Formulierungen wie ‚nach Darstellung von'. Alternativen sind auch: ‚Hamas wirft Israel vor, dieses und jenes getan zu haben', ‚Hamas beschuldigt' oder ‚Israel soll ... angeblich haben' etc. Wir transportieren keine Hamas-Angaben als faktische Nachricht ohne Quellenangaben im Leadsatz – auch nicht bei der Meldung von Todesopfern [...]."

In einem Beitrag für die „Frankfurter Allgemeine Zeitung" erläutert Homburger in diesem Zusammenhang auch den Umgang mit dem Begriff „Terrorismus". Hatte die *dpa* am 7. Oktober 2023 zunächst von einem „Großangriff" und von „bewaffneten Palästinensern" gesprochen, so entschied sie sich zwei Tage später, den Angriff auf Israel als „Terror" und die Täter als „Terroristen" zu benennen.[7] Das „kurze Zögern", diesen politisch aufgeladenen Begriff zu verwenden, begründet der dpa-Nachrichtenchef mit dem Selbstverständnis als Agenturjournalist: „Nachrichtenagenturen sind grundsätzlich sehr zurückhaltend darin, einordnende oder sogar wertende Zuschreibungen zu verwenden [...]. Das gilt besonders für den Beginn großer Konfliktlagen, wenn die nüchterne Beschreibung im klassischen Nachrich-

„Was ist passiert? Was wissen wir sicher und was nicht? Wer sagt was?" Hohe Ansprüche an den journalistisch professionellen Umgang mit heiklen Quellen.

tenstil und mit neutralen Formulierungen im Fokus steht: Was ist passiert? [...] Was wissen wir sicher und was nicht? Wer sagt was?" In diesem Fall scheint es der deutschen Nachrichtenagentur angemessen zu sein, von „Terroristen" zu sprechen – im Gegensatz zu Nachrichtenagenturen wie *AP* und *AFP* oder zur britischen Rundfunkgesellschaft BBC.[8]

Solche ständig zu aktualisierenden Arbeits- und Sprachregelungen werden bei der *dpa* seit 2010 mithilfe zweier Tools kommuniziert: zum einen mit dem „dpa-Kompass", einem Wiki, das es den Mitarbeitenden ermöglicht, gezielt nach Wörtern und Begriffen zu recherchieren; zum anderen mit „festzuhalten", einem Slack-Kanal, mit dem die Redaktion Vorgaben macht, die einzuhalten sind.

Diese digitalen Hilfsmittel ersetzen ihre analogen Vorläufer. Seit Langem gab die *dpa* ihren Journalistinnen und Journalisten Handreichungen in gedruckter Form. So erschien in den 1970er Jahren eine Reihe von grünen Heften zu „Grundlagen, Definitionen, Stichworte, Leitfaden für Journalisten". Im Heft zum Thema „Kernenergie" hieß es 1978 einleitend: „Dieser kleine Leitfaden soll allen Interessierten, vor allem Journalisten, die rasche Orientierung und die kritische Prüfung dessen, was Experten sagen oder schreiben, erleichtern."[9] Seit Ende der 1960er Jahre gab es immer wieder neu aufgelegte „Juristische Leitfäden für Journalisten", die zunächst Sprachregeln im Zusammenhang mit der Berichterstattung über Prozesse, Straftaten und Angeklagte, später dann auch Vorschriften zum Persönlichkeitsschutz und zum Datenschutz erläuterten.[10] Einen kanonischen Rang erhielt das „dpa-Handbuch", das der damalige dpa-Chef Inland, Dieter Ebeling, 1998 unter dem Titel „Alles über die Nachricht" verantwortete. Das Herzstück dieses „Handbuchs" ist ein über 200 Seiten starkes „dpa-Lexikon mit Arbeits- und Sprachhinweisen", von „ab" (richtig: Vom 3. Oktober an …) bis „zwischen" (richtig: Zusammenstöße von … mit, Boxkampf von … gegen). Das „dpa-Lexikon" stellt „einfache, aber verbindliche Regeln auf [...]. Die aufgeführten Sprachhinweise sind für dpa-Mitarbeiter verbindlich."[11]

„Was dpa schreibt – und was nicht", wie das kritische Journalistenmagazin „Übermedien" über den „dpa-Kompass" titelte,[12] kann sehr schnell enorme politische Brisanz bekommen. Dies zeigt ein Beispiel, das Froben Homburger in Zusammenhang mit der Kritik an der Asylpolitik der Bundesrepublik im Jahr 2015 gab. In der „Frankfurter Allgemeinen Zeitung" schilderte er, dass die *dpa* beschlossen hatte, „auf die missverständlichen und beschönigenden Pauschalbegriffe ‚Asylkritiker' und ‚Asylgegner' zu verzichten" und stattdessen „in jedem Einzelfall die Demonstranten und deren Motivation so konkret wie möglich" zu beschreiben.[13] In Online-Kommentaren bescherte ihr dies den Vorwurf der „Sprachzensur"; die Agentur wurde als „Volksverräter", „Staatszerstörer", „linkes Faschistenpack" und „letzter Abschaum in diesem Land" beschimpft. Für viele politisch rechts Stehende – das zeigt eine Suche im Internet – gehört die *dpa* zum System der „Lügenpresse".[14]

Die Suche nach der richtigen Wortwahl hat neben der explizit politischen schließlich noch eine sehr grundsätzliche Dimension. Wie nüchtern muss Agentursprache sein, ohne „blutleer", floskelhaft und voller Klischees daherzukommen? Wolf Schneider und Paul-Josef Raue benennen eine solche grundsätzliche „Klage" gegenüber Agenturjournalismus in ihrem „neuen Handbuch des Journalismus und Online-Journalismus", bescheinigen aber speziell der *dpa* ein „Entstaubungsprogramm" mit der Prämisse „‚Agentursprache' gibt es nicht – es gibt nur gute Sprache".[15]

Nachrichtenchef Homburger urteilte 2015 über die notwendige „Nüchternheit" in „hochemotionale[n] Lagen": „Pedantisch genau zu beobachten und in aller Nüchternheit zu beschreiben, ist eine besondere Herausforderung bei dramatischen Entwicklungen. Das schließt Emotionalität in der Berichterstattung auch von Nachrichtenagenturen keineswegs aus […]. Aber: Emotionalität darf niemals auf Kosten der nachrichtlichen Präzision gehen – auch dann nicht, wenn die Genauigkeit in einem emotionalen Umfeld befremdlich wirkt."

Diskriminierungssensible Sprache

Gendersensibler Journalismus erfährt zunehmend Aufmerksamkeit. Ob Medien gendern und wenn ja, wie sie gendern, wird seit mehreren Jahren in der Gesellschaft heftig diskutiert.[16] Gemeinsam mit den deutschsprachigen Nachrichtenagenturen *AFP*, *APA*, *epd*, *Keystone-sda*, *KNA*, *Reuters* und *SID* verständigte sich die *dpa* auf ein gemeinsames Vorgehen. In ihrer Pressemeldung vom 21. Juni 2021 unterstrich sie, dass die genannten Nachrichtenagenturen „diskriminierungssensibler" schreiben und sprechen werden.[17] Doch nur in einer Hinsicht wurde eine konkrete Regelung getroffen: Jegliche Sonderzeichen, die nicht-binäre Geschlechtsidentitäten abbilden sollen, also Sternchen, Doppelpunkte oder Unterstriche, finden vorerst keine Verwendung. Das generische Maskulinum – also die Personen- oder Berufsbezeichnung in der grammatisch männlichen Form – darf verwendet werden, es „soll aber schrittweise zurückgedrängt werden". Grundsätzlich setzt die so vereinbarte Haltung auf die Entwicklung der Sprache und nimmt eine dezidiert beobachtende Rolle ein. Bewusst verzichtet die *dpa* darauf, diese Entwicklung in die eine oder andere Richtung zu beeinflussen. Die Mitarbeiterinnen und Mitarbeiter werden ermuntert, diskriminierungssensible Formulierungen zu verwenden, also geschlechtsneutrale Pluralformen oder substantivierte Partizipien zu wählen (die Feuerwehrleute, die Pflegekräfte, die Studierenden), Adjektive statt Substantive oder neutrale Funktionsbezeichnungen zu verwenden (der ärztliche Rat statt: der Rat des Arztes; die Direktion, der Vorsitz) und vor allem syntaktische Lösungen zu suchen (alle, die dieses Programm nutzen statt: alle Nutzer des Programms). Auch die bei der *dpa* im März 2022 ins Leben gerufene AG Diversität verhält sich in dieser Frage entsprechend abwartend und verweist auf den hauseigenen Slack-Kanal „#übersprachesprechen".

Ein Überblick zeigte 2021 die Bandbreite des konkreten Umgangs mit der Genderfrage durch deutsche Medien auf. Diese reicht von der „taz", die Mitte der 1980er Jahre als erste deutsche Tageszeitung genderte und das „Binnen-I" erlaubte, bis zu den Zeitungen der Springer-Gruppe, die auf die geltende deutsche Rechtschreibung verweist.[18] Der „Tagesspiegel" hatte sich Anfang 2021 „Leitlinien für geschlechtergerechte Sprache" gegeben, die sehr offen waren und Raum für verschiedene Schreibweisen gaben. Im November 2023 passte die Chefredaktion ihre Leitlinien an und verzichtet seither – auf Wunsch der Abonnentinnen und Abonnenten, wie es heißt – auf Formen mit Genderstern und Doppelpunkt.[19]

Die *dpa* nimmt in diesem Spektrum bewusst eine mittlere Position ein, die vor allem auf sprachliche Alternativen setzt – bewusst, weil die Nachrichtenagentur sich als Dienstleister für andere Medien versteht. Mit Blick auf die dpa-Kunden verdeutlicht Unternehmenssprecher Jens Petersen, dass die *dpa* „einen grundsätzlichen Wandel der Sprachpraxis – der derzeit weder dem allgemeinen Sprachgebrauch noch der gültigen Rechtschreibung entspräche – nicht im Alleingang vollziehen und allen unseren Kunden vorsetzen" könne.[20]

In der Zukunft wird sich zeigen, wie stark der Wunsch und der Wille in der Gesellschaft werden, bestehende gendersprachliche Maßnahmen zu erlauben oder sogar neue einzuführen. Der DJV, der Deutsche Journalisten-Verband. Gewerkschaft für Journalistinnen und Journalisten, setzt sich für eine „diskriminierungsfreie und gendergerechte Sprache" ein.[21] „Genderleicht", eine Initiative des Journalistinnenbundes e.V., verfolgt seit Juni 2019 das Ziel, „die noch immer laufende Gender-Debatte zu versachlichen und Fakten zu vermitteln".[22] Die Pressemeldung des DJV vom Juni 2021 feierte „Genderleicht" als Erfolg: „Die Folgen dieser Entscheidung sind unfassbar wirkungsvoll: Wenn künftig Agenturtexte fein ausgewogen formuliert sind, so wird das in allen Medien zu spüren, besser noch, nachzulesen sein. Wir, als Projekt des Journalistinnenbundes (jb), feiern das auch als unseren Erfolg."[23]

Gemeinsam gegen Desinformation: Factchecking bei der *dpa*

Die Faktencheck-Aktivitäten der *dpa* stießen zunächst auf harsche Kritik. 2019 wurde die *dpa* Teil des umfangreichen Third-party-Fact-Checking-Programms des US-amerikanischen Internetkonzerns Facebook. Nach der amerikanischen Nachrichtenagentur *Associated Press* und der französischen Nachrichtenagentur *Agence France Press* sowie zahlreichen weiteren Medienorganisationen beteiligte sich nun auch die *dpa* an den seit 2016 laufenden Versuchen des Social-Media-Unternehmens, das in Mitleidenschaft geratene Image zu verbessern und seine Glaubwürdigkeit bei den Userinnen und Usern zu erhöhen. Denn Facebook erkannte zu diesem Zeitpunkt sein wachsendes Problem mit Desinformation.

Die Kritik an der Entscheidung der *dpa*, im Auftrag der Plattform Posts in Deutschland und einigen weiteren europäischen Ländern auf ihren Wahrheitsgehalt zu überprüfen, hatte drei Stoßrichtungen. Die erste entzündete sich an den Geschäftsbeziehungen, die der amerikanische Konzern und die deutsche Nachrichtenagentur eingegangen waren und über deren Vergütung für den Faktencheck keine Angaben gemacht wurden. Die zweite machte sich am Umstand fest, dass die *dpa* – und beispielsweise auch die Redaktion correctiv.org – beanstandete Posts zwar meldete, aber Facebook sich vorbehielt, darüber zu entscheiden, was mit diesen geschieht. Das Unternehmen markierte viele entsprechende Posts ausdrücklich und stufte sie bei der Ausspielung zurück, bei Stellungnahmen von Politikerinnen und Politikern sowie bei politischer Werbung erfolgte dies jedoch nicht. Darauf gründete sich der dritte Vorwurf, Facebook schmücke sich mit einem unabhängig durchgeführten Faktencheck und lasse so alle Posts auf dem sozialen Netzwerk als geprüft erscheinen.[24]

Die dpa-Unternehmenskommunikation reagierte darauf mit dem Zugeständnis, dass die Arbeit im Factchecking-Programm „natürlich ein Business" sei, „das wir betreiben und auch ausbauen wollen", dass man aber grundsätzlich „zu Kundenbeziehungen keine Stellung nehme – auch nicht im Faktchecking-Bereich auf unserer Homepage". Gleichzeitig unterstrich Jens Petersen als Leiter der Unternehmenskommunikation, dass die *dpa* „eine gewisse gesellschaftliche Verantwortung" verspüre und „sich dort engagieren [wolle], wo viele Nutzerinnen und Nutzer seien".[25]

Für die *dpa* war der Einstieg in das Factchecking-Geschäft wirtschaftlich erfolgreich. Ein dreiköpfiges Team wurde 2019 bei der Tochtergesellschaft *dpa-infocom GmbH* angesiedelt. Obwohl es auf der medienpolitischen Ebene immer wieder zu Konkurrenzen zwischen den multinationalen Plattformen und den nationalen Nachrichtenagenturen kam – im dpa-Geschäftsbericht 2020 fällt das Wort „spannungsgeladen" –, ging die *dpa* im Frühjahr 2022 sogar einen Schritt weiter und baute die Zusammenarbeit mit Facebook beziehungsweise mit Meta Platforms aus. Die *dpa* übernahm die Aufgabe, für das Internetunternehmen das Feature „Facebook News" in Deutschland zu kuratieren – eine Aufgabe, die vorher einige Monate lang die Firma „Upday" ausgeführt hatte. Doch Upday, ein Tochterunternehmen des Axel-Springer-Konzerns, stand im Verdacht, Konkurrenzverlage bei der Auswahl nur unzureichend zu berücksichtigen. Eine Objektivität bei der Auswahl der Nachrichtenanbieter aber konnte die *dpa* als Gemeinschaftsunternehmen der Nachrichtenbranche versprechen, ohne im Einzelnen freilich offenzulegen, nach welchen Regeln die Arbeit des Kuratierens vollzogen wurde.[26] Jesper Doub, damals „Director of European News Partnership" bei Meta, versprach vollmundig: „Meta unterstützt hochwertigen, unabhängigen Journalismus durch verschiedene Maßnahmen. Mit Facebook News möchten wir für Verlage und Redaktionen ein Partner sein, um nachhaltige Geschäftsmodelle zu stärken."[27] „Im Bereich Facebook News", so versprach die Social-Media-Plattform ihren Nutzern, „kannst du dich über aktuelle Schlagzeilen und weitere Neuigkeiten informieren, die dich interessieren."

Ganz im Sinne ihrer Gesellschafter, den Verlagen mit ihren Nachrichtenangeboten, machte die *dpa* von dieser Möglichkeit Gebrauch, News auf einem sogenannten

Intermediär auszuspielen, also einer Plattform, die selbst keine Nachrichteninhalte produziert, sondern die journalistisch-redaktionelle Angebote lediglich vermittelt. Die Zusammenarbeit war nicht von langer Dauer. Meta stellte das Facebook-Feature „News" aufgrund von mangelndem Nutzerinteresse ein. Es steht seit Dezember 2023 in Großbritannien, Frankreich und Deutschland nicht mehr zur Verfügung.[28]

Die Factchecking-Aktivitäten der *dpa* erweisen sich aber nicht nur als ein lukratives Geschäftsmodell, sondern entwickelten sich innerhalb weniger Jahre zu einer zentralen Dienstleistung, die die *dpa* als Nachrichtenagentur mit ihrem Haus-Claim „Den Fakten verpflichtet" anbietet. Mittlerweile arbeitet ein 30-köpfiges Team als „eigenständige Faktencheck-Redaktion", die in Deutschland, Österreich, der Schweiz und den Benelux-Staaten mögliche Falschbehauptungen prüft und entsprechende Faktenchecks ausarbeitet. Auf der Webseite führt das Team aus: „Die Redaktion entscheidet selbst über die Publikation – ohne redaktionelle Einflussnahme von außen."[29] Die einzelnen Checks erfolgen entweder im Rahmen des weiterhin bestehenden Facebook/Meta-Programms für unabhängige Faktenprüfung oder in Eigeninitiative.

Seit der Aufnahme des Factchecking-Programms haben die Mitarbeitenden bis Anfang Februar 2024 die beeindruckende Zahl von 5.000 Faktenchecks durchgeführt und ihre Ergebnisse in kurzen Beiträgen – vor allem auf Deutsch, aber auch auf Französisch und Holländisch – veröffentlicht. Das online zugängliche Korpus lädt zum Durchsuchen ein. Dabei kommen kuriose Aufreger zutage, wie die Frage, ob die EU Cola verbieten wolle – die Antwort lautet Nein: „Cola mit Aspartam wird in der EU weiterhin verkauft" (1.12.2023). Viele Desinformationen bestimmen die politischen Auseinandersetzungen so sehr, dass ein Blick auf die Fakten lohnt, etwa wenn behauptet wird, dass ein Foto der Hamburger Demonstration gegen Rechts am 19. Januar 2024 manipuliert worden sei – die Antwortet lautet Nein: Kameraperspektive [...]: kleine Alster durch Demo-Teilnehmer verdeckt.

Unter dem Titel „Gemeinsam gegen Desinformation" bietet das Faktencheck- und Verifikationsteam auf seiner Webseite https://www.dpa.com/de/faktencheck ein breites Portfolio an, das sowohl Kunden der *dpa* als auch zum Teil die Öffentlichkeit allgemein nutzen können. Für diese relevante Arbeit gegen Desinformation setzt die *dpa* auf Erfahrungsaustausch, Vernetzung und Ausbildung von nachprüfbaren Standards.

Seit 2019 ist das Faktencheck-Team der *dpa* zertifiziertes Mitglied des weltweiten „International Fact-Checking Networks" (IFCN) und seit August 2023 Mitglied des „European Fact-Checking Standards Network" (EFCSN), das den „European Code of Standards for Independent Fact-Checking Organisations" mitträgt. Im November 2022 begründete die *dpa* das „German-Austrian Digital Media Observatory" (GADMO) mit, zu dem auch die Agenturen *AFP* und *AP* sowie die Redaktion „Correctiv" gehören. Die Arbeit gegen Fake News wird – nicht zuletzt durch den Einsatz von Künstlicher Intelligenz – im Zusammenhang mit „Nachrichten im digitalen Zeitalter" in der Zukunft eher zu- denn abnehmen.[30]

Produktion von Digitalvideos im Berliner Newsroom.

„Menschen gucken sich lieber ein Video an …": Aktivitäten im TV-Markt und im Digitalvideo-Bereich

Silke Brüggemeier war gut fünfzehn Jahre lang als Fotoredakteurin und Fotochefin bei „Bild" tätig gewesen. Bei der *dpa* rückte sie im Januar 2021 auf den Posten der stellvertretenden Chefredakteurin und wurde „Chefin Visuelles". „Menschen gucken sich lieber ein Video über eine Nachricht an als einen Text zu lesen", sagt sie im Interview und erklärt: „Wir reagieren auf die Bedürfnisse unserer Kunden."[31] Das Engagement der *dpa* im Bereich TV und Digitalvideo wird seither stark ausgebaut. Die Weichen hierfür waren bereits kurz zuvor gestellt worden, als sich die *dpa* die Fernsehexpertise einer privaten Fernsehnachrichten- und TV-Produktionsagentur sicherte. Einige Zeit hatte *dpa* mit *TeleNewsNetwork (TNN)* zusammengearbeitet, bevor diese dann in die dpa-Tochter *Rufa*, die *Rundfunk-Agenturdienste GmbH*, eingegliedert wurde und seither dort eine neue Unit für Bewegtbild bildet.[32]

„Menschen, Emotionen, Fakten" verspricht das dpa-Angebot „Videos für Digitalkanäle" gegenwärtig und wirbt um Kunden: „Sie möchten die Reichweite Ihrer Website erhöhen, die Verweildauer oder Werbeeinnahmen steigern? Lernen Sie unser Video-Angebot kennen. Breaking News, Beiträge zum politischen Tagesgeschehen, Geschichten aus dem Sport, die Geheimnisse der Stars und neueste Gesprächsthemen: Unsere Teams sichern höchste Aktualität – 24 Stunden am Tag, 365 Tage im Jahr. Durch unseren Zusammenschluss mit der TeleNewsNetwork (TNN) vereinen wir nachrichtliche Kompetenz mit der Schnelligkeit von TNN. Damit erhalten Sie eine große Auswahl an aktuellen Videos und Themen für Ihre Online-Portale."³³

Die Kunden der *dpa* können wählen – sie können lediglich Video-Rohmaterial erwerben, sie können „ready-to-publish", also fertige Beiträge bestellen oder zusammen mit dem dpa-Videoteam einen speziellen „dpa-VideoService" vereinbaren. Chef der dpa-Mitarbeitenden ist seit 1. August 2022 Marc-Oliver Kühle mit dem Titel „Head of Video", ein erfahrener TV-Journalist. Kühle hatte als Chefredakteur der Produktionsfirma Solis für private und öffentlich-rechtliche Sender Fernsehbeiträge erstellt, als Redakteur bei SAT1 gearbeitet und für diesen Sender als Reporter aus Washington berichtet. Von den Fernsehaktivitäten der WeltN24-Sendegruppe beziehungsweise der Axel Springer Verlagsgruppe mit „Bild-Live" wechselte er zur *dpa*.³⁴ Verstärkt wird das dpa-Videoteam seit Mitte Oktober 2023 durch Felix Erdtmann, der vom RTL-Hauptstadtstudio als neuer Chef vom Dienst (CvD) zur *dpa* kam.³⁵

Das Geschäft im Videobereich verspricht wirtschaftlich erfolgreich zu werden, da sowohl aktuelle Berichte als auch bunte Themen und Magazinbeiträge angeboten werden. Silke Brüggemeier schildert, wie im Fall einer Berichterstattung Kameraleute und Text-Journalisten koordiniert werden und die „ganze Maschinerie ins Rollen gebracht wird", um aus deren Bild- und Textberichten ein „Multimediaprodukt" zu erstellen. Das „muss Hand in Hand gehen, das geht nicht, indem man getrennt arbeitet." Im Fall der bunten Beiträge geht das dpa-Videoteam in die Planung mit den jeweiligen Sendeverantwortlichen: „Wir sitzen mittlerweile auch in vielen Planungskonferenzen der TV-Sender und gehen mit denen die Themen der Woche durch und sagen: ‚Das können wir machen, das und das ist bei uns in der Themen-Planung ohnehin schon [...]. Wollt ihr dieses Thema haben?'".³⁶

„Wir produzieren unsere Nachrichten eben auch gesprochen": News als Podcast

Der Erfolg, der sich im audiovisuellen Bereich abzeichnet, stellt sich bei Audio nicht so recht ein. Obwohl die Medienbranche noch immer von einem Podcast-Boom spricht, scheint der Markt überfüllt zu sein mit Audio-Angeboten, die Nachrichten bieten oder Informationen aufbereiten. Solche Nachrichten-Podcasts oder News Podcasts greifen die unterschiedlichsten Nutzerbedürfnisse auf. Sie liefern aktuelles faktenbasiertes Wissen, machen Hintergründe deutlich und geben Einordnungen. Sie greifen gesellschaftliche Themen und Fragen auf, erzählen spannend, stellen eine Person in den Mittelpunkt einer Podcast-Folge und laden mitunter ihre Nutzer zum Engagement ein.³⁷

An diesen Trend versucht die *dpa* seit Frühjahr 2020 anzuknüpfen. „Wir produzieren Podcasts, weil Menschen eben sehr viel Podcasts hören und wir da auch die Möglichkeit haben, die Informationen zu verbreiten. Wir produzieren unsere Nachrichten eben auch gesprochen", konstatiert Silke Brüggemeier, die nicht nur „Chefin

Im Tonstudio in Berlin: David Krause, Head of Podcast.

Visuelles" ist, sondern auch Geschäftsführerin der *Rufa*.[38] In dieser *Rundfunk-Agenturdienste GmbH*, einer 100-prozentigen Tochter der *dpa*, erstellt die Nachrichtenagentur seit 1997 Audiobeiträge für Radiosender. Neu hinzu kommt ein digitales Kunden-Lab, um in enger Absprache mit interessierten Unternehmen Prototypen für den „Audio & Voice"-Bereich zu entwickeln. Ziel ist es, eine Plattform zu schaffen, „auf der Audio-Produzenten schnell und einfach O-Töne, Interviews und Atmo für ihre Produktionen finden und herunterladen können."[39]

Die bisher unternommenen Schritte lassen keine Euphorie aufkommen. So hatte man im Frühjahr 2021 erste sogenannte White-Label-Podcasts auf den Markt gebracht, Podcast-Angebote also, die eine Art Grundgerüst bieten und die von Medienpartnern dann gefüllt und ergänzt werden können.[40] Konkret arbeitete die *dpa* bei ihrem Einstieg in das Geschäft mit Daily-News-Podcasts mit drei regionalen Zeitungsverlagen zusammen. Als Nachrichtenagentur lieferte sie überregionale Nachrichten und Korrespondentenberichte; die Medienanbieter „Darmstädter Echo", „Nordwest-Zeitung" und das Medienhaus Aachen ergänzten ihre regionalen und lokalen Nachrichten, oft unter Verwendung von Text-To-Speech-Software, sodass der textlich vorliegende Nachrichten-Content automatisch eingesprochen werden konnte. So entstanden Podcastangebote unter Titeln wie „Gude, Südhessen", „NWZ Nachrichten Podcast" und „Frühnachrichten". Diese neuen Schritte der Verlage wurden von OMS beziehungsweise OMS neo, einem großen Vermarkter von Digitalangeboten regionaler Verlage, gesteuert.

Bei allen bisherigen Aktivitäten der *dpa* im Podcast-Bereich ist klar, dass sie nicht als Podcast-Publisher auftritt und sich nicht in Konkurrenz zu ihren Gesellschaftern und Kunden bringt. David Krause, seit April 2022 „Head of Podcast" bei der *dpa*, macht in einem Interview mit „turi2" deutlich, dass es keine „Deutsche

2022: MIT DPA VOR DEM BUNDESKANZLERAMT IN BERLIN

Im Juli 2022 wehte an zahlreichen Dienstgebäuden des Bundes anlässlich des Christopher Street Day in Berlin zum ersten Mal die Regenbogenfahne. Die Bundesregierung wollte damit, wie sie in einer Pressemeldung schrieb, ein sichtbares Zeichen ihrer Verbundenheit mit der queeren Community setzen und sich „gegen jegliche Form der Diskriminierung und Ausgrenzung von sexueller und geschlechtlicher Identität" aussprechen. Kanzleramtsminister Wolfgang Schmidt (SPD) hisste die Regenbogenfahne am Samstagvormittag, 23. Juli 2022, am rechten Fahnenmast, dessen Beflaggung wechselt, während der linke Fahnenmast der Europa-Fahne und der mittlere der Deutschland-Fahne dauerhaft vorbehalten sind.

Das Foto, das Christoph Soeder, freiberuflicher Fotojournalist in Berlin, für die *dpa* schoss, sorgte für Aufsehen, jedoch nicht, wie beabsichtigt, als demonstratives Zeichen für Vielfalt und Toleranz. Soeders Foto zeigte, wie die Regenbogenfahne flatterte, während die anderen beiden Fahnen schlaff herabhingen. Wie konnte das sein? In den sozialen Netzwerken mokierte man sich über den „wind of change" und unterstellte mögliche Bildretuschen. Den Vorwurf der Bildmanipulation suggerierte Philip Plickert, Korrespondent der „Frankfurter Allgemeinen Zeitung", als er am Sonntag, dem 24. Juli 2022, um 14.03 Uhr auf Twitter schrieb: „Physikalisches Wunder oder Photoshop? Zwei Flaggen hängen schlapp, nur eine flattert im starken Wind". Das dpa-Foto war inzwischen vom ZDF in einem Fernsehbeitrag verwendet worden. dpa-Nachrichtenchef Froben Homburger widersprach unmittelbar: „Es handelt sich um eines von mehreren Original-Fotomotiven aus dem @dpa-Bildfunk zur Regenbogenflagge vor dem Kanzleramt (und dem Reichstag). Selbstverständlich manipuliert dpa keine Bilder."

Nur einen Tag später legten die Faktenchecker bei der *dpa* einen Bericht vor. Ihre Recherche hatte ergeben, dass die dauerhaft an den beiden Masten hängenden Fahnen in der Nacht vor dem Christopher Street Day offenbar durch Regenfälle nass und schwer waren. Die aus besonderem Anlass gehisste Fahne hatte der Kanzleramtschef jedoch aus dem Depot geholt. Sie war trocken und wehte deshalb im Wind. Der FAZ-Kollege löschte seinen vorwurfsvollen Tweet und entschuldigte sich über das soziale Netzwerk.

Die erste Regenbogenfahne weht vor Dienstgebäuden des Bundes

Podcast-Agentur" geben werde."⁴¹ Gleichwohl erntete die *dpa* in ihrer noch jungen News Podcast-Geschichte mit drei Unternehmungen besondere mediale Aufmerksamkeit. Dazu hatte sie sich jeweils mit Partnern zusammengetan – mit dem Streamingdienst Spotify, dem Podcast-Start-up Podimo und der Redaktion der Zeitung „Die Welt".

Eine Staffel mit sechs Folgen eines Recherche-Podcasts über Cyberangriffe und Cybersicherheit wurde im Juni/Juli 2022 viel beachtet.⁴² Das Thema der gezielten Desinformation, der Nachrichtenmanipulation und der Fake News gehört zum Kernbereich der Agenturarbeit. „Troll Army – Russlands Krieg im Internet" produzierte der schwedische Streamingdienst Spotify. Er bietet den Recherche-Podcast, bei dem in Echtzeit recherchiert wird, auf seiner Plattform an.⁴³

Einen anderen Weg schlug man im Januar 2023 ein, als der Gesprächs-Podcast „Stand der Dinge" auf den Markt kam.⁴⁴ Produzent war in diesem Fall das 2019 in Kopenhagen gegründete Start-up Podimo – Podcast-Plattform, Subskriptionsservice für Podcast und Hörbücher sowie Content Creator in einem. Auffallend war, dass das Unternehmen Podimo bis dahin eher mit Unterhaltung und Special-Interest-Themen aufgewartet hatte und mit „Stand der Dinge" nun das erste Mal auf dem Feld des Journalismus auftrat. Auch mit der Wahl der Host wagte sich die *dpa* vor. Maria Popov war jüngeren Zielgruppen als Moderatorin von „Auf Klo" bekannt, einem YouTube-Format, das mit dem öffentlich-rechtlichen Netzangebot „funk" verbunden ist. In diesem Pod- bzw. Videocast spricht die öffentlich queer lebende Popov mit wechselnden Gästen über Erfahrungen und Tabuthemen aus den Bereichen Feminismus, Selbstbewusstsein und Körper.⁴⁵ Zwar gilt Popov grundsätzlich als offene, verständnisvolle und ihr Gegenüber akzeptierende Moderatorin, ihre Wahl zur Host eines vertiefenden und einordnenden journalistischen News Podcasts wird man gleichwohl als Schachzug bewerten, um gezielt jüngere und eher wenig an Nachrichten interessierte Zielgruppen anzusprechen.

Der „Podimo Podcast, aufbereitet von Deutschlands größter Nachrichtenagentur, der dpa", wie es hieß, versprach „die wichtigsten News der Woche. Politik, Popkultur und ein bisschen Gossip – damit ihr mit eurem Wissen flexen könnt".⁴⁶ Doch der Identifikationsfigur für die junge Klientel war kein Erfolg beschert. Bereits im Juli 2023 wurde „Stand der Dinge" nach insgesamt 35 Folgen eingestellt. Maria Popov – und Valerie Höhne, die als versierte Journalistin und politische Korrespondentin im Hauptstadtstudio des „Tagesspiegels" von Folge 25 an Maria Popov an die Seite gestellt war – verabschiedeten sich mit den Worten: „Wir konnten uns in dem hart umkämpften Segment von News Podcasts nicht so komplett durchsetzen." Gegen etablierte News Podcast-Angebote wie „Was jetzt?" von „Zeit Online", „Auf dem Punkt" von der „Süddeutschen Zeitung" und „Podcast für Deutschland" von der „Frankfurter Allgemeinen Zeitung" kam „Stand der Dinge" nicht an.⁴⁷

Schließlich verdient die Zusammenarbeit mit der Redaktion „Die Welt" Aufmerksamkeit. Für deren seit September 2020 auf dem Markt erscheinenden Reportage-Podcast „Dicht dran. Geschichten, die unter die Haut gehen" produzierte die *dpa* im Lauf des Jahres 2023 mehrere Folgen. In „Mehmet, 15 – Wer zuschlägt, wird von den anderen wahrgenommen" geht es um die wachsende Jugendkriminalität. Als Autorin des Podcasts tritt die Investigativjournalistin Anna Loll auf; als Rechercheteam werden von der „Welt" Wolfgang Büscher, Alexander Dinger, Anna Kröning, Martin Lutz und Tim Röhn genannt. Diese hatten zwei Monate zuvor eine entsprechende Reportage in ihrer Zeitung veröffentlicht, auf die in den Informationen zur Podcast-Folge verlinkt wird. Produktion und Produktionsmanagement liegen bei der *dpa*. Als „Executive Producer dpa" wird David Krause, Head of Podcast bei der *dpa*, angeführt.[48]

Wie „Werteinheiten" zu „News-Produkten" werden: Das neue Redaktionssystem Rubix

Das Rollout fand am 31. Januar 2024 statt. Die *dpa* feiert das neue Redaktionssystem Rubix als „eines der größten IT-Projekte in der Geschichte der dpa".[49] Es soll die Herstellung der Nachrichten sowie die Produkte selbst grundlegend verändern. Ausgangspunkt ist die Entscheidung von Geschäftsführung und Chefredaktion: digital first! Doch was ist Rubix? Ein Handzettel mit den „zentralen Botschaften zu Rubix" macht einleitend vier Punkte deutlich: „Rubix ist *viel mehr* als eine neue Software. – Es ist eine grundlegende Veränderung unserer Arbeitsweise mit dem *Fokus auf digitales Publizieren*. – Denn kundennah arbeiten heißt digital arbeiten. – Rubix hilft uns dabei, unsere Arbeit *digital first* zu konzipieren, zu machen und zu managen."[50]

Gut drei Jahre lang hatte sich ein dpa-internes Entwicklerteam um Felix Frieler mit der Frage beschäftigt, wie das Erstellen von Nachrichten in einer multimedialen, datenbasierten Medienumgebung optimiert werden kann.[51] Felix Frieler, der in den Jahren 2020 bis 2024 als „Head of Newsroom Innovation" fungierte, kommt von der klassisch journalistischen Agenturarbeit zur „Projekterei", wie er es scherzhaft nennt.[52] Volontariat, Arbeit im Landesbüro, in der Wirtschaftsredaktion, Nachrichten-Chef für Niedersachsen und Bremen waren Stationen bei der *dpa*, bevor ihm ein Pitch zur Einführung von Slack und die gelegentliche Mitarbeit im multimedialen „dpa next lab" deutlich machten, dass er seine Aufgabe auch darin sieht, technische Innovationen voranzutreiben. 2020 bot sich ihm diese Chance. Die Chefredaktion mit Sven Gösmann sowie Jutta Steinhoff, Antje Homburger und Niddal Salah-Eldin setzten konsequent auf die Strategie der Digitalisierung. „Transformation. Wir nutzen die Herausforderung" textete die Führungsspitze programmatisch im Intro des Geschäftsberichts 2020 und titelte: „Transformation. dpa im Wandel". Die bereits laufenden Planungen für den neuen Newsroom in Berlin und die dramatische Entwicklung der soeben ausgebrochenen Pandemie begleiteten ihre grundlegende Entscheidung.

Die digitale Welt ist eine Welt ohne Enden. Das „Rubix-Universum", illustriert von Victor Belser, dpa-Geschäftsbericht 2020.

„Die dpa-Uhr hat sich buchstäblich weitergedreht. Längst sind die digitalen Primetimes Taktgeber des Redaktionsgeschehens", erläutert Gösmann. „Die Produkte und wie sie am schnellsten und barrierefrei zum Kunden kommen, nicht mehr die interne Sicht auf die Dinge, bestimmen den Takt dieser Rubix-dpa."[53] Felix Frieler und sein Team hatten sich auf den Weg gemacht, den Wechsel von „Ines", dem damaligen Content Management System, hin zu einem softwarebasierten Redaktionssystem zu vollziehen. Im Zentrum ihrer Überlegungen standen eine Wertschöpfungskette und das Anliegen, aus „Werteinheiten" im Nachrichtengeschäft kollaborativ multimediale News-Produkte anbieten zu können. „Wir sehen das Redaktionssystem als eine gläserne Fabrik. Was findet darin alles an journalistischer Wertschöpfung statt und welchen Teil davon monetarisieren wir und welchen Teil haben wir überhaupt in der Digitalität vorliegen?", erläutert Felix Frieler. Er macht den neuen Workflow deutlich: „Journalistische Wertschöpfung beginnt für uns nicht erst, wenn wir auf Senden drücken und eine Meldung zum Kunden schicken, sondern die Wertschöpfung im Sinne von Mehrwert beginnt bereits, wenn eine dpa-Journalistin zum Beispiel einen Tweet von einem Politiker sieht und sich denkt: Oh, das könnte interessant sein für unsere Kunden, oder jemand ist bei einem Termin und macht eine interessante Beobachtung. Da beginnt die journalistische Wertschöpfung, und unser Ziel ist es, alles, was dann passiert – Recherche, Falsifikation, Verifikation, Herstellen von Querverbindungen zu historischen Ereig-

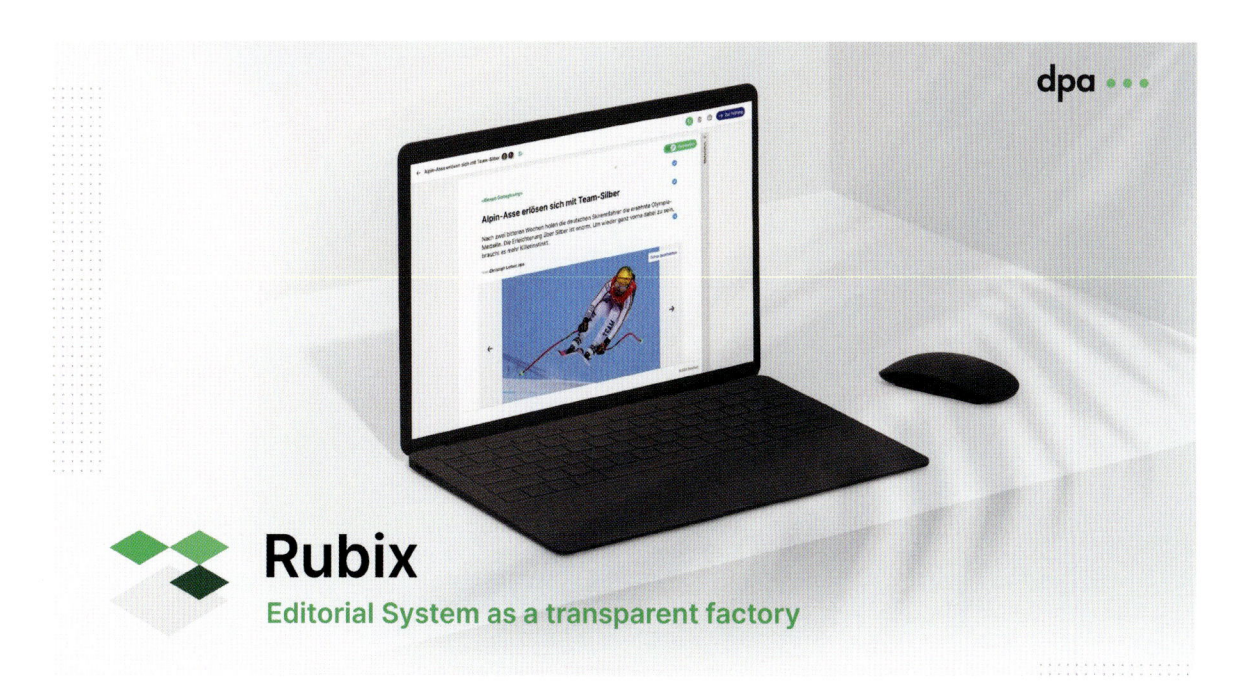

Rubix
Editorial System as a transparent factory

Rubix hat nichts mehr mit klassischen Redaktionssystemen gemeinsam. Es ist konsequent auf Kollaboration aufgebaut.

nissen, zu anderen Dingen, die mal passiert sind – alles das an Wertschöpfung, das wollen wir mit Rubix in die Digitalität holen [...]. In der Digitalität können wir es a) intern nutzen und können wir b) auch in Zukunft aus diesen Werteinheiten Produkte herstellen, von denen wir vielleicht heute noch gar nicht wissen, dass es ein Kundenbedürfnis nach diesem Produkt gibt. Aber die Werteinheiten, die sollen uns eben helfen, diesen journalistischen Mehrwert, der geschöpft wird, in die Digitalität zu überführen. Das ist das grundlegende Konzept mit den Werteinheiten."

Rubix in a nutshell
Damit wird die neue Produktionsplattform Rubix zu einem zentralen Element der dpa-Digitalstrategie; sie soll eine „in Software gegossene Unternehmensstrategie" sein.[54] Diese Software, die zunächst bei den Kindernachrichten und dann im Sportressort getestet wurde, stellte man auch auf den MINDS-Konferenzen zur Diskussion. MINDS, das 2007 gegründete „Media Innovation Network" mit über zwanzig führenden Nachrichtenagenturen als Mitgliedern, versteht sich als Thinktank der Nachrichtenagenturen: „bringing together most of the world's commercially focused news agencies to share business development ideas, technology and to debate news and media trends". Speziell im Oktober 2022 und im April 2023 auf den Tagungen in Brüssel und in Madrid war die Frage „how editorial systems and newsrooms can suppport business?" präsent, sodass die dpa-Überlegungen dort internationale Aufmerksamkeit erfuhren.[55]

Rubix bedeutet für die „news production" eine grundlegende Veränderung. Vor der Einführung der Redaktionssoftware arbeiteten die Teams parallel an denselben Themen und produzierten ihre Inhalte für die unterschiedlichen Ausspielungen. So erstellte das Team „Audio" Audio-Inhalte und das Team „Infografik" Infografik. Das Team „Text" produzierte die Basis- und Landesdienste und das Team „Bild" den Bildfunk. Zumindest diese beiden erstellten als Team „infocom" einen Text-Bild-Content. Mit der „News production in Rubix" jedoch rückt das Thema/Topic ins Zentrum: „Teams work together on topics. Collaboration happens naturally." Entscheidend wird, dass jetzt Teams entlang eines sogenannten „boards" an einem Thema arbeiten. Wenn die Story fertig ist kann sie als Audio, Infografik, Video, Bildfunk, Basis- und Landesdienste, Weblines ausgespielt werden. Rubix, so verspricht man, werde „a transparent factory for our customers", deren Arbeit mit dem „Event" und dessen „Discovery" beginne und nach „Research" und „Verification" in eine „Multimedia story" münde.[56]

Rubix als eine Art „Rubik's Cube", wie der beliebte Zauberwürfel nach seinem Erfinder, dem ungarischen Ingenieur Ernö Rubik, genannt wird? Felix Frieler erzählt, wie das neue Redaktionssystem zu seinem Namen kam. Um „Ines", das alte Content Management System abzulösen, lautete der Arbeitstitel zunächst „Ines-X". Beim Brainstorming entstand die Idee eines Wettbewerbs, an dem sich 120 Mitarbeitende der *dpa* mit Vorschlägen beteiligten. Eine Jury entschied sich für die Einreichung des Leipziger dpa-Büros. „Warum Rubix? Die Idee kommt vom Rubik's Cube, dem Zauberwürfel – etwas, was sich in seiner Gestalt verändern kann, was aber auch Spaß macht, was etwas Spielerisches hat und sehr flexibel ist. Das X ist aus dem Ines-X mitgenommen." Der Preis für die Kolleginnen und Kollegen bestand aus einem Restaurantgutschein und besteht bis heute aus einem im Computeralltag so beliebten „Easter Egg", einem Spaß: Wenn man eine bestimmte Phrase bei der Suche eingibt, erscheint eine Illustration im Indiana-Jones-Stil mit einem Rubik's Cube.

„Den Wertekern in die neue Welt variieren": Wie die *dpa* KI gestaltet

Aktuell ist man bereits in Phase 2. Der Anfangs-Hype, den Ende 2022/Anfang 2023 ChatGPT in der Öffentlichkeit auslöste, ist längst einem spielerisch-neugierigen, einem experimentierenden und sogar bereits anwendungsorientierten Umgang gewichen. Die Gefahren, die der Chatbot, der Künstliche Intelligenz einsetzt, um textbasierte Nachrichten und Bilder zu generieren, beziehungsweise die die KI, die Künstliche Intelligenz, insgesamt mit sich bringt, sind deutlich geworden. Aber die Chancen, die mit der modernen auf Large Language Models basierenden Lerntechnologien einhergehen, erscheinen verlockend. Die *dpa* sieht sich in solchen Prozessen des technologischen Wandels bewusst als Akteur, der aktiv gestaltet. „Das Mindset unserer Organisation muss ganz klar in Richtung der Chancen gehen. Diese Technologie bietet für uns jede Menge Chancen, sie ist ein Werkzeug, das wir uns zunutze machen können", erklärt Peter Kropsch, Vorsitzender der Geschäftsführung.[57]

Caren Siebold (li.), Geschäftsführerin *dpa-IT-Services*, und Jirka Albig, Geschäftsführer *dpa-infocom*, auf dem HacKIthon, Berlin, 30. Oktober 2023.

In Phase 1 formulierte man erste Leitlinien für den Umgang mit KI-Systemen. Eine von Sebastian Raabe, „Head of Sales Digital Platforms", koordinierte „Task Force Generative AI" legte im März 2023 ethische Grundsätze vor, die Chefredaktion und Geschäftsführung gemeinsam im Unternehmen kommunizierten. Im Zentrum des „Konzeptpapiers" stehen fünf „Guidelines KI", die seither den Rahmen bilden:

- „KI wird helfen, unsere Arbeit besser und schneller zu machen – immer im Sinne unserer Kunden und unserer Produkte.
- Die dpa setzt KI nur unter menschlicher Aufsicht ein […].
- Die dpa setzt nur rechtmäßige KI ein, die sich an geltendes Recht und gesetzliche Bestimmungen hält und die unseren ethischen Grundsätzen gerecht wird […].
- Die dpa setzt KI ein, die technisch robust und sicher ist, um die Risiken für Fehler und Missbrauch zu minimieren […]. Die Verantwortung für alle KI erzeugten Inhalte trägt stets ein Mensch.
- Die dpa ermuntert alle Mitarbeiterinnen und Mitarbeiter, sich offen und neugierig mit den Möglichkeiten von KI zu befassen, Tools zu testen und Vorschläge für die Nutzung in unseren Workflows zu machen. Entscheidend sind Transparenz, Offenheit und Dokumentation."[58]

Mit ihrer Taskforce, den Guidelines und einer regen Kommunikation im Unternehmen reagierte die *dpa* im März 2023 – wie ein Überblick über sieben internationale Medienorganisationen zeigt – sehr schnell auf die offene Situation und übernahm auch international eine Führungsrolle bei der Diskussion über den Umgang mit Künstlicher Intelligenz im Newsroom.[59]

Seither wird vieles unternommen, um „Faktentreue, Ausgewogenheit und Unabhängigkeit, die Werte der dpa, auf das Feld KI umzulegen", wie Peter Kropsch es formuliert: „Es gibt einen Wertekern und die Umwelt schafft neue Bedingungen und wir variieren diesen Wertekern in die neue Welt."[60] Aus der Taskforce ist in der Zwischenzeit eine „KI-Entrepreneurship-Infrastruktur" geworden, die eng an die Geschäftsführung, die Chefredaktion und die IT angebunden ist. Dieses „Kraft-Dreieck" besteht aus Astrid Maier als Strategiechefin und stellvertretende Chefredakteurin, Caren Siebold als Geschäftsführerin *dpa IT Services GmbH* und Peter Kropsch. Julian Knoll, Referent der Geschäftsführung, übernimmt die Aufgabe eines „KI-General Manager", der Wissenstransfer und Vernetzung koordiniert und Entscheidungen vorbereitet. Um dieses Zentrum herum treiben die untereinander vernetzten KI-Unit Manager die entsprechenden Aktivitäten in ihren jeweiligen Einheiten – der Redaktion, dem Vertrieb, bei *news aktuell*, *picture alliance*, *Factchecking* usw. – voran. Schließlich bringen sogenannte „KI-Contributoren" ihre Expertise ein, da sie es sind, die in den einzelnen KI-Projekten arbeiten. In der *dpa* spricht man von einem „Zwiebelschalenmodell", das hier die konkreten Möglichkeiten der „Kulturtechnik KI" auslotet.[61]

Viele Pilotprojekte werden durchgeführt, mit Partneragenturen aus den Agenturverbünden *Group 39* und *MINDS*, mit externen Partnern aus der Wissenschaft und vielen Mitarbeitenden des eigenen Hauses. Wie sehr das offene Ausprobieren, das neugierige Suchen den Umgang mit der neuen Technologie prägen, unterstreicht auch der erste „HacKIthon", der Ende Oktober 2023 im Berliner Newsroom stattfand. Dieser 24-Stunden-Hackathon zum Thema Metadaten, Transkriptionen und KI-generierte Inhalte führte rund 25 Entwicklerinnen und Entwickler mit Mitarbeitenden der dpa-Muttergesellschaft und der dpa-Töchter zusammen. Unter den von der Jury hervorgehobenen Ergebnissen war eine Anwendung, die die Effizienz des Faktencheck-Teams steigert, weil neu hinzukommende Behauptungen mit bereits abgearbeiteten automatisch abgeglichen werden können, sowie ein Prototyp, mit dem sich in Rubix mit ChatGPT Vorschläge für optimale Überschriften und Teaser automatisch generieren lassen, die dann den menschlichen Entscheidern vorgelegt werden können.[62]

Nachrichten-Bedarfe ermitteln: Das Projekt DRIVE

Das Thema KI beschäftigt die *dpa* darüber hinaus noch in einer weiteren Hinsicht. Im Spätsommer 2020 startete die Nachrichtenagentur gemeinsam mit der Unternehmensberatung Schickler (inzwischen Highberg) „DRIVE", die „Digital Revenue Initiative".[63] Mit ihr entsteht eine technische Infrastruktur, die auf der Basis von Nutzungsdaten und dem vorhandenen Material der Nachrichtenanbieter, dem Content, personalisierte Angebote generiert und zielgruppengenau ausspielt. Ein Data-Science-Team bei Schickler und knapp dreißig Verlage und Verlagsgruppen, die sich mittlerweile daran beteiligen, wollen damit – koordiniert von der *dpa* – auf gleich mehrere Herausforderungen reagieren. Denn zum einen gilt es, die Reduzierung der Abonnements im Printbereich durch eine Steigerung der digitalen Bezahl-Abos aufzufangen. Dazu müssen die digitalen Nachrichtenangebote entsprechend attraktiv gemacht werden. Zum anderen ist auf die Ergebnisse von Studien einzugehen, die zeigen, dass das Interesse an Nachrichten bei Jugendlichen und jungen Erwachsenen deshalb sinke, weil diese das traditionelle Angebot als für sie wenig relevant erachten und keinen Bezug zu den Inhalten erkennen. Meinolf Ellers, Leiter der strategischen Unternehmensentwicklung bei der *dpa* und Motor von „DRIVE", erklärt die Notwendigkeit von personalisierten Nachrichtenangeboten gegenüber einer „One size fits all"-Praxis, wie sie bislang eine klassische Tageszeitung darstellt: „Regionale Zeitungsverlage müssen heute das Informationsangebot so personalisieren, dass die jeweiligen Nutzenden es als relevant erachten und ihre Interessen und Themen wiederfinden; etwas, was Spotify, Netflix und viele andere mit Erfolg tun. Nur die Zeitung sagt: Wir können nur ‚one size fits all', wir haben nur ein Paket für alle. Was deine Oma liest, das ist auch gut für dich."[64] „DRIVE" nutzt eine große Menge von anonymisierten Nutzerdaten, die die beteiligten Verlage einbringen, und entwickelt explorativ, wie mithilfe von KI entsprechende neue Angebote generiert werden können. Das Projekt erntete große Beachtung und wurde bereits in der Anfangsphase, im Juni 2021, mit einem der „Global Awards" der „International News Media Association" (INMA) als weltweit beste Innovation des Jahres ausgezeichnet.[65]

„DRIVE" ist in Zusammenhang mit der Geschichte der *dpa* gleich in mehrfacher Hinsicht aufschlussreich. Zunächst einmal unterstreicht sie den Grundgedanken der Nachrichtenagen-

> „Nachrichtenanbieter müssen neue „user needs" mit einem modifizierten Nachrichtenangebot bedienen.

tur, gemeinsam mit ihren Kunden, den Verlagen, Lösungen für den Nachrichtenmarkt zu entwickeln. Warum sollte jeder Verlag einzeln die Frage beantworten, wie digitale Abonnements und Paywall-Modelle aussehen können? In einem solchen Fall bietet die *dpa* an, zu koordinieren und kollaborative Formen aufzusetzen. Ein zweiter Aspekt macht deutlich, mit wie viel Aufwand es im vordigitalen Zeitalter verbunden war, Fragen der Nutzung zu klären. So hatte Christian Volbracht in seiner Zeit als Chef vom Dienst ab 1988 versucht zu ermitteln, wie viele und welche dpa-Texte in den Zeitungen übernommen wurden; per Auszählung hatte er dazu eine „Akzeptanzanalyse" von gedruckten Belegen durchführen lassen.[66] Mit den digitalisierten Daten ist eine Frage wie die, wie viele und welche Texte zur Wertschöpfung der einzelnen Presseausgaben beitragen, schnell und einfach zu beantworten.

Das führt zum dritten Aspekt von „DRIVE". Es basiert auf der Grundlage des „user needs model 2.0", das seit etwa 2017 die Medienbranche beschäftigt. Dmitry Shishkin, Berater für Digitalvermarktung, unterscheidet heute insgesamt acht „user needs for news", nämlich: „update me" und „keep me updated", „educate me" und „give me perspective", „divert me" und „inspire me", sowie „connect me" und „help me".[67] Nur den ersten vier Bedarfen begegnen Nachrichten im traditionellen Sinn, indem sie faktenorientiert („fact-driven") Wissen vermitteln beziehungsweise auf Kontext und Verstehen („context-driven"; „understand") ausgerichtet sind. Doch gerade die zuletzt genannten Bedarfe aus den Bereichen „feel" und „do" mit ihren Zielen „emotion-driven" und „action-driven" könnten eine immer größer werdende Rolle spielen, wenn es darum geht, welche Nachrichten von den Menschen wirklich nachgefragt und intensiv genutzt werden. Die Nachrichtenanbieter müssten dann auch diese „user needs" mit einem modifizierten Nachrichtenangebot bedienen.

Beyond the newsroom

Berlin, Rudi-Dutschke-Straße 2

Von einem stimmungsvollen Event war die Rede, als die *dpa* im Spätsommer 2023 auf ihrem LinkedIn-Account über die Eröffnung ihres neuen Newsrooms in Berlin-Kreuzberg berichtete: „Knapp 100 Gäste fanden gestern Abend Platz im Atrium. Offen, freundlich, transparent und für die Menschen sind die neuen Räume konzipiert. Der Opener-Song ‚Circle of life' der amerikanischen Jazz- und Opernsängerin Jocelyn B. Smith passte also wunderbar."[1] Doch die Einweihungsfeier galt nicht nur dem liebevoll „Begegnungsstätte" genannten neuen Redaktionszentrum am Berliner Sitz der *dpa*. Der offizielle Termin verband den Newsroom mit reichlich „Innovations"-Programmatik. Man feierte nicht weniger als ein neues „Zuhause für den modernen Journalismus".

„Journalismus, wenn er gut ist, geht mit der Zeit, in der er gemacht werden muss. Der Journalismus, nicht nur von Nachrichtenagenturen, sondern generell der deutsche und vielleicht auch der internationale, ist ein bisschen ins Stolpern geraten in den vergangenen zwanzig bis dreißig Jahren", hatte Sven Gösmann, dpa-Chefredakteur und einer der maßgeblichen Väter der Newsroom-Konzeption, nur wenige Monate zuvor erklärt: „Das hängt damit zusammen, dass man zu zögerlich den neuen Technologien gegenübergetreten ist. Man dachte: Das Internet geht wieder weg; Print wird es immer geben; die Leute werden an der 20-Uhr-Tagesschau festhalten […]. Die dpa hat sich Gott sei Dank schon vor einer ganzen Reihe von Jahren auf den Pfad der Veränderung begeben. Journalismus, so wie er heute funktioniert, so wie wir ihn definieren, so wie ich ihn sehe, folgt immer technischen Entwicklungen. Zuerst gibt es die Technik, dann gibt es den Journalismus dazu."[2]

Eine solche Innovationsbereitschaft begegnet einem zögerlichen Verhalten, das auch einige internationale Journalismus-Forschende der Branche bescheinigen. Sie greife die Transformation des Journalismus ins Digitale zu zögerlich auf. Das geflügelte Wort „The newsroom would never allow that", mit dem neue Entwicklungen abgewehrt werden, gelte vielerorts noch.[3]

Für die *dpa* gilt das allerdings nicht. Bereits ein Jahrzehnt nach dem Umzug der Zentralredaktion nach Berlin im Jahr 2010 reiften die Pläne, die Räume für die journalistisch-redaktionelle Arbeit grundlegend neu zu konzipieren. Die Planungen fielen zu Beginn des Jahres 2021 mit der Corona-Pandemie und der ersten Lockdown-Phase zusammen. In der Folge dieses gesellschaftlichen Einschnitts veränderten sich die ohnehin schon im

Eröffnung in Berlin am 31. August 2023. In der Mitte: Sven Gösmann, Chefredakteur der *dpa* und Mastermind des neuen Newsrooms.

Wandel begriffenen Arbeitswelten rasant. Neue Formen des Remote-Arbeitens wurden mithilfe digital stattfindender Sitzungen und des Einsatzes von kollaborativen Tools möglich. New Work-Eigenschaften wie Flexibilisierung und Co-working erhielten ein anderes Gewicht. In Befragungen der Mitarbeitenden wurde deutlich, dass sich die „Belegschaft der dpa […] an neue Arbeitsweisen wie die Remote-Arbeit aus dem mobilen Office gewöhnt" hatte und dass ein „Wunsch nach größtmöglicher Flexibilität bei der Gestaltung der eigenen Arbeit" bestand.[4] Das Planungsteam um den Nachrichtenchef Daniel Rademacher und die Changemanagerin Susanne Goldstein brachte viele dieser Wünsche in die neue Konzeption ein, die dann das Büro von Graef Architekten weiterentwickelte. Seit Herbst 2023 ist der neue dpa-Newsroom in der Rudi-Dutschke-Straße 2 ein architektonisch umgesetztes Statement dieser weiterentwickelten Nachrichtenagenturarbeit.

Auf 2.600 Quadratmetern – einer gegenüber dem Vorgänger-Newsroom um 1.300 Quadratmeter reduzierten Fläche – stehen den Mitarbeiterinnen und Mitarbeitern der *dpa* 112 feste Desk-Arbeitsplätze zur Verfügung sowie 56 alternative Arbeitsmöglichkeiten, die multimedial als Co-working-Spaces von Arbeitsteams genutzt werden können – nicht zuletzt durch den inzwischen erfolgten Rollout des neuen Redaktionssystems Rubix. (→ 13 | „Lageberichte") Hinzu kommen Studios, in denen TV- und Audio-Beiträge erstellt werden können. Sie alle gruppieren sich um ein großzügig dimensioniertes Atrium, das mit flexiblen Elementen mal als Bühne und Arena, mal als Diskussionskreis und Round Table genutzt werden kann.

Es sind vier spezielle „K"s, die in der dpa-Philosophie mit dieser Architektur zum Ausdruck gebracht und mit Leben gefüllt werden. Sven Gösmann spricht von „Kommunikation, Kreation, Kollaboration und Kultur" und führt aus: „Wir ermöglichen Begegnung und Kommunikation, indem wir Räume anbieten mit einem viel höheren Partizipationsfaktor und Gelegenheiten, wo Leute sich austauschen, auch um der Verunsicherung zu begegnen, die wir im Journalismus ja alle spüren: Sind wir noch richtig unterwegs? Sind wir zu parteiisch, sind wir zu elitär? Sind wir nah genug an den Themen, die wirklich zählen? Diese Selbstvergewisserung muss in einem ganz anderen Rhythmus stattfinden. […] Und wir wollen für Gäste attraktiver sein. Weil wir die Erfahrung gemacht haben, dass wir auch unseren Gästen deutlich machen müssen, was für ein Wert Qualitätsjournalismus ist."[5]

Die Herausforderungen, vor denen das Agenturgeschäft und die journalistische Arbeit stehen, bekamen bereits bei der Eröffnung des Newsrooms einen sehr konkreten Namen: Künstliche Intelligenz (KI) beziehungsweise Artifical Intelligence (AI). „Doing nothing – waiting to see how this technology unfolds – just isn't an option", warnte Daisy Veerasingham, die als CEO der US-amerikanischen Partneragentur *Associated Press* eingeladen war; und Feiyu XU, eine der Co-Founder des Berliner Start-up nyonic GmbH diagnostizierte: „We are in the middle of a hot AI summer."

Für die abwehrende Devise „The newsroom would never allow that" ist im neuen dpa-Newsroom kein Platz. An diesem Ort im traditionellen Berliner Zeitungsviertel und darüber hinaus rüstet man sich für die Zukunft, will vieles möglich machen und mitgestalten.

Anmerkungen

1. https://www.linkedin.com/posts/deutsche-presse-agentur_er%C3%B6ffnung-dpa-newsroom-in-berlin-activity-7103295724049559552-F80B/?trk=public_profile_like_view&originalSubdomain=de (8.2.2024).
2. Sven Gösmann im Interview mit Hans-Ulrich Wagner, 11.5.2023.
3. Vgl. Paulussen 2016; Benton 2014. Die Branche deutlich offener sehen beispielsweise Kramp/Loosen 2018.
4. Sven Gösmann: Beyond the newsroom – ein Konzept für die neue dpa-Zentrale in Berlin. dpa-Blog-Beitrag in der Rubrik „Innovation". Online: https://innovation.dpa.com/2023/07/03/beyond-the-newsroom-das-konzept-fuer-die-neue-dpa-zentrale-in-berlin/ (8.2.2024). Vgl. auch Daniel Rademacher: Umzug und Neustart im Herzen Berlins. In: dpa-Geschäftsbericht 2021, 38–41; Daniel Rademacher; Susanne Goldstein: Lichtsensoren und wiederverwendete Möbel – Nachhaltigkeit im neuen Berliner Newsroom. In: dpa-Geschäftsbericht 2022, 36–37.
5. Sven Gösmann im Interview mit Hans-Ulrich Wagner, 11.5.2023.

Keine Welt ohne Nachrichten: Die Nachrichtenkompetenz-Initiative „#UseTheNews"

„#UseTheNews" hat sich mit der Förderung von Nachrichtenkompetenz in der digitalen Welt kein leichtes Ziel gesetzt. Auch soll die Initiative kein kurzfristiger Sprint sein, sondern ein Marathon, wie Meinolf Ellers, Leiter Strategic Business Development und Mentor des #UseTheNews-Projekts, erklärt.[68] „Ungefilterte, unabhängige und verlässliche Nachrichten gehören zu den Grundlagen unserer Gesellschaft. Genauso wie Strom und Wasser brauchen die Menschen Informationen, auf die sie sich verlassen können", das ist für Jens Petersen, Leiter Unternehmenskommunikation, der Ausgangspunkt für das ambitionierte Unterfangen. Meinolf Ellers benennt das Problem: „Wenn große Teile der Nachwachsenden fragen, was Nachrichten denn eigentlich mit ihrem Leben zu tun haben und wo denn für sie persönlich der Wert des Journalismus liege, steht mehr zur Diskussion als die Zukunft von Abo- und Werbemärkten."[69] Im Mai 2020 starteten sie die „Allianz für Nachrichtenkompetenz im digitalen Zeitalter", ein Projekt, das das Bewusstsein für die Rolle von geprüften und faktenbasierten Nachrichten für ein demokratisches Gemeinwesen schärfen und die Nachrichtenkompetenz fördern soll.

Die „Initialzündung" kam im September 2019 auf dem „scoopcamp" in Hamburg. Zu dieser „Innovationskonferenz für die Medien- und Digitalwirtschaft" war Alan Rusbridger als Keynote-Sprecher eingeladen worden. Rusbridger, der als langjähriger Chefredakteur des britischen „Guardian" sein Blatt erfolgreich in das digitale Zeitalter geführt hat, gilt als Vorkämpfer für Nachrichten als öffentliches Gut. 2014 hatte er mit dem „Guardian" den Pulitzer-Preis in der Kategorie „Dienst an der Öffentlichkeit" gewonnen; im selben Jahr wurde ihm der „Alternative Nobelpreis" verliehen für den „Aufbau einer globalen Medienorganisation, die sich verantwortlichem Journalismus im öffentlichen Interesse verschrieben hat".[70] Rusbridger, der immer wieder vor Augen führt, was eine „World without News" bedeuten würde, spitzte seine Keynote in Hamburg auf das Thema Zugang zu Informationen zu und warnte zugleich davor, dass die nachwachsende Generation der unter 30-Jährigen aus den Nachrichten aussteigen könnte.[71]

Wenige Monate später ging „#UseTheNews" an den Start, zunächst als eine Initiative, an der sich Medienunternehmen, Stiftungen, die Hamburger Kulturbehörde und wissenschaftliche Einrichtungen beteiligten. Den Lenkungskreis im Kuratorium bildeten bald Julia Becker als Verlegerin der Funke-Gruppe, Kai Gniffke als Intendant des Südwestrundfunks, Carsten Brosda als Senator für Kultur und Medien der Freien und Hansestadt Hamburg und Peter Kropsch. Das gemeinschaftliche Ziel – die Erforschung, Vermittlung und Förderung von digitaler Nachrichtenkompetenz – fand schnell weitere Partner. „#UseTheNews" expandierte und etablierte sich im Juli 2022 als gemeinnützige Gesellschaft (gGmbH), die als 100-prozentige Tochter zur *dpa-Unternehmensgruppe* gehört.[72] Aktuell zählt „#UseTheNews" vierzig Medienpartner, achtzehn Programm- und Bildungspartner sowie neun Schulen als Partner.[73]

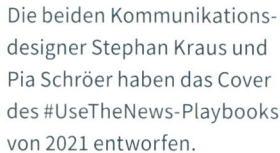

Die beiden Kommunikationsdesigner Stephan Kraus und Pia Schröer haben das Cover des #UseTheNews-Playbooks von 2021 entworfen.

Jacqueline Rother und Klan Badrnejad vom dpa-Faktencheck-Team produzieren mit Jugendlichen ein Video.

„#UseTheNews" verfolgt sein satzungsgemäßes Ziel in drei Säulen: einer wissenschaftlichen, die die Nachrichtennutzung und -kompetenz junger Menschen erforscht; einer medienpraktischen, die neue Ideen und Konzepte für die Praxis von Medienschaffenden entwickelt; und schließlich einer didaktischen, die Bildungsangebote und Lehrmaterialien erarbeitet.

Die wissenschaftliche Arbeit startete zu einem frühen Zeitpunkt. Schon im April 2021 konnten Uwe Hasebrink, Sascha Hölig und Leonie Wunderlich vom Leibniz-Institut für Medienforschung in Hamburg die Ergebnisse ihrer großangelegten empirischen #UseTheNews-Grundlagenstudie vorlegen. Die Nutzungsforschenden hatten unter anderem jeweils 500 Personen aus den Altersgruppen 14 – 17 Jahre und 18 – 24 Jahre Face-to-Face befragt, mit dem Ergebnis, „dass es unter den Jugendlichen und jungen Erwachsenen sehr unterschiedliche Zielgruppen gibt, die Platz für viele Arten von Journalismus bieten".[74] Daraus entstanden vier verschiedene Typen der Nachrichtenorientierung, eine Einteilung, die seither grundlegend ist, sodass journalistisch Informationsorientierte, gering Informationsorientierte, umfassend Informationsorientierte und nicht-journalistisch Informationsorientierte unterschieden werden.

Vor allem die gering Informationsorientierten, die eher unterhaltende Angebote suchen und vor allem Social Media Content Creators folgen, waren Gegenstand einer weiteren Studie, die im Oktober 2023 veröffentlicht wurde. Leonie Wunderlich und Sascha Hölig konnten aus dieser Untersuchung folgern: „Die befragten Jugendlichen und jungen Erwachsenen finden in den etablierten Medien ein zweifelhaftes Gesamtbild, das weniger aufgrund falscher Fakten als vielmehr aufgrund des Weglassens einzelner Tatsachen, Meinungen und Ereignisse zustande kommt. Dies führt zu Vertrauensverlust und zur Abkehr von klassischen Medienangeboten." Entscheidend für deren Informationssuche sind „persönliche Berührungspunkte, die Themen müssen die eigene Person und Identität (Religion, Herkunft) oder das engste Familien- und Freundesumfeld betreffen."[75]

Neben den wissenschaftlichen Ergebnissen machen immer wieder zahlreiche medienpraktische und didaktische Projekte von sich reden. Die *UseTheNews gGmbH* geht auf die Generation Z zu, also auf die zwischen 1995 und 2010 geborenen Jugendlichen und jungen Erwachsenen, die sich als „Digital Natives" in der virtuell-digitalen Welt bewegen. Schülerinnen und Schüler, für die überall verfügbare digitale Informationen aus sozialen Medien und von Messaging-Apps und Plattformen selbstverständlich sind, werden eingeladen, sich am Social News Desk zu beteiligen und in Newscamps und co-kreativen Modellprojekten mitzumachen. Speziell mit denjenigen Digital Natives, die ein gering ausgeprägtes Interesse an Nachrichten haben, werden Formate entwickelt, in denen die Lebenswirklichkeit der 14- bis 24-Jährigen mit aktuellen Nachrichten verknüpft werden. Dabei arbeiten das #UseTheNews-Team mit dem Digitalverlag Hashtag.jetzt, dem Hamburger Bürger- und Ausbildungskanal TIDE und der Organisation der Mediaagenturen in Deutschland (OMG) zusammen. In Newscamps veranstalten Nachwuchsjournalistinnen und -journalisten zusammen mit Jugendlichen Mitmach-Events. Gerade die Formen der Partizipation sind Meinolf Ellers und Vanessa Bitter, Projektmanagerin #UseTheNews, äußerst wichtig: „Nicht nur zeigen, sondern vor allem auch mitmachen lassen."[76]

2024: Das Jahr der Nachricht

Diese Vielzahl von Unternehmungen wird im „Jahr der Nachricht" einen ersten Höhepunkt finden. Mit der Öffentlichkeitskampagne „Das Jahr der Nachricht" soll zwar speziell die Generation Z erreicht werden. Aber der Slogan „Vertraue Nachrichten, die stimmen statt Stimmung machen" zielt auch auf das gesamtgesellschaftliche Bewusstsein vom Wert der Nachrichten, der geprüften, zuverlässigen, objektiv richtigen Informationen, mit denen man das soziale Miteinander begründet. Das Jahr 2024 ist mit Bedacht gewählt, denn die Kampagne reagiert damit nicht nur auf die aktuellen Herausforderungen, sondern sie reiht sich ausdrücklich in eine geschichtliche Traditionslinie ein. Vor 75 Jahren, im Mai 1949, wurde das Grundgesetz mit der darin garantierten Presse- und Meinungsfreiheit verabschiedet, und im September 1949 wurde die *Deutsche Presse-Agentur (dpa)* als nationale Nachrichtenagentur gegründet. In ihrer ersten Meldung war sie mit dem Ziel angetreten: „dpa wird [...] mit vereinten kraeften den ausbau des nachrichtenwesens betreiben. die pflege der objektiven nachricht und die unabhaengigkeit von jeder staatlichen, parteipolitischen und wirtschaftlichen interessengruppe werden das

Nadine Breaty und Jeannie Wagner stellen sich dem Kampf gegen Fake News. Aus der Testimonial-Kampagne zum „Jahr der Nachricht".

merkmal der neuen agentur sein [...]. das kennzeichen dpa muss vom ersten tage an das vertrauen der deutschen zeitungen, der deutschen oeffentlichkeit und der welt haben."[77]

Anmerkungen

1. Vgl. die Lageberichte im dpa-Geschäftsbericht 2020, 42–57; Zitat, 42; dpa-Geschäftsbericht 2021, 50–69; Zitat, 51; dpa-Geschäftsbericht 2022, 48–67; Zitat, 51.
2. AP stellt seit Juni 1900 Regeln auf; 1953 erschien die erste Ausgabe „The Associated Press Stylebook", aktuell ist die 56. Ausgabe, 2022–2024, auf dem Markt. Reuters gibt in der Tradition seines „Reuters Handbook of Journalism" online Informationen zu „Standards & Values": https://www.reutersagency.com/en/about/standards-values/ (7.12.2023).
3. Froben Homburger: Eintrag im dpa-Kompass, 29.11.2023.
4. Vgl. Miriam Rathje: Selenskyj, Selensky oder Zelenskyy?: Hat Steinmeier den Namen im Gästebuch falsch abdrucken lassen? In: Tagesspiegel, 14.5.2023. Online: https://www.tagesspiegel.de/gesellschaft/panorama/selenskyj-selensky-oder-zelenskyy-hat-steinmeier-den-namen-im-gastebuch-falsch-abdrucken-lassen-9818879.html (7.12.2023).
5. Froben Homburger: Eintrag im dpa-Kompass, 9.2.2022.
6. Froben Homburger: Eintrag im dpa-Kompass, 9.11.2023; aktualisiert: 20.11.2023.
7. Froben Homburger: Wann die dpa von Terroristen spricht. In: FAZ, 15.12.2023.
8. Vgl. John Simpson, World Affairs editor der BBC: Why BBC doesn't call Hamas militants ‚terrorists'. BBC News, 11.10.2023. Online: https://www.bbc.com/news/world-middle-east-67083432 (24.12.2023).

9 dpa. Kernenergie. Grundlagen. Definitionen. Stichworte. Leitfaden für Journalisten. Hamburg 1978, 5.
10 Hans-Peter Möhl: dpa. Juristischer Leitfaden für Journalisten. Hamburg 1982; Hans-Peter Möhl; Ulrich Scharlack: Juristischer Leitfaden für Journalisten. Hrsg. von der Deutschen Presse-Agentur. Hamburg: R.S. Schulz 1997.
11 Alles über die Nachricht. Das dpa-Handbuch. Hrsg. von der Deutschen Presse-Agentur. Hamburg: R.S. Schulz 1998.
12 Übermedien, o.D. Online: https://uebermedien.de/dpa-schreibt-und-nicht/ (7.12.2023).
13 Froben Homburger: Jedes Wort zählt, jedes Bild entscheidet. In: FAZ, 8.9.2015. Online: https://www.faz.net/aktuell/feuilleton/medien/berichterstattung-in-krisen-jedes-wort-zaehlt-jedes-bild-entscheidet-13791754.html (7.12.2023).
14 Die von Froben Homburger genannten Online-Kommentare sind nicht mehr auffindbar. Doch wird die damalige Sprachregelung der dpa in „Compact. Magazin für Souveränität" aufgegriffen und in einen Zusammenhang mit der „Lügenpresse" gestellt („Rassisten" und „Fremdenfeinde". In: Compact, 1, 2016, 12).
15 Schneider/Raue 2012, 115.
16 Vgl. beispielsweise die Umfrage von infratest dimap im Auftrag des WDR „So gendern die Deutschen". Online: https://www1.wdr.de/nachrichten/gender-umfrage-infratest-dimap-100.html (29.11.2023).
17 Nachrichtenagenturen wollen diskriminierungssensibler berichten. dpa-Pressemeldung, 21.6.2021.
18 Jenni Zylka; Steffen Grimberg: Zwischen Sternchen und Ignoranz. Wie deutsche Medien mit der Genderfrage umgehen. In: Medien360G, 6.7.2021. Online: https://www.mdr.de/medien360g/medienwissen/wie-medien-gendern-100.html (27.11.2023).
19 Marc Bartl: Tagesspiegel-Chefredaktion stellt klar: Es stimmt nicht, dass wir das Gendern abschaffen. In: kress.de, 28.11.2023. Online: https://kress.de/news/beitrag/146751-tagesspiegel-chefredaktion-stellt-klar-es-stimmt-nicht-dass-wir-das-gendern-abschaffen.html (29.11.2023). Der „Tagesspiegel" reagierte u.a. auf die Schlagzeile der „Bild"-Zeitung, die am 27.11.2023 lautete: Wegen Abo-Kündigungen! Anti-Gender-Befehl beim „Tagesspiegel". Online: https://www.bild.de/politik/2023/politik/wegen-abo-kuendigungen-anti-gender-befehl-beim-tagesspiegel-86241096.bild.html (29.11.2023).
20 Zit. n. Zylka/Grimberg (Anm. 18).
21 Startseite des DJV. Online: https://www.djv.de/startseite/info/themen-wissen/chancengleichheit-diversity/diskriminierungsfreie-sprache (27.11.2023).
22 Genderleicht. Unsere Mission. Online: https://www.genderleicht.de/das-projekt/ (27.11.2023).
23 Christine Olderdissen: Agenturen wie dpa texten jetzt sensibler. In: Genderleicht, 24.6.2021. Online: http://www.genderleicht.de/agenturen-wie-dpa-texten-jetzt-sensibler/ (27.11.2023).
24 Vgl. u.a. Lorenz Matzat: Faktencheck mit Haken: Das Facebook-Dilemma von Correctiv. In: Übermedien, 12.12.2019. Online: https://uebermedien.de/44183/faktencheck-mit-haken-das-facebook-dilemma-von-correctiv/ (11.2.2024); Florian Zandt: Facebook führt bei Fake News. In: statista, 27.7.2021. Online: https://de.statista.com/infografik/25413/relevante-plattformen-fuer-desinformation-in-deutschland-nach-expert_innenmeinung/ (11.2.2024); Nicole Diekmann: Geliebter Feind – Die Abhängigkeit der Verlage und Sender von der Konkurrenz. In: Fachjournalist, 6.10.2021. Online: https://www.fachjournalist.de/geliebter-feind-%E2%88%92-die-abhaengigkeit-der-verlage-und-sender-von-der-konkurrenz/ (11.2.2024).
25 Jens Petersen zitiert bei Matzat (Anm. 24).
26 Vgl. Alexander Fanta: Für dpa wird das Desinformationsproblem von Meta zum Geschäftszweig. In: Übermedien, 24.2.2022. Online: https://uebermedien.de/67502/fuer-dpa-wird-das-desinformationsproblem-von-meta-zum-geschaeftszweig/ (11.2.2024).
27 Jesper Doub: Facebook News: dpa übernimmt Kuratierung in Deutschland. In: Facebook/Meta, 19.1.2022. Online: https://about.fb.com/de/news/2022/01/facebook-news-dpa-uebernimmt-kuratierung/ (11.2.2024).
28 Vgl. Frank Puscher: Facebook schaltet News in Deutschland ab. In: Meedia, 6.9.2023. Online: https://www.meedia.de/medien/mangelndes-nutzerinteresse-facebook-schaltet-news-in-deutschland-ab-88bd127af9645c42396a8a93c0f1c697 (6.9.2023); sowie die Angaben bei Facebook unter: https://de-de.facebook.com/business/help/417376132287321?id=204021664031159 (11.2.2024).
29 Vgl. https://www.dpa.com/de/faktencheck (11.2.2024).
30 Vgl. u.a. Köhler 2020; Möller/Hameleers/Ferreau 2020. Die dpa-infocom GmbH veröffentlichte in diesem Zusammenhang das Whitepaper: Faktencheck auf neuem Terrain. Medienkompetenz stärken und Desinformation bekämpfen im Zeitalter der KI. Hamburg 2023.
31 Silke Brüggemeier im Interview mit Hans-Ulrich Wagner, 11.5.2023.
32 Vgl. Ruprecht Sommer: Wie dpa-Chefredakteur Sven Gösmann das Video-Angebot jetzt massiv ausbaut. In: Kress, 11.5.2020. Online: https://kress.de/news/beitrag/139575-wie-dpa-chefredakteur-sven-goesmann-das-video-angebot-jetzt-massiv-ausbaut.html (9.2.2024); zum Zukauf des Videogeschäfts von TNN und zur Integration des Personals in die Rufa GmbH vgl. dpa-Geschäftsbericht 2021, 55.
33 Videos für Digitalkanäle. In: dpa. Online: https://www.dpa.com/de/videos-digital.
34 Der Chef der Sendung Bild-Live: Marc-Oliver Kühle wechselt zur dpa. In: Kress, 28.6.2022. Online: https://kress.de/news/beitrag/143905-der-chef-der-sendung-bild-live-marc-oliver-kuehle-wechselt-zu-dpa.html (9.2.2024).
35 Felix Erdtmann verstärkt dpa-Videoteam als CvD. dpa-Pressemeldung, 16.10.2023. Online: https://www.presseportal.de/pm/8218/5626897 (9.2.2024).
36 Silke Brüggemeier (Anm. 31).
37 Zum Podcast-Boom und zum vielfältigen Angebot vgl. u.a. Lutz Frühbrodt und Ronja Auerbacher: Den richtigen Ton treffen. Der Podcast-Boom in Deutschland. Frankfurt am Main 2021 (= OBS-Arbeitsheft 106). Online: https://www.otto-brenner-stiftung.de/der-podcast-boom-in-deutschland/ (1.10.2023); Bernard Domenichini: Podcastnutzung in Deutschland. In: Media-Perspektiven, Heft 2, 2018, 46–49.
38 Silke Brüggemeier (Anm. 31).
39 Theresa Rentsch: Start des dpa-Audio Hubs: dpa unterstützt Podcaster bei der Produktion. In: dpa-innovation, 13.4.2021. Online: https://innovation.dpa.com/2021/04/13/dpa-audio-hub-dpa-unterstuetzt-podcaster/ (23.1.2024).
40 dpa startet Mitte Februar täglichen Nachrichten-Podcast. In: Radioszene, 6.2.2021. Online: https://www.radioszene.de/152034/daily-news-podcast.

html (22.1.2024); vgl. auch Frühbrodt/Auerbacher 2021 (Anm. 37), 87.

41 „Einen dpa-Podcast wird es niemals geben." David Krause über die Podcast-Pläne der Deutschen Presse-Agentur. In: turi2, 31.8.2022. Online: https://www.turi2.de/wissen/podcast/interviewdavid-krause-ueber-die-podcast-plaene-der-dpa/ (23.1.2024).

42 Jens Ohlig: Troll Army – Russlands Krieg im Internet. In: Tagesspiegel, 15.7.2022; in der „Süddeutschen Zeitung" wurde die Podcast-Staffel als „Podcast-Tipp im Juni" vorgestellt, 19.7.2022. – Spotify weist 4.025 Bewertungen mit der Note 4,8 aus (Stand: 23.1.2024).

43 Informationen auf Spotify: https://open.spotify.com/show/3KHPkg0L7Dqkr5p3suGbi8 (10.1.2023).

44 Podimo und dpa starten News-Podcast „Stand der Dinge" mit Host Maria Popov. dpa-Pressemitteilung vom 9.1.2023. Online: https://www.presseportal.de/pm/8218/5412278 (10.1.2023).

45 Vgl. „Wir sind der Mittelfinger gegenüber Klischees". Sebastian Sonntag im Gespräch mit Maria Popov. In: DLF nova, 22.1.2023. Online: https://www.deutschlandfunk-nova.de/beitrag/moderatorin-maria-popov-oft-bin-ich-die-einzige-frau-am-set (22.1.2024).

46 Zitat von https://open.spotify.com/ (23.1.2023).

47 „Stand der Dinge" ist in der 131 Podcasts ausweisenden Liste der „Media Analyse podcast" vom Juli 2022 nicht gelistet. Online: https://www.agma-mmc.de/fileadmin/user_upload/Pressemitteilungen/2022/Anlage_zur_ma_Podcast_-_Juli_2022.pdf (23.1.2023).

48 Alle Informationen auf Spotify: https://open.spotify.com/episode/5d4R2qjtyt9paWX7wmHlYf (23.1.2023).

49 Peter Kropsch, im April 2023, im Editorial des dpa-Geschäftsberichts 2022, 10.

50 Zentrale Botschaften zu Rubix. o.D [1 Seite Typoskript]. dpa. Unternehmenskommunikation. Hervorhebungen im Original.

51 Felix Frieler: Superkräfte und Bullshit-Bingo: Wie uns innovative Methoden bei der Entwicklung eines neuen Redaktionssystems helfen. Blog-Beitrag auf dpa-Innovation, 21.9.2020. Online: https://www.presseportal.de/pm/8218/4712732 (31.1.2024).

52 Felix Frieler im Interview mit Hans-Ulrich Wagner, 11.5.2023. Alle Zitate, soweit nicht anders nachgewiesen, entstammen diesem Interview.

53 Sven Gösmann: Zurück in die Zukunft. In: dpa-Geschäftsbericht 2020, 30 – 33; Zitat, 32.

54 Peter Kropsch (Anm. 49).

55 Vgl. die Informationen auf der Webseite von MINDS: https://minds-international.com/ (4.2.2024).

56 Rubix. Editorial System as a transparent factory. o.D [= April 2023] [9-seitige Powerpoint-Präsentation]. dpa. Unternehmenskommunikation.

57 Peter Kropsch im Interview mit Hans-Ulrich Wagner am 8.6.2023.

58 dpa & Gen AI: Zwischenstand Kommunikation & Guidelines. Konzeptpapier. Task Force Generative AI. Berlin, März 2023 [9-seitiges internes Dokument]. dpa. Unternehmenskommunikation.

59 Kim Björn Becker: Neues Spiel, neue Regeln. Eine Untersuchung von redaktionellen Richtlinien für den Umgang mit Künstlicher Intelligenz im Newsroom. In: Journalistik. Zeitschrift für Journalismusforschung 6(2023), H. 2, 142 – 163. Vgl. auch Sebastian Raabe: Offen, verantwortungsvoll und transparent – Die Guidelines der dpa für Künstliche Intelligenz. In: Blog-Beitrag auf dpa-Innovation, 3.4.2023. Online: https://innovation.dpa.com/2023/04/03/kuenstliche-intelligenz-fuenf-guidelines-der-dpa/ (10.5.2023); Sebastian Raabe: Leitlinien für den Umgang mit KI-Systemen im dpa-Konzern. In: Bundesverband Digitalpublisher und Zeitungsverleger: Change the Games. Jahresreport Digital 2023. Berlin 2023, 35 – 39.

60 Peter Kropsch (Anm. 57).

61 Startschuss für eine KI-Entrepreneur-Infrastruktur bei dpa. Intranet, 8.11.2023. dpa. Unternehmenskommunikation.

62 Erster HacKIthon bei dpa: 24 Stunden im Zeichen der Künstlichen Intelligenz, 30.10.2023. dpa. Unternehmenskommunikation.

63 Schickler Unternehmensberatung; dpa (Hrsg.): DRIVE. Gemeinsam digitale Erlöse steigern. Eine Zwischenbilanz. Hamburg o.J. [= Oktober 2021]; Starker Zuwachs für DRIVE-Datenallianz von dpa und Schickler. Pressemeldung der dpa, 21.11.2023. Online: https://www.presseportal.de/pm/8218/5654139 (21.11.2023).

64 Meinolf Ellers im Interview mit Hans-Ulrich Wagner, 19.2.2024.

65 Projekt DRIVE bei den INMA Global Media Awards als „Best in Show" ausgezeichnet. Pressemeldung der dpa, 3.6.2021. Online: https://www.presseportal.de/pm/8218/4932175 (19.2.2024).

66 Christian Volbracht im Interview mit Hans-Ulrich Wagner, 15.3.2023; im Interview mit Meinolf Ellers, 2019.

67 The evolution of audience-driven publishing. User needs model 2.0. Smartocto in collaboration with Dmitry Shiskin. Online: https://smartocto.com/research/userneeds/ (2.7.2023).

68 Meinolf Ellers zu Gast im Seminar „Was macht eigentlich eine Nachrichtenagentur? Geschichte und aktuelle Herausforderungen der dpa" an der Universität Hamburg, 15.11.2022.

69 Meinolf Ellers: Vorwort, sowie Jens Petersen: #UseTheNews. Drei Säulen für mehr Nachrichtenkompetenz. In: dpa/BDZV 2021, 8f. sowie 10 – 12.

70 Vgl. Pressemeldung von next media. Scoopcamp, 25.9.2019. Online: https://www.nextmedia-hamburg.de/wp-content/uploads/2019/07/03_PM_scoop-camp-2019_Alan_Rusbridger_22052019.pdf (10.2.2024).

71 Vgl. Pressemeldung der dpa, 26.9.2019. Online: https://www.presseportal.de/pm/8218/4386356 (10.2.2024).

72 Vgl. die Firmenbekanntmachung bei Northdata. Online: https://www.northdata.de/UseTheNews+gGmbH,+Hamburg/HRB+175110 (10.2.2024); sowie die Ausführungen im dpa-Geschäftsbericht 2022, 11, 57, 62.

73 Vgl. https://www.usethenews.de/de (10.2.2024).

74 Hauptkenntnisse aus der #UseTheNewsStudie, 28.4.2021. Online: https://leibniz-hbi.de/uploads/media/Publikationen/cms/media/8a5bnki_UTN_Executive-Summary_HBI.pdf (10.2.2024); vgl. den gesamten Bericht: Hasebrink/Hölig/Wunderlich 2021.

75 Pressemeldung des Leibniz-Instituts für Medienforschung, 26.10.2023. Online: https://www.hans-bredow-institut.de/de/aktuelles/verstaendlicher-nicht-so-politisch-was-gering-informationsorientierte-junge-menschen-von-nachrichten-erwarten (10.2.2024); vgl. den gesamten Bericht: Wunderlich/Hölig 2023.

76 Nina Pommerenke im Gespräch mit Meinolf Ellers und Vanessa Bitter: „Wir starten ein Labor für eine neue Form von Social-Media-Journalismus." Blog-Beitrag auf dpa Innovation, 8.2.2024.

77 dpa. Unternehmensarchiv.

Die Gesellschafter der dpa 2024[1]

Medienhaus Aachen GmbH, Aachen
SDZGB Immobilien GmbH & Co. KG, Aalen
Württembergischer Zeitungsverband e.V., Aalen
Gebr. Geiselberger GmbH Druck und Verlag, Altötting
Fränkische Landeszeitung GmbH, Ansbach
Verlag und Druckerei Main-Echo GmbH & Co. KG, Aschaffenburg
Presse-Druck- und Verlags-GmbH, Augsburg
A.H.F. Dunkmann GmbH & Co. KG, Verlag der Ostfriesischen Nachrichten, Aurich
Buchdruckerei Friedrich Stroh OHG, Verlag der Backnanger Kreiszeitung, Murrtalbote Backnanger Tagblatt, Backnang
Hoehl-Druck GmbH & Co. Hersfelder Zeitung KG, Bad Hersfeld
KVG Kissinger Verlagsgesellschaft mbH & Co. KG, Bad Kissingen
Badisches Tagblatt GmbH, Baden-Baden
Fränkischer Tag GmbH, Bamberg
Nordbayerischer Kurier Zeitungsverlag GmbH, Bayreuth
Wilhelm Heß & Co. GmbH, Bensheim
Ernst Brune GmbH & Co. KG, Wilhelmshaven
FUNKE Berlin Wochenblatt GmbH, Berlin
Verlag Der Tagesspiegel GmbH, Berlin
Axel Springer Deutschland GmbH, Berlin
B.Z. Ullstein GmbH, Berlin
Zeitungsverlag NEUE WESTFÄLISCHE GmbH & Co. KG, Bielefeld
Westfalen-Blatt Vereinigte Zeitungsverlage GmbH & Co. KG, Bielefeld
Gläser & Kümmerle GmbH & Co. KG, Bietigheim-Bissingen
Kreiszeitung Böblinger Bote, Wilhelm Schlecht GmbH & Co. KG, Böblingen
Berg-Verlag GmbH, Bochum
General-Anzeiger Bonn GmbH, Bonn
Hackmack, Meyer KG, Bremen
Nordsee-Zeitung GmbH, Bremerhaven
Cellesche Zeitung Schweiger & Pick, Verlag Pfingsten GmbH & Co. KG, Celle
Druck- und Verlagsanstalt Neue Presse GmbH, Coburg
SÜDWEST PRESSE Hohenlohe GmbH & Co. KG, Schwäbisch Hall
Cuxhaven-Niederelbe, Verlagsgesellschaft mbH & Co. KG, Cuxhaven
Verlag Lensing-Wolff GmbH & Co. KG, Dortmund
Fachverlag Dr. Helmut Arnold GmbH, Dortmund
BCS Broadcast Sachsen GmbH & Co. KG, Dresden
Vermögensverwaltungs- und Treuhand-Gesellschaft des Deutschen Gewerkschaftsbundes mbH, Berlin

Handelsblatt Media Group GmbH & Co. KG, Düsseldorf
Vermögensverwaltung der ehemaligen HBV GmbH, Berlin
Rheinische Post Verlagsgesellschaft mbH, Düsseldorf
Westdeutsche Zeitung GmbH & Co. KG, Wuppertal
Emder Zeitung GmbH & Co. KG, Emden
Werra Verlag Kluthe GmbH & Co. KG, Eschwege
Rheinisch-Westfälische Verlagsgesellschaft mbH, Essen
FUNKE Medien Thüringen GmbH, Erfurt
FUNKE Medien NRW GmbH, Essen
Bechtle Graphische Betriebe und Verlagsgesellschaft (Bechtle Verlag und Esslinger Zeitung) GmbH & Co. KG, Esslingen/Neckar
medien holding:nord GmbH, Flensburg
Frankfurter Societäts-Medien GmbH, Frankfurt/Main
Robert Feiger, Industriegewerkschaft Bauen-Agrar-Umwelt, Frankfurt/Main
Verleger Jörg Hofmann, IG Metall, Frankfurt/Main
Marlis Tepe, Gewerkschaft Erziehung und Wissenschaft, Frankfurt/Main
Frankfurter Allgemeine Zeitung GmbH, Frankfurt/Main
RADIO/TELE FFH GmbH & Co. Betriebs-KG, Bad Vilbel
Badischer Verlag GmbH & Co. KG, Freiburg
Parzeller GmbH & Co. KG, vormals Fuldaer Actiendruckerei, Fulda
Geislinger Zeitung Verlagsgesellschaft mbH & Co. KG, Geislingen
Mittelhessische Druck- und Verlagshaus GmbH & Co. KG, Gießen
VRM MH GmbH & Co. KG, Wetzlar
Goslarsche Zeitung Karl Krause GmbH & Co. KG, Goslar
Funkhaus Halle GmbH & Co. KG, Halle/Saale
Heinrich Bauer Verlag KG, Hamburg
Gruner + Jahr Deutschland GmbH, Hamburg
Deutsche Druck- und Verlagsgesellschaft mbH, Berlin
Vermögensverwaltung der ehemaligen DAG GmbH, Berlin
Norddeutscher Rundfunk. Anstalt des öffentlichen Rechts, Hamburg
SPIEGEL-Verlag Rudolf Augstein GmbH & Co. KG, Hamburg
Gewerkschaft Nahrung-Genuss-Gaststätten (Verlag Einigkeit), Hamburg
Westfälischer Anzeiger Verlagsgesellschaft mbH & Co. KG, Hamm
Hanauer Anzeiger GmbH & Co. KG, Hanau
Antenne Niedersachsen GmbH & Co. KG, Hannover
Madsack Medien Ostniedersachsen GmbH & Co. KG, Peine
Funk & Fernsehen Nordwestdeutschland GmbH & Co. KG, Hannover
Verlagsgesellschaft Madsack GmbH & Co. KG, Hannover
Treuhandverwaltung der Nachfolge des Verbandes der Fabrikarbeiter Deutschlands, GmbH, Hannover
DSV Deutscher Sportverlag GmbH, Köln
Boyens Medien Beteiligungs GmbH & Co. KG, Heide

Rhein-Neckar-Zeitung GmbH, Heidelberg
Druck & Medien Heilbronn GmbH, Heilbronn
Herforder Kreisblatt Busse GmbH, Herford
Gebrüder Gerstenberg GmbH & Co. KG, Hildesheim
Frankenpost-Verlag GmbH, Hof
Ibbenbürener Vereinsdruckerei GmbH, Ibbenbüren
Donaukurier GmbH, Ingolstadt
Zeitungsverlag Iserlohn, Iserlohner Kreisanzeiger und Zeitung (IKZ), Wichelhoven Verlags-GmbH & Co. KG, Iserlohn
Badische Neueste Nachrichten, Badendruck GmbH, Karlsruhe
Verlag Dierichs GmbH & Co. KG, Kassel
WWZ Beteiligungsgesellschaft mbH, Rosenheim
Allgäuer Zeitungsverlag GmbH, Kempten
Kieler Zeitung, Verlags- und Druckerei KG - GmbH & Co., Kiel
GO Druck Media Verlag GmbH & Co. KG, Kirchheim unter Teck
Mittelrhein-Verlag GmbH, Koblenz
RTL Television GmbH, Köln
Heinen-Verlag GmbH, Köln
Westdeutscher Rundfunk Köln. Anstalt des öffentlichen Rechts, Köln
DuMont Regionalmedienholding GmbH & Co. KG, Köln
Südkurier GmbH, Konstanz
Wilhelm Bing Druckerei und Verlag GmbH, Korbach
Mediengruppe Oberfranken GmbH & Co. KG, Bamberg
ZGO Zeitungsgruppe Ostfriesland GmbH, Leer
Schwäbischer Verlag GmbH & Co. KG, Ravensburg
MPO Medien GmbH, Würzburg
Lübecker Nachrichten GmbH, Lübeck
Druck- und Verlagsgesellschaft Köhring GmbH & Co. KG, Lüchow
Märkischer Zeitungsverlag GmbH & Co. KG, Lüdenscheid
Ungeheuer + Ulmer KG GmbH + Co, Ludwigsburg
RHEINPFALZ Verlag und Druckerei GmbH & Co. KG, Ludwigshafen
Medienhaus Lüneburg GmbH, Lüneburg
Zweites Deutsches Fernsehen. Anstalt des öffentlichen Rechts, Mainz
Mannheimer Morgen Großdruckerei und Verlag GmbH, Mannheim
HITZEROTH Druck + Medien GmbH & Co. KG, Marburg
Medienhaus Bauer GmbH & Co. KG, Marl
J.C.C. Bruns Betriebs-GmbH, Minden
Süddeutsche Zeitung GmbH, München
Verlag Neuer Merkur GmbH, Planegg
Münchener Zeitungs-Verlag GmbH & Co. KG, München
Aschendorff Medien GmbH & Co. KG, Münster
Zeno-Zeitungsverlagsgesellschaft mbH, Borken

Rheinische Post Verlagsgesellschaft mbH, Düsseldorf
J. Hoffmann GmbH & Co. KG, Nienburg
SKN Druck und Verlag GmbH & Co., Norden
Nordbayerische Verlagsgesellschaft mbH, Nürnberg
Pressehaus GmbH, Nürnberg
Neue Welle Franken Antenne Nürnberg Hörfunkprogrammgesellschaft mbH, Nürnberg
Senner Medien GmbH & Co. KG, Nürtingen
Radio NRW GmbH, Oberhausen
Schwarzwälder Bote Mediengesellschaft mbH, Oberndorf
E. Holterdorf GmbH & Co. KG, Oelde
Pressehaus Bintz Verlag GmbH & Co. KG, Offenbach
Burda GmbH, Offenburg
Reiff Verlag GmbH & Co. KG, Offenburg
Nordwest-Medien GmbH & Co. KG, Oldenburg
Neue Osnabrücker Zeitung GmbH & Co. KG, Osnabrück
Passauer Neue Presse GmbH, Passau
J. Esslinger GmbH & Co. KG, Pforzheim
A. Beig Druckerei und Verlag GmbH & Co. KG, Pinneberg
Adolf Deil GmbH & Co. KG Druckerei und Verlag der Pirmasenser Zeitung, Pirmasens
Mittelbayerische Zeitung GmbH, Regensburg
Remscheider Medienhaus GmbH & Co. KG, Remscheid
Reutlinger Generalanzeiger Verlags-GmbH & Co. KG, Reutlingen
Siebe Ostendorp GmbH, Rhauderfehn
Union Betriebs-GmbH, Rheinbach
Ebner Pressegesellschaft GmbH & Co. KG, Ulm
SVD Invest GmbH, Schwetzingen
Siegener Zeitung Vorländer + Rothmaler GmbH & Co. KG, Siegen
W. Jahn Verlag GmbH & Co. KG, Soest
B. Boll, Verlag des Solinger Tageblattes GmbH & Co., Solingen
Mundschenk Nachrichtengesellschaft mbH & Co. KG, Soltau
Klambt-Verlag GmbH & Cie., Speyer
Cl. Attenkofer'sche Buch- und Kunstdruckerei Verlagsbuchhandlung Straubing, Straubing
Immobilienverwaltungsgesellschaft der ver.di mbH, Berlin
Vermögensverwaltung der ehemaligen IG Medien Druck und Papier, Publizistik und Kunst GmbH, Berlin
Stuttgarter Nachrichten Verlagsgesellschaft mbH, Stuttgart
Stuttgarter Zeitung Verlagsgesellschaft mbH, Stuttgart
Kreiszeitung Verlagsgesellschaft mbH & Co. KG, Syke
Trierischer Volksfreund Medienhaus GmbH, Trier

Oberland-Presse GmbH, Passau
Südwest-Presse GmbH Gemeinschaft südwestdeutscher Zeitungsverleger, Tübingen
C. Beckers Buchdruckerei GmbH & Co. KG, Uelzen
Neue Pressegesellschaft mbH & Co. KG, Ulm
Zeitungsverlag Rubens GmbH & Co. KG, Unna
WeltN24 GmbH, Berlin
Dr. Wimmershof GmbH + Co. KG, Vaihingen/Enz
OM-Mediengruppe KG, Cloppenburg
Zeitungsverlag GmbH & Co. Waiblingen KG, Waiblingen
Der neue Tag Oberpfälzischer Kurier Druck- und Verlagshaus GmbH, Weiden
DiesbachMedien GmbH, Weinheim
VRM Wetzlar GmbH, Wetzlar
Medienhaus BruneMettcker GmbH, Wilhelmshaven
Main-Post GmbH, Würzburg
Göttinger Tageblatt GmbH & Co., Göttingen
Saarbrücker Zeitung Medienhaus GmbH, Saarbrücken
VRM GmbH & Co. KG, Mainz
Echo Medien GmbH, Darmstadt

Anmerkung

1 Liste der Gesellschafter der Gesellschaft mit beschränkter Haftung in Firma dpa Deutsche Presse-Agentur GmbH mit dem Sitz in Hamburg. Amtsgericht Hamburg (Liste gemäß § 40 GmbHG). dpa. Unternehmenskommunikation.

Unternehmensleitung

Vorsitzende des Aufsichtsrats
Dr. Anton Betz, September 1949 – April 1951
Dr. Hugo Stenzel, April 1951 – Juni 1963
Georg Macknow, Juni 1963 – †Juni 1969
Werner G. Hoffmann, Juni 1969 – Oktober 1974
Otto Wolfgang Bechtle, Oktober 1974 – Juni 1991
Florian Lensing-Wolff, Juni 1991 – Juni 1996
Karlheinz Röthemeier, Juni 1996 – Juni 2014
David Brandstätter, seit Juni 2014

Geschäftsführer / Vorsitzende der Geschäftsführung (ab 1989)
Fritz Sänger, September 1949 – September 1955
Dr. Wolfgang Weynen, Oktober 1955 – Juli 1978
Dr. Thilo Pohlert, 1978/79 – Dezember 1984
Dr. Walter Richtberg, Januar 1985 – Dezember 2005
Malte von Trotha, Dezember 2005 – Dezember 2010
Michael Segbers, ab Dezember 2010 kommissarisch, Dezember 2011 – Januar 2017
Peter Kropsch, seit Januar 2017

Chefredakteure
Fritz Sänger, September 1949 – Mai 1959
Erich Eggeling, Oktober 1959 – Dezember 1967
Dr. Hans Benirschke, Januar 1968 – Dezember 1990
Dr. Wilm Herlyn, Januar 1991 – Dezember 2009
Wolfgang Büchner, Januar 2010 – Dezember 2013
Sven Gösmann, seit Januar 2014

Quellen, Interviews, Literatur

Quellen

dpa. Unternehmensarchiv

Am Standort Hamburg wurden während der Projektlaufzeit ab November 2021 zahlreiche Dokumente zur Geschichte der dpa systematisch zusammengetragen. Auf diesen Aktenbestand bezieht sich der Nachweis „dpa. Unternehmensarchiv". Der Umfang der Sammlung beträgt insgesamt zwanzig laufende Meter. Der Bestand ist gegenwärtig nicht systematisch erschlossen; die einzelnen Akten haben keine Signatur. Ein Bestandsverzeichnis soll erstellt werden.

Wichtige Bestände innerhalb des Unternehmensarchivs sind:
- Bestand mit dpd-Unterlagen, 1945 – 1953
  - darin u.a. unveröffentl. Typoskripte zur Geschichte der dpa und des dpd
  - Riggert, Ernst (1951): Deutscher Pressedienst 1945 – 1949. Ein Abriß seiner Nachkriegs-Entwicklung. Hamburg: [Hektographiertes Typoskript]
  - dpd / Deutscher Presse-Dienst e.G.m.b.H. (o.J. [= 1953]): Werden und Wert [28-seitiger Druck]
  - Matthäus, Gerhard (o.J.): dpd-Geschichte. 6 Teile. 1. Teil: Der Krieg und seine Erben; 2. Teil: Treffpunkt Rothenbaumchaussee; 3. Teil: Der Deutsche Presse Dienst meldet ...; 4. Teil: dpd wird deutsch; 5. Teil: Wie tot ist Goebbels?: 6. Teil: Das Jahr der Entscheidung. Hamburg: [Hektographierte Typoskripte]
- dpa. Geschäftsberichte, 1949/50 – 2022
- Protokolle der Sitzungen des dpa-Aufsichtsrats der dpa, 1949 ff. (mit Lücken)
- Protokolle der dpa-Gesellschafterversammlungen, 1949 ff. (mit Lücken)
- Bestand. Fritz Sänger
- Bestand. Zusammenarbeit mit ADN / DDR
- Bestand. Walter E. Brell
- Bestand. Rechtsfälle
- Bestand. Falschmeldung Chruschtschow
- Bestand. info, 1994 – 2015
- Bestand. Klaus Sprick
- Hauszeitschriften, darunter u. a.
  - Betriebs-Rundblick. Hauszeitschrift, Mitteilungsblatt der Geschäftsführung und des Betriebsrats der Deutschen Presse-Agentur, Nr. 1, 15.6.1950 – Sommer 1963
  - blick punkt dpa, 1993 – 1999
  - dpa. Agentour. 1.10.2003 – Nr. 2, Oktober 2010

- [Jubiläumsausgaben]
  - Deutsche Presse-Agentur GmbH (Hrsg.) (1969): Zwanzig Jahre Deutsche Presse-Agentur. Hamburg: dpa
  - Deutsche Presse-Agentur (Hrsg.) (1974): 25 Jahre Deutsche Presse-Agentur. 1949 – 1974. Hamburg
  - Deutsche Presse-Agentur GmbH (Hrsg.) (1989): 40 Jahre dpa. Hamburg: Deutsche Presse-Agentur GmbH
  - Deutsche Presse-Agentur GmbH (Hrsg.) (1999): 50 Jahre dpa Deutsche Presse-Agentur GmbH. Hamburg
  - Deutsche Presseagentur GmbH (Hrsg.) (2019): Den Fakten verpflichtet. 70 Jahre dpa. Hamburg: dpa
- Eigenpublikation der dpa (chronologisch)
  - Deutsche Presse-Agentur (Hrsg.) (1950): [ohne Titel; Broschüre zum einjährigen Bestehen]. Hamburg, 1.9.1950
  - Deutsche Presse-Agentur [April 1951]: Deutschland 1951. Hamburg
  - Deutsche Presse-Agentur (Hrsg.) (1998): Alles über die Nachricht. Das dpa-Handbuch. Starnberg: R. Schulz
  - Deutsche Presse-Agentur GmbH (Hrsg.) (1999): Die Macht der Bilder. dpa. 50 Jahre. Frankfurt am Main: Deutsche Presse-Agentur GmbH
  - Deutsche Presse-Agentur GmbH (Hrsg.) (1999): Wegweiser durch die dpa-Dienste. Hamburg: Eigenverlag
  - 60 Jahre dpa (2009). In: dpa. agentour. Deutsche Presse-Agentur GmbH informiert (3)
  - Das große dpa Bildarchiv. Das bewegte die Welt (2004). Frankfurt am Main
  - Alles über die Nachricht. Das dpa-Handbuch. Starnberg: R.S. Schulz 1998
  - Der Ort für Europas Agenturen. Machbarkeitsstudie über die Einrichtung eines gemeinsamen Newsroom von Europäischen Nachrichtenagenturen in Brüssel. Hamburg: dpa. Dezember 2020
  - dpa; BDZV (Hrsg.) (2021): Playbook #usethenews. Hamburg; Berlin: dpa; BDZV

dpa. Unternehmenskommunikation

Der Zugang zu digitalisierten Beständen wurde über die dpa-Unternehmenskommunikation ermöglicht, darunter:
- Historische dpa-Meldungen
- Informationen im Intranet
- Fotobestände
- Whitepaper

Weitere Archive

Bundesarchiv. Koblenz und Berlin
- B 6. N 1261 Nachlass Fritz Sänger
- B 136 Bundeskanzleramt. Bestand: Die Kabinettsprotokolle der Bundesregierung. Online: https://kabinettsprotokolle.bundesarchiv.de/
- R 55 Reichsministerium für Volksaufklärung und Propaganda
- R 9361 Personenbezogene Unterlagen der NSDAP/Parteikorrespondenz

Deutsches Rundfunkarchiv (DRA). Potsdam
- Intendantenkonferenz der ARD. ARD-Schriftgut. A06/272, 4-631

Dokumentations- und Informationssystem (DIP). Berlin
- Drucksachen des Deutschen Bundestags.
Online: https://www.bundestag.de/drucksachen

Norddeutscher Rundfunk (NDR). Unternehmensarchiv. Hamburg
- Produktionsunterlagen zur Quizsendung „Ente gut – alles gut"

Staatsarchiv Hamburg (StAHH)
- Amtsgericht Hamburg. Handels-, Genossenschafts- und Musterregister. 231-7. Sign.: B 1973-51
- Staatliche Pressestelle. 135-1. V. Sign.: I A II b1; II A II b1
- Deutscher Presse Dienst GmbH, später: Deutsche Presse-Agentur GmbH (dpa), 1947 – 1979. 131-1. Sign.: II_6309
- Norddeutscher Rundfunk. 621-1/144. Sign.: 661; 1854

Stiftung Bundeskanzler Adenauer Haus Bad Honnef (StBKAH)
- Korrespondenz zur dpd-Meldung von Franz Hange, 1949. StBKAH. I 09.20/258

Westdeutscher Rundfunk. Unternehmensarchiv. Köln
- Verschiedene Bestände betreffend dpa, darunter vor allem
- Bestände des Justitiariats
- Bestände von Fritz Brühl, Vertreter im Aufsichtsrat der dpa

Interviews

Interviewer: Hans-Ulrich Wagner
Martin Bensley. Interview in Hamburg, 22.11.2023
Silke Brüggemeier. Interview in Berlin, 11.5.2023
Meinolf Ellers. Interview in Hamburg, 15.12.2023 und 19.2.2024
Michael Fischer. Interview in Berlin, 11.5.2023
Felix Frieler. Interview in Berlin, 11.5.2023
Sven Gösmann. Interview in Berlin, 11.5.2023
Peer Grimm. Interview (per Zoom), 8.11.2023
Matthias Hoenig. Interview (per Telefon), 23.10.2023
David Kluthe. Interview in Berlin, 11.5.2023
Peter Kropsch. Interview in Hamburg, 8.6.2023; Interview (per Zoom), 13.2.2024

Sebastian Raabe. Interview in Berlin, 11.5.2023
Dietmar Schulz. Interview (per Zoom), 12.10.2023
Christian Volbracht. Interview in Hamburg, 13.4.2023 und 3.11.2023

Interviewerin: Yulia Yurtaeva-Martens
Barbara Bachtler. Interview in Berlin, 16.12.2022
Franz Lebsanft. Interview (schriftlich), 30.12.2022
Christina Freitag. Interview (per Telefon), 16.5.2023 und 16.9.2023

Interviewer: Meinolf Ellers und Jens Petersen
Geführt anlässlich des 70. Jahrestags der dpa im Jahr 2019.
　dpa. Unternehmensarchiv
Harald Bojunga. Interview, 2019
Carl-Eduard Meyer. Interview, 2019
Dr. Walter Richtberg. Interview, 2019
Karlheinz Röthemeier. Interview, 2019
Klaus Sprick. Interview, 2019
Christian Volbracht. Interview, 2019
Prof. Dr. Jürgen Wilke. Interview in Berlin, 2019

Auskünfte und Informationen
Uwe Anspach (dpa), 18.11.2023
Prof. Dr. Thomas Birkner (Paris Lodron Universität Salzburg), 27.11.2023
Sandra Burkhardt (Bundesarchiv Koblenz), 29.2.2024
Meinolf Ellers (dpa), 2021 – 2024
Dr. Kathrin Enzel (Stiftung Hanseatisches Wirtschaftsarchiv, Hamburg), 4.3. und 4.4.2022
Hannah Fiedler (Museumsstiftung Post und Telekommunikation, Berlin), 2023 – 2024
Benjamin Haller (dpa), 10.10.2023
Dr. Peter Henkel (Haus der Geschichte NRW), 22.9.2023
Susanne Hennings (Stiftung Deutsches Rundfunkarchiv, Potsdam), 2022 – 2024
Karl-Heinz Hoffmann (Architekturarchiv Hamburg), 19.1.2023
Laura-Jane Müller (WDR. Historisches Archiv, Köln), 17.8.2023
Hilke Ohsoling (Günter und Ute Grass Stiftung, Lübeck), 27.11.2023 und 6.12.2023
Jens Petersen (dpa), 2021 – 2024
Boris Roessler (dpa), 18.11.2023
Andreas Schmidt (NDR. Unternehmensarchiv, Hamburg), 20.9.2023
Aki und Dr. Martin Tschechne (Privatarchiv William Lange, Hamburg), 22.10.2023
Dimitri Valkanis (dpa), 17.10.2023
Petra Witting-Nöthen (WDR. Historisches Archiv, Köln), 1.8.2023

Literatur

Abel, Karl-Dietrich (1968): Presselenkung im NS-Staat. Eine Studie zur Geschichte der Publizistik in der nationalsozialistischen Zeit. Berlin: Colloquium Verlag

Adenauer. Briefe 1945 – 1947; 1947 – 1949; 1949 – 1951; 1951 – 1953; 1953 – 1955; 1955 – 1957; 1957 – 1959 (1983 – 1998). Berlin: Wolf Jobst Siedler (Rhöndorfer Ausgabe)

Adenauer. Teegespräche. 1950 – 1954; 1955 – 1958 (1984; 1986). Bearbeitet von Hanns Jürgen Küsters. Berlin: Wolf Jobst Siedler (Rhöndorfer Ausgabe)

Altmeppen, Klaus-Dieter (2008): Ökonomisierung der Medienunternehmen: Gesellschaftlicher Trend und sektorspezifischer Sonderfall. In: Andrea Maurer; Uwe Schimank (Hrsg.): Die Gesellschaft der Unternehmen – Die Unternehmen der Gesellschaft. Gesellschaftstheoretische Zugänge zum Wirtschaftsgeschehen. Wiesbaden: VS Verlag für Sozialwissenschaften, 237 – 251

APA / Austria Presse Agentur (Hrsg.) (2019): Group 39 – Vereinigung der unabhängigen Nachrichtenagenturen Europas 1939 – 2019. Wien: APA Austria Presse Agentur

APA / Austria Presse Agentur (Hrsg.) (2021): APA. The Story. Festschrift anlässlich 75 Jahre Austria Presse Agentur #apa75. Wien

APA / Austria Presse Agentur (Hrsg.) (2021): APA-Value. Jubiläumsspecial. 75 Jahre APA. Wien

Associated Press (2017): Covering Tyranny. The AP and Nazi Germany: 1933 – 1945. Online: https://www.ap.org/about/history/ap-in-germany-1933 – 1945/ap-in-germany-report.pdf

Bachtler, Barbara (1986): Nachrichtenlieferanten – das Beispiel dpa. In: Stephan Ruß-Mohl (Hrsg.): Wissenschafts-Journalismus. Ein Handbuch für Ausbildung und Praxis. München: List, 63 – 65

Baring, Arnulf (1969): Außenpolitik in Adenauers Kanzlerdemokratie. Bonns Beitrag zur Europäischen Verteidigungsgemeinschaft. Berlin; Boston: de Gruyter; Oldenbourg

Barth, Volker (2010): Die Genese globaler Nachrichtenagenturen. Überlegungen zu einem Forschungsprogramm. In: WerkstattGeschichte (56), 63 – 75

Barth, Volker (2020): Wa(h)re Fakten. Wissensproduktionen globaler Nachrichtenagenturen 1835 – 1939. Göttingen: Vandenhoeck und Ruprecht (Kritische Studien zur Geschichtswissenschaft, 233)

Basse, Dieter (1991): Wolff's Telegraphisches Bureau 1849 bis 1933. Agenturpublizistik zwischen Politik und Wirtschaft. München u.a.: K.G. Saur

Baum, Karl-Heinz (1993): Einmischung als Beruf. Arbeitsbedingungen und DDR-Bild der bundesdeutschen Korrespondenten. In: Unsere Medien – Unsere Republik 2 (5), 35 – 38

Bechtle, Otto Wolfgang (1951): Mit Bauer und Mergenthaler zur Weltpresse. In: Württemberg. Buch der Wirtschaft. Herausgegeben von den Industrie- und Han-

delskammern in Nord- und Südwürttemberg. Stuttgart: Deutsche Verlags-Anstalt, 89–90
Bechtle, Otto Wolfgang (1967): Der Verleger im Spannungsfeld zwischen Macht und Verantwortung. In: Fritz Hodeige (Hrsg.): Tätigkeit im rechten Sinne. Festschrift für Heinrich Rombach zum 70. Geburtstag. Freiburg im Breisgau: Rombach, 163–170
Bechtle, Otto Wolfgang (1986): Jubiläum in Esslingen. In: Friede Springer (Hrsg.): Axel Springer. Die Freunde dem Freund. Frankfurt am Main und Berlin: Ullstein, 58–61
Bechtle, Otto Wolfgang (1988): Der Verlegerberuf – ein scheinbarer Widerspruch. In: Rolf Terheyden (Hrsg.): Beruf und Berufung. Zweite Festschrift für Johannes Binkowski. Mainz: von Hase & Koehler, 3–7
Bechtle, Otto Wolfgang (2004): Ich hab's gewagt. Erinnerungen. Esslingen: [Privatdruck]
Beck, Klaus (2012): Das Mediensystem Deutschlands. Strukturen, Märkte, Regulierung. Wiesbaden: Springer VS
Becker, Kim Björn (2023): Neues Spiel, neue Regeln. Eine Untersuchung von redaktionellen Richtlinien für den Umgang mit Künstlicher Intelligenz im Newsroom. In: Journalistik. Zeitschrift für Journalismusforschung 6 (2), 142–163
Behre, Julia; Hölig, Sascha; Möller, Judith (2023): Reuters Institute Digital News Report 2023. Ergebnisse für Deutschland. Hamburg: Verlag Hans-Bredow-Institut (Arbeitspapiere des Hans-Bredow-Instituts | Projektergebnisse, 67)
Bendig, Volker (2013): „Stenzel, Hugo". In: Neue Deutsche Biographie 25 (2013), 253 [Online-Version]. Online: https://www.deutsche-biographie.de/pnd128298278.html#ndbcontent
Benirschke, Hans (1986): Anfänge der Nachkriegsagenturen. In: Heinz-Dietrich Fischer (Hrsg.): Pioniere der Nachkriegs-Publizistik. Berichte von Initiatoren des Kommunikationssystems nach 1945. Köln: Deutscher Ärzte-Verlag, 141–151
Benton, Joshua (2014): The leaked New York Times innovation report is one of the key documents of this media age. Niemanlab, 15.5.2014. Online: https://www.niemanlab.org/2014/05/the-leaked-new-york-times-innovation-report-is-one-of-the-key-documents-of-this-media-age/
Betz, Anton (1973): Zeit und Zeitung. Notizen aus acht Jahrzehnten. 1893–1973. Düsseldorf: Droste Verlag
Betz, Esther (1963): Düsseldorfer Zeitungen 1945–1949. Zur Entwicklungsgeschichte der Presse nach dem Kriege. In: Karl Bringmann; u.a. (Hrsg.): Festschrift für Anton Betz. Düsseldorf: Rheinisch-Bergische Druckerei- und Verlags-Gesellschaft, 65–98
Beucke, Stefan; Meiring, Jochen; Russ, Maximilian (2016): Konrad Adenauer. In: Thomas Birkner (Hrsg.): Medienkanzler. Politische Kommunikation in der Kanzlerdemokratie. Wiesbaden: Springer Fachmedien, 45–74

Beukert, Günter (1983): Als Bildjournalist in der „Reichskristallnacht". In: Diethart Kerbs, Walter Uka und Brigitte Walz-Richter (Hrsg.): Die Gleichschaltung der Bilder. Zur Geschichte der Pressefotografie 1930 – 36. Berlin: Frölich & Kaufmann, 191 – 193

Birkner, Thomas (Hrsg.) (2016): Medienkanzler. Politische Kommunikation in der Kanzlerdemokratie. Wiesbaden: Springer Fachmedien

Blum, Roger; Hemmer, Katrin; Perrin, Daniel (Hrsg.) (1995): Die Aktualitäter. Nachrichtenagenturen in der Schweiz. Bern u.a.: Verlag Paul Haupt

Bobrowsky, Manfred; Langenbucher, Wolfgang R. (Hrsg.) (1987): Wege zur Kommunikationsgeschichte. München: Ölschläger

Bohrmann, Hans; Toepser-Ziegert, Gabriele (Hrsg.) (1984 – 2001): NS-Presseanweisungen der Vorkriegszeit. Edition und Dokumentation. Band 1 – 7. Bearbeitet von Claudia Bartels, Heike Fortmann-Petersen, Doris Kohlmann-Viand, Karen Peter und Gabriele Toepser-Ziegert. München: K.G. Saur

Boll, Bernhard; Schulze, Volker; Süssmuth, Hans (Hrsg.) (1993): Zeitungsland Nordrhein-Westfalen. Geschichte – Profile – Struktur. Bonn: Zeitungs-Verlag Service

Bormann, Volker (1992): Der Nachrichtenjäger. In: Süddeutsche Zeitung Magazin (28), 20 – 23

Bösch, Frank (Hrsg.) (2015): Geteilte Geschichte. Ost- und Westdeutschland 1970 – 2000. Göttingen: Vandenhoeck & Ruprecht

Bösch, Frank; Classen, Christoph (2015): Bridge over troubled water? In: Frank Bösch (Hrsg.): Geteilte Geschichte. Ost- und Westdeutschland 1970 – 2000. Göttingen: Vandenhoeck & Ruprecht, 449 – 488

Boyd-Barrett, Oliver (1997): Global news wholesalers as agents of globalization. In: Annabelle Sreberny-Mohammadi et al. (Eds.): Media in Global Context. A Reader. London: Bloomsbury, 131 – 144

Boyd-Barrett, Oliver (2008): History of News Agencies. In: Wolfgang Donsbach (Ed.): The International Encyclopedia of Communication. Vol. 7: Media corporations, forms of objectivity in reporting. Malden, Oxford: Blackwell, 3232 – 3236

Boyd-Barrett, Oliver (Ed.) (2010): News Agencies in the Turbulent Era of the Internet. Barcelona: Government of Catalonia

Boyd-Barrett, Oliver (2012): Researching the News Agencies. In: Ingrid Volkmer (Ed.): The Handbook of Global Media Research. Oxford, Malden: Wiley-Blackwell, 333 – 351

Boyd-Barrett, Oliver; Rantanen, Terhi (Ed.) (1998): The Globalization of News. London et al.: Sage

Boyd-Barrett, Oliver; Rantanen, Terhi (1998): The Globalization of New. In: Oliver Boyd-Barrett; Terhi Rantanen (Eds.): The Globalization of News. London et al.: Sage, 1 – 14

Boyer, Dominic (2011): News agency and news mediation in the digital era. In: Social Anthropology/Anthropologie Sociale 19, 6 – 22

Breaking News: How the Associated Press Has Covered War, Peace and Everything Else. Reporters of the Associated Press (2007). New York: Princeton Architectural Press

Bringmann, Karl; u.a. (Hrsg.) (1963): Festschrift für Anton Betz. Düsseldorf: Rheinisch-Bergische Druckerei- und Verlags-Gesellschaft

Bruhn, Matthias (2007): Tarife für das Sichtbare. Eine kurze Geschichte der Bildagenturen. In: Fotogeschichte (105), 13 – 25

Büchner, Wolfgang (2023): Mehr Investitionen wagen: Journalistische Qualität dürfen wir uns nicht ersparen. In: Sebastian Turner; Stephan Russ-Mohl (Hrsg.): Deep Journalism. Domänenkompetenz als redaktioneller Erfolgsfaktor. Köln: Herbert von Halem, 182 – 187

Buchwald, Frank Andreas (1991): Adenauers Informationspolitik und das Bundespresseamt. Strategien amtlicher Presse- und Öffentlichkeitsarbeit in der Kanzlerdemokratie. Mainz: Diss. phil. Johannes-Gutenberg-Universität Mainz

Bundesstiftung zur Aufarbeitung der SED-Diktatur (2023): Deutsch-deutsche Dolmetscher. 50 Jahre Westkorrespondenten in der DDR. Ein Zeitzeugengespräch. Moderation: Ulrich Mählert. Zeitzeugen: Hendrik Bussiek, Peter Pragal, Harald Schmitt, Dietmar Schulz, Monika Zimmermann. Berlin, 13.10.2023. YouTube-Kanal der Bundesstiftung zur Aufarbeitung der SED-Diktatur: https://www.bundesstiftung-aufarbeitung.de/de/recherche/mediathek/deutsch-deutsche-dolmetscher-50-jahre-westkorrespondenten-der-ddr-ein-zeitzeugengespraech

Burmester, Silke (2007): Früh geködert. Verlage bemühen sich um Kinder als Leser. In: epd medien, Nr. 16, 28.2.2007, 3 – 5

Callesen, Gerd (2009): Karl Raloff (1899 – 1976). In: Günter Benser und Michael Schneider (Hrsg.): Bewahren – Verbreiten – Aufklären: Archivare, Bibliothekare und Sammler der Quellen der deutschsprachigen Arbeiterbewegung. Bonn-Bad Godesberg: Friedrich-Ebert-Stiftung, 254 – 257

Chalaby, Jean K. (1996): Journalism as an Anglo-American Invention. A Comparison of the Development of French and Anglo-American Journalism, 1830s-1920s. In: European Journal of Communication 11 (3), 303 – 326

Crasemann, Wolfgang (2020): Renate-Marsch Potocka. Ein Leben für die deutsch-polnische Verständigung. Berlin [unveröffentlichtes Manuskript]

Curley, Thomas (2007): Foreword. In: Breaking News: How the Associated Press Has Covered War, Peace and Everything Else. Reporters of the Associated Press. New York: Princeton Architectural Press, 18 – 19

De Beer, Arnold S.; Merrill. John C. (Eds.) (2009): Global Journalism. Topical issues and media system. Boston et al.: Pearson, Allyn and Bacon

Delmer, Sefton (1962a): Black Boomerang. An Autobiography. Volume Two. London: Secker & Warburg

Delmer, Sefton (1962b): Die Deutschen und ich. Hamburg: Nannen

Detsch, Ulrich; Wilke, Jürgen (1993): fwt – der Wissenschaftsdienst der Deutschen Presse-Agentur. In: Jürgen Wilke (Hrsg.): Agenturen im Nachrichtenmarkt. Reuters, AFP, VWD/dpa, dpa-fwt, KNA, epd, Reuters Television, Worldwide Television News, Dritte Welt-Agenturen. Köln u.a.: Böhlau Verlag, 161–185

Die CDU/CSU im Parlamentarischen Rat (1981). Sitzungsprotokolle der Unionsfraktion. Eingeleitet und bearb. von Rainer Salzmann. Stuttgart: Klett-Cotta

Die Deutsche Zeitung. Organ des Nordwestdeutschen Zeitungs-Verleger-Vereins e.V., des Nordwestdeutschen Journalisten-Verbandes e.V., der Arbeitsgemeinschaft Nordwestdeutsche Presse, des Zeitschriften-Verleger-Verbandes und des Presserats für die britische Besatzungszone (1947–1952)

Diederichs, Helmut H. (1976): Ökonomische und publizistische Konzentration der Pressemedien in der Bundesrepublik 1975/76. In: Media Perspektiven (5), 200–208

Diederichs, Helmut H. (1977): Daten zur Pressekonzentration in der Bundesrepublik Deutschland 1976/77. In: Media Perspektiven (5), 267–281

Dietl, Sylvia (2022): Transformation und Neustrukturierung des DDR-Rundfunks im Prozess der Wiedervereinigung Deutschlands. Akteure, Interessen, Prozesse. München: utzverlag

Domeier, Norman (2017): Geheime Fotos. Die Kooperation von Associated Press und NS-Regime (1942–1945). In: Zeithistorische Forschung/Studies in Contemporary History 14 (2), 199–230. Online: https://zeithistorische-forschungen.de/2-2017/5484

Domeier, Norman (2022): Ein „totaler Krieg"? Die Verflechtungen zwischen NS-Regime und internationalen Medien im Zweiten Weltkrieg und die Kontinuitäten nach 1945. Themenportal Europäische Geschichte. Online: https://www.europa.clio-online.de/sites/europa.clio-online/files/documents/B2022/E_Domeier_Internationale%20Medien.pdf

Dörfler, Edith; Pensold, Wolfgang (2001): Die Macht der Nachricht. Die Geschichte der Nachrichtenagenturen in Österreich. Hrsg. von Wolfgang Vyslozil, Geschäftsführer der APA-Austria Presse Agentur. Wien: Molden Verlag

Döschner, Jürgen (1984): Zehn Jahre bundesdeutsche Korrespondenten in der DDR. Eine Zwischenbilanz. In: Deutschland-Archiv 17 (8), 859–869

Dovifat, Emil (1976): Zeitungslehre I. Theoretische und rechtliche Grundlagen. Nachricht und Meinung. Sprache und Form. 6., neubearb. Aufl. von Jürgen Wilke. Berlin, New York: Walter de Gruyter

Dreher, Klaus (1979): Ein Kampf um Bonn. München: Paul List

Dussel, Konrad (2004): Deutsche Tagespresse im 19. und 20. Jahrhundert. Münster: Lit Verlag

Dussel, Konrad (2010): Wie erfolgreich war die nationalsozialistische Presselenkung? In: Vierteljahreshefte für Zeitgeschichte 58 (4), 543–561

Ebeling, Dieter (1997): Die Position von dpa im Nachrichtenmarkt. In: Jürgen Wilke (Hrsg.): Nachrichtenagenturen im Wettbewerb. Ursachen – Faktoren – Perspektiven. Konstanz: UVK Medien (Medien und Märkte, 8), 25–34

Engelage, Henning (2013): Zu nah an der Sonne. Die insolvente Nachrichtenagentur dapd wird abgewickelt. In: epd medien (16), 3–5

Eumann, Marc Jan (2009): SPD-Medienpolitik: Netzneutralität muss unbedingt geschützt werden. CARTA. Online: https://carta.info/netzneutralitaet-eumann-medienpolitik-spd/

Eumann, Marc Jan (2011): Der Deutsche Presse-Dienst. Nachrichtenagentur in der britischen Zone 1945–1949. Die Geschichte einer Medieninstitution im Nachkriegsdeutschland. Köln: Herbert von Halem (Öffentlichkeit und Geschichte, 5)

Eumann, Marc Jan; Stadelmaier, Martin (Hrsg.) (2009): Media-Governance und Medienregulierung. Plädoyers für ein neues Zusammenwirken von Regulierung und Selbstregulierung. Berlin: vorwärts buch

Eumann, Marc Jan; Vogt, Alexander (2017): Guter Journalismus ist ein teures Geschäft. In: Marc Jan Eumann; Alexander Vogt (Hrsg.): Medien und Journalismus 2030. Perspektiven für NRW. Essen: Klartext, 89–92

Evans, Heidi J. (2010): The Path to Freedom? Transocean and German Wireless telegraphy, 1914–1922. In: Historical Social Research 35 (1), 209–233

Feindt, Gregor; Gißibl, Bernhard; Paulmann, Johannes (Hrsg.) (2017): Kulturelle Souveränität. Politische Deutungs- und Handlungsmacht jenseits des Staates im 20. Jahrhundert. Göttingen: Vandenhoeck & Ruprecht

Fengler, Denis (2007): Westdeutsche Korrespondenten in der DDR. Vom Abschluss des Grundlagenvertrages 1972 bis zur Wiedervereinigung 1990. In: Jürgen Wilke (Hrsg.): Journalisten und Journalismus in der DDR. Berufsorganisation - Westkorrespondenten - „Der schwarze Kanal". Köln u.a.: Böhlau Verlag, 79–216

Fickers, Andreas; Griset, Pascal (2019): Communicating Europe. Technologies, Information, Event London: Palgrave Macmillan

Fischer, Heinz-Dietrich (1969): CDU-nahe Lizenzzeitungen: „Aachener Volkszeitung"; „Rheinische Post"; „Westfalen-Blatt"; „Kölnische Rundschau". In: Communicatio Socialis 2, 21–25;136–141; 230–234; 328–335

Fischer, Heinz-Dietrich (Hrsg.) (1986): Pioniere der Nachkriegs-Publizistik. Berichte von Initiatoren des Kommunikationssystems nach 1945. Köln: Deutscher Ärzte-Verlag

Frei, Norbert (1988): „Was ist Wahrheit?" Der Versuch einer Bundespressegesetzgebung 1951/52. In: Hans Wagner (Hrsg.): Idee und Wirklichkeit des Journalismus. Beiträge aus Wissenschaft und Praxis. Festschrift für Heinz Starkulla. München: Olzog, 75–91

Frei, Norbert (Hrsg.) (2001): Karrieren im Zwielicht. Hitlers Eliten nach 1945. Frankfurt am Main: Campus Verlag

Frei, Norbert (2005): Sänger, Fritz. In: Neue Deutsche Biographie 22, 350–351. Online: https://www.deutsche-biographie.de/pnd118604791.html#ndbcontent

Frei, Norbert; Schmitz, Johannes (2014 [1989]): Journalismus im Dritten Reich. 5. Aufl. München: C.H. Beck

Fremdkörper (Hrsg.) (2007): Kuriose Meldungen der (dpa): Tandem Verlag.

Freudenreich, Josef-Otto (2018): Springerknechtle Bechtle. In: Kontext: Wochenzeitung, Nr. 367, 11.4.2018. Online: https://www.kontextwochenzeitung.de/zeitgeschehen/367/springerknechtle-bechtle-5019.html

Freyeisen, Astrid (2000): Shanghai und die Politik des Dritten Reiches. Würzburg: Königshausen und Neumann

25 Jahre VWD – Vereinigte Wirtschaftsdienste GmbH (1974). VWD-Vereinigte Wirtschaftsdienste GmbH

Gehrmann, Wolf (1996): Flensburgs Zeitungen in der Nachkriegszeit 1945 – 1949 (Teil 1). In: Grenzfriedenshefte (2), 43 – 74

Geppert, Dominik (2007): Pressekriege. Öffentlichkeit und Diplomatie in den deutsch-britischen Beziehungen (1896 – 1912). München: R. Oldenbourg Verlag (Veröffentlichungen des DHI London, 64)

Gißibl, Bernhard (2017): Deutsch-deutsche Nachrichtenwelten. Die Mediendiplomatie von ADN und dpa im frühen Kalten Krieg. In: Gregor Feindt; Bernhard Gißibl; Johannes Paulmann (Hrsg.): Kulturelle Souveränität. Politische Deutungs- und Handlungsmacht jenseits des Staates im 20. Jahrhundert. Göttingen: Vandenhoeck & Ruprecht, 227 – 256

Gossel, Daniel A. (1993): Die Hamburger Presse nach dem Zweiten Weltkrieg. Hamburg

Grabowski, Klaus H. (1982): Strukturelle Probleme des Wissenschaftsjournalismus in aktuellen Massenmedien. Eine soziologisch-kommunikationswissenschaftliche Untersuchung. Bochum: Studienverlag Dr. N. Brockmeyer

Gramling, Oliver (1940): AP: The Story of News. New York; Toronto: Farrar and Rinehart

Grashoff, Eberhard; Muth, Rolf (Hrsg.) (2000): Drinnen vor der Tür. Über die Arbeit von Korrespondenten aus der Bundesrepublik in der DDR zwischen 1972 und 1990. Mit einem Geleitwort von Lothar de Maizière. Berlin: edition ost

Grau, Alexander (2015): Wenn Fotos zu Symbolen werden. Roland Barthes' 100. Geburtstag. In: Cicero Online, 7.11.2015. Online: https://www.cicero.de/innenpolitik/roland-barthes-100-geburtstag-wenn-fotos-zu-symbolen-werden/60076

Grau, Andreas (o.J.): Felix von Eckardt. Konrad-Adenauer-Stiftung. Online: https://www.kade/de/web/geschichte-der-cdu/personen/biogramm-detail/-/content/felix-von-eckardt-v1

Griessner, Christoph (2012): News Agencies and Social Media. A relationship with a future? (Reuters Institute fellowship Paper, University of Oxford). Online: https://reutersinstitute.politicox.ac.uk/sites/default/files/research/files/NEWS%2520AGENCIES%2520AND%2520SOCIAL%2520MEDIA%2520-%2520A%2520RELATIONSHIP%2520WITH%2520A%2520FUTURE.pdf

Gross, Heinz-Willi (1982): Die Deutsche Presse-Agentur. Historische Analyse ihrer Organisations- und Machtstruktur, externer Interessenverflechtungen und der Position auf dem bundesdeutschen Nachrichtenmarkt. Frankfurt am Main: Haag und Herchen Verlag

Gross, Heinz-Willi (1983): Die Deutsche Presse-Agentur. Schaltstelle der Meinungsmache. In: Blätter für deutsche und internationale Politik, H. 7, 979–993

Grube, Norbert (2005): Die Darstellung Deutschlands durch die semi-staatliche Auslandsnachrichtenagentur „Deutsche Korrespondenz". In: Johannes Paulmann (Hrsg.): Auswärtige Repräsentationen. Deutsche Kulturdiplomatie nach 1945. Köln u.a.: Böhlau Verlag, 289–311

Grüblbauer, Johanna; Wagemann, Johannes (2020): Nachrichtenagenturen. In: Jan Krone; Tassilo Pellegrini (Hrsg.): Handbuch Medienökonomie. Wiesbaden: Springer VS, 801–833

Grunert, Mathias: „Unser Spion bei den Nazis". Fritz Sänger. In: Michael Haller und Walter Hömberg (Hrsg.): „Ich lass mir den Mund nicht verbieten!". Journalisten als Wegbereiter der Pressefreiheit und Demokratie, 189–192

Hagemann, Jürgen: Die Presselenkung im Dritten Reich. Bonn: Bouvier 1970

Halberstam, David (2007): Foreword. In: Breaking News: How the Associated Press Has Covered War, Peace and Everything Else. Reporters of the Associated Press. New York: Princeton Architectural Press, 7–17

Hanitzsch, Thomas; Hanusch, Folker; Ramaprasad, Jyotika; de Beer, Arnold S. (Hrsg.) (2019): Worlds of Journalism. Journalistic Cultures Around the Globe. New York: Columbia University Press

Hank, Rainer (2023): Die Pionierinnen. Wie Journalistinnen nach 1945 unseren Blick auf die Welt veränderten. München: Penguin Verlag

Hans-Bredow-Institut (2008): Zur Entwicklung der Medien in Deutschland zwischen 1998 und 2007. Wissenschaftliches Gutachten zum Kommunikations- und Medienbericht der Bundesregierung. Hamburg: Hans-Bredow-Institut

Hans-Bredow-Institut (2017): Zur Entwicklung der Medien in Deutschland zwischen 2013 und 2016. Wissenschaftliches Gutachten zum Kommunikations- und Medienbericht der Bundesregierung. Hamburg: Hans-Bredow-Institut

Hase, Karl-Günther von (Hrsg.) (1988): Konrad Adenauer und die Presse. Bonn: Bouvier (Rhöndorfer Gespräche, 9)

Hasebrink, Uwe; Hölig, Sascha; Wunderlich, Leonie (2021): #UseTheNew Studie zur Nachrichtenkompetenz Jugendlicher und junger Erwachsener in der digitalen Medienwelt. Hamburg: Verlag Hans-Bredow-Institut (Arbeitspapiere des Hans-Bredow-Instituts | Projektergebnisse, 55). Online: https://leibniz-hbi.de/uploads/media/default/cms/media/dso9kqs_AP55UseTheNews.pdf

He, Jianming (1996): Die Nachrichtenagenturen in Deutschland. Geschichte und Gegenwart. Frankfurt am Main: Peter Lang

Heidenreich, Bernd; Neitzel, Sönke (Hrsg.) (2010): Medien im Nationalsozialismus. Paderborn: Ferdinand Schöningh; Wilhelm Fink

Henke, Klaus-Dieter (2022): Geheime Dienste. Die politische Inlandsspionage des BND in der Ära Adenauer. Berlin: Ch. Links (Veröffentlichungen der Unabhängigen Historikerkommission zur Erforschung der Geschichte des Bundesnachrichtendienstes 1945–1968)

Henkel, Peter (2005): Dr. Anton Betz (1893 – 1984): Ein Verleger in vier Epochen. In: Geschichte im Westen 20 (1), 49 – 63

Henkel, Peter (2010): Die neue Düsseldorfer Presse. Deutsche Diskussionsbeiträge zur ersten Lizenzierungsphase der Düsseldorfer Presse zwischen Mai 1945 und März 1946. In: Düsseldorfer Jahrbuch. Beiträge zur Geschichte des Niederrheins, 80. Band, 287 – 315

Henkel, Peter (2011): Anton Betz. Ein Verleger zwischen Weimar und Bonn. Düsseldorf: düsseldorf university press

Henkels, Walter (1963): Fritz Sänger. In: Walter Henkels (Hrsg.): 99 Bonner Köpfe. Düsseldorf: Econ-Verlag, 248 – 250

Herlyn, Wilm (2004): Agenturjournalismus im Wettbewerb. Neutralität und Kompetenz. In: Claudia Mast (Hrsg.): ABC des Journalismus. Ein Handbuch. 10., völlig neue Aufl. Konstanz: UVK, 246 – 251

Hesse, Jan-Otmar (2006): Medienunternehmen in der deutschen Unternehmensgeschichte. In: Knut Hickethier (Hrsg.): Mediengeschichte als Unternehmensgeschichte. Überlegungen zu einem neuen Paradigma. Hamburg: Zentrum für Medien und Medienkultur (Hamburger Hefte zur Medienkultur, 3), 29 – 38

Hesslein, Bernd C.; im Auftrag des Vorstandes der Sozialdemokratischen Partei Deutschlands (Hrsg.) (1991): Fritz Sänger. Ein Mutiger – kein Held. o.O.: Selbstverlag des SPD-Parteivorstands

Hodeige, Fritz (Hrsg.) (1967): Tätigkeit im rechten Sinne. Festschrift für Heinrich Rombach zum 70. Geburtstag. Freiburg im Breisgau: Rombach

Hodenberg, Christina von (2006): Konsens und Krise. Eine Geschichte der westdeutschen Medienöffentlichkeit 1945 – 1973. Göttingen: Wallstein Verlag

Hoffmann, Johannes J. (1991): Adenauer: „Vorsicht und keine Indiskretionen!" Zur Informationspolitik und Öffentlichkeitsarbeit der Bundesregierung 1949 – 1955. Göttingen: Diss. phil. Georg-August-Universität Göttingen

Höhn, Tobias D. (2005): Die heimlichen Verführer. In: Message (4), 52 – 55

Höhn, Tobias D. (2020): Schnittstelle Nachrichtenagentur und Public Relations – am Beispiel der Deutschen Presse-Agentur (dpa). Diplomarbeit 2005/06. Online: https://www.textoase.de/diplomarbeit/

Höhne, Hansjoachim (1973): Nachrichtenagenturen im Vergleich. In: Publizistik 18, 117 – 125

Höhne, Hansjoachim (1976): Nachrichtenagenturen auf dem Medienmarkt in der Bundesrepublik. In: Publizistik 21, 57 – 67

Höhne, Hansjoachim (1977): Report über Nachrichtenagenturen. Band 1. Die Situation auf den Nachrichtenmärkten der Welt. Band 2. Die Geschichte der Nachricht und ihrer Verbreiter. Baden-Baden: Nomos

Höhne, Hansjoachim (1980): Nachrichtenangebot im Wandel. In: Publizistik 25, 75 – 87

Höhne, Hansjoachim (1984): Report über Nachrichtenagenturen. Neue Medien geben neue Impulse. Baden-Baden: Nomos

Höhne, Hansjoachim (1992): Meinungsfreiheit durch viele Quellen. Nachrichtenagenturen in Deutschland. In: Publizistik 37, 50–63

Holzweißig, Gunter (1995): Klassenfeinde und „Entspannungsfreunde". West-Medien im Fadenkreuz von SED und MfS Berlin (Schriftenreihe des Berliner Landesbeauftragten für die Unterlagen des Staatssicherheitsdienstes der ehemaligen DDR, 2)

Holzweißig, Gunter (2002): Die schärfste Waffe der Partei. Eine Mediengeschichte der DDR. Köln u.a.: Böhlau Verlag

Hooffacker, Gabriele (2016): Ticker. In: Journalistikon. Das Wörterbuch der Journalistik. Online: https://journalistikon.de/ticker

Ihlefeld, Andreas (1989): Die gnadenlose Selbstgerechtigkeit der späten Geburt - Betrachtungen zu den Angriffen Wolfgang Mosers gegen Fritz Sänger. In: Die Feder (5), 12–14

Jansen, Marek (2022): Der Nachrichtenmarkt in der industriellen Revolution. Zur Entwicklung und rechtlichen Gestaltung des Nachrichtenmarktes im Kontext von Wolff's Telegraphischem Bureau (1849–1914). Tübingen: Mohr Siebeck (Rechtsordnung und Wirtschaftsgeschichte, 24)

Jääskeläinen, Atte; Yanatma, Servet (2019): The Future of National News Agencies. Case study 4. Business model innovation in media-owned national news agencies. London: The London School of Economics and Political Science. Online: http://eprints.lse.ac.uk/100067/1/cs4_jaaskelainen_yanatma_2019.pdf

Jena, Kai von (Hrsg.) (1989): Die Kabinettsprotokolle der Bundesregierung. Band 5. 1952. Köln: Bundesanzeiger-Verlag

[Jutrczenka, Bernd von] Ein Moment der Ruhe. Selfies von Geflüchteten mit Angela Merkel. Ein Gespräch mit dem Fotografen Bernd von Jutrczenka. Redaktion: Jörg Probst (2016). Marburg (neue ideengeschichtliche politikforschung, extra 1). Online: https://www.uni-marburg.de/de/fb03/politikwissenschaft/fachgebiete/politische-theorie-und-ideengeschichte/portal-ideengeschichte-1/forschung/selfies_nip_extra_probst.pdf

Kaltscheuer, Christoph (2014): Anton Betz (1893–1984). Verleger, Publizist und Politiker. In: Rheinische Lebensbilder, Band 19, 253–282

Kaminsky, Petra (2007): Nachrichtenprofis mit neuen Zielen – Was dpa künftig für Kinder tut. In: Anja Pasquay (Hrsg.): Lesen, Spielen, Lernen – Kinder und Zeitung. Berlin: ZV Zeitungs-Verlag Service GmbH, 47–48

Keil, Lars-Broder (2020): „Der Medienmarkt der DDR hat oberste Priorität". Axel Springer, inside history (10.7.2020). Online: https://www.axelspringer.com/de/inside/der-medienmarkt-der-ddr-hat-oberste-prioritaet

Keil, Susanne; Dorer, Johanna (2019): Medienproduktion: Journalismus und Geschlecht. In: Johanna Dorer; u.a. (Hrsg.): Handbuch Medien und Geschlecht. Wiesbaden: Springer VS, 271–286

Keller, Dieter; Eggert, Christian (2023): Zur wirtschaftlichen Lage der deutschen Zeitungen 2023 (August 2023). Berlin. Online: https://www.bdzv.de/fileadmin/

content/7_Alle_Themen/Marktdaten/2023/Branchenbeitrag_2023/230831_BZDV_Branchenbeitrag2023.pdf

Kerbs, Diethart; Uka, Walter; Walz-Richter, Brigitte (Hrsg.) (1983): Die Gleichschaltung der Bilder. Zur Geschichte der Pressefotografie 1930–36. Berlin: Frölich & Kaufmann

Klee, Cornelius (1991): Die Transocean GmbH. In: Jürgen Wilke (Hrsg.): Telegraphenbüros und Nachrichtenagenturen in Deutschland. Untersuchungen zu ihrer Geschichte bis 1949. München u.a.: K.G. Saur, 135–211

Köhler, Otto (1989): Wir Schreibmaschinentäter. Journalisten unter Hitler – und danach. Redaktionelle Mitarbeit: Monika Köhler. Köln: Pahl-Rugenstein

Köhler, Otto; unter Mitarbeit von Monika Köhler (1995): Unheimliche Publizisten. Die verdrängte Vergangenheit der Medienmacher. München: Droemersche Verlagsanstalt Th. Knaur Nachf

Köhler, Tanja (Hrsg.) (2020): Fake News, Framing, Fact-Checking. Nachrichten im digitalen Zeitalter. Ein Handbuch. Bielefeld: Transcript Verlag

Köpf, Peter (1995): Schreiben nach jeder Richtung. Goebbels-Propagandisten in der westdeutschen Nachkriegspresse. Berlin: Ch. Link

Koszyk, Kurt (1986): Pressepolitik für Deutsche 1945–1949. Geschichte der deutschen Presse. Teil IV. Berlin: Colloquium Verlag (Abhandlungen und Materialien zur Publizistik, 10)

Koszyk, Kurt; Pruys, Karl H. (1970): Wörterbuch zur Publizistik. München-Pullach; Berlin: Verlag Dokumentation

Kramp, Leif; Loosen, Wiebke (2018): The Transformation of Journalism: From Changing Newsroom Cultures to a New Communicative Orientation? In: Andreas Hepp; Andrea Breiter; Uwe Hasebrink (Eds.): Communicative Figurations. Transforming Communications in Times of Deep Mediatization. London: Palgrave Macmillan, 205–239

Kraushaar, Wolfgang (2006): Kleinkrieg gegen einer Großverleger. Von der Anti-Springer-Kampagne der APO zu den Brand- und Bombenanschlägen der RAF. In: Wolfgang Kraushaar (Hrsg.): Die RAF und der linke Terrorismus. Band 2. Hamburg: Hamburger Edition, 1075–1116

Krauss, Florian; Loist, Skadi (2018): Medienindustrieforschung im deutschsprachigen Raum. Einleitung. In: Navigationen 18 (2), 7–25

Kristionat, Andreas (1991): Vom German News Service zur Deutschen Presse-Agentur. In: Jürgen Wilke (Hrsg.): Telegraphenbüros und Nachrichtenagenturen in Deutschland. Untersuchungen zu ihrer Geschichte bis 1949. München u.a.: K.G. Saur, 267–331

Krueger, Werner (1988): Konrad Adenauer und das Bundespresseamt. In: Karl-Günther von Hase (Hrsg.): Konrad Adenauer und die Presse. Bonn: Bouvier (Rhöndorfer Gespräche, 9), 32–43

Krüger, Brigitte (1949): Zwei Jahre deutsche Pressearbeit in London. In: Die Deutsche Zeitung 3 (12), 12–14

Krüger, Brigitte (1950): Auslandskorrespondentin. Brigitte meldet Weltgeschichte. In: Blick in die Welt (5), 10–11

Küsters, Hanns Jürgen (1988): Konrad Adenauer, die Presse, der Rundfunk und das Fernsehen. In: Karl-Günther von Hase (Hrsg.): Konrad Adenauer und die Presse. Bonn: Bouvier (Rhöndorfer Gespräche, 9), 13–31

Kutsch, Arnulf (1990): Meinungs-, Informations- und Medienfreiheit. Zum Volkskammer-Beschluß vom 5. Februar 1990. In: Arnulf Kutsch (Hrsg.): Publizistischer und journalistischer Wandel in der DDR. Vom Ende der Ära Honecker bis zu den Volkskammerwahlen im März 1990. Bochum: Universitätsverlag Dr. N. Brockmeyer, 107–156

Kutsch, Arnulf (Hrsg.) (1990): Publizistischer und journalistischer Wandel in der DDR. Vom Ende der Ära Honecker bis zu den Volkskammerwahlen im März 1990. Bochum: Universitätsverlag Dr. N. Brockmeyer

Lambrecht, Nicola; Gottschalk, Michael (2022): Das dpa-Bildarchiv in Frankfurt. In: Visual History, 4.5.2022. Online: https://visual-history.de/2022/05/04/lambrecht_gottschalk_das-dpa-bildarchiv-in-frankfurt/

Landeshauptstadt Hannover, Fachbereich Wirtschaft (2005): Frauen machen Standort. Redaktion: Brigitte Vollmer-Schubert. Hannover

Lange, Nils (2021): Matthias Walden. Ein Leben für die Freiheit. Berlin: be.bra Verlag

Lepiarz, Jacek (2020): Władze PRL miały ją na oku. Była korespondentką w Polsce. Online: https://www.dw.com/pl/po-stronie-solidarno%C5%9Bci-dziennikarka-kt%C3%B3ra-nie-chcia%C5%82a-by%C4%87-neutralna/a-54594822

Löblich, Maria (2008): „Michel-Kommission" und „Günther-Kommission": Medienpolitische Entscheidungen über die Zusammensetzung von Kommissionen in den 1960er Jahren. In: Jahrbuch für Kommunikationsgeschichte 10, 107–133

London School of Economics and Political Science (LSE) (2019): The Future of National News Agencies in Europe. [Research project]. London. Online: https://www.lse.ac.uk/media-and-communications/research/research-projects/news-agencie

Longerich, Peter (1987): Propagandisten im Krieg. Die Presseabteilung des Auswärtigen Amtes unter Ribbentrop. München: R. Oldenbourg Verlag (Studien zur Zeitgeschichte, 33)

Magnis, Constantin (2016): Der Selfie-Mann. In: Cicero (2), 50–54

Mast, Claudia (Hrsg.) (2004): ABC des Journalismus. Ein Handbuch. 10., völlig neue Aufl. Konstanz: UVK

Matthäus, Gerhard Rolf (1963): Das Ziel hieß: Bessere Deutsche durch besseres Deutsch. Die Sprachumerziehung bei der DANA/DENA. In: Publizistik 8, 309–315

Maurer, Andrea; Schimank, Uwe (Hrsg.) (2008): Die Gesellschaft der Unternehmen - Die Unternehmen der Gesellschaft. Gesellschaftstheoretische Zugänge zum Wirtschaftsgeschehen. Wiesbaden: VS Verlag für Sozialwissenschaften

Meier, Werner A.; Jarren, Otfried (2001): Ökonomisierung und Kommerzialisierung von Medien und Mediensystem. In: Medien und Kommunikationswissenschaft (2), 145–158

Meinert, Peer; Trankovits, Laszlo (1993): Schleichwege und Trampelpfade. Der Korrespondent im Ausland. Hamburg: Deutsche Presse-Agentur GmbH

Mendelssohn, Peter de (2017): Zeitungsstadt Berlin. Menschen und Mächte in der deutschen Presse. Erweiterte und aktualisierte Ausgabe von Lutz Hachmeister, Leif Kramp und Stephan Weichert in Zusammenarbeit mit dem Herausgeberkreis Deutsches Pressemuseum im Ullsteinhaus e.V. Berlin: Ullstein

Merkel, Martina; Wilke, Jürgen (1993): Produktion und Verarbeitung von Wirtschaftsinformation: VWD und dpa. In: Jürgen Wilke (Hrsg.): Agenturen im Nachrichtenmarkt. Reuters, AFP, VWD/dpa, dpa-fwt, KNA, epd, Reuters Television, Worldwide Television News, Dritte Welt-Agenturen. Köln u.a.: Böhlau Verlag, 107–160

Metger, Julia (2016): Studio Moskau. Westdeutsche Korrespondenten im Kalten Krieg. Paderborn: Ferdinand Schöningh

Metzler, Gabriele (2012): „Ein deutscher Weg". Die Liberalisierung der Telekommunikation in der Bundesrepublik und die Grenzen politischer Reformen in den 1980er Jahren. In: Archiv für Sozialgeschichte 52, 163–190

Meyer, Gerhard (2000): Ein Nonpaper und seine Folgen [Interview/Gespräch von Peter Nöldechen]. In: Eberhard Grashoff; Rolf Muth (Hrsg.): Drinnen vor der Tür. Über die Arbeit von Korrespondenten aus der Bundesrepublik in der DDR zwischen 1972 und 1990. Mit einem Geleitwort von Lothar de Maizière. Berlin: edition ost, 39–51

Michel, Judith (o.J.): Otto Lenz. Online: https://www.kade/de/web/geschichte-der-cdu/personen/biogramm-detail/-/content/otto-lenz-v1

Minet, Gerd Walter (1977): Nachrichtenagenturen im Wettbewerb. Köln: Hanstein

Minholz, Michael; Stirnberg, Uwe (1995): Der Allgemeine Deutsche Nachrichtendienst (ADN). Gute Nachrichten für die SED. München u.a.: K.G. Saur

Mohl, Ariane (o.J.). Gutachten für die Enquete-Kommission 5/1 des Brandenburger Landtags. Personelle und institutionelle Übergänge im Bereich der brandenburgischen Medienlandschaft. Online: https://gruene-fraktion-brandenburg.de/uploads/documents/Website_Content/110620_Gutachten_Mohl_Medienlandschaft.pdf

Möhl, Hans-Peter; Scharlack, Ulrich (1997): Juristischer Leitfaden für Journalisten. Hrsg. von der Deutschen Presse-Agentur. Starnberg: Verlag R. Schulz

Moltmann, Rainer (2005): Reinhold Heinen (1894–1969). Ein christlicher Politiker, Journalist und Verleger. Düsseldorf: Droste Verlag

Morcinek, Martin (2004): Das Bundespresseamt im Wandel. Zur Geschichte der Regierungskommunikation in der Bundesrepublik Deutschland. In: Jahrbuch für Kommunikationsgeschichte 6, 195–223

Moser, Wolfgang (1989): „Nicht weißes Papier, sondern braune Phrasen". Wie sich die linke Öffentlichkeit vor Fritz Sänger drückt. In: Die Feder (11), 54 – 55

Mühlenfeld, Daniel (2006): Vom Kommissariat zum Ministerium. Zur Gründungsgeschichte des Reichsministeriums für Volksaufklärung und Propaganda. In: Rüdiger Hachtmann und Winfried Süß (Hrsg.): Hitlers Kommissare. Sondergewalten in der nationalsozialistischen Diktatur. Göttingen: Wallstein Verlag (Beiträge zur Geschichte des Nationalsozialismus, 22), 72 – 92

Mükke, Lutz (2014): Korrespondenten im Kalten Krieg. Zwischen Propaganda und Selbstbehauptung. Köln: Herbert von Halem

Nalbach, Alex (2003): „Poisoned at the Source"? Telegraphic News Service and Big Business in the Nineteenth Century. In: Business History Review 77, 577 – 610

Nelson, Michael (2001): Alfred Geiringer. A portrait. In: Medien und Zeit (4), 47 – 48

Nordwestdeutscher Zeitungsverleger-Verein (Hrsg.) (1947): Handbuch Deutsche Presse. Bielefeld: Deutscher Zeitungs-Verlag

Nossek, Hillel (2008): News. In: Wolfgang Donsbach (Ed.): The International Encyclopedia of Communication. Vol. 7: Media corporations, forms of objectivity in reporting. Malden, MA; et al.: Blackwell Publishing, 3219 – 3226

NS-Presseanweisungen der Vorkriegszeit. Edition und Dokumentation. Band 1: 1933. Bearbeitet von Gabriele Toepser-Ziegert. Mit einem Vorwort von Fritz Sänger (1984). München; u.a.: K.G. Saur

Oberpostdirektion Hamburg (Hrsg.) (1982): 75 Jahre Norddeich Radio. 1907 – 1982. Hamburg

Otto Wolfgang Bechtle zum Siebzigsten (1988). Esslingen: Esslinger Zeitung

Palmer, Michael B. (2019): International News Agencies. A History. London: Palgrave

Pasquay, Anja: Zeit(ungs)geschehen 2006/2007. In: BDZV. Chronik 2006/2007, 2-42

Pasquay, Anja (2007): Damit aus Kindern Leser werden. In: Anja Pasquay (Hrsg.): Lesen, Spielen, Lernen – Kinder und Zeitung. Berlin: ZV Zeitungs-Verlag Service GmbH, 6 – 12

Pasquay, Anja (2008): Lesen, Spielen, Lernen – Kinder und Zeitung. Damit aus Kindern Leser werden. BDZV. Lesen in Deutschland, 18.4.2008. Online: https://www.lesen-in-deutschland.de/html/content.php?object=journal&lid=811

Pataky, Sophie (Hrsg.) (1898): Lexikon deutscher Frauen der Feder: Eine Zusammenstellung der seit dem Jahr 1840 erschienenen Werke weiblicher Autoren nebst Biographien der lebenden und einem Verzeichnis der Pseudonyme. Berlin: Verlagsbuchhandlung Carl Pataky

Paterson, Chris (2008): News Agencies. In: Wolfgang Donsbach (Ed.): The International Encyclopedia of Communication. Vol. 7: Media corporations, forms of objectivity in reporting. Malden, MA; et al. Blackwell Publishing, 3226 – 3231

Paulmann, Johannes (Hrsg.) (2005): Auswärtige Repräsentationen. Deutsche Kulturdiplomatie nach 1945. Köln u.a.: Böhlau Verlag

Paulussen, Steve (2016): Innovation in the Newsroom. In: Tamara Witschge; et al. (Eds.): The SAGE Handbook of Digital Journalism. London: Sage, 192 – 206

Peck, Robert (1967): Nachrichtenagenturen in der Bundesrepublik Deutschland. Eine vergleichende Analyse von Associated Press, Deutscher Presse-Agentur und United Press International anhand ihrer die Berlin-Krise betreffenden Meldungen im August/September 1961. Berlin: Diss. phil. FU Berlin

Pig, Clemens (2023): „Democracy Dies in Darkness". Fake News, Big Tech, AI: Hat die Wa(h)re Nachricht eine Zukunft. Wien: Christian Brandstätter

Pleitgen, Fritz (1993): ARD-Korrespondent in der DDR. In: Heide Riedel (Hrsg.): Mit uns zieht die neue Zeit ... 40 Jahre DDR-Medien. Berlin: Vistas Verlag, 199–203

Pragal, Peter (2018): Störenfriede. West-Journalisten in der DDR. Erfurt: Landeszentrale für politische Bildung

Pro Quote Medien (2022): Welchen Anteil haben Frauen an der publizistischen Macht in Deutschland? Eine Studie zur Geschlechterverteilung in journalistischen Führungspositionen. Presse und Onlineangebote 2022. Hrsg. v. Pro-Quote Medien. Hamburg. Online: https://www.pro-quote.de/wp-content/uploads/2023/01/ProQuote_Medien_Monitoring_online_2022_digital-1.pdf

Pürer, Heinz; Raabe, Johannes (2007): Presse in Deutschland. 3., völlig überarb. und erw. Aufl. Konstanz: UVK

Ramge, Thomas (2003): Die großen Polit-Skandale. Eine andere Geschichte der Bundesrepublik. Frankfurt am Main u.a.: Campus Verlag

Rantanen, Terhi (2006): Foreign dependence and domestic monopoly: The European news cartel and U.S. associated presses, 1861–1932. In: Media History 12 (1), 19–35

Rantanen, Terhi; Boyd-Barrett, Oliver (2009): Global and National News Agencies. In: Arnold S. de Beer; Merrill, John Calhoun. (Eds.): Global Journalism. Topical issues and media system. Boston; et al.: Pearson, Allyn and Bacon, 33–47

Rantanen, Terhi; Boyd-Barrett, Oliver (2001): State News Agencies: A Time for Re-Evaluation? In: Medien und Zeit 16 (4), 33–47

Rantanen, Terhi; Jääskeläinen, Atte; Bhat, Ramnath; Stupart, Richard; Kelly, Anthony (2019): The Future of National News Agencies in Europe: Executive Summary. LSE. London. Online: https://eprints.lse.ac.uk/100062/1/news_agencies_exec_summary.pdf

Rantanen, Terhi; Kelly, Anthony (2021): The Digital Transformation of International and National News Agencies: Challenges Facing AFP, AP, and TASS. In: Daniela V. Dimitrova (Ed.): Global Journalism. Understanding World Media Systems. London: Rowman & Littlefield, 189–200

Rätsch, Birgit (2007): „Der Tätige ist stets wichtiger als der Tote oder auch nur der Gefesselte". Das Dilemma Fritz Sängers zwischen Mittun und Opposition. In: Christoph Studt (Hrsg.): „Diener des Staates" oder „Widerstand zwischen den Zeilen"? Die Rolle der Presse im „Dritten Reich". XVIII. Königswinter Tagung Februar 2005. Berlin: Lit Verlag, 183–194

Read, Donald (1992): The Power of New The History of Reuters 1849–1989. Oxford: Oxford University Press

Reitz, Jürgen (1991): Das Deutsche Nachrichtenbüro. In: Jürgen Wilke (Hrsg.): Telegraphenbüros und Nachrichtenagenturen in Deutschland. Untersuchungen zu ihrer Geschichte bis 1949. München u.a.: K.G. Saur, 213 – 266

Rexin, Manfred (1979): Schleudersitz für Journalisten? West-Korrespondenten in der DDR. Online: https://www.deutschlandfunkkultur.de/westdeutsche-journalisten-in-der-ddr-100.html. RIAS, 07.02.1979

Richter, Carola (2020): [Rezension von] Michael B. Palmer: International News Agencies. A History. In: Global Media Journal. German Edition 10 (1). Online: https://globalmediajournal.de/index.php/gmj/article/view/150

Riedel, Heide (Hrsg.) (1993): Mit uns zieht die neue Zeit … 40 Jahre DDR-Medien. Berlin: Vistas Verlag

Rosenberger; Schmidt (1997): Nachrichtenagenturen im Wettbewerb. Angebots- und Kundenstrukturen auf dem deutschen Nachrichtenmarkt. In: Media Perspektiven (5), 276 – 285

Rosumek, Lars (2007): Die Kanzler und die Medien. Acht Porträts von Adenauer bis Merkel. Frankfurt am Main: Campus Verlag

Sabrow, Martin; Siebeneichner, Tilmann; Weiß, Peter Ulrich (Hrsg.) (2021): 1989 – Eine Epochenzäsur? Göttingen: Wallstein Verlag (Geschichte der Gegenwart, 27)

Sänger, Fritz (1947): Die Nachricht und ihr Leser. In: Nordwestdeutscher Zeitungsverleger-Verein (Hrsg.): Handbuch Deutsche Presse. Bielefeld: Deutscher Zeitungs-Verlag, 110 – 113

Sänger, Fritz (1949): Damit wir uns verstehen. In: Die Deutsche Zeitung 3 (10), 1

Sänger, Fritz (1950): Referat Chefredakteur der Deutschen Presseagentur. In: Institut zur Förderung öffentlicher Angelegenheiten e.V. (Hrsg.): Die Beziehungen zwischen Presse und Behörden. Bericht über eine Arbeitstagung. Mit Referaten von Karl Heinrich Knappstein, Fritz Sänger, Theodor Eschenburg. Frankfurt am Main, 32 – 40

Sänger, Fritz (1963): Nachrichten, nicht Kommuniques! In: Publizistik 8 (4), 350 – 353

Sänger, Fritz (1965): Die Nachrichtenagenturen. In: Harry Pross (Hrsg.): Deutsche Presse seit 1945. Bern; München: Scherz Verlag, 98 – 118

Sänger, Fritz (1975): Politik der Täuschungen. Mißbrauch der Presse im Dritten Reich. Weisungen, Informationen, Notizen 1933 – 1939. Wien: Europa Verlag

Sänger, Fritz (1978): Verborgene Fäden. Erinnerungen und Bemerkungen eines Journalisten. Bonn: Verlag Neue Gesellschaft

Sänger, Fritz (1979): Gefährdete Meinungsfreiheit. In: Axel Eggebrecht (Hrsg.): Die zornigen alten Männer. Gedanken über Deutschland seit 1945. Reinbek bei Hamburg: Rowohlt, 225 – 240

Schalk, Martin (2023): „Es gibt definitiv Bilder, die fotografiere ich nicht!" Fotojournalist Boris Roessler. In: Frankfurter Allgemeine Zeitung, 6.4.2023. Online: https://www.faz.net/aktuell/boris-roessler-es-gibt-definitiv-bilder-die-fotografiere-ich-nicht-18791650.html?GEPC=s5

Scharnberg, Harriet (2016): Das A und P der Propaganda. Associated Press und die nationalsozialistische Bildpublizistik. In: Zeithistorische Forschung/Studies in Contemporary History 13 (1), 11 – 37. Online: https://zeithistorische-forschungen.de/1-2016/5324

Schenk, Ulrich (1985): Nachrichtenagenturen als wirtschaftliche Unternehmen mit öffentlichem Auftrag mit einer kritischen Würdigung des ddp. Berlin: Vistas

Schildt, Axel; Siegfried, Detlef; Lammers, Karl Christian (Hrsg.) (2000): Dynamische Zeiten. Die 60er Jahre in den beiden deutschen Gesellschaften. Hamburg: Hans Christians Verlag (Hamburger Beiträge zur Sozial- und Zeitgeschichte, Darstellungen, 37)

Schmidt, Sigrun (1993): Weltagentur auf dem deutschen Nachrichtenmarkt: Agence France Press. In: Wilke, Jürgen (Hrsg.) (1993): Agenturen im Nachrichtenmarkt. Reuters, AFP, VWD/dpa, dpa-fwt, KNA, epd, Reuters Television, Worldwide Television News, Dritte Welt-Agenturen. Köln; u.a.: Böhlau Verlag, 57 – 105

Schmidt-Eenboom, Erich (1998): Undercover. Der BND und die deutschen Journalisten. Köln: Kiepenheuer & Witsch

Schmidt-Eenboom, Erich (2004): Geheimdienst, Politik und Medien. Meinungsmache UNDERCOVER. Berlin: Kai Homilius Verlag

Schmitz, Johannes (1987a): DANA/DENA – Nachrichtenagentur in der amerikanisch besetzten Zone Deutschlands 1945 – 1949. München: Diss. phil. LMU

Schmitz, Johannes (1987b): Das Beispiel DANA/DENA – Nachrichtenagentur in der amerikanisch besetzten Zone Deutschland. In: Manfred Bobrowsky; Wolfgang R. Langenbucher (Hrsg.): Wege zur Kommunikationsgeschichte. München: Ölschläger, 681 – 694

Schneider, Wolf; Raue, Paul-Josef (Hrsg.) (2012): Das neue Handbuch des Journalismus und des Online-Journalismus. Vollständig überarbeitete und erweiterte Neuausgabe. Reinbek bei Hamburg: Rowohlt

Schulten-Jaspers, Yasmin (2013): Zukunft der Nachrichtenagenturen. Situation, Entwicklungen, Prognose. Baden-Baden: Nomos Verlagsgesellschaft

Schulze, Volker: Agenturen und Pressestellen als Informationsquellen der Zeitung. In: Joachim-Felix Leonhard; u.a. (Hrsg.): Medienwissenschaft. Ein Handbuch zur Entwicklung der Medien und Kommunikationsformen. 2. Teilband. Berlin; New York: de Gruyter, 1681 – 1684

Schulze, Volker (1994): Im Interesse der Zeitung. Zur Kommunikationspolitik des Bundesverbandes Deutscher Zeitungsverleger. Frankfurt am Main: Institut für Medienentwicklung und Kommunikation

Schumacher, Martina (1998): Ausländische Nachrichtenagenturen in Deutschland vor und nach 1945. Köln u.a.: Böhlau Verlag

Schütz, Walter J. (1956): Deutsche Tagespresse in Tatsachen und Zahlen. Ergebnisse einer Strukturuntersuchung des gesamten deutschen Zeitungswesens. In: Publizistik 1 (1), 31 – 48

Schütz, Walter J. (1999): Die Entwicklung der Tagespresse. In: Jürgen Wilke (Hrsg.): Mediengeschichte der Bundesrepublik Deutschland. Bonn: Bundeszentrale für politische Bildung, 109–134

Schütz, Walter J. (2005): Zeitungen in Deutschland. Verlage und ihr publizistisches Angebot 1949–2004. Berlin: Vistas

Schütz, Walter J. (2012): Deutsche Tagespresse 2012. Ergebnisse der aktuellen Stichtagssammlung. In: Media Perspektiven (11), 570–593

Segbers, Michael (2007): Die Ware Nachricht. Wie Nachrichtenagenturen ticken. Konstanz: UVK

Seul, Stefanie (2020): [Review] News from Germany: The Competition to Control World Communications, 1900–1945. By Heidi J. Tworek. Cambridge, MA.: Harvard University Press, 2019. In: German Studies Review 43 (1), 179–181

Shmanske, Stephen (1986): News as a Public Good: Cooperative Ownership, Price Commitments, and the Success of the Associated Press. In: Business History Review 60 (1), 55–80

Siegert, Gabriele (2001): Ökonomisierung der Medien aus systemtheoretischer Perspektive. In: Medien und Kommunikationswissenschaft (2), 167–176

Silberstein-Loeb, Jonathan (2014): The International Distribution of News. The Associated Press, Press Association, and Reuters, 1848–1947. New York: Cambridge University Press

Spitz, Sarah (2022): Eine vermeintliche Agenturmeldung über die Entscheidung in der Bundessitzfrage von 1949. Exponat des Monats Mai 2022. Stiftung Bundeskanzler Adenauer Haus. Online: https://adenauerhaus.de/

Sreberny-Mohammadi, Annabelle; et al. (Eds.) (1997): Media in Global Context. A Reader. London: Bloomsbury

Steindl, Nina; Lauerer, Corinna; Hanitzsch, Thomas (2017): Journalismus in Deutschland. Aktuelle Befunde zu Kontinuität und Wandel im deutschen Journalismus. In: Publizistik 62 (4), 401–423

Steinmeier, Frank-Walter (2009): Demokratie und Medien. Ein Standpunkt für eine zeitgemäße Medienpolitik. In: Marc Jan Eumann; Martin Stadelmaier (Hrsg.): Media-Governance und Medienregulierung. Plädoyers für ein neues Zusammenwirken von Regulierung und Selbstregulierung. Berlin: vorwärts buch, 169–171

Steinmetz, Rüdiger (1996): Freies Fernsehen. Das erste privat-kommerzielle Fernsehprogramm in Deutschland. Konstanz: UVK Medien

Stentebjerg, Anne (1976): „Der Fall Fritz Sänger". Chronologie einer Auseinandersetzung um die Neutralität der Deutschen Presse-Agentur und ihren Chefredakteur. M.A.-Arbeit am Fachbereich 11 der FU Berlin

Stöber, Rudolf (2002): Deutsche Presseagentur (dpa). In: Lexikon der deutschen Geschichte von 1945 bis 1990. Ereignisse, Institutionen, Personen im geteilten Deutschland. Stuttgart: Alfred Kröner, 151

Stöber, Rudolf (2010): Presse im Nationalsozialismus. In: Bernd Heidenreich; Sönke Neitzel (Hrsg.): Medien im Nationalsozialismus. Paderborn: Ferdinand Schöningh; Wilhelm Fink, 275–294

Stöber, Rudolf (2014): Deutsche Pressegeschichte. Von den Anfängen bis zur Gegenwart. 3., überarb. Aufl. München: UVK

Süssmuth, Hans (1993): Das Land Nordrhein-Westfalen. Entstehungsgeschichte und britische Pressepolitik. In: Bernhard Boll, Volker Schulze und Hans Süssmuth (Hrsg.): Zeitungsland Nordrhein-Westfalen. Geschichte – Profile – Struktur. Bonn: Zeitungs-Verlag Service, 13–33

Terheyden, Rolf (Hrsg.) (1988): Beruf und Berufung. Zweite Festschrift für Johannes Binkowski. Mainz: von Hase & Koehler

Tiemann, Dieter (2003): Der Jungdeutsche Orden und sein „Schrifttum". In: Michel Grunewald und Uwe Puschner (Hrsg.): Le milieu intellectuel conservateur en Allemagne, sa presse et ses réseaux (1890–1960) / Das konservative Intellektuellen-Milieu in Deutschland, seine Presse und seine Netzwerke (1890–1960). Bern: Peter Lang, 469–479

Tornier, Klaus (2020): Hamburger Pressegeschichte in Zeitungstiteln vom 17. bis 20. Jahrhundert. Norderstedt: Book on Demand

Trankovits, Laszlo (2015): Die Nachrichtenprofi. Warum Qualitätsjournalismus für unsere Demokratie unverzichtbar ist (dpa). Frankfurt am Main: Frankfurter Allgemeine Buch

Tröger, Mandy (2019): Die Treuhand und die Privatisierung der DDR-Presse. In: Aus Politik und Zeitgeschichte 69 (35–37), 34–39

Tröger, Mandy (2019): Pressefrühling und Profit. Wie westdeutsche Verlage 1989/90 den Osten eroberten. Köln: Herbert von Halem

Tröger, Mandy (2021): Zwischen Diktatur, Utopie und Markt. Die Zeitungslandschaft Ostdeutschlands in der Wendezeit. In: Martin Sabrow, Tilmann Siebeneichner und Peter Ulrich Weiß (Hrsg.): 1989 – Eine Epochenzäsur? Göttingen: Wallstein Verlag (Geschichte der Gegenwart, 27), 229–248

Tüngel, Richard; Berndorff, Hans Rudolf (1958): Auf dem Bauche sollst du kriechen... Deutschland unter den Besatzungsmächten. Hamburg: Christian Wegner

Turner, Sebastian; Russ-Mohl, Stephan (Hrsg.) (2023): Deep Journalism. Domänenkompetenz als redaktioneller Erfolgsfaktor. Köln: Herbert von Halem

Tworek, Heidi (2013): The creation of European new. In: Journalism Studies 14 (5), 730–742

Tworek, Heidi (2014): Magic Connections: German News Agencies and Global News Networks, 1905–1945. In: Enterprise and Society 15 (4), 672–686

Tworek, Heidi (2019): News from Germany: The Competition to Control World Communications, 1900–1945. Cambridge, MA, London: Harvard University Press

Tworek, Heidi (2023): Secret Press Agents: When Journalists, Propagandists, and Spies Seemed Indistinguishable. In: Hansjakob Ziemer (Ed.): Journalists and

Knowledge Practices Histories of Observing the Everyday in the Newspaper Age. New York: Routledge, 118 – 137

Tworek, Heidi J. (2010): Peace through Truth? The Press and Moral Disarmament through the League of Nation In: medien & zeit 25 (4), 16 – 28

Uzulis, André (1995): Nachrichtenagenturen im Nationalsozialismus. Propagandainstrumente und Mittel der Presselenkung. Frankfurt am Main u.a.: Peter Lang

Vogelsänger, Jörg (1991): Die Entwicklung des Allgemeinen Deutschen Nachrichtendienstes (ADN) im Prozeß der Medienumgestaltung in der ehemaligen DDR. M.A.-Arbeit an der FU Berlin

vwd group (Hrsg.) (2009): Informationen bewegen das Land. 60 Jahre vwd. Frankfurt am Main: vwd

Vyslozil, Wolfgang (2014a): Group 39. History of an Exceptional Alliance of News Agencies. Character, Business & Policy of Independent News Agencies in Europe. Vienna: APA Austria Presse Agentur

Vyslozil, Wolfgang (2014b): Nachrichtenagenturen benötigen ein zweites Standbein. Interview. newsroom.de, 18.8.2014. Online: https://www.newsroom.de/news/aktuelle-meldungen/leute-6/wolfgang-vyslozil-nachrichtenagenturen-benoetigen-ein-zweites-standbein-818539/

Vyslozil, Wolfgang; Surm, Jasmin. (2019): The future of national news agencies in Europe – Case study 1: The impact of globally changing media systems on the business and innovation policy of the European international news agencies AFP, dpa and EFE. The London School of Economics and Political Science. London. Online: https://doi.org/10.21953/lse.bvbue31ot8xt

Wagner, Erich (1954): Der DIMITAG, Bestimmung und Erreichtes. In: Die Entwicklung des Nachrichtenwesens in Deutschland 1849 – 194. Sonderdruck des Zeitungs-Verlags und Zeitschriften-Verlags, 1954, 7 – 8

Wagner, Hans-Ulrich (2005): Das Ringen um einen neuen Rundfunk: Der NWDR unter der Kontrolle der britischen Besatzungsmacht. In: Peter von Rüden; Hans-Ulrich Wagner (Hrsg.): Die Geschichte des Nordwestdeutschen Rundfunk Hamburg: Hoffmann und Campe, 13 – 84

WDR (Hrsg.): Nachrichtenagenturen. [Video in der Reihe „neuneinhalb lexikon"]. Online: https://wdrmedien-a.akamaihd.net/medp/ondemand/weltweit/fsk0/269/2691149/2691149_44225290.mp4

Weischenberg, Siegfried (1995 [Nachdruck 2002]): Journalistik. Theorie und Praxis aktueller Medienkommunikation. Band 2: Medientechnik, Medienfunktionen, Medienakteure. Wiesbaden: Westdeutscher Verlag

Weischenberg, Siegfried; Malik, Maja; Scholl, Armin (2006): Journalismus in Deutschland 2005. Zentrale Befunde der aktuellen Repräsentativbefragung deutscher Journalisten. In: Media Perspektiven (7), 346 – 361

Weiß, Matthias (2001): Journalisten: Worte als Taten. In: Norbert Frei (Hrsg.): Karrieren im Zwielicht. Hitlers Eliten nach 1945. Frankfurt am Main: Campus Verlag, 241 – 301

Welscher, Alexander (2023): Reinhard Krumm reporting: trailblazing foreign correspondent recalls the 1990 Eng.LSM.lv (17.7.2023). LSM. Online: https://eng.lsm.lv/article/culture/history/17.06.2023-reinhard-krumm-reporting-trailblazing-foreign-correspondent-recalls-the-1990a512925/

Weyel, Birgit (1995): Stenzel, Hugo. In: Frankfurter Personenlexikon (Onlineausgabe), Stand des Artikels: 4.8.1995. Online: https://frankfurter-personenlexikon.de/node/1331

Wilke, Jürgen (1991): Einführung. In: Jürgen Wilke (Hrsg.): Telegraphenbüros und Nachrichtenagenturen in Deutschland. Untersuchungen zu ihrer Geschichte bis 1949. München; u.a.: K.G. Saur, 13–21

Wilke, Jürgen (Hrsg.) (1991): Telegraphenbüros und Nachrichtenagenturen in Deutschland. Untersuchungen zu ihrer Geschichte bis 1949. München u.a.: K.G. Saur

Wilke, Jürgen; Rosenberger, Bernhard (1991): Die Nachrichten-Macher. Eine Untersuchung zu Strukturen und Arbeitsweisen von Nachrichtenagenturen am Beispiel von AP und dpa. Köln u.a.: Böhlau Verlag

Wilke, Jürgen (Hrsg.) (1993): Agenturen im Nachrichtenmarkt. Reuters, AFP, VWD/dpa, dpa-fwt, KNA, epd, Reuters Television, Worldwide Television News, Dritte Welt-Agenturen. Köln; u.a.: Böhlau Verlag

Wilke, Jürgen (Hrsg.) (1997): Nachrichtenagenturen im Wettbewerb. Ursachen – Faktoren – Perspektiven. Konstanz: UVK Medien (Medien und Märkte, 8)

Wilke, Jürgen (1998a): Deutsche Telegraphenbureaus und Nachrichtenagenturen. In: Hans-Jürgen Teuteberg; Cornelius Neutsch (Hrsg.): Vom Flügeltelegraphen zum Internet. Geschichte der modernen Telekommunikation. Stuttgart: Franz Steiner, 163–178

Wilke, Jürgen (1998b): The Struggle for Control of Domestic News Market. In: Oliver Boyd-Barrett; Terhi Rantanen (Eds.): The Globalization of News. London; et al.: Sage, 49–60

Wilke, Jürgen (Hrsg.) (1998): Nachrichtenproduktion im Mediensystem. Von den Sport- und Bilderdiensten bis zum Internet. Köln; u.a.: Böhlau Verlag

Wilke, Jürgen (1999): Nachrichtenagenturen. In: Jürgen Wilke (Hrsg.): Mediengeschichte der Bundesrepublik Deutschland. Bonn: Bundeszentrale für politische Bildung, 469–488

Wilke, Jürgen (2001): Nachrichtenwerte im Wandel? Über den alliierten Einfluß auf den Nachkriegsjournalismus. In: Medien und Zeit (4), 32–37

Wilke, Jürgen (2007a): Das Nachrichtenangebot der Nachrichtenagenturen im Vergleich. In: Publizistik 52, 329–354

Wilke, Jürgen (2007b): Presseanweisungen im zwanzigsten Jahrhundert. Erster Weltkrieg – Drittes Reich – DDR. Köln; u.a.: Böhlau Verlag (Medien in Geschichte und Gegenwart, 24)

Wilke, Jürgen (Hrsg.) (2007): Journalisten und Journalismus in der DDR. Berufsorganisation - Westkorrespondenzen – „Der schwarze Kanal". Köln u.a.: Böhlau Verlag

Wunderlich, Leonie; Hölig, Sascha (2023): „Verständlicher, nicht so politisch" – Einblicke in die Bedürfnisse und Nutzungspraktiken gering informationsorientierter junger Menschen. Hamburg: Verlag Hans-Bredow-Institut (Arbeitspapiere des Hans-Bredow-Instituts | Projektergebnisse, 69). Online: https://www.ssoar.info/ssoar/handle/document/90067

Ziemer, Hansjakob (Hrsg.) (2023): Journalists and Knowledge Practices Histories of Observing the Everyday in the Newspaper Age. New York: Routledge

Zschunke, Peter (2001): Kommunikative Funktion der Agenturarbeit. In: Joachim-Felix Leonhard; u.a. (Hrsg.): Medienwissenschaft. Ein Handbuch zur Entwicklung der Medien und Kommunikationsformen. 2. Teilband. Berlin; New York: de Gruyter, 1689–1693

Zschunke, Peter (1994): Agenturjournalismus. Nachrichtenschreiben im Sekundentakt. München: Ölschläger (Praktischer Journalismus, 12)

Dank

Das vorliegende Buch entstand im Rahmen des Forschungsprojekts „Die Geschichte der Deutschen Presse-Agentur (dpa)" am Leibniz-Institut für Medienforschung | Hans-Bredow-Institut in Hamburg. Die Deutsche Presse-Agentur unterstützte das wissenschaftliche Projekt und gewährte dem Projektleiter uneingeschränkten Zugang zu den Dokumenten des Unternehmensarchivs. Für dieses Vertrauen danke ich dem Vorsitzenden der Geschäftsführung Peter Kropsch und dem Chefredakteur Sven Gösmann sehr herzlich. Beide hatten stets ein offenes Ohr für meine Fragen. Peter Kropsch als Enabler, Treiber und Entscheider öffnete dem Projekt viele Recherchepfade.

Die Publikation basiert auf den Erkenntnissen aus dem Forschungsprojekt. In diesem arbeiteten von Mai 2022 bis April 2023 Dr. Yulia Yurtaeva-Martens und Immo Erik Hagemann als wissenschaftliche Mitarbeitende. Sie und wissenschaftliche/studentische Hilfskräfte haben die mitunter detektivischen Recherchen, die Analyse unterschiedlicher Dokumenttypen sowie die Durchführung der Interviews in wunderbarer Weise unterstützt.

Viele Mitarbeiterinnen und Mitarbeiter der dpa – darunter mehrere pensionierte Angestellte – haben das Projekt mit großem Interesse begleitet und mit ihrer Bereitschaft zu Interviews und Auskünften großzügig unterstützt. Ihnen allen gilt ein herzlicher Dank. Ganz besonders danke ich Meinolf Ellers und Jens Petersen, die seit 2021 alle Fäden des Projekts in der dpa koordinierten und mir über die gesamte Projektlaufzeit hinweg unermüdlich und in großartiger Weise halfen. Die Zusammenarbeit mit ihnen zeigte auch, was alles in einer WhatsApp-Gruppe „dpa history" besprochen und ausgetauscht werden kann.

Abbildungsnachweis

S. 8 Michael Kappeler, dpa
S. 13 Michael Kappeler, dpa
S. 29 Bundesarchiv Koblenz. SKOPR-4-5-124022611300
S. 59 Stiftung Bundeskanzler Adenauer Haus
S. 107 Zentralbild
S. 139/140 Museumsstiftung Post und Telekommunikation 4.0.41091/4.2008.284
S. 154 Lothar Heidtmann
S. 158 Cornelia Bisagno-Gus, dpa
S. 163 Lothar Heidtmann
S. 176 Christian Charisius, dpa
S. 178 Jan Morek, PAP
S. 185 Privatarchiv Franz Lebsanft
S. 189 Jan Morek, PAP
S. 191 Knight Science Journalism Program at MIT, Cambridge
S. 193 Michael Kappeler, dpa
S. 209 Materialien zur Analyse von Opposition (MAO)
S. 216 Heinrich Sanden, dpa
S. 220 Rüdiger Schrader, dpa
S. 222 Peter Hammer, picture alliance/dpa
S. 225 Hubert Link, Bundesarchiv. 183-K0611-0001-015
S. 234 Peer Grimm, picture alliance/Zentralbild
S. 236 Maurizio Gambarini, dpa
S. 252 Uwe Anspach, dpa
S. 254 Tim Brakemeier, picture alliance/dpa
S. 268 Jens Ressing
S. 270 Bernd von Jutrczenka, dpa
S. 271 Tim Brakemeier, picture alliance/dpa
S. 274 Bernd von Jutrczenka, dpa
S. 287 Michael Kappeler, dpa
S. 289 Hannes P. Albert, dpa
S. 290 Christoph Soeder, dpa
S. 297 Hannes P. Albert, dpa
S. 302 Michael Kappeler, dpa
S. 305 (re.) Tina Hagge, dpa
S. 307 BrinkertLück

Alle übrigen Abbildungen stammen aus dem Bestand von dpa-Bildfunk bzw. dpa/picture alliance.